大学生心理健康教育

主　编　梅　杨　余祖伟
　　　　晏　祎
副主编　徐其成　赵银琴
　　　　林雅乾　时　敏

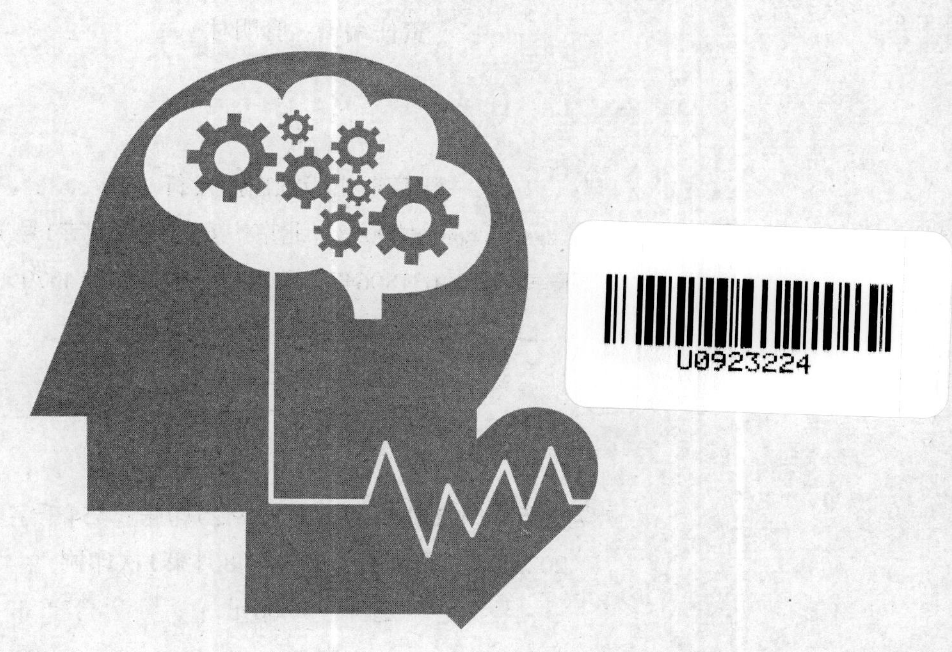

中国商业出版社

图书在版编目（CIP）数据

大学生心理健康教育 / 梅杨，余祖伟，晏祎主编.
-- 北京：中国商业出版社，2023.8
ISBN 978-7-5208-2614-3

Ⅰ.①大… Ⅱ.①梅… ①余… ①晏… Ⅲ.①大学生
－心理健康－健康教育－高等学校－教材 Ⅳ.①G444

中国国家版本馆CIP数据核字（2023）第167607号

责任编辑：管明林

中国商业出版社出版发行
（www.zgsycb.com 100053 北京广安门内报国寺1号）
总编室：010-63180647 编辑室：010-83114579
发行部：010-83120835/8286
新华书店经销
句容市排印厂印刷
*
787毫米×1092毫米 16开 19.25印张 454千字
2023年8月第1版 2023年8月第1次印刷
定价：56.00元
****

前言
PREFACE

当前社会经济已进入新的发展阶段，新时代的中国青年韶华正好、重担在肩，实现中华民族伟大复兴的中国梦需要依靠一代代青年人接力奔跑，创造未来。在推进中国式现代化的进程中，当代大学生群体要成为德智体美劳全面发展的社会主义建设者和接班人，必须树立牢固的理想信念、有为的价值取向、坚定的文化自信和昂扬的积极心态。当他们走出校门，面对世界格局之变、发展竞争浪潮，不仅需要是技能素质过硬的职业人才，更需要锻造出完善的人格，具备自我关爱、情绪调控和心理修复能力。珍爱和感恩生命、自我探索，尽力挖掘潜能、抗压抗挫，锐意创新，职教强国的栋梁立柱，满载信心奔赴国之星辰大海之途。

百年变局思潮奔涌、观念碰撞，社会变革和价值意识多元并存，职业抉择多样、人才竞争激烈、终身学习无可逃避、伦理观念变迁、人际关系繁复等一系列考验和挑战都在无声提示：年轻的高职大学生，一方面，要面对尚未完全成熟的身心发展特点；另一方面，要处理自我实现、环境适应、职业发展压力、情感困惑、矛盾冲突等各种问题，心理健康知识的贫乏、心理调适和疏导方法的短缺，会极大损害学子们的斗志和乐观情绪，使他们为心理烦恼所苦、为心理障碍所困、为心理危机所陷，影响其成才的决心与意志，更不利于整个社会和谐氛围的构建。因此，以学校教育推动提升全民心理健康水平，为中华崛起赋能，这是高等学校尤其是高职院校广大心理健康教育工作者、研究者和管理者义不容辞的历史责任，好的教材与好的教学内容、模式、方法无疑是良兵利器。带着这样的理念，经过缜密的筹备与合作，编者们终于完成了本教材的编写。

《大学生心理健康教育》全书共分十三章，内容包括大学生心理健康导论、大学生心理适应及应对、大学生自我意识及其调适、大学生学习心理、大学生人际交往心理、大学生情绪管理、大学生压力管理与挫折应对、大学生的恋爱心理与性健康、大学生生命教育与心理危机应对、大学生网络心理及其调适、大学生职业生涯规划与心理健康、大学生心理咨询、大学生人格发展与心理健康等。本书由河南地矿职业学院牵头，会同广州开放大学、江苏联合职业技术学院、云南开放大学、河南开放大学、河南技师学院等院校长期从事心理健康教育和咨询工作的一线教师集思广益、凝结汗水、汇聚智慧，经过各院校专家研讨和审定而成。本书由河南地矿职业学院梅杨、广州开放大学余祖伟、河南技师学院晏祎担任主编；由河南地矿职业学院徐其成、云南开放大学赵银琴、江苏联合职业技术学院林雅乾、江苏联合职业技术学院时敏担任副主编。其中，第一章由云南开放大学赵银琴、甘露莹编写；第二章由河南地矿职业学院郭恺君编写，第四章由河南地矿职业学院唐黎丽编写，第五章、第六章由河南地矿职业学院翟倩编写；第三章、第七章、第十二章由广州开放大学余祖伟、孙婷婷编写；第八章由云南开放大学冯立莹编写；第九章、第十章、第十一章由江苏联合职业技术学院时敏、林雅乾、苏凡、高梦雪、井淑君编写；第十三章由河南开放大学李萌欣编写。

本书依照教育部《高等学校学生心理健康教育指导纲要》等权威文件要求编写，体例新颖、形式活泼、实用性强，编者们用生动的教材语言阐释专业、艰深、枯燥的心理学概念和术语，辅以丰富的案例启发学生自主思考，可读性强。每一章章前的“学习目标”明确了学生的学习要求；“思维导图”简洁地勾勒出每章内容的逻辑框架，塑造学生的整体思维力。章中有“案例启发”“心理测试”“心理故事”“拓展阅读”“心理演练场”等趣味多彩的栏目贯穿教材,帮助学生更好地理解和实践教学主题。章后精心安排“课后思考”和“心理实训”等内容，在课后继续延展学生思考的深度和广度，并且使学生真正获取掌握各种心理困扰与不适的调试方法及咨询路径。

本书紧跟国家高职人才培养与素质教育的战略部署，特别立足于中华优秀传统文化和中国发展历程中汇聚的时代精神，秉持人文关怀，有机融入课程思政育人内容，将知识传授与价值引领相结合，以求做到心理健康教育的优秀心理素质培育和思政教育的立德树人使命同向同行、润物无声。

在编写过程中，编者们参阅了大量相关领域的论文、论著和教材，借鉴和参考了国内外专家、学者的各类心理学理论和研究成果，在此向所有原作者表示衷心的感谢！但因编者水平所限，本书不妥和疏漏之处在所难免，欢迎读者批评指正。

编　者
2023 年 6 月

目录
Contents

05 第五章 大学生的人际交往心理——探索人际的奥秘

06 第六章 大学生的情绪管理——打造阳光心态，乐观生活

07 第七章 大学生压力管理与挫折应对——经历风雨，看见彩虹

08 第八章 大学生的恋爱心理与性健康——解锁爱情密码，培养爱的能力

13 第十三章
大学生人格发展与心理健康——解读面具

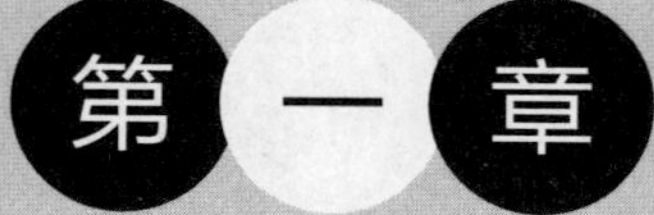

第一章 大学生心理健康导论

——走进多彩的心灵世界

无论是成功还是失败，我们都可以用两种不同的心态去面对同一件事情。我们平时是以什么样的心态来对待事情？是积极还是消极心态多？面对消极心态我们应该怎么做？我们每个人都希望自己能够永远幸福，也经常会把“祝你幸福”挂在嘴边。到底什么是幸福，我们又该怎样理解幸福呢？我们又该怎样理解成功呢？这些跟良好心理健康状态相关的问题，关乎提高个体的生活质量，增强个体的学习能力，使个体适应家庭和社区生活，并有助于安全、减贫和融入社会。它既是发展的资源，也是发展的目的。那么，什么是健康？如何科学、全面、深入地理解健康？在“大健康”理念下，心理健康的概念和标准又是什么？这些内容将在本章进行探讨。

学习目标

1. 掌握健康的概念。
2. 理解心理健康的概念。
3. 理解并掌握心理健康标准。
4. 了解大学生心理发展特点。
5. 了解常见的大学生心理问题及调适方式。
6. 理解大学生心理健康教育的意义和功能。

思维导图

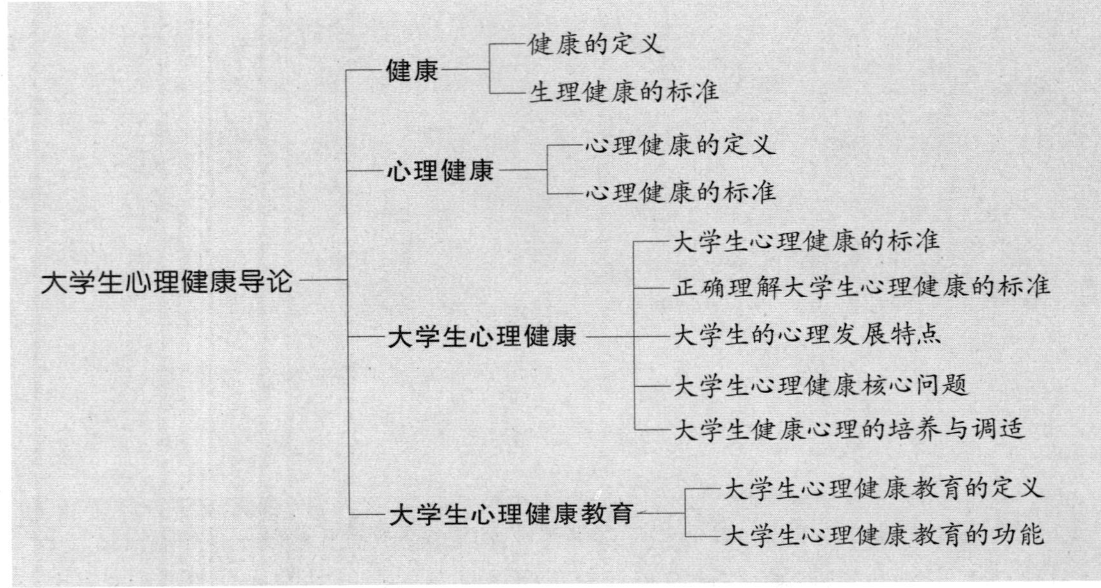

导入案例

秀才赶考

古时候，有一位秀才进京赶考，他住在一家经常住的酒店里。考试前两天，他做了三个梦：第一个梦是梦到自己在墙上种白菜；第二个梦是梦到自己下雨天戴了斗笠还打伞；第三个梦是梦到自己跟心爱的姑娘背靠背躺在一起。他和店老板谈起了这三个梦。老板沉思了一阵，连拍大腿说："这不是好兆头，我看你还是收拾收拾回家吧！你想想，高墙上种白菜不是白费劲吗？戴斗笠打伞不是多此一举吗？与心爱的人背靠背肯定没戏啊！"秀才听了，心灰意冷，收拾包袱准备回家。在回家的途中，秀才又住到了另外一家店里，他也跟这家店老板谈起了自己的三个梦。这个老板听完高兴地说："我觉得，你一定能考上。墙上种菜是高中啊；戴斗笠打伞说明你这次是有备无患啊；跟心爱的姑娘背靠背睡觉，说明你翻身的时候到了。"秀才听了高兴极了，便又精神抖擞地去赶考了。最后，秀才考中了探花。

同样的梦，不同的解释导致了不同的心态，而积极的心态又会带来积极的行为。

第一节　健康与心理健康

一、健康

（一）健康的定义

对于健康标准的定位，人们长期以来习惯性地把健康理解为只要身体不生病或不衰弱就是健康的，即"无病即健康"。这种传统健康认识虽有一定的道理，但还存在着一定的局限性。世界卫生组织明确提出："健康乃是一种在身体上、心理上和社会上的完满状态，而不仅仅是没有疾病和虚弱的状态。"这一定义说明人类对健康的理解已由生理的、个体的层面发展到心理的、社会的层面。1989年，世界卫生组织又进一步深化了健康的概念，认为："健康应包括躯体健康、心理健康、社会适应良好和道德健康。"这四者缺一不可。

（二）生理健康的标准

世界卫生组织确定了个体健康的10项标准：

（1）精力充沛，能从容不迫地应对日常生活和工作的压力而不感到过分紧张；

（2）处世乐观，态度积极，乐于承担责任；

（3）善于休息，睡眠良好；

（4）应变能力强，能适应环境的各种变化；

（5）能够抵抗一般性感冒和传染病；

（6）体重合适，身材匀称，站立时头、肩、臂位置协调；

（7）眼睛明亮，反应敏锐，眼睑不发炎；

（8）牙齿清洁，无空洞，无痛感；齿龈颜色正常，不出血；

（9）头发有光泽，无头屑；

（10）肌肉、皮肤富有弹性，走路轻松有力。

思政剧场

用美的创造点亮戏剧舞台

2023年6月8日，在首届文化强国建设高峰论坛繁荣文艺创作分论坛上，中国戏剧家协会驻会副主席陈涌泉发表主题演讲时表示，新时代戏剧人要不断地用美的创造点亮戏剧舞台。陈涌泉表示，戏剧是一门综合艺术，自古以来就深受中外观众的喜爱，中国戏剧又是中国优秀文化的瑰宝和中华民族艺术的集大成者，它是民族智慧的结晶、民族情感的纽带、民族精神的载体、民族文化的名片，堪称是最美的“乡音”。古今中外，经典戏剧作品之所以受人民大众的喜爱，与其自身所蕴含的极高文化品格和审美价值分不开。戏剧能给观众带来美的享受，带领观众去认识美、鉴赏美、表现美、创造美，戏剧工作者应充分尊重艺术规律，高度重视戏剧的审美价值，发掘戏剧的多元之美。怎样才能更好培育剧种之美？陈涌泉建议，戏剧要坚持守正创新的文化立场，坚守艺术本位，在深厚的历史积淀中寻找前行的动力；创造就是要与时俱进，使传统艺术彰显现代神韵。陈涌泉表示，在新的历史起点上，新时代戏剧人要履行好自己的职责使命，传承民族文化，演绎时代故事，创作出一批反映社会变革、体现人民群众火热生活及精神生活的戏剧作品，不断用美的创造点亮戏剧舞台，不断为推动文化繁荣，建设文化强国，建设中华民族现代文明，谱写新的篇章。

思想启发：陈涌泉的思想境界带给我们很好的启示，一个人要有健康心理，拥有爱党爱国之心，爱岗敬业。在平凡工作岗位不断挖掘自身价值，探索职业“四美”价值：震撼心灵的思想美、鲜活生动的形象美、光辉的人性美、姹紫嫣红的多元美。在自己的学习和职业生涯中，不断从理想、情操、品格、心灵和素养等方面铸就自己，从而拥有美好幸福和多彩人生。

二、心理健康

（一）心理健康的定义

对于人来说，生理活动与心理活动紧密相连，它们互相影响、互相制约。心理健康是健康的重要组成部分，也是生理健康的条件和保证。要判断一个人心理健康与否，并不是一件容易的事情，需要综合多方面的因素考虑。那么什么是心理健康呢？迄今为止，心理健康还没有一个统一的定义。

1946年，第三届国际心理卫生大会将心理健康定义为：“所谓心理健康是指在身体、智能及情感上与他人的心理健康不相矛盾的范围内，将个人心境发展成最佳状态。”现代心理学认为，心理健康是一种内外协调的良好心理功能状态，有广义和狭义之分。从广义上讲，心理健康是指一种高效而满意的、持续的心理状态。从狭义上讲，心理健康是指人的基本心理活动的过程内容完整、协调一致，即认识、情感、意志、行为、人格完整和协调，能适应社会，与社会保持同步。

（二）心理健康的标准

人的生理健康和心理健康均有标准。但是，心理健康标准的制定具有相对性和复杂性。关于心理健康的标准，不同学者有不同的看法。美国心理学家马斯洛和米特尔曼提出的心理健康的十条标准被公认为是“最经典的标准”：

（1）充分的安全感；

（2）充分了解自己，并对自己的能力做适当的估价；

（3）生活的目标切合实际；

（4）与现实的环境保持接触；

（5）能保持人格的完整与和谐；

（6）具有从经验中学习的能力；

（7）能保持良好的人际关系；

（8）适度的情绪表达与控制；

（9）在不违背社会规范的条件下，对个人的基本需要做恰当的满足；

（10）在集体要求的前提下，较好地发挥自己的个性。

不同版本的心理健康的评判标准和尺度有所不同，个体可以此来大致衡量自己的心理健康水平。

“踢猫效应”的启发

“踢猫效应”指在一个特定的场景下，场景中处于较高等级的个体向较低等级的个体发泄不满情绪。这种不满的情绪不会立马停止，而是按照等级高低依次传递不满情绪，直到最弱小的个体成为受害者。在这一过程中产生的连锁反应，本质上是消极情绪的无限传播。在一个家庭中，家长的消极情绪无法排解时，会将不满情绪发泄在孩子身上。孩子受到家长消极情绪的影响，且无法将家长作为发泄对象时，就会转而向弱小的玩具、宠物等发泄自己的不满情绪。由此可见，消极情绪的不良影响，不是单一的，而是会无限扩散的。学习“踢猫效应”，认识到消极情绪的无限传播，可以提醒个体不要随意发泄自己的不良情绪，要尽量控制自己的情绪，以免对他人造成伤害。

第二节　心理健康与大学生人生发展

案例启发

"吃书"与"煮书"

据传，朱熹曾是庐山白鹿洞书院之主。一次，弟子见他伏案苦读，书边卷缩得像牛肉串。有人脱口而出："这书真是'吃'过一般。"朱熹听了满意地点点头，当下就向学生们宣讲白鹿洞书院的第一条学规，即讲究"吃"书。"吃"法有二：一是如牛，大嚼大咽，然后反刍；二是如人，细嚼慢咽，慢慢品尝。"反刍""品尝"，虽是慢节奏，却能领会书中的"微言精义"，融会贯通，熟烂于心，变成自己的知识。

无独有偶，现代女作家茹志鹃家中也挂着一帧条幅，上着"煮书"两个大字。她说："书，光看是不行的，看个故事情节，等于囫囵吞枣。应该读，然而读还不够，进而要'煮'。'煮'，是何等烂熟、透彻，不是一遍可成的。"正由于她读得认真，博闻强记，所以写出了不少脍炙人口的中、短篇小说。

这一古一今，一"吃"一"煮"，说明了一个真理：读书只有循序渐进，熟读精思，不骛求虚名，不鲁莽猎奇，达到"吃"和"煮"的境地，方能写出不同凡响的佳作名篇。

我们不是生来就可以自我实现，而是要保持积极健康的心态，反复经历很多人生体验，在发挥、发展自己个人潜力的过程中不断总结。循序渐进、自求自得、熟读精思、触类旁通，才能将其所学知识与技能做到正向迁移，才能逐步走向成功。

受人的年龄、性别、社会身份、情境等多种因素影响，到目前为止还没有一个非常客观准确的心理健康判断标准。人们习惯性认为：某些行为发生在孩子身上是正常的，发生在成人身上则被认为是不正常的；某些行为发生在女性身上是可以接受的，而发生在男性身上则难以容忍；某些行为在特定的社会背景和条件下可以认为是正常的行为，而在其他情况下出现则可能被认为是超常规的行为。

目前，社会上一般是以常规的方式来判断一个人的心理是否正常。比如，大多数人在遇到挫折后会沮丧、难过，可是随着时间的推移，也能够成功应对挫折，走出阴影，如果你也是这样的，基本上就可以判断你的心理正常。倘若你比大多数人能快速、有效地应对挫折，就可以判断你的心理健康水平高出常人。据此，我们可以按心理健康水平把人分为以下3类：

（1）一般常态心理者：表现为心情经常愉快，适应能力比较强，善于与人相处，能够完成同龄人通常能够完成的社会任务。他们虽然也会因为生活中的困难产生不良情绪，有时也会有神经质的倾向，但是经过自我调整，这些症状会很快消失。

(2) 轻度失调心理者：表现为不具有同龄人应有的愉快，对于维持积极乐观的生活有些吃力。通过自主调节或者心理专业人员的帮助，他们可恢复常态。

(3) 严重病态心理者：已经无法维持正常的生活、学习和工作，需要及时进行干预和治疗。

一、大学生心理健康的标准

（一）智力正常

所谓智力，是指一个人的认知能力和活动能力，是个体观察力、注意力、记忆力、思维力和想象力的综合。智力正常主要是指个体具有在经验中学习知识和理解事物的能力，获得和保持知识的能力，迅速而准确的应变能力，以及运用逻辑推理有效地解决问题的能力等。智力正常是大学生学习、生活与工作的基本心理条件，也是适应周围环境变化所必需的心理保证，在具体衡量时，关键在于是否正常、充分地发挥了效能，即是否有强烈的求知欲、乐于学习、能够积极参与学习活动等。

（二）情绪健康

情绪健康的标志是情绪稳定、态度乐观、心情愉快。具体来说，情绪健康的表现如下：愉快情绪大体上多于负面情绪，乐观开朗，富有朝气，对生活充满希望；情绪较稳定，善于控制与调节自己的情绪，既能克制又能合理宣泄；情绪反应与环境相适应。情绪健康有利于个体获得良好的心理状态，也有利于个体提高心理功能（如感知能力、思维能力等），从而更好地发挥自身潜能。大学生应学会保持愉快、稳定、协调的情绪。如果经常出现紧张、焦虑、抑郁、恐惧等不良情绪，那么潜能发挥就会受到影响，日常学习效果也会受到影响。

（三）意志健全

意志是指个体自觉地确定目标，并根据目标调节、支配自己的行为，以克服困难，实现预定目标的心理过程。意志健全者在行动的自觉性、果断性、顽强性和自制力等方面都表现出较高的水平。意志健全的大学生在各种活动中都有自觉的目的性，能适时作出决定并运用切实有效的方式解决所遇到的问题，在困难和挫折面前，他们能采取合理的反应方式，能在行动中控制情绪和言行，而不是盲目行动、畏惧困难和顽固执拗。

通常，意志不健全者会有以下表现特征：

(1) 优柔寡断，即面对不同的目标或方向时难以作出选择，患得患失。如一些大学生在面对继续深造和直接就业两个发展方向时，反复纠结，瞻前顾后，难以作出选择。

(2) 自制力差，即控制自己言行和情绪的能力较差。如一些大学生进入大学后开始放纵自我，沉溺于网络游戏，从而荒废了学业。

(3) 盲目行事，即没有主见和原则，盲目跟从他人。如一些大学生不考虑自己的专业、兴趣和特长，盲目地参加社团活动或求职择业。

(4) 行动草率，即轻举妄动。如一些学生做事冲动，容易因一点小摩擦而与他人发生冲突，甚至做出违法行为，等受到处分或者法律制裁时，已悔之晚矣。

（四）人格完整

人格是一切心理特征的总和，是个体的性格、气质、能力、需要、动机、兴趣、价值观等方面的综合。人格是个体独有的心理特征，是在先天素质和后天环境的共同作用下形成的，具有相对的倾向性和一定的稳定性。

人格完整是指个体所想、所说、所做协调一致，个体人格结构的要素完整统一，即个体在气质、能力、性格、信念等方面均衡发展，具有正确的自我意识，以积极进取的人生观作为人格的核心，并以此为中心把自己的需要、目标和行动统一起来。

（五）自我意识完善

人类意识是在其演化环境中与最敌对的力量（其他人类个体）的竞争中铸造出来的。从生物学的观点来看，因为意识帮助个体理解环境信息，并利用这些信息计划最适宜而有效的行动，所以它才可能进化。从文化角度看，生活在同一文化环境下或面临不同的生存任务时，对现实的个人建构的个体差异会更大。因此，自我意识的完善至关重要。

自我意识完善主要是指个体能正确地认识自己，评价自己，接纳自己。心理健康的大学生能够正确地自我观察、自我认定、自我判断、自我评价，恰如其分地认识自己，摆正自己的位置；既不以自己在某些方面高于别人而自傲，也不因某些方面弱于别人而自卑；既能正确对待自己的优点，也不回避自己的缺点，能够自我悦纳，做到自尊、自强、自爱；面对挫折与困难，能够正视现实，积极进取，而不自暴自弃。

（六）人际关系和谐

人要拥有幸福的生活，首先要学会处理好人际关系。社会生活中最重要的活动之一是与人接触或与人打交道，也就是人际交往。和谐的人际关系是事业成功与生活幸福的前提。其具体表现如下：乐于与人交往，既能建立广泛的人际关系，又能结交知心朋友；在交往中保持独立而完整的人格，有自知之明，不卑不亢；能客观评价别人和自己，善于取人之长，补己之短；宽以待人，乐于助人；积极的交往态度多于消极态度，交往动机端正。

（七）社会适应

社会适应是心理健康的标准之一，适应能力是衡量心理健康的重要指标。心理健康的大学生能够较快地适应环境，以有效的办法应对环境中的各种困难，不退缩；能够和社会保持良好的接触，对社会现状有清晰、正确的认识，在思想和行动上都能紧跟时代发展的步伐；根据环境的特点和自我意识的情况努力进行协调，或改革环境适应个体需要，或改造自我适应环境，即使突然遭遇意外或身处恶劣环境中，也能较快地进行自我调节，顺应环境变化并保持心理平衡。

（八）角色相符

人人都扮演着不同的社会角色，根据年龄特征和社会需要，不同年龄段的人都同时扮演着多种与社会和自身相符的角色。年龄特征是指在一定的社会和教育条件下，不同年龄阶段的个体在身体和心理发展方面所表现出来的典型的和本质的特征。大学生是处于特定年龄阶段的特殊群体，心理行为应符合大学生的年龄特征，与其年龄与角色相应的心理行为特征。大学生正处于人生中的黄金时期，他们精力充沛、思维敏捷、情感活跃、朝气蓬勃、勤学好问，面对困难时能始终保持积极乐观的态度。这才是心理健康的大学生应有的心理行为特征。

思政剧场

用爱国主义精神为大学生的人生立柱架梁

厚植爱国主义情怀是高等学校培养一代又一代拥护中国共产党领导和中国特色社会主义制度、立志为中国特色社会主义奋斗终身的有用人才的根本要求。我们党历来高度重视爱国主义教育，习近平总书记指出："弘扬爱国主义精神，必须把爱国主义教育作为永恒主题。要把爱国主义教育贯穿国民教育和精神文明建设全过程。"爱国主义是中华民族精神的核心，它早已深深熔铸到中华民族精神和文化基因之中。一个人对国家的热爱，从来不是抽象的，而是具体而深刻、生动而鲜活的，爱国主义的内涵也是随着时代发展而不断发展的。

爱国主义的根基是铭记初心。不论树的影子有多长，根永远扎在土里。国家好，民族好，人民才会好。爱国是一种蕴藏于心的真切情感，是心之所系、情之所归。千百年来，爱国主义始终是中华民族精神的核心。习近平总书记说："爱国，是人世间最深层、最持久的情感，是一个人立德之源、立功之本。"

思想启发： 只有用爱国主义精神为人生建筑夯基垒台、立柱架梁，我们的心灵才有归属的港湾，目标才有安放的场所，奋斗才有接续的动力。

二、正确理解大学生心理健康的标准

在理解和促进大学生心理健康的标准时，我们应重视以下几个方面。

（一）相对性

心理健康是一个相对概念。心理健康的相对性是指心理健康只有在与同龄人的心理发展水平的比较中，才能显现其价值。大学生心理健康是否健康，在是与否之间没有明显的界线，它是一个连续过程，比如将心理健康比作白色，将心理不健康比作黑色，那么在以上两种颜色之间就存在着一个巨大灰色区域，它属于缓冲区，大多数人都会在这一区域内。由此说明，对大多数大学生来说，不用担心人生发展过程中面临的心理问题，面对这些心理问题都是正常的，要积极应对和解决，它是人生发展的一个历程。同时，大学生面对个体灰色区域，应积极提高自我保健意识，及时自我调整。心理健康水平是一个动态发展过程，一个人产生了某种心理障碍并不意味着这种障碍会永远维持或加重，而是要积极采取措施应对和解决。要认识到，心理冲突的形成是非常正常的，有时甚至可能随着时间进程自行缓解。

（二）协调性

从心理过程看，心理过程的完整性与协调性是指一个人的心理活动与外部环境有无偏离。心理健康是指个体心理活动在自身环境条件许可范围内所表达到的最佳状态，而不是指十全十美的状态。心理健康的人的心理活动是一个完整统一的协调体，这种整体协调保证了个体在反映客观世界的过程中的高度准确性和有效性。把握心理健康的标准，应以心理活动为主体考察其内外关系的整体协调性。事实表明，认知是健康心理结构的起点，认知是影响个体心理健康水平和幸福感的重要因素，对于同样的外界刺激，不同的人有不同的心理体验和情绪反应，这都取决于他们对该刺激的认知存在差异。意志是人的主观能动性最突出的表现，意志行为是人格面貌的归宿。情感是认知与意志之间的中介因素，在人格结构中认知与情绪相互渗透；在心理过程中，认知是基础，意志和情感是将认知和情感转化为行为的动力。从心理结构的几个方面看，一旦它们不能进行协调运作时，就可能产生一系列心理困扰或问题。从个性角度看，每个人都有自己长期形成的稳定的个性心理，一个人的个性在没有明显的剧烈的外部因素影响下是不会轻易发生变化的。

（三）方向性

心理健康发展的方向性是指心理发展的指向性。健康心理发展的趋向是从简单到复杂，从低级向高级发展。不健康的心理活动表现一般为：拖延习惯、谣言心理、“热度”效应、恐惧心理、“广场恐惧症”、黑暗恐惧症、愤怒情绪、压力心理、厌食与暴食症、假日综合征、季节性抑郁症等。某些不健康的心理可能是不可避免的发展性问题，随着个体的心理成长并逐渐调整会逐步趋于健康。因此，心理健康的标准是一种理想尺度，它一方面为人们提供了衡量心理是否健康的标准，同时也为人们指出了提高心理健康水平的努力方向。如果每个人在自己现有基础上能够作出不同程度的努力，都可追求自身心理发展的更高层次，从而不断发挥自身的潜能。所以，大学生心理健康的基本标准，是一种高水平的方向引领，并不是要求大学生必须达到的终极目标，而是希望他们不断调适，无限接近此标准，在这个过程中，大学生的心理素质也会获得持续发展。

归因

假如你已经安排好要在7点会见一位朋友。现在是7点30分，朋友还没有到。你会如何就这件事情给自己一个说法呢？

1. 我敢肯定一定发生了什么真的很重要的事情，这使得她（他）不能准时来这儿。
2. 这个笨蛋！她（他）就不能多上心一些吗？

给你选择的机会，你会做情景归因还是做特质性归因？

态度改变行为

你今天有机会表达你的态度吗？有没有人问你，“你觉得我的裙子怎样？”或者“鸡块味道好吗？”态度是对人、客体或观念的积极或消极评价。这样界定态度有助于我们表达这样的事实，即你所拥有的很多态度都不是外显的；你可能并没有意识到你所持有的某种态度。态度非常重要，因为它们影响你的行为，影响你解释社会现实的方式。

第三节　大学生的心理发展特点及常见心理困扰

钥匙

一把结实的大锁挂在大门上，一根铁杆费了九牛二虎之力，还是无法将它撬开。钥匙来了，它瘦小的身子钻进锁孔，只轻轻一转，锁就“啪”的一声打开了。铁杆奇怪地问：“为什么我费了那么大力气也打不开，而你却轻而易举就把它打开了呢？”钥匙说：“因为我了解它的心。”听完这个故事你有什么感受？

每个人的心就像上了锁的大门，只有关怀，才能把自己变成一把细腻的钥匙，进入别人的心中，了解别人。所以，沟通时，一定要为别人着想，以心换心，以情动人。因此在沟通中，我们要掌握互相理解、真诚交往的原则。

随着社会经济的发展，竞争日益激烈、生活节奏也不断加快，当代大学生面临着生活、学习、情感和就业方面的巨大压力。由此产生的心理问题日益突出，对大学生的健康成长和校园稳定产生了严重影响，大学生的心理健康问题呈现出多样化、个性化和复杂化的趋势。调查数据显示，目前我国学大生心理健康问题的发生率已经超过20%，其中较为普遍的是抑郁症、焦虑症、自闭症等问题。这些问题不仅会影响学生的学习成绩和生活质量，还可能导致一些不良行为的发生，给学生和家庭带来极大的困扰。一些大学生因心理问题休学、退学，自杀、凶杀等一些反常或恶性事件不断发生，这些残酷的事实给了我们重要的警示：必须加强对于大学生心理健康的关注。

新时代大学生的心理健康问题，不仅关系到其个人成长，还关系到整个社会和民族未来的发展。因此重视大学生的心理发展历程，了解其心理健康状态，正确引导大学生排除心理障碍、消除心理阴影、预防心理疾病，是我们在开展大学生心理健康教育时的首要任务。

一、大学生的心理发展特点

大学生在这一年龄阶段正处于从青少年向成人转化的重要时期，生理和心理都上发生着显著变化，这些变化既有与一般青年的相似性，又有作为大学生这一特殊群体的独特性。

在这个特殊的阶段，大学生的身心发展逐渐成熟或已达到成熟，自我意识和价值观等也正经历发展和再构成，其心理发展主要表现出以下特点。

（一）自我意识开始成熟

大学时期，大学生的自我意识不断成熟，主要表现在以下几方面。

1. 独立意识显著增强

大学生的社会化程度不断提升，在这个阶段生理发育已基本成熟，因此心理上会产生强烈的成人感和独立感。他们不希望依赖成人，时刻想向周围人展示自己的主张和能力，不喜欢旁人过多干预。

2. 自我认识更加全面，自我控制水平提高

进入大学后，大学生的生活更加自由和丰富。随着独立生活的开始，他们有更多的自由活动和交际的空间，这个阶段他们开始了更深入和丰富的自我探索与发现，在大学这样一个特殊环境中，大学生的价值观经过多元化重组，不再以单一的价值评价标准为依据，能够更客观地认识自己并且评价自己。

（二）思维表现出更多的逻辑和理性色彩

大多数大学生已经进入形式思维阶段，甚至已不再满足于形式逻辑思维的水平，而是继续向更高一层——辩证思维水平发展。

（1）大学生认知结构日益复杂，形式思维能力大大提高，这使得他们可以主要通过概念同化来获得概念，从而大大提高了概念获得的精确性和速度，为大量扩充知识创造了有利条件。

（2）他们对问题的思考不限于寻求原因与结果的逻辑关系，而是把由经验决定的合理性判断也引入思考过程中，并把它当作重要的标准。

（3）部分大学生已达到辩证逻辑思维水平。辩证逻辑思维能力的发展取决于自我调节能力和目的感的发展。

（三）情感丰富，意志水平不稳定

随着年龄的增长，大学生的价值观经过多元化重组，情感与意志发展逐渐接近成熟。情感方面，珍视友谊、向往美好的爱情是这个年龄段大学生的情感需求。虽然大学生的道德观有所提升，且更加理性成熟，但由于其并没有达到真正的成熟，因此还存在一些情感缺陷，容易陷入矛盾和烦恼。

在意志方面，多数大学生能逐步自觉地确定自己的奋斗目标，并能够有效制订行为计划，排除万难去努力实现这个目标。大学时期学生生活独立、学习环境自由，这样的经历极大锻炼了大学生的意志力。但在这个时期其意志水平发展又是不稳定的，主要表现在：大学生有时候还不能形成良好的行为习惯，想的和做的不能达成一致，在做一些比较重要的决定时优柔寡断，特别需要师长的意见。虽然大学生的自觉性、果断性、坚持性在不断提高，但与此同时，其意志品质的发展也存在不平衡、不稳定的特点，个体差异较为明显。总体而言，大学生意志仍呈现快速发展的趋势，且具有较强的可塑性。

（四）理想明确而富有社会意义

大学生开始以成人的角色和思维来思考问题，并不断适应社会。他们开始对自己的社会角色和将要承担的社会责任有所认知，自我教育能力增强，在不断探索寻找未来的发展方向。同时他们也对未来抱有期待并在自己的理想中融入更多的现实因素，以便更好地落到实处，这正体现了大学生心理上由成熟主导的一面，也展现了他们心理发展过程中的时代特征。

二、大学生心理健康核心问题

大学生的心理问题可分为三个层次：轻微心理失调、轻度的心理障碍和严重的心理疾病。轻微心理失调、轻度的心理障碍一般可以通过自我调整或心理咨询解决，而严重的心理疾病则需要到专业的医疗机诊治。

大学生心理健康教育的目标是预防或消除大学生可能出现或已经出现的心理问题。大学的生活相对高中而言发生了天翻地覆的变化，在这样的新环境中，大学生要面对许多新问题：生活环境的变化带来衣食住行方面的问题；学习环境的变化带来学习目的、学习内容、学习方式方面的问题；人际交往环境的变化带来交往需求、交往范围、交往方式方面的问题等。由于生活经验不足、心理准备不足，当大学生在面对这些新的变化时容易出现各种心理适应的问题，常见的不适应问题有理想与现实的冲突、角色错位的困扰、适应不良的焦虑、人际交往的心理孤独、生活应对的烦恼等。

（一）不适应新的生活环境

大学生活相对于高中发生了较大变化，面对陌生的环境，大学生常常感到紧张、焦虑和无所适从。对社会环境的适应也可能出现不同程度的问题。

1. 面对新的生活环境和人群

对于绝大部分大学生而言，他们在面对陌生的校园和同学时会焦虑。多数学生第一次离开父母、朋友和熟悉的环境，开始独立生活，面对众多的问题要自己拿主意，自己动手解决。这些都会给大学生带来不同程度的环境应激，因此学校环境对大学生尤其是新生有重要影响。当这种应激超过限度时，就可能会造成心理问题，出现失眠、食欲不振、注意力不集中等，严重者出现烦躁、焦虑、神经衰弱等症状。

2. 学习环境和学习方法的变化

学习条件和方法的变化主要表现在两个方面。

（1）许多大学生在高中是佼佼者，他们往往自我感觉良好，信心十足。但在进入到新群体时，他们可能不再是最受重视的学生。假如不能恰当地接受和对待，就可能会造成心理问题，表现为自信心降低，产生强烈的自卑感，甚至会出现强烈的嫉妒心理和攻击行为，从而使其更难顺应现实。

（2）学习方法也会影响学习成效，大学是一个全新的阶段，学习的不仅仅是书本知识，更多是对学习能力、分析解决问题能力的培养。有的大学生对大学课程仍沿用高中学习方法，结果造成学习成绩不理想但又忽视了对学习方法的探讨，使得在学习问题上被动应付，心理上承受较大压力，出现焦虑、紧张等情绪反应，反过来又会严重影响其自信心，产生自我否认等心理问题。

3. 生活习惯的变化

南方与北方学生在生活习惯以及饮食习惯上存在巨大差异，因此到其他地域就读的大学生在生活及饮食适应上有一定困难，这也会造成部分学生的环境应激。如果他们不能在短期内顺利适应，心理应激便会影响到正常的学习和生活。另外，学生家庭经济情况不同，进入大学后容易受到其他同学的影响，女同学攀比衣着打扮；男同学抽烟饮酒，追求享乐，娱乐消费逐渐上涨已成为重要关注问题。部分经济能力有限而又爱面子、讲虚荣的学生可能会因此产生心理问题，比如严重的自卑、忧虑、紧张等精神压力，甚至会引发违法行为。

4. 社会适应不良

随着大学生自我意识的发展，成人感不断增强，他们对社会环境常常很敏感，同时会表现出明显的社会适应不良现象。具体表现在两个方面：

（1）追赶时尚潮流，社会上流行什么，大学生就会效仿。

（2）由于抽象思维的发展，其思维的独立性与批判性增强，使得他们倾向于批判传统社会观念。

（二）不适应新的学习方式

在大学全新的环境中，学生功课多，学习压力大；对未来的迷茫导致学习动力不足，学习缺乏目标。这些问题始终困扰着大学生，并由此产生一系列心理健康问题。

1. 学习动力不足

许多学生学习始终不能进入状态，大多时候是在巨大的考试压力下被动学习，而没有思考过为什么学习，因此学习严重缺乏动力。

2. 学习目的不明确

高中阶段的学习方式和大学的学习方式有明显的不同。高中是教师手把手地领着学，是依赖型的学习；大学是教师指导学生学习，是自主型的学习。刚刚进入高校的大学生因为没有及时地了解这种变化，所以很多人感觉学习很吃力，不会自己独立地学习，而且除了按课程表上课外，也不知道该怎么安排自己的自学和实践活动的时间。

3. 学习成绩不理想

学习困难的学生虽然在大学生群体中占的比例并不大，但其负性情绪，对成长是不利的，有的学生上课无法集中注意力，有的学生不适应大学生活。

4. 学习动机功利化

市场经济的利益杠杆直接影响着大学校园，对于学习，学生表现出空前的功利意识。“考证热”正是学习功利化的直接表现。学生充分了解到市场对各种证书的青睐，因而放弃了专业课的学习去追逐各种有用的证书。学生学习功利化与教师要求和学校管理经常发生冲突，容易引发焦虑、烦恼等心理问题。

（三）不适应新的人际关系

在大学这个新的阶段，大学生个体独立步入了准社会群体的交际圈。大学生的人际关系涉及师生、同学、亲友等不同层次，但以同学间的关系最重要。由于学习目标和志趣相同，大多数同学间都能融洽相处。但是部分学生会因遭受过某种挫折，或表现为自我否定而陷入苦闷与焦虑，或企图对抗而陷入困境，并由此产生了心理问题。

也有部分不自信的学生表现为常担心自己是否被别人喜欢，是否被朋友接纳。有时候对同学或朋友的言语很敏感，有的学生因嫉妒别人或哗众取宠，造成人际关系不良。还有的人由于性格问题，导致交友失败，使自己陷入孤独之中，表现为常因小事与同学发生矛盾和摩擦，进而互相猜忌、疏远，个别的同学会发生打架、斗殴现象等。

（四）自我认同问题

1. 理想自我与现实自我的差距

大学生作为同辈人中的佼佼者，开启新的大学生活时就在脑海里设计出完美未来。然而现实社会中遇到的种种客观困难不断阻碍“理想自我”的实现，这一矛盾严重影响了大学生的心理状态。在这个过程中，大部分学生试图努力重建被现实排斥的自我，找到正确定位并树立自己的人生目标，但也有部分大学生企图逃避，甚至会反过来攻击现实。这些的都会导致大学生颓废、苦闷、不求上进，沉溺于玩乐放纵，甚至出现自杀观念等心理健康问题。

2. 自我发展过程中的心理问题

随着年龄的不断增长，大学生已逐步开始意识到了“自我”，并关注到了自我的脆弱，因此产生出强烈地充实自我、发展自我和强化自我的需求。但是，这项系统工程繁杂且难以驾驭。有的大学生，在追求发展自我的过程中，由于没能达到期望的目标，因此产生了不良心理反应。另外，还有一类同学，他们在发展自我的过程中放大了自我的“劣势”，忽略了自我的优势，由于害怕暴露自己的弱点而采取了某种防御性和压抑性的心态，表现为不愿与同学老师交流、独来独往等特点，甚至还容易出现敏感多疑、不信任他人、恐惧不安等心理。

（五）人格问题

在大学阶段个体的人格特征在遗传和后天因素影响下已基本形成。但是，部分大学生人格特质中存在着不良方面，这些不良方面严重影响着他们的学习、人际关系、社会性活动以及进一步的发展和自我完善等，由此产生了心理问题。当个体意识到这些不良方面及其后果，又无力改变的情形下表现出消极的防御反应及自我否认，结果给个体的顺利发展造成了严重影响。

（六）恋爱和性问题

1. 体像问题

体像是指个体对自己身体形象的认知评价，比如认为自己的身材过于肥胖。当大学生不能接受自己的体像时，容易产生强烈的自我否定情绪，甚至会引发攻击、逃避或病理性行为。

2. 失恋

大学生恋爱是大学生活的普遍现象，有恋爱的甜蜜相对而言就有失恋的苦恼。部分心理承受力差自我调节能力差的大学生把失恋看成是极端严重的生活事件，这会使他们的情绪、自我评估、人际交往、学习、生活规律等受到不同程度的影响，由此造成诸多心理问题。

3. 性意识与性行为问题

大学生的性生理已发育成熟，但性心理和性意识还远未成熟。与性意识相伴的是性行为，在未婚大学生中，这种性行为多停留在自慰性行为水平，如手淫、触摸等。部分学生因缺乏正确性知识的认知，因而造成诸多心理压力，严重则会导致心理问题的出现，如因偶尔手淫产生焦虑、烦恼、自责等负性情绪。在大学生中，部分人会因早年的性经历产生严重的心理阴影，并由此影响了心理的安宁，影响了与他人特别是异性的交往；少部分人甚至会产生恐惧未来的婚姻生活的心理。在某些特定因素的影响下，可能会出现性别烦躁、性欲倒错等心理障碍。

另外，有些大学生在意外遭受各类性伤害后，在学习、生活、社交、自我发展方面，都造成严重影响，甚至由此造成心理问题。

（七）就业问题

找工作是面临毕业的大学生最为关心和忧虑的问题。有许多大学生从自我发展和完善方面考虑，把职业方向的选择与个人成长相联系。他们希望找到一份满意的工作，以便学以致用，充分发挥自己的特长，同时，他们又对工作报酬的高低，岗位和地区是否理想，自己家庭和恋人关系是否得到照顾等感到忧虑。因此，在临近毕业之际，他们往往具有情绪不安，思想不稳的特点，加上他们毕竟尚未完全具备成年人的稳定思想状态，所以在这一阶段往往会发生大的思想波动，甚至会出现意料不到的问题。

（八）网络成瘾

随着网络的飞速发展，大学生沉迷于网络的现象越来越普遍。由难以自我控制地过度使用互联网而导致的社会功能和身心健康受损的现象，被称为网络成瘾。网络成瘾给大学生带来的危害不仅仅是学习成绩的下滑、身心健康的损害、道德人格的缺失，更有甚者会因此引发犯罪。加强网络思想政治工作，加强对上网学生的心理健康教育，是当前对大学生教育和管理的重要课题。

三、大学生健康心理的培养与调适

大学生从进入大学生活起，心理适应问题就普遍存在，而能否更好适应对他们今后的大学生活中的学习、情感自我意识、人际交往、人格塑造等方面的心理健康状况都能产生直接的影响。良好的适应能力能为其成长、成才打下良好的基础，甚至对其整个人生的健康发展起到积极的促进作用。大学生该如何做好健康心理的培养与调适呢?

（一）提高生活自理能力

大学生生活自理能力包括个人生活料理能力、个人财物的使用能力、个人时间精力的支配能力。大学生要学会自己料理床铺、收拾房间、洗衣服、照料自己等，其可以积极向自理能力强的同学或者父母请教。在提高生活自理能力的过程中，大学生需要不断实践，在做的过程中不断学习。另外，要做到合理消费，根据家庭的经济情况和来源的可能性安排开支，不要盲目攀比，应适度消费。

（二）掌握必要的心理卫生知识

每个大学生都应增强心理卫生意识，主动学习并掌握必要的心理卫生知识。健康心理的培养和维护是一个科学系统的过程，它与人们的生活、学习、工作密切相关。大学生应当主动学习并掌握心理学和心理健康的相关知识，了解自身心理特点，掌握科学的心理调适方法。

（三）建立合理的生活秩序

大学生活是许多大学生头一次离家独自生活，这样的转变似乎让学生得到了许多的“自由”。不过，滥用这种“自由”，而不顾及自己的身体状况和生理节奏，将不利于自己的身心健康。因此，大学生应尽快从以下几个方面着手建立合理的生活秩序。

1. 心理压力适度

研究表明，个体在适度的压力和焦虑情绪之下，可以提高思考力和机敏度，但如果心理压力过大，则容易出现心理问题。因此，大学生在学习和生活中可以保持适度的心理压力，但应注意调适自己的心理，避免压力过大。

2. 生活张弛有度

大学校园生活是丰富多彩的。这为大学生合理安排生活节奏、积极参加多样的文体活动提供了十分有利的外在条件。大学生应当自觉养成良好的生活习惯，构建健康的生活方式，培养积极乐观的生活态度和高雅的生活情趣，做到起居有常、饮食有度、劳逸结合和有效调节，以充分发挥自身潜能。

3. 摸索适应大学的学习方法

一是向有经验的高年级同学请教，接受任课教师的指导与辅导员的帮助；二是自己要根据大学的学习特点，从个人实际出发，逐步摸索与自己水平相适应的学习方法；三是注重自学能力的培养；四是学会科学管理、支配时间。

（四）合理地调控自身情绪

情绪是个体对外界刺激的主观体验，其对个体心理健康的影响很大，几乎每一种心理疾病都有相应的情绪表现，每一种疾病的产生和发展都受心理因素的影响。如果大学生长时间处于不良情绪状态中，且不懂得调节和控制不良情绪，那么久而久之就会出现心理问题。

情绪一般可划分为积极情绪和消极情绪，无好坏之分，但由情绪引发的行为或行为的结果有好坏之分。因此，大学生应学会合理地调控自己的情绪，有效地避免不良言行或不良后果。需要注意的是，调控情绪并非消灭情绪或压抑情绪，而是正视情绪，疏导情绪，将情绪合理化。

（五）建立良好的人际关系，掌握沟通技巧

新生面对新环境的适应主要是对人际关系的适应，建立良好的人际关系是个体保持心理健康的重要途径。大学生应当积极地建立良好的人际关系，以便有效地保持健康心理状态。此外，还要把握交往的时机，学会沟通技巧，主动交往。

1. 处理好与室友之间的关系

经常参加集体活动，尤其是选择一些个性开朗、乐观的人做朋友。面对来自各地、性格习惯各异的同学，应本着“求大同，存小异”的原则，善于发现别人的优点，包容别人的缺点，设身处地地为他人着想，多理解别人。

2. 主动与教师交往

由于大学教育的特殊性，任课教师除了上课外很少有机会和同学一起交流。大学生应主动与教师交往，一方面请教学习中的问题；另一方面可以解决生活中的困惑。

3. 学会与学校内各部门工作人员交往

大学是浓缩的社会，在这个社会中有各种机构，有各种不同身份的工作人员，对大学生而言他们都是应被尊重的人。在人际交往中，最重要的是对人的尊重，只要做到对人的尊重，自然也会被他人尊重和信任。

（六）重新确立正确的自我形象以及合理的奋斗目标

作为新时代大学生，应客观地认识和评价自己，积极地悦纳自己，学会扬长避短，并确立合理的奋斗目标。有意识地进行自我心理调整，培养良好的个性，在生活中保持自信、乐观、坦诚、豁达、坚持不懈的心理品格，面对纷繁复杂的社会，学会心理自助。

目标是人们活动所追求的预期结果，如果一个人没有价值目标，他就会感到无所作为，感到人生淡而无味。重新确立正确的自我形象，既有利于个体充分发挥自身才能，又有利于个体避免一些不必要的挫折，从而为健康心理的培养和健康心理状态的维持创造条件。因此，大学生应确立合理的奋斗目标，而不要苛求自己。

（七）积极地开展自娱活动

个体培养和发展自己的业余爱好，进行多方面的自我娱乐活动，能够有效地调节心理压力，有利于培养健康心理。因此，大学生应根据自己的性格特点发展兴趣爱好，积极地开展自娱活动，适时地调整身心状态。这对培养健康心理和维持健康心理状态十分有益。

（八）主动地寻求心理咨询

求助是强者的行为，是有效地利用身边资源的一种表现，是积极人生态度的外在表现。当自己无法消除心理困扰，或者向朋友、亲人倾诉也不能消除烦恼的时候，大学生既可以向心理辅导老师寻求帮助，也可以到专业的心理咨询机构进行心理咨询，探寻心理问题的产生原因，并努力寻找消除心理问题的办法，进而帮助求助者调整心理状态，维护心理健康，优化心理品质，从而促使求助者健康成长。

多措并举做好大学生心理干预和疏导工作

习近平总书记指出："要健全社会心理服务体系和疏导机制、危机干预机制，塑造自尊自信、理性平和、亲善友爱的社会心态。"健康个体心理是积极社会心态的重要构成部分，而由灾难引发的特定群体心理问题及其灾后恢复，一向受到心理学、社会学、医学、教育学等学科关注。

大学生心理健康问题已经得到了全社会的高度关注和重视。每年的5月25日为"大学生心理健康日"。当前，为帮助大学生解决心理健康问题，各有关部门已经从多个方面为大学生心理援助提供了方便。所以，大学生一旦发现自己心理出现异常，就应该积极寻求帮助，及时处理，可以找朋友、老师、父母和学校心理咨询师，千万不要独自扛着，别让"心病"影响了生活。

思想启发：应重视大学生同伴交往对心理健康发展的影响，正确引导和发挥同伴关系的积极效应，学习同伴交往的技巧，建立同伴信任，形成积极的自我观念。

小游戏：欢迎步入青年期

目的：帮助同学们了解青年期共同的心理特点。

时间：30 ～ 45 分钟。

地点：普通教室

具体步骤：老师制作青年期卡片，邀请有共同体验的同学来分享，最后总结知识点，向同学们介绍青年期的心理特点。

卡片内容包括：

（1）我觉得自己很孤独。

（2）我觉得父母很难理解我。

（3）有时我很在乎自己的一举一动，有种在舞台上的感觉。

（4）好想谈恋爱。

（5）有时觉得自己好厉害，有时觉得自己好胆小。

（6）多愁善感。

（7）"懒癌"晚期。

（8）没朋友，没知心朋友。

卡片内容可以根据本班级学生特点制作。也可以让班级同学先完成句子小练习，再根据同学们在完成句子小练习中出现的关键字制作青年期卡片。

请用五句话描述你自己最近的心情和状态
①
②
③
④
⑤

想、做、自我实现和幸福

(1)帮助他人。一个人对自身的问题少一点儿关注，多与他人建立积极而亲密的关系，他的幸福感会有所提升。

(2)监控自身对财富的追求。因为人们会很快适应新得到的财富，所以物质财富本身不能保证幸福。有助于人们从事生产或精彩活动的资源能够提升幸福感。

(3)远离电视。不活动、不与他人交往、不主动和限制一个人的身体活动都能导致苦恼。

(4)保留记录自己成就的清单或日志和其他值得骄傲的事情，提醒自己注意生活中美好的事情。这些事情每周和每月都要进行。

(5)寻求人生的心灵体验或生活中敬畏生命、鼓舞人心的体验，尤其是那些适合你气质的体验。

(6)设置长远的目标，暂时失败后能迅速地继续前进。要承认并津津乐道一个事实：生活中有很多困难和挑战。

(7)要认识到，因生理原因、早期经历、过去的学习、想法和能力以及当前的处境，很多人对生活会有一种相对不满的倾向。如果你是这样一个人，不要为此纠结。人格、幸福感虽然可以改变，但经过很长一段时间也仅有很微弱的改变。

第四节　大学生心理健康教育的意义和功能

案例启发

双歧图

请观看双歧图（图1-1），讨论看法。

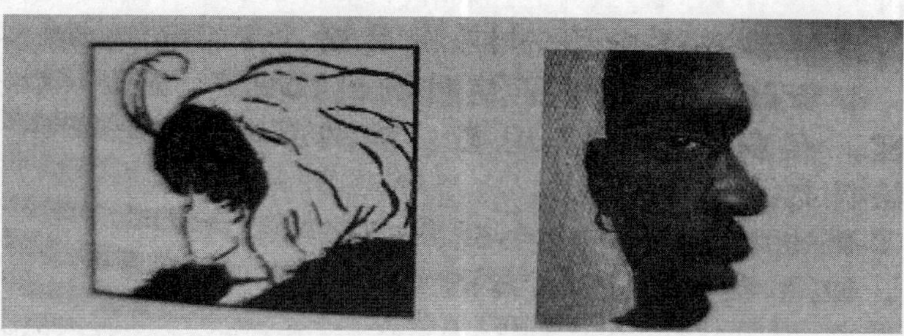

图1-1　双歧图

你看到的是老妇还是少女？你看到的是正面半张脸还是侧面半张脸？

看完图以后有什么感受？是不是发现明明是同一张图，却看到了不同的结果？联系实际生活来看，会不会有很多时候，对待同一件事情，尤其是在产生矛盾的时候，从不同的角度就会有不同的理解呢？

学习人际冲突的五大模式（迁就、回避、合作、妥协、强迫），在与同伴发生矛盾的时候，焦急与愤怒并不能帮助我们解决问题，反而会加剧问题的严重性，而这时候选择听听同伴的看法，再表达自己的看法才能更好地解决问题，多一些沟通，少一些争执。了解已学习的五大冲突能更好地帮助我们去规避、减少问题的发生。

一、关注大学生心理健康的时代背景

大学生的心理健康既是时代发展的要求，也是学校教育的重要任务，更是大学生个人发展的需要。近年来大学生自我伤害，甚至自杀事件常有发生，引发社会关注。而深究其原因，主要在于大学生的心理健康出现了问题。如果大学生想成为一个能理解自己和他人的、健康快乐的、拥有亲情友情和爱情的人那就必须具备一定的心理健康知识。高校要完成“为党育人、为国育才”的历史使命，就必须从本校实际出发，切实加大投入，加强学生心理健康教育。

（一）不容乐观的大学生心理健康状况

随着中国社会政治、经济、文化、教育、婚姻、休闲、老龄化等社会心理和人口学因素发生了巨大的变化，由此带来的家庭结构、生活方式的改变等因素导致心境障碍和焦虑障碍的患病率呈上升趋势，个人极端情绪引发的恶性案（事）件时有发生。

党的二十大报告提出“推进健康中国建设”重大任务，并强调要“重视心理健康和精神卫生”。学生心理健康已成为关系国家和民族未来的重要公共卫生问题，为贯彻党的二十大精神，全面加强和改进新时代学生心理健康工作，提升学生心理健康素养，教育部等十七部门联合印发《全面加强和改进新时代学生心理健康工作专项行动计划（2023—2025年）》（以下简称《行动计划》）。《行动计划》坚持健康第一的教育理念，强调要切实把心理健康工作摆在更加突出位置，促进学生思想道德素质、科学文化素质和身心健康素质协调发展。

（二）大学生心理健康教育工作是高校立德树人中心工作的重要内容

大学生心理健康教育工作是高校立德树人中心工作的一个重要内容，需要贯彻三全育人理念，系统化加强高校心理健康教育工作。

1. 全员参与，形成大学生心理健康教育合力

高校要推动全体教职工参与大学生心理健康教育工作，促进全员育人工作机制的完善。如大力加强心理健康教育中心的建设；建立一支相对稳定的高素质的兼职咨询师队伍；建设高素质的辅导员队伍。与此同时动员高校教育工作者一起参与到学生的心理健康教育工作中。如任课教师在专业知识传授中激发学生积极向上的学习热情，在答疑解惑中传递正能量。大学生群体更应该成为心理健康教育工作的主体，同学间的交流互动是提升大学生群体心理健康品质、提升“助人自助”效果的重要途径。

2. 全程关注，形成心理健康教育闭环

大学阶段是人生成长的关键期，是学生世界观、人生观、价值观确立，心智走向成熟的重要时期，存在反复和困惑时特别需要心理健康教育的支持和辅助。高校心理健康教育工作需要放眼全程发展，聚焦关键时期，加强对学生的人文关怀和心理疏导。心理测评要全面覆盖、精准应用，预警管理要全天候，应对处理要协同联动、增强合力，精准干预学生各类心理问题。通过科学识别、动态追踪、实时预警，有效干预形成工作闭环。

3. 全方位渗透，满足学生心理成长需求

针对学生的不同需求分群体、分层次制定有效的心理健康教育工作方案。强化课堂教学主渠道，普及心理健康知识。线上线下协调配合，全方位渗透教育。进一步发挥体育、美育、劳动教育以及校园文化活动的重要作用，在德智体美劳“五育并举”中增强学生的心理韧性。

二、大学生心理健康教育的意义

（一）加强大学生心理健康教育是学生成长的需求

心理学家的研究表明，大学阶段是学生掌握专业知识技能和个人自我发展完善的重要

时期，两大任务并驾齐驱，缺一不可。自我发展完善涉及的领域很广，包括自我评价、社会适应、人际交往、情绪管理、挫折应对、科学思维、团队合作、婚恋态度、潜能开发、求职择业等，重视的是个人全面、健康而均衡的发展。从个体发展的角度看，大学生正处于青年期向成年期的转变过程中，这一心理发展特点决定了他们的大学生活将是个体逐渐走向成熟和独立的重要节点。大学期间，每一个学生都面临一系列的人生重大课题，如专业知识储备、智力潜能开发、人格品质优化、思想道德修养、求职择业准备、交友恋爱等，这些人生课题的完成，与大学生的心理健康有着密切的关系。

心理健康教育是大学生提升心理素质、促进身心健康发展最重要最直接的途径。主要作用如下：

（1）学会积极面对心理问题，提高解决问题的能力和应对困难的技能，从而有效地减轻心理压力。

（2）学会在社交环境中积极交往，提高人际交往能力和沟通能力，从而促进个人成长和发展。

（3）学生在学习和生活中会遇到各种各样的困难和挑战，学会正面积极的应对问题，会增强自信心。

（4）学会积极面对心理问题，提高解决问题的能力和应对困难的技能，从而有效地减轻心理压力。

（二）加强大学生心理健康教育是社会及学校发展的现实需要

教育部早在2011年就印发《普通高等学校学生心理健康教育课程教学基本要求》，2018年又印发《高等学校学生心理健康教育指导纲要》。由此可见，为符合社会进步的时代要求，高校必须要加强大学生心理健康教育。

大学生就业难、竞争压力大等问题成为大部分高校最棘手的困难。如果出现学生轻生乃至犯罪事件，势必造成一定的社会影响，从而在同类同级学校中竞争力明显下降，影响学校整体发展。

三、大学生心理健康教育的功能

通过科学的心理健康教育，可以改善和优化大学生的认知结构，使他们正确认识自己的情绪和情感，学会情绪调整的方法，保持积极乐观的心态，提高大学生自我认识、自我管理、自我教育的能力。

高校心理健康教育就是要把大学生的心理健康水平不断地由较低层次推向较高层次。由此，我们可以把心理健康教育的基本功能划分为三个不同的层次：

（1）初级功能——预防心理疾病，缓解心理压力。

（2）中级功能——优化心理品质，提高调节能力。

（3）高级功能——充分开发潜能，促进人格完善。

思政剧场

补齐心理健康教育短板，应压实学习主体责任

全国政协委员李孝轩介绍，从调研情况看，青少年心理健康专业化服务供给存在的突出问题是，当前心理健康管理工作相对滞后，与经济社会发展不相适应。在一些学校，客观存在形式上设置了心理咨询室，但教师缺乏咨询实操能力，心理咨询仅仅停留在谈心、辅导层面，不能真正解决学生的心理健康问题。还存在心理教师数量少、兼职多，师资队伍知识水平参差不齐、培训体系不健全等问题。从学校角度看，如何为学生提供更专业化的青少年心理健康服务？李孝轩表示，一方面，应建立学校心理健康教育定期评估机制，督导各级各类学校加快补齐心理健康教育短板，利用大数据技术建立心理高危学生筛查机制，及时给予干预。切实落实“一省一策”心理健康档案，切实改变心理健康教育形式化、边缘化、迎检化问题，把“软指标”变成“硬约束”。另一方面，压缩学校主体责任，增加心理健康教育课时比重，深入开展珍爱生命主题教育，强化学生生命观。

思想启发：开展主题教育，贯彻始终把学生生命放在第一位，珍爱生命，强化学生生命观，引导学生调适自我，减轻心理压力，预防心理问题的产生。切实提高思想认识，以对国家和民族未来高度负责的使命感，紧密结合当前学生心理健康现状和发展趋势，全面加强和改进新时代学生心理健康工作。

心理求助是强者的行为

（1）当你遇到很痛苦或影响你的学校和社会交往功能的心理行为问题时，不要等待，要主动寻求帮助。

（2）相信会有人愿意帮助你，但是你要将自己真实的困难和痛苦告诉你信任的人。

（3）如果你的倾诉对象不知道如何帮助你，你可以向学校心理咨询中心求助。

（4）如果你担心自己的心理行为问题被发现，你可以向心理热线或校外的心理咨询人员寻求帮助。

（5）有时为找一个真正帮助自己的人需要求助于不同的人或机构，你应该坚持下去，为你提供帮助的人一定会被你找到。

（6）解决心理危机统筹需要一个过程。可能你要反复多次地约见心理咨询师或心理医生。

（7）如果医生开药，应按医嘱服用。

（8）避免使用酒精或毒品麻痹自己的痛苦。

（9）不要冲动行事，强烈的痛苦会使你更难做出合理的决定。

我的伙伴我最懂

通过你与你的好朋友一起经历过的那些很靠谱的事情，测一测你是否能猜到同伴的选择？

1. 你能预测到好朋友会点什么奶茶吗？
2. 你能预测到好朋友会看什么电视吗？
3. 你能预测到好朋友会买什么颜色的衣服吗？
4. 你能放心地把事情委托给你的好朋友吗？
5. 你放心你的好朋友知道你的秘密吗？
6. 你会把你重要的东西给好朋友保管一阵子吗？
7. 你的好朋友值得信赖吗？你的好朋友非常可靠，你会感到骄傲吗？

课后思考

1. 大学生心理健康的标准是什么？
2. 大学生心理发展特点是什么？
3. 大学生心理健康的核心问题有哪些？
4. 大学生健康心理如何培养与调适？
5. 通过分析自己遇到困难挫折时的心态，谈谈如何更好地自我完善。

心理实训 1

将全班同学每7~8人分成一组，各小组确定一名组长。针对下列内容，请每个小组短暂讨论后，形成一个简单的报告并在课堂上进行现场汇报。

报告内容：

1. 请写出一件让你感到烦恼或不知道该怎么办的事情。
2. 请说明同样的事情，你或者你身边的同学是怎么做的。
3. 请说明你认为怎么样处理这类事情会更好。
4. 请列举你积极适应大学生活的例子。
5. 请列举一个你身边被动适应新环境的同学的案例，并提出相应改善建议。

心理实训 2

小游戏：天使的秘密

上课了，请每人在纸上写下自己的名字，折好，放在宝箱里。每人随机从宝箱里抽出一个纸条，纸条上的就是你今天要守护观察的人。需要你做的是：默默地观察，守护他。并且在纸上记录你观察到他所呈现的优点。在这节课最后的时候分享自己在这节课中对他的观察结果。

大学生心理适应及应对

——新起点，心适应

大一新生满怀憧憬走进校园，面对陌生的环境、五湖四海的同学和新的学习方式，多数人会有些许困惑，需要一段时间来走出困境，适应大学生活。也有少数人感觉很难适应大学新生活，甚至无法继续完成学业。无论如何，你已经进入大学校园，现在你应该尽快转变角色，努力适应大学生活。

学习目标

1. 理解适应的概念，认识新环境，接受新变化。
2. 了解适应不良的表现。
3. 掌握心理适应不良的调适方法，积极有效地处理适应问题。

思维导图

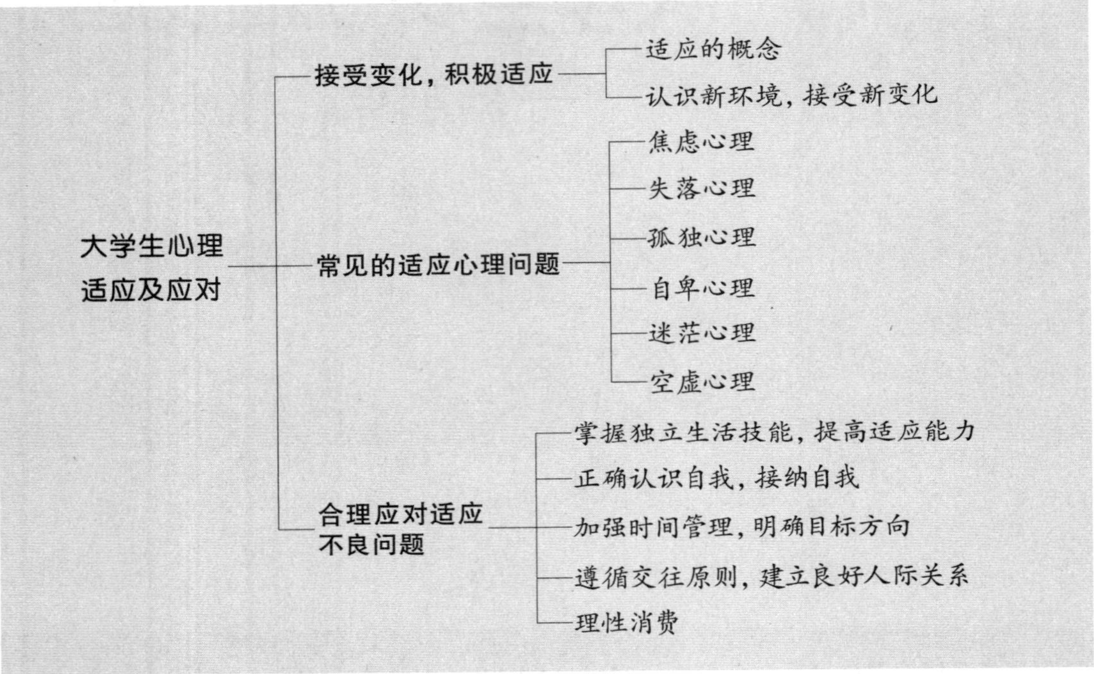

导入案例

新生的烦恼

同学E经过10多年的寒窗苦读，如愿地考进了理想大学。进入大学后，同学E面对宽松的课余时间感到不适应，看到同学们积极参加实践活动，同学E感到手足无措。同学E感觉身边也没有像高中一样能说知心话的朋友，室友在一起喜欢聊八卦、化妆品，同学E感觉自己与大家没有共同话题，感到很孤单，很想念爸妈和老朋友。另外，爸爸妈妈把第一个月的生活费已经打进卡里，结果才过去半个月，同学E的生活费已经快花完了，感到很内疚，不好意思再问爸妈要钱。

现实中的大学符合你的想象吗？你是否也有和同学E相似的苦恼呢？

第一节　接受变化，积极适应

一、适应的概念

适应是个人通过不断做出身心调整，在现实生活环境中维持一种良好、有效的生存状态的过程。心理学中用适应来表示个体对环境变化做出的反应，如人对天气、饮食、生活方式的变化的适应。

适应的原始含义来源于生物学，是指个体在生活过程中遭遇了压力，为了解除压力，运用各种方法和策略，应对外在环境的变化需要，并满足身心内在需求，通过不断的修正，与环境达到相互和谐的关系。“适者生存”意思就是适应环境的个体将得以保存和繁荣。

我们常说的心理适应，主要指各种个性特征互相配合，适应周围环境的能力。一个人能否尽快地适应新环境，能否处理好复杂、重大或危急的特殊情况，与他（她）的心理适应性高低有很直接的关系。

思政剧场

“半截皮带”的故事

1936年7月，红四方面军31军93师274团8连和兄弟部队开始第3次穿越草地。刚进入草地没多久，战士们就陷入了断粮的困境，只好挖野菜、嚼草根、啃树皮，后来野菜这些也没了，便开始吃牛皮腰带。年仅14岁的战士周广才所在的班原来有14人，牺牲了7人，其余战士都靠吃皮带维持生命。当班里其他6名战友的皮带都吃完后，周广才不得不把自己的皮带拿出来。看着心爱的皮带被割掉一段，切成一根根皮带丝漂在稀溜溜的汤水里，周广才热泪都掉下来了。当吃完皮带第一个眼的时候，周广才含着泪说：“同志们，我们把它留下作个纪念吧，带着它到陕北，去找党中央，去见毛主席！”

大家见状，没有把这根皮带吃掉，而是怀着对革命胜利的憧憬，忍饥挨饿，将这剩下的半截皮带保留下来。在随后的长征途中，周广才的6名战友又相继牺牲，只有他随红四方面军胜利到达了延安。为了缅怀牺牲的战友，他用铁筷子在皮带背面烙上了“长征记”3个字，并用红绸子包裹起来。1975年，周广才将这珍藏了几十年的半截皮带捐赠给中国革命博物馆。

思想启发：在艰难的长征途中，红军战士每天面临的死亡威胁不仅有敌人的飞机大炮和围追堵截，还有恶劣的自然条件和缺衣少食的重重困难。克服重重困难取得胜利除了心中的信仰和脚下的力量，还需要具备怎样的身心素质呢？

二、认识新环境，接受新变化

（一）生活环境的变化

大学新生进入大学后，面临的第一个巨大变化就是生活环境的转变。一些学生第一次远离父母、家乡，由于地域、气候、饮食习惯、语言上的差异，再加上由原来依赖父母的家庭环境转变到相对自立的集体生活环境，他们感到不适应，在生活上也会遇到一些困难，因而时常出现想家、思念亲人、怀念老同学等情绪。大学生活在时间安排上相对宽松一些，一些学生不能合理安排作息时间，表现出不良的生活习惯，诸如睡懒觉、打牌、熬夜、沉迷于网络等，大部分时间都浪费在娱乐消遣活动中，对学习逐渐失去了兴趣。大学的生活范围和生活内容也发生了变化，一些学生面对丰富多彩的实践活动、社团协会，感到自信不足、无所适从。进入大学后，学生需要独立管理财务，需要自己安排经济开支，如果计划不当或者没有计划，就会出现“月初当富翁，月末当乞丐”的状况。

（二）学习环境的变化

大学的学习与中学的学习在学习内容、学习方式和学习要求上都存在差异。进入大学后，无论是科目还是知识面都比中学阶段要宽得多，学习内容体现出专业性和系统性的特点，虽然也学习基础知识，但更重要的是掌握专业知识和技能，为社会实践、服务社会作好准备。大学的学习方式更强调启发性、研讨性、自学式教育，所谓“师傅领进门，修行在个人”，课堂讲授时间相对较少，覆盖内容相对较多，讲课速度快、跨度大，学生不仅要消化理解课堂上学习的内容，而且还要大量阅读相关方面的书籍和文献资料进行自学，这就要求学生在学习上要学会独立思考、培养自主能动性。大学的学习氛围是外松内紧的，课堂上氛围轻松、学习自由，甚至一些学生偶尔逃课，这种氛围下自学能力成为影响学业成绩的重要因素，这就需要大学生自己设定学习目标，学会自学。

（三）人际环境的变化

进入大学后，人际关系不再是单纯的学习型人际关系，面对来自四面八方、性格迥异的同学，人际交往空间更加广阔。除了老师、朋友、同学以外，还有其他的角色关系也需要学生处理，比如来自同一地方的老乡关系、同一社团的组织的关系等。此外，由于班级和宿舍里的同学分别来自不同的地域和不同的家庭，他们在思想观念、价值标准、生活方式、生活习惯等方面都存在着明显的差异，在遇到实际问题的时候往往容易发生冲突。

（四）管理环境的变化

在教学管理方面，中学实行学年制，学生必须读满规定的学年，修完所有课程，考试合格后才能毕业；大学实行学分制，学生可根据自己的实际情况，提前修满学分，提早毕业，也可以延长学习时间。在管理方法方面，相比于大学，中学管理更加严格，学校、老师对学生的管理采取直接管理，通过严管来保证学生有足够的学习时间，大学则更多地强调学生自我管理、自我教育、自我约束，给学生提供了自主发展、张扬个性的空间。

（五）角色地位的变化

从一名中学生到一名大学生，是每个新生都面临着的角色转换以及自我重新定位。在这种角色转换的过程中，如果自身的行为不能随着角色、时间、环境的改变而进行相应的调整，就可能会出现角色的冲突，从而出现适应不良。一些学生在高中阶段都是学校的佼佼者，无形中可能会产生某种过高的自我评价。进入大学后，来自各地成绩优异的佼佼者会集一堂，相比之下很多学生发现自己显得比较平常。很多人是带着“过去的辉煌”来到了大学，当辉煌不再时，一些大学生会感到措手不及，无法接受理想自我和现实自我之间的巨大差距，一种失落感和自卑感便袭上心头。这种地位的变化越强烈，他们适应起来就越困难。

请按照 1 ~ 5 分的评定标准对以下问题进行评定，在每道题的后边写出符合你感受的分数。非常符合（5 分），符合（4 分），无所谓（3 分），不符合（2 分），非常不符合（1 分）。不用过多思考，真实填写即可。填写完成后把每个题目得分相加，得分越高，说明你的适应水平越高。

（1）我和异性同学相处得不好。 分数：

（2）我在学校参与了很多社会活动。 分数：

（3）我不关心学习以外的东西。 分数：

（4）我只在乎自己的学习成绩。 分数：

（5）除了学习，我很少参加别的活动。 分数：

（6）若有机会，我能胜任某种学生干部的工作。 分数：

（7）我很重视发展自己的业余爱好。 分数：

（8）我认为在大学里应该多参加一些学习以外的活动。 分数：

（9）我害怕与异性同学交往。 分数：

第二节 常见的适应心理问题

大学新生满怀憧憬的迈进大学校园，觉得大学生活不仅丰富多彩，也处处充满了挑战。面对不确定性，许多学生会有些许困惑，表现出对大学生活的不良适应心理。

一、焦虑心理

大学新生进入大学后首先面临的就是生活环境的变化。没有了往日家庭的照顾，有的学生因缺乏独立生活的能力，一时在生活上不能自理；有的学生在开支上没有计划，时常出现“经济危机”；有的学生每天循环往复于“教室—餐厅—宿舍”三点一线的枯燥生活，面对丰富多彩的校园文化活动无所适从；有的学生不适应学校的水土和饮食方面的差异以及气候、语言环境与作息时间的变化等。大学新生遇到这些问题时，常常束手无策，郁郁寡欢。有的学生出现烦躁、痛苦、紧张不安等焦虑情绪，以及疲倦、失眠、注意力不集中等神经衰弱症状。

案例启发

同学B是南方人，来到北方求学，他从小生活在气候湿润的环境里，对于北方干燥的气候感到不适应，再加上饮食上的差异让同学B有些水土不服，脸上长了很多痘痘，时常感觉胃部不适。自从进入大学，同学B的学习状态也不理想，尤其在专业课程学习上感到很吃力，因此一直念想着第二学期调换专业，对于当前专业课经常逃课旷课。开学不到两个月，同学B逐渐迷恋上网络游戏，经常通宵打游戏，养成了不良作息习惯，在他想调整作息时却发现自己时常失眠、入睡困难。同学B面对这些问题，每天郁郁寡欢，焦虑情绪经常困扰着自己，不知道如何是好。

二、失落心理

在进入大学前，许多学生想象中的大学都是校园风景如画，教室宽敞明亮，师生团结友爱，处处欢歌笑语，充满诗情画意。然而，进入大学，经历短暂的兴奋期之后，却发现现实中的大学并非自己想象的那么美好。有的学生感觉到自己所考的大学与自己梦想的大学相去甚远；有的学生因为自己高考失利，或者是填报志愿时受到老师、家长的左右，所上的大学并非自己所愿；有的学生对自己所学的专业不甚了解，或者根本就不是自己选择的，因而没有兴趣，也学不进去。这些理想与现实的落差，致使一些学生常常怅然若失、忧心忡忡、情绪低落、感到前途迷茫、困惑失望，从而形成失落心理。

三、孤独心理

人际交往是大学生适应社会不可或缺的方面，也是个性完善的重要组成部分。大学生在人际交往方面既表现出闭锁性又表现出开放性。一方面，大学新生在中学阶段一般都有自己稳定的交际圈，到了大学之后，同学们来自五湖四海，彼此陌生，自我保护意识比较强，容易出现闭锁、怀旧心理，同伴之间交往比较谨慎，比如有些学生交往范围狭窄，有些学生不能与人坦诚相待，有些学生不愿意主动接近别人等。另一方面，大学新生渴望建立和谐、融洽的人际关系，收获新友谊和爱情，他们容易掩饰内心真实情感，渴望得到别人的关心与理解，与同学交往的愿望很强烈，渴望融洽的人际关系，比如有的学生明明厌烦某事，却表现出合群的态度等。这种既渴望良好人际关系又封闭自我之间的矛盾，使大学新生容易出现人际关系不协调，感到没有知心的朋友，产生压抑、孤寂和烦闷，使他们陷入困扰。

四、自卑心理

大学是人才聚集之地，进入大学后，学生在人才济济的新群体中产生了差距感，个人的光芒很容易被掩盖忽视。面对新的环境和新的挑战，他们原有的优越感有时被打破，自我评价有时会失调。有些学生在知识、才艺、人际关系、容貌等方面觉得自己与别人有很大差距，有些学生因家庭经济困难、浓重的乡音等觉得自卑。这种情况下，一些奋进者会正确认识自我，满怀信心和希望，超越自卑，开始新的拼搏。而有些人则悲观消极，自尊心受到挫伤，导致自我评价失调，不断怀疑自己，变得敏感焦虑。

同学C在未进入大学以前，成绩一直很优异，是学校备受关注的学生，自从进入大学，同学C发现“人外有人，天外有天”，一些来自大城市的同学不仅学习成绩比自己优异，才艺方面也很出色，这种落差使同学C自尊心受挫，以往的优越感逐渐消散。同学C自幼生活在贫困农村，普通话水平一般，地方口音较重，有时候很努力在表达，对方还是听不懂，由于家庭经济困难、语言障碍，同学C总感觉“矮人三分”。

五、迷茫心理

经过高考的激烈竞争，很多学生认为进入大学可以好好放松一下，以补偿十几年的寒窗苦读，许多学生失去了奋斗目标和外界推力，他们以往学习上的被动心理明显表现出来，感到迷茫。有些学生实践经验少，面对复杂的人际关系和社会现象，感到无助和迷茫。有些学生既不喜欢自己的专业，又没有自己的就业方向，每天无所事事，忧心忡忡。有些学生进入大学深切感受到就业压力，担心专业技能不够硬，害怕找不到自己满意的工作，为前途感到担忧和焦虑。大学生的自我意识进一步增强，确认自己已是成人，但独立生活和学习的技能需要在锻炼中提高，一旦失去目标，就会陷入迷茫和困惑。

六、空虚心理

中学生的目标很明确，就是能考上大学。由于有了明确的目标，再苦再累也能忍受。可是经过了激烈的高考竞争，进入大学以后好比“船到码头车到站”，会产生一种胜利的满足感和轻松感，认为“十年寒窗苦读”终于换来了“金榜题名”，对于相当一部分学生来说，大学梦的实现就意味着理想和目标的消失，以为这下可以轻松了，他们认为成绩“过得去”就行，玩个痛快才最重要。面对大学宽松的时间，有些学生沉迷于睡懒觉、游戏、酒吧等，大部分时间都浪费在娱乐消遣活动中，对学习逐渐失去了兴趣。他们在长期不思进取、学习又无长进的情况下，自然就会萌发空虚感。

思政剧场

幸福是奋斗出来的——一座夫妻塔 两代守望人

5月的小兴安岭，林海无垠，“彩芹瞭望塔”巍然屹立在山间。“90后”瞭望员徐盼开始了一天的工作，从地面爬到24米高的塔顶，一共要经过95级台阶和10个转弯平台。恐惧，是每一名女瞭望员必须经历的“第一课”。作为沾河林业局的第二名女瞭望员，徐盼所爬的每一级台阶，都是她的婆婆朱彩芹当年走过的路。婆婆朱彩芹和公公王学堂是这里的第一对夫妻瞭望者，在这座塔上曾爬上爬下30多年，“彩芹瞭望塔”正是用婆婆朱彩芹的名字命名而来。

眼下正值森防关键期，作为森林制高点上的“眼睛”，徐盼登塔后的第一件事就要瞭望。沾河林业局位于小兴安岭北坡，森林总面积有70万公顷。草塘尤其多，干枯的草叶很容易成为“燃火点”。每天几小时不间断瞭望，还要及时汇总传递信息。沾河林业局共有23座防火瞭望塔，“彩芹塔”是中继塔，不仅要接收上级指令，还要负责向其余22座瞭望塔转发上级指令，最忙的时候饭都顾不上吃。

徐盼的爱人王刘洋也是一名瞭望员，2016年两人结婚后，徐盼也作出了与婆婆同样的选择，成为一名女瞭望员，与丈夫一起，接替公公婆婆，组成一座新的“夫妻塔”。每年春秋两个防火期，夫妻俩最多要在这里待上五六个月的时间，面积3平方米的狭小空间是工作间，更是自己的家。经常停电、没有信号，林海荒无人烟，孤独、艰苦自不必说，更危险的是每次上山下山还要警惕猛兽、毒虫的袭击。他们也曾想过要放弃，但获得“全国五一劳动奖章”“全国劳动模范”称号的妈妈是夫妻俩坚持下去的榜样和动力。沾河林业局森林防火瞭望员王刘洋说，当他选择当瞭望员那天起，虽然母亲没说什么，但能感觉到她内心还是很高兴的。因为森林防火瞭望员这项工作是很光荣的，为森工林区守望这片重要的林海资源。

一座夫妻塔，两代人守望。35年间，朱彩芹夫妇和儿子儿媳两代人准确发现、报告各种火情火险，参与森林火灾扑救近百起，以准确无误的标准上传下达，为取得扑火战斗的胜利发挥了不可替代的作用。

······ 第三节 合理应对适应不良问题 ······

一、掌握独立生活技能，提高适应能力

大学生面对环境的变化，首先要有积极乐观的心态，主动认识并接受环境的变化，根据这些变化积极调整自己的生活习惯和情绪。一些来自异地的学生要了解当地的自然气候、风俗习惯、方言、生活方式、饮食习惯等，做好应对这些变化的准备。另外，大学生还要主动培养独立生活的能力，养成良好的生活习惯。进入大学后，大学新生应尽快形成独立生活的意识，养成作息规律、饮食合理、卫生良好的生活习惯，要拒绝和远离不良生活习惯，如抽烟、酗酒、熬夜等。

二、正确认识自我、接纳自我

认识自我就是要全面地了解自己的身体和个性，接纳自我是指对自己本来面目的认同和肯定，也就是要面对现实并接受现实自我。要达到良好的社会适应，应从现实中先认识自己，并能接纳自己，而后再进一步去实现自己。此外，认识自我是为了能客观评价自我，大学生如果能够客观评价自己的言行，就能够扬长避短、控制自我、接纳自我、发展和完善自我，就能够处理好自己与他人和社会的关系。大学生一方面要看到自己的优势，保持并不断提升这种优势，在同学当中逐步形成自己的特点；另一方面对于自身差距要想方设法弥补，但是对于一些自己很努力却无法赶上他人的差距，比如学习、特长等方面，要以正确的心态来对待，不要因此而自卑，只有客观全面地认识自我，正确评价自我，才能心平气和地接纳自我，树立信心，朝着自己的目标努力。

三、加强时间管理，明确目标方向

大学生可塑性比较强，如果能加强时间管理，利用好在校时间，朝着目标不断努力，那就既能提高学业成绩，又能提升综合素质。目标具有动力、导向和激励的作用，是激发人的积极性，使人产生自觉行为的必要前提。新生进入大学后，还未确立新的目标，就像是站在十字路口的迷茫羔羊，无所适从，学习缺乏动力和激情。因此，在熟悉环境之后，应该尽快为自己确定一个新的学习目标，目标的制订要依据自己的个性特点、能力，不要跟随别人的目标，目标也不能定过高，否则不但不会获得成功，还会影响心理的平衡。此外，大学新生应该合理利用课余时间丰富业余生活，一方面要积极参与校园文化生活；另一方面要培养自己广泛的兴趣爱好，在这个过程中不断提高自身的综合素质。

拓展阅读

中青在线：超9成大学生有拖延习惯

2021年，中国青年网校园通讯社针对大学生拖延习惯话题，对全国22896名大学生展开问卷调查，结果显示：超九成大学生有拖延习惯，超六成主要体现在学习方面，超五成从中学开始有拖延习惯，“自控力不足、时间充裕、不喜欢做”成为产生拖延习惯的主因，超四成尝试过改掉拖延习惯。

中山大学新华学院学生刘海锋清楚地记得，自己的拖延习惯是从初中开始有的。小升初的暑假没有作业，他就出去旅游，后来懒散的状态就一直带到了后面的学习中，很多事情都是到了要结束时才开始做，“很多东西堆在一起，然后到了要交的时候不知道先做哪个，感觉哪个都很紧急。”

调查显示，93.33%的受访者表示平时做事有拖延习惯，其中“偶尔有”占比61.14%，“经常有”占比32.19%。在有拖延习惯的大学生中，52.02%是从中学开始出现，拖延习惯主要体现在学习和生活方面，分别占比65.39%和56.4%。

天津外国语大学学生唐露露喜欢在有任务需要完成时，拖到最后不得不做的时候才开始做，主要体现在学习上。她说：“上课作业到要交的头天早上或者下午才会写，给自己安排的学习计划会往后延期。”

在江南大学团委书记单云婷看来，拖延习惯表面上是时间管理的问题，本质上是心理层面的问题，对于有一段时间周期的任务，多数人会下意识地告诉自己，时间很充裕，可以先放松，一旦有了懒散或者抗拒的心理状态，一拖再拖，直到临近才不得不赶工就会成为常态。她认为，要改掉拖延习惯，可以从以下几个方面入手：一是做事时，尽量把周边可能会影响专注力、导致分心的因素减到最少；二是把一个大目标分解为一个个小目标，通过不断实现小目标持续增加成就感，进而有动力完成最终的目标；三是找到志同道合的朋友，一起制订合理的目标和计划，在互相督促中实现团体战“拖”的成功。“总而言之，先从小小的转变开始，慢慢地就会形成良性循环，在不知不觉中，拖延习惯就改掉了。”

四、遵循交往原则，建立良好人际关系

良好的人际关系是大学新生提高学习效率、完善自身意识、促进心理健康的需要。新生应该了解人际交往的几大原则，在人际交往中自觉遵循这些原则。

一是平等尊重原则，主要是指人际交往双方在精神上、人格上和地位上是平等的，没有人身依附关系，因此要尊重对方的意愿，不能强迫他人，这是人际关系形成的基础。二是诚实守信原则，指在交往中要重诚信、讲信用、不欺骗，从而形成值得信赖的关系，这是人际关系得以维持、发展和深入的保障。三是互利互惠原则，人际交往是一个互动的过程，在这个过程中，双方都要有所付出，才能得到对方的帮助和支持。

五、理性消费

大学生要树立勤俭节约的消费观，作为依靠父母供养上学的大学生，应该体谅父母的辛劳，即使家庭经济条件比较好，也需要培养艰苦奋斗勤俭节约的思想。此外，大学生还要坚持量入为出的消费原则，大学生的消费水平一定要与自己家庭的供养能力和自己的经济实力相匹配，要根据自己的生活费有计划地消费，不要和同学比吃、比穿、比娱乐消费，更不要为了面子盲目追求高消费。另外，大学生每月开支消费要有计划，学会管理财务，首先应满足自己学习生活的基本需要，此外再考虑其他消费开支。

拓展阅读

三种消费误区

一是悬空消费，即脱离社会经济发展以及个人消费承受能力的超常消费。如果消费欲超过自己的经济承受能力，就会出现许多问题，比如负债累累，既影响人际关系，又增加自己的心理负担。有的人甚至以非法手段获取钱财来满足自己消费的欲望而走上犯罪的道路。

二是炫耀消费，消费不是为了适用和满足需要，而是为了向别人炫耀自己。

三是情绪型消费，把对消费品的占有和享乐作为弥补精神空虚的手段。

课后思考

1. 面对大学各方面的变化，自己有哪些适应不良的表现？
2. 针对适应不良问题，你是如何进行心理调适的？

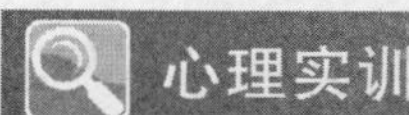

心理实训 1

进入大学后的五个“最”

进入大学后，我最满意的是：	
进入大学后，我最高兴的是：	
进入大学后，我最关心的是：	
进入大学后，我最想做的是：	
进入大学后，我最担心的是：	

讨论一下：

（1）同学们对大学生活的总体适应度如何呢？

（2）自己和同学们相比适应度更强还是偏弱呢？

（3）大家“最担心的”集中在哪些方面呢？

心理实训 2

目标在召唤，七步动起来

请选定一个具体的短期目标，例如：读一本书、考取一个职业资格证书等。为了形成可操作的计划，还可以把这个目标再分解为若干个小目标，一个个地列出这些小目标的七要素，然后梳理制定该目标的执行方案，为自己制订一份“目标达标计划”。

第一步：目标	
第二步：达到目标的益处	
第三步：实现目标的障碍	
第四步：所需资源和信息	
第五步：可以提供支持的对象	
第六步：制订行动计划	
第七步：规划时限	

全班随机分成若干组，在小组范围内，每个人根据自己制订的“目标达标计划”进行分享和交流。

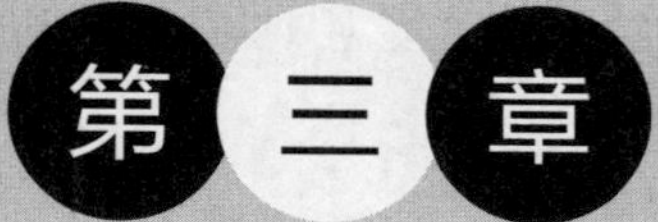

大学生自我意识及其调适

——遇见真实的自己，完善自我

每一个人生活在世界上，都要与周围的各种事物发生种种联系。为了与周围世界更加和谐地发展，我们必须对周围世界进行探究和了解，这是对外部世界的认知。同时，为了使自己能够更好地适应社会的发展要求，我们又要对自己进行反思，这样就形成了人对自己的认知，即自我意识。正确的自我意识作为高职大学生健康人格的六大培养目标之一，可帮助大学生调节人际关系、进行自我道德约束、培育积极社会心态、建立正确的择业观、提高社会适应能力，故其具有积极的意义。

学习目标

1. 本章主要是使学生认识自我发展的重要性。

2. 了解并掌握自我意识发展的特点，能够识别在自我意识发展过程中出现的偏差及原因，并能够对其进行调适。

3. 学会正确自我认识的方法，建立自尊自信的自我意识。

思维导图

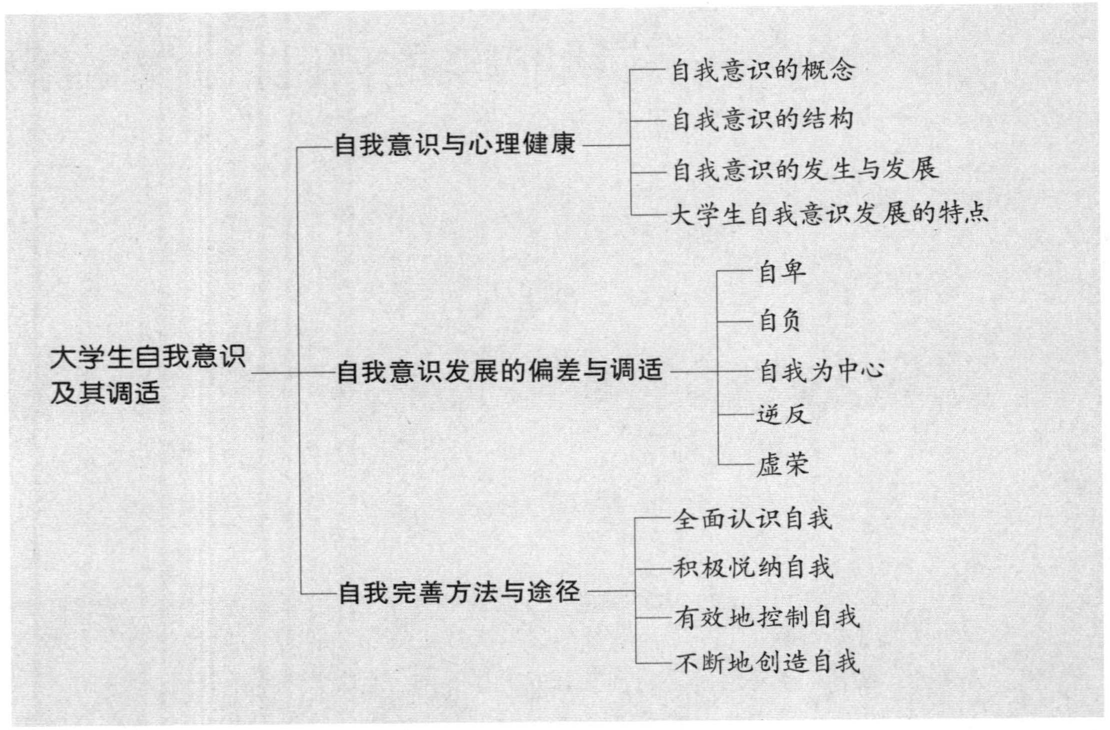

导入案例

交换人生

同学A曾经是一个活泼开朗的女孩。从小备受家长、老师、同学的宠爱，学习成绩也总是名列前茅。自从进入大学后，同学A的学习成绩下降得很厉害，甚至出现了不及格的现象。在宿舍，也出现了关系紧张等问题。经过了解，同学反映她的精力没有放在学习上，玩手机，看网络小说，上网聊天，玩心太重；同学相处时也总是事事必争，嫉妒心强，不够宽容。而A则认为：我曾经以为自己是很优秀的，到了大学才知道，我原来是长相平凡、智商平平、什么都不出众的女孩，大概我也只能这样了吧？

而同是一个专业的同学B，家境贫困，入学成绩也不突出。但进入大学后，却在班级表现积极，大小活动都能见到她的身影，哪怕在班级联欢会中给同学们服务也很开心。她主动跟老师交流自己的不足，表达想通过大学生活锻炼自己全面发展的渴望；喜欢跟同学交流，谈自己的理想，想成为一名出色的药理学家。她抓紧一切可以学习的机会，寒、暑假都在实验室帮助老师做实验。她的个人空间里也记录了很多格言、感想等，充满着正能量。“功夫不负有心人”，通过几年的努力，她如愿以偿地拿到了某知名高校的研究生入学通知书，朝自己的理想又迈进了一步。

自我意识影响着个人的发展，认为自己“大概就这样了”的负向的自我意识导致同学A开始怀疑自己的能力，导致学习成绩不断下滑。相反，同学B通过与老师、同学积极交流，参加活动，向同学和老师展示自己，无疑确立的是自立顽强的正向自我意识，最终硕果累累。她证明了：相信自己，我能行！

我是什么样的人？我的这些特点是从哪里来的？我能不能改变自己？我的未来在哪里？这些问题常常不由自主地就会跳进同学们的脑海。这些问题都是跟自我意识相关的问题。应该从哪些方面认识自己？可以怎样完善自己？可以怎样通过培养自信心来提高各方面能力？这些内容将在本章进行探讨。

第一节　自我意识与心理健康

一、自我意识的概念

自我意识就是个体对自己的身心状况、对自身与别人以及与周围世界关系的认识，是个体关于自我全部的思想、情感和态度的总和。人对自己以及自己与周围世界关系的认识、体验和评价是评判心理健康的重要标志。然而，认识自己并非易事，其过程艰难曲折、贯穿人的一生。

人类对自我意识的真正研究始于文艺复兴运动，人文主义者针对中世纪神学对人性的扼杀、对个性自我的否定进行了尖锐的批判，并喊出了“我是凡人，我有凡人的要求”的人性解放之声。此后，法国哲学家笛卡尔最先使用了“自我意识”这一概念，提出了“用心灵的眼睛去注意自身”的精辟论断，揭示了对自我意识的发现的途径。笛卡尔之后，有关自我的研究得到空前的发展。

自我意识就是一个人在社会化过程中逐步形成和发展起来的，对自我以及自己与周围环境关系的多方面、多层次的认知、体验和评价，是个体关于自我全部的思想、情感和态度的总和。自我意识的表现形式是丰富多样的。正因为如此，我们才可以通过多种途径来认识自己和认识他人。比如：“你了解自己吗？”“你认为自己是个怎样的人？”“你喜欢自己的外表、性格、能力吗？”这些都属于自我意识的范畴。

二、自我意识的结构

（一）从内容方面，自我意识可分为生理自我、社会自我和心理自我三个方面的内容（表 3-1）

1. 生理自我

生理自我指个体对自己身体的认识，是自我最原始的形态，大概3岁时开始成熟。例如，对体重、身高、身材、容貌等体貌和性别方面的认识，对身体的痛苦、饥饿、疲倦等的感觉。如果一个人对生理自我不能接纳，认为自己个子矮、不够漂亮或英俊，就讨厌自己，表现出自卑和缺乏自信等。

2. 社会自我

社会自我指个体对自己在社会关系中的角色认识，从3岁到青年期逐步形成。例如，自己在朋友、同学、家庭、社会中所处的地位，自己与他人的关系。如果一个人认为自己不善于交流和沟通，感觉周围的人不喜欢自己，没有人认可自己，也没有知心朋友，那他的内心就会很孤独和寂寞。

3. 心理自我

心理自我指个体对自身心理状态的认识和评价，如能力知识、情绪、气质、性格、理想、信念、兴趣、爱好等。

表3-1　自我意识的结构

自我意识	自我认知	自我体验	自我控制
生理自我	对自己身体、外貌、年龄、仪表、健康状况、所有物等方面的认识	英俊、漂亮、迷人、有吸引力、自我悦纳等	追求身体的外表，健康、物质欲望的满足，维护家庭的利益等
社会自我	对自己在集体中的角色、名望、地位、经济条件等方面的认识	自尊、自信、自爱、自豪、自卑、自怜、自恋等	追求名誉地位、威望，与他人竞争，争取得到他人的好感等
心理自我	对自己的智力、性格、气质、兴趣、信念、理想、爱好等个性特征的认识	有能力、聪明、优雅、敏感、迟钝、感情丰富、细腻等	追求理性，注意行为符合社会规范，要求智慧与能力的发展等

（二）从表现形式方面，自我意识又包括自我认识、自我体验和自我控制

1. 自我认识

自我认识是指主我对客我的认知和评价，即自我认知和自我评价。自我是主我和客我的统一。作为认知者的自我是主体自我，是能够感知、思维、感受和控制行为的自我，是对自己活动的觉察者。作为被认知者的自我是客体自我，是可以作为感知思考、观察和控制的对象的自我，是被觉察到的自己的身心活动。自我认识主要解决“我是一个什么样的人”的问题。从认识形式看，它表现为自我感觉、自我观察、自我分析和自我判断等。如果一个学生因为没有考上理想的大学，就感觉自己低人一等，认为自己没有价值，他就会产生自卑感，做事缺乏信心，没有主动性和积极性，结果是无论做什么事情都难以全身心地投入，常常以失败而告终。试问：难道人的全部价值就真的只是考上理想的大学吗？ 显然这是一个很偏颇、不客观的思想认识。蒙田指出：“世界上最重要的事情就是认识自我，因为认识自我是实现自我的第一个条件。”可见，对自我的客观认知和评价，对个人的健康发展是十分重要的。

2. 自我体验

自我体验是个体对自己怀有的一种情绪体验，即主我对客我所持有的一种态度。客我满足了主我的要求，就会产生积极肯定的自我体验。反之，客我没有满足主我的要求，则会产生消极否定的自我体验。自我体验的内容十分丰富，比如自尊心与自信心、成功感与失败感、自豪感与羞耻感等。从情绪形式看，它表现为自我感受：自爱、自尊、自卑、责任感、义务感和优越感等。

3. 自我控制

自我控制是个体对自己行为、思想和言语等的控制，即主我对客我的制约作用。自我控制有两个方面的表现，一个是发动作用，另一个是制止作用。我们在克服困难的过程中，自己强迫自己进行种种活动，这就是自我控制所起的发动作用。而主我根据当时的情境，抑制客我的行动和言语，则是自我控制所起的制止作用。例如，大学生克服上网打游戏、聊天时间过长，进而节制上网时间，把主要精力用在学习上的行为。

自我意识受到很多因素的影响，比如自我态度、成长经历、生活环境等，还有他人特别是生命中比较重要的人如父母、老师、朋友等也会对人的自我意识的形成和发展起着重要的作用。

思政剧场

邱国健立志返乡创业

“我是一个平凡的人，但我并不抱怨，面对自己的能力不足，我选择走进课堂”；“全靠课堂上的理论知识、经验分享，应用到农村建设的创新实践中，才让我们探索出了今天这条致富路。”这是广州开放大学2016届行政管理专业本科毕业生邱国健的自我评价。六年前的一个进修机会，改变了邱国健的事业轨迹，也扭转了从化区上罗村的发展方向。他返乡创业，带领家乡人民共同富裕，专注打造家乡无核鸡心柿的品牌，受到了社会各界、网络媒体、电视台多次报道。

思想启发：邱国健的故事给了大学生很好的启示，能正确认识自己，挖掘自身优势，明确努力奋斗的方向，选择自己认定的道路，充满信心地面对人生，人生一定是精彩的。

三、自我意识的发生与发展

人的自我意识是随着人生每一阶段的成长逐渐发展的。个体的自我意识从发生、发展到相对稳定，大约要经历20年的时间。它起始于婴幼儿时期，萌芽于童年、少年时期，形成于青春期，发展于青年期，完善于成年期。青少年阶段是自我意识发展的最重要的时期。自我形象得到良好的建立，人就会生活得有信心、有动力，了解和接纳自己的优点和缺点，能进一步迈向成熟的阶段。

一个人从生命的开始（受精卵） 直至衰老死亡，大致经历了胎儿期、婴儿期、幼儿期、童年期、青少年期、成年期、老年期等阶段。心理学的研究表明，个体自我意识从发生、发展到相对稳定和成熟，大约经历如下几个发展阶段。

（一）自我中心期

当一个人刚刚来到这个世界的时候，还没有自我意识，甚至不能意识到自己和外界事物的区别。你可以看到几个月大小的婴儿吸吮自己的手指头，就像吮吸母亲的乳头一样津津有味，这个时期的婴儿还生活在主体与客体尚未分化的状态之中。8个月左右，生理自我开始萌生，这就是自我意识的最初形态。到1岁左右，儿童开始能把自己的动作和动作对象区别开来，初步意识到自己是动作的主体。1周岁以后，儿童逐步认识自己的身体，也开始能意识到自己身体的感觉。不过，他只是把自己作为客体来认识，他从成人那里学会使用自己的名字，并且像称呼其他东西一样称呼自己。在 2~3岁时，儿童逐渐学会用代词“我”来代表自己，这是个体自我意识发生的标志。随着第一人称“我”的使用频率提高许多事情都要求“我自己来”，开始有了自立的要求。应该说，3岁儿童的自我意识已经有了一定发展，但其行为仍然是以自我为中心的，即以自己的想法解释外部世界，并把自己的想法和情感投射到外界事物上去。

（二）客观化时期

从3岁到青春期，是自我意识的发展时期，是个体接受社会文化影响最深的时期，也是学习角色的时期。个体在家庭、幼儿园、学校中游戏、学习、劳动，通过模仿、认同、练习等方式，逐渐形成各种角色观念，如性别角色、家庭角色、伙伴角色、学生角色等。

青春期以前，个体的眼光是向外的，引起个体兴趣和注意的是外部世界，对自己的内心世界视而不见。虽然已经意识到自己是一个主体，可以充分认识到自己的行为，但却不了解自己的心理状态；常常把自己的情绪视为某种客观上伴随行动而产生的东西，而不懂得情绪是自己的主观感受；还不善于运用自己的眼光去认识世界，而只是照搬成人的观点作为自己对外部世界的认识。个体在不断与外界接触、在与他人交往的过程中，开始能意识到自己在人际关系、社会关系中的作用和地位，能意识到自己所承担的社会义务和享有的社会权利，等等。这一时期，也是获得社会自我的时期。因此，心理学家也把这一时期的自我意识称为“社会自我意识”，即个体对自身社会角色的意识。

（三）主观化时期

从青春期到成年的大约 10 年时间里，个体自我意识趋于成熟，并逐步获得了自我心理。青春期是人发展过程中一个特殊又重要的时期，是自我意识发展的关键时期。有人把这一时期称为是自我意识由“客观化期”到“主观化期”的过渡，伴随着个体在生理、认知、情绪等各方面的急剧变化，如性的成熟、逻辑思维和想象力的发展、感受性的提高，个体把关注的重点转向内部，开始去发现、体验自己的内心世界，关心自己的形象，不再简单认同别人的观点，有了自己的独特理解，自我意识逐渐趋于成熟。此时，个体的自我意识表现出四个方面的特点：一是用自己的观点来认识与评价事物，使自我意识成为个体认识外部世界的中介因素，从而使自己的思想和行为带有浓厚的个人色彩；二是个体会从自己所倾向的人格特征出发，强调相应事物的重要性，形成特有的价值体系，以指导自己的言行，提高自己的社会地位；三是追求生活目标，出现与价值观相一致的理想自我；四是抽象思维能力大大提高，使自我意识能超越具体的情境，进入精神领域。

自我意识的发展是一个连续的过程，伴随人的一生。虽然理论上一般可以分为以上三个阶段，但不同的个体在不同的生理机制、生活经历、社会文化环境的影响下又有所差别。同时，并不是每一个个体都能获得成熟的自我意识，有的人生都会处于“客观化时期”，使得自己完全受外界环境的影响而缺乏主动性和自觉性；也有的人过早地进入“主观化”时期，显得与生理年龄不协调，或者过度关注自身而产生焦虑、紧张等适应不良。因此，自我意识发展正常、完善是人心理健康的一个重要标志。

四、大学生自我意识发展的特点

大学生处于青年中期，自我意识的发展表现出明显的主观化特点。大学生的自我意识急剧增长、迅速发展并逐渐趋于完善。他们逐渐获得心理自我，强烈关心自己的形象，关注自己的内心世界，不再轻易接受、认同他人的观点，而是具有浓厚的主观性。一般来说，大学生的自我意识发展具有如下几个方面的特点。

（一）自我意识的分化

青年期自我意识的发展是从明显的自我分化开始的。原来完整的“我”被打破了，出现了两个“我”：“主观我”和“客观我”。伴随着“主观我”和“客观我”的分化，“理想我”和“现实我”也开始分化。自我意识的分化是自我意识走向成熟的标志，促使大学生主动地关注自己的内心世界和行为，产生新的体验和认识。

（二）自我意识的矛盾

自我意识的分化带来了“主观我”和“客观我”的矛盾和斗争，呈现出“理想我”和“现实我”的矛盾。随着自我冲突加剧，自我意识不能统一，自我形象不能确立，自我概念不能形成，表现出明显的内心冲突，甚至有很大的内心痛苦和强烈的不安感。因此，大学生对自我的评价常常是矛盾的，对自我的态度常常是波动的，对自我的控制常常是不果断的。归纳起来，主要表现在以下几个方面：

1.“主观我”与“客观我”的矛盾

自我有“主观我”与“客观我”之分，英语中的“I”和“me”能很好地区分这一含义：前者是主观我，做主语用；后者做宾语使用，表示怎样看待我，给我什么。“主观我”是一个人对社会情境作出的反应，是自我中积极主动的一面。主观自我和客观自我应该是统一的，是个人和社会的统一，是“自我统一性的形成”，更是良好的自我意识的标志。但是，由于自我的结构是多种多样的，每个人所处的社会环境存在着很大的差异，“主观我”和“客观我”并不总是存在着统一，大学生的“主观我”和“客观我”的矛盾相对突出。作为同龄人中能够接受高等教育的人，大学生对自我常有较高的评价，但由于远离社会，生活圈子较窄，交往有限，对社会的了解有限，因此在自我认识中参照点较少，加之外界的期望值过高，可能使得某些大学生的自我认识染上了“色彩”。在现实生活中的自己能力很平凡，和想象中的自己存在很大的差距，这给他们带来了不满和痛苦。

我好自卑

E同学自从上了大学以后，发现对自己越来越没有信心了。她觉得自己做什么事情都做不好，没有优点，觉得自己好笨，觉得自己的每一个细胞都在慢慢走向死亡。在别人的面前她很自卑。她有一个很大的缺点就是说话声音特别小，在陌生人面前几乎说不出话来，不是有话说不出，而是她觉得大脑在那时几乎就是空白的，不知道说什么。她觉得自己在一步一步地走向失败，她不想就这么沉默地生活。

自我意识不足严重影响了E同学的正常生活，导致她自信心受挫，产生强烈的自卑感。她没有正确地认识自我，潜意识扩大自身说话声音小的缺点，影响了正常的思考与交流，从而使得她出现心理障碍。每个人在成长阶段都会出现或大或小的缺点与不足，对自己要保持清醒与正确的认知，努力克服、改正缺点和不足，保持自信心，健康地成长。

随着自我意识的发展，大学生总是与周围的同龄人进行比较，总希望能通过努力使自己在外貌、学识等各方面都变得更完美。学习他人之长弥补自己之短，这固然很好。然而，过分追求完美是不现实的，这种心态从根本上说就是不能接纳现实，不能接纳自我，也是自卑心理的一种表现，严重者还会罹患心理疾病。

2.“理想我”和“现实我”的矛盾

大学生自我意识最突出、最集中的表现，主要源于“理想我”与“现实我”的差距。青年时期的大学生，心中承着无数的梦想。他们有抱负、有追求、有理想，成就动机强烈。很多大学生为自己设定了一个美丽的“理想我”，也对大学生活进行了理想化的设计。但当他们开始大学生活，现实与理想形成了巨大的反差，使得他们一时间找不到位置，给他们带来很大的苦恼和冲突。这种冲突可以激发大学生奋发进取的积极性。但是，如果这种冲突迟迟得不到解决，则会引起自我的分裂，导致一系列心理问题的出现。

冲突一：独立意识与依附心理的冲突。进入大学后，大学生的独立意识迅速发展，他们希望能在生活、学习、思想等各方面独立，摆脱成人的管束。但是他们经济、心理上又依赖家人，无法做到真正意义上的独立。这也是大学生苦恼的问题。

冲突二：交往需要和自我闭锁的冲突。大学生迫切需要友谊，渴望理解，寻求归属和爱。他们有强烈的交往需要，希望和朋友探讨人生，分享快乐。然而大学生同时又存在着自我封闭的趋势，与人交往时常存戒备心理，把心灵藏起来，有意无意地与他人保持距离。这种矛盾冲突使得不少大学生常处于孤独的煎熬中。

这些冲突都是大学生成长过程中的正常现象，是自我意识走向成熟又尚未完全真正成熟的集中表现。自我意识的矛盾会使大学生在心理和行为上出现某些不适或者适应困难，也可能影响其心理发展和健康，但解决这些问题是迈向成功的必经之路，是个体获得自我内在力量的重要途径。

（三）自我意识的统一

自我意识分化、矛盾所带来的痛苦，不断促使大学生寻求方法以达到自我认识的统一。他们更多的是通过努力改善现实的我，修正“理想我”中某些不实际的标准等方法达到统一。若统一后的自我意识是完整的、协调的，将有助于他们个性的成熟与完善，促进其心理健康发展。

在自我意识“矛盾—统一——新矛盾—新统一”的转化发展过程中，大学生自我意识不断发生变化，由刚进校的“依赖性”和“盲目性”，渐渐转变为“想入非非”，到毕业前就显得沉稳多了。正是这种矛盾转化使得大学生自我意识产生了明显的飞跃，个体之间出现了不同的差异，自我意识也逐渐趋向成熟。由此可见，大学阶段是大学生自我意识的“转折”时期，也是自我意识和自我矛盾表现最突出的阶段，对个体的世界观、人生观、价值观形成有着非常重要的意义。针对大学生自我意识的发展特点，采取相应的自我意识教育和培养，可以促进大学生走上全面发展和健康成长之路，因此要引导他们全面认识自我，积极认可自我，努力完善自我。

下面对自我意识进行一下简单检测，以便你对自我概念有更加深入的了解“我是谁”。请你在六七分钟之内写出 15 个“我是谁”的陈述句。这些句子是写自己的按照自己思考的顺序来写，不必考虑重要性和逻辑关系。

要求：

认真详细（定义自己的描述，写上你最重要的，最体现你自己的描述）。

操作：

（1）写出 15 句“我是怎样的人”，要求尽量选择一些能反映个人风格的语句，避免出现类似“我是一个男生”这样的句子。

（2）将陈述的 15 项内容作下列归类：

A. 身体状况（你的体貌特征，如年龄、身高、体形、是否健康等），编号：

B. 情绪状况（你常持有的情绪情感，如乐观开朗、振奋人心、烦恼沮丧等），编号：

C. 才智状况（你的智力、能力情况，如聪明、灵活、迟钝、能干等），编号：

D. 社会关系状况（与他人的关系、如何和别人应对进退、对他人常持有的态度、原则，如乐于助人的、爱交朋友的、坦诚的、孤独的等），编号：

E. 其他编号：

分类是为了了解自己对自己各方面的关注和了解程度，某一类项目多，说明你对这方面关注和了解多；某一类项目少或没有，说明你对这方面关注和了解少或根本就没关注、不了解。健全的自我意识应能较为全面地关注和了解自己。

（3）评估：你对自己的陈述是积极的还是消极的。

在列出的每句话的后面加上正号(+)或负号(-)。正号表示"这句话表达了你对自己肯定满意的态度";负号的意义则相反,表示"这句话表达了你对自己不满意、否定的态度"。看看正号与负号的数量各是多少?

如果正号的数量大于负号的,说明你的自我接纳状况良好。负号将近一半甚至超过一半,这显示你不能很好地接纳自己,你的自尊程度较低,这时你需要内省一番,寻找问题的根源。比如是否过低地评价了自己?是什么原因使你成为这样?有没有改善的可能?在组内进行交流。交流对自己的认识,以及对活动的感受。

第二节 自我意识发展的偏差与调适

错位的自我认知

小A是一名大四男生,马上要毕业了。在同学们都还在为工作发愁时,他因为成绩优异、表现突出已经被公司录用,但他总觉得自己处处不如别人、低人一等。他出生在一个偏僻的小山村,家境贫寒,靠救济金才读完了从小学到大学的课程,而他的同学、朋友个个都比他家境好。由于自卑,他不敢与同学一起出去玩儿,甚至不敢谈女朋友,总担心别人瞧不起他,也觉得自己配不上那些时尚、骄傲的女孩。其实,也曾有女孩子追求过他,但他总是不敢面对她们,拼命躲避,直到人家对他失去兴趣和耐心,他又为自己的怯懦感到懊悔。他经常责怪自己是个懦夫,对自己各种不满,但又没有勇气改变,总是生活在苦恼中。

其实,小A的同学都认为他很优秀,一米八的身高,五官端正,热情,爱助人,工作踏实,有责任心。可是,这些正面评价他并没有认识到。为什么他的关注点都在自己的不足上呢?他对自己的认识一直停留在贫穷的山里娃儿上,看不到自己的优点,也不相信别人的夸奖,反而一直认为是恭维。这些自我评价的偏差不仅给他带来长期的心理困扰,更影响了他的生活、感情。

发展心理学的研究表明,青年阶段为寻找自我、发现自我而出现暂时的同一性分散或角色混乱,多属于正常现象。通过角色实验、亲身体验,经过一段时间的自我的痛苦探索,个体就会实现新的、更富创造性的、积极的自我统一。但是,如果一个人不能正确地认识自己、把握自己,不能及时修正自我意识中的错误和缺点,就会在现实中受挫。长此以往,就会出现同一性危机。因此,作为青年人要不断地认识自我、调整自我,克服自我意识中出现的偏差。对于大学生来说，在自我意识发展的过程中，逐渐走出自卑的误区、纠正以自我为中心的倾向、调整扭曲的自尊以及克服盲目逆反心理等是十分重要的。

一、自卑

对自己总不满，只会看到自己的缺点，夸大自己的不足，忽略自我长处，感到自己什么都不如他人，处处低人一等。

（一）自卑的表现

所谓自卑是指自我评价偏低、自愧无能而丧失自信，并伴有自怨自艾、悲观失望等情绪体验的消极心理倾向。自卑常以一种消极防御的形式表现出来，如嫉妒、猜疑、羞怯、孤僻、迁怒、自欺欺人、焦虑紧张、不安等。自卑使人变得十分敏感，经不起任何刺激。

（二）自卑心理形成的原因

自卑心理形成的原因比较复杂，但主要影响因素是来自自我认识的偏差。具体表现为：①消极的自我暗示。凡事好从消极悲观的方面考虑，喜欢拿自己的短处与别人的长处相比，总觉得“我可能不行”“我天生就不是那块料”，久而久之，使自己的自信心丧失。②过低的自我期望。不相信自己的能力，对自己缺乏激励，造成失败的结果反过来又验证了自我的低预期，进一步强化了自卑。③过强的自尊。个体过强的自尊心，会导致自尊的需要经常得不到满足进而产生心理失望，并逐渐丧失自信。另外，如果个体经常遭遇挫折和外界打击也会导致自信心的丧失。

奥地利心理学家阿德勒认为，每个人都有先天的生理或心理欠缺，这就决定了每个人的潜意识里都有自卑感存在。如果处理得好，会使人超越自卑去寻求优越感，若处理得不好就将演化成各种各样的心理障碍或心理疾病。例如，长期的自卑感会使人意志消沉、心情沮丧，对工作和生活失去兴趣和信心，甚至走上自杀或犯罪的道路。

（三）自卑心理调适

克服自卑心理，不妨试试下列方法：

1. 行走时抬头挺胸

心理学家认为，人们行走的姿势、步伐与心理状态有关。因为懒惰的姿势和缓慢的步伐，能滋长人的消极思想；而改变走路姿势和速度可以改变心态。可有意识地练习昂首挺胸、快步行走，日复一日，自信心就会增强。

2. 目光要正视别人

自卑的人不正视别人，总躲避别人的眼神。因此，有意识地练习用目光正视别人。路上相遇时、对面交谈时，或会上发言时，要睁大双眼、目视对方，正视别人则表露出的是诚实和自信。同时，与人讲话看着别人的眼睛也是一种礼貌的行为。

3. 要敢于当众发言

卡耐基曾说，当众发言是克服羞怯心理、增强人的自信心、提升热忱的有效突破口。这种办法可以说是克服自卑的最有效的办法。想一想，你的自卑心理是否多次发生在这样的情况下？当众讲话，谁都会害怕，只是程度不同而已，所以，不要错过每次当众发言的机会。

4. 众人面前表现

心理学家认为：有关成功的一切都是显眼的。试着在你乘坐地铁或公共汽车时，在较空的车厢里来回走走，或是当步入会场时有意从前排穿过，并选前排的座位坐下以此来锻炼自己。

5. 想到就开始去做

如果认为是正确的想法，就必须立即行动起来，发现问题，可以一边调整，一边改进。机遇人人都有，成功不是等出来的，顾虑解决不了问题，只有行动，才是改变现状的最佳选择。许多时候，行动起来改变姿态和加快速度，可以改变一个人的心理状态；动作敏捷还是拖拖拉拉，也是衡量一个人的自信与自卑的重要尺度。

6. 把微笑挂在脸上

笑是一种推动力更是一种很有效的心药。笑能治愈你的自卑心理，化解你对别人的敌对情绪，缓解你紧张而疲劳的心态。每天早上起床的时候，别忘了提醒自己，今天我要笑着去面对学习、生活中的一切，不管什么样的情况，笑一定比愁能解决问题。

拓展阅读

欣赏自己

也许你想成为太阳，可你却只是一颗星星；

也许你想成为大树，可你却只是一棵小草；

也许你想成为大河，可你却只是一泓山溪。

于是，你很自卑。

很自卑的你总以为命运在捉弄自己。

其实不必这样，欣赏别人的时候一切都好；

审视自己的时候，却总是很糟。

和别人一样，你也是一片风景，你也有阳光，有空气，有寒来暑往，甚至有别人未曾见过的一棵春草，甚至有别人未曾听过的一阵虫鸣……

做不了太阳，就做星辰，在自己的星座发热发光；

做不了大树，就做小草，以自己的绿色装点希望；

做不了伟大，就做实在的自我，平凡并不可卑，关键是必须做最好的自己。

不必总欣赏别人，也欣赏一下自己吧！你会发现，天空一样高远，大地一样广大，自己与别人有不一样的活法。走向超越，只有靠自己！

二、自负

对自己的肯定评价过高，拿着放大镜去看自己的长处，拿着显微镜去看别人的短处。盲目乐观，自以为是，很难处理好人际关系。

（一）自负的表现

自卑与自负是青年时期自我意识发展过程中最为典型的心理偏差，对青年理的健康发展具有消极的影响。自负的人经常表现为过分地骄傲、妄自尊大、目中无人。对他人的优点和长处不以为然，也不善于倾听他人的意见和忠告。这种人做事虽然表现得很有信心，但由于过分地相信自己，甚至夸大自己的力量，也不善于向他人学习，不接受他人的意见和建议。所以常常是孤注一掷、盲目蛮干，其结果同样是以失败而告终。

（二）自负的危害

自负与自卑一样，对人心理发展的影响也是消极的。自负的人固然想成就一番大事业，但由于对自己的主观估计过高，轻视他人的力量，也难获事业的成功，古今中外都有这样的教训。

大家都知道秦末农民起义军领袖项羽自封为西楚霸王，未坐定江山便大封诸侯，大有秦始皇“普天之下莫非王土，率土之滨莫非王臣”的气概。由于他忽视汉王刘邦的力量，最终为刘邦所击败，一气之下，自刎于江边。可见，自负心理对人的危害也是很大的。

（三）自负的调适

对于自负的人来说，下列方法也许对克服自负心理有所助益。

1．勇于接受批评

这是根治自负的最佳办法，自负者的致命弱点是不愿意改变自己的态度或接受别人的观点，接受批评即是针对这一特点提出的方法。它并不是让自负者完全服从于他人，只是要求他们能够接受别人的正确观点，通过接受别人的批评，改变过去固执己见、唯我独尊的形象。

2．与人平等相处

自负的人视自己为上帝，无论在观念上还是行动上都无理地要求别人服从自己。平等相处就是要求自负者以一个普通社会成员的身份与别人平等交往。

3．提高自我认识

要全面地认识自我，既要看到自己的优点和长处，又要看到自己的缺点和不足，不可“一叶障目，不见泰山”，抓住一点不及其余，未免失之偏颇。认识自我不能孤立地去评价，应该放在社会中去考察，每个人生活在世上都有自己的独到之处，都有他人所不及的地方，同时又有不如人的地方；与人比较，不能总是拿自己的长处去比别人的不足，把别人看得一无是处。

4．用发展的眼光看自己

既要看到自己的过去，又要看到自己的现在和将来。辉煌的过去可能标志着你曾是个英雄，但它并不代表现在，更不能预示将来。

5. 多看他人优点

多与优秀或成熟的人交往，多看身边人的优点、长处，从中发现自己的不足，知道其实我们身边还有很多人比自己强，从而消除自负心理。相同的办法还可以多读一些名人传记，树立可以督促自己进步的榜样，通过向榜样学习，消除自负心理。

心理实验

惊人的自我暗示

美国有一个心理研究组织做了这样的实验：安排一些志愿人员，先测量了他们的握力，平均为45.8千克，然后将他们催眠，暗示他们现在软弱无力、浑身没劲。经过这样的催眠后，再测量他们的握力，发现他们的平均握力居然只有27.2千克了。但是，在同样被催眠的情况下，如果给予他们一种完全相反的暗示，告诉他们每人都是大力士，强壮无比。如此之后，其平均握力竟可达到63.5千克。这就是心理暗示的力量。

自古以来，许多成功者都曾运用了积极自我暗示的“排练”来完善自我，获得成功。拿破仑在带兵横扫欧洲之前，曾经在内心想象中“演习”了多年军事。原来他在上学时做的读书笔记竟然有400页之多，他把自己想象成一个司令，画出科西嘉岛的地图，经过精确的数学计算后，标出可能布防的各种情况。世界旅馆业巨头康拉德·希尔顿在拥有一家旅馆之前，很早就想象自己在经营旅馆。当他还是一个孩子的时候，就常常“扮演”旅馆经理的角色。成功后的希尔顿终于让自我暗示反复强化的“心理图像”梦想成真，将自己的连锁店发展到世界各地。当根植于“心理图像”的自我积极暗示愈加清晰和坚定时，你离成功已经不远了。

三、自我为中心

自我为中心者凡事从自我出发，不能设身处地进行客观思考；只关心自己，不顾及他人的感受和需要；盛气凌人，处事总认为自己对，别人错，经常把自己的意志强加于他人。

（一）自我为中心的表现

在青年自我意识发展中，由于青年对自己的内心世界开始发生兴趣，常常把目光从对外部世界的关注转向对自己的关注；青年人强调自我存在的价值，所以不免会产生“自我心理”。但是，如果过分地强调自我的存在，一味满足自己的需要，而不顾他人的利益，甚至把自己的利益凌驾于他人之上，就是以自我为中心的表现。

自我为中心的心理倾向主要表现在人际交往中。以自我为中心的人际交往主要强调评价标准的自我性，即我认为什么就是什么；注重自我目标的实现，即我想做什么就做什么，毫不考虑他人的得失，一味地满足自己。这种人在群体中是极不受欢迎的，也不会有知心朋友，在工作当中也会经常碰壁。

（二）自我为中心的调适

纠正以自我为中心的倾向，要做到如下几点：

1. 学会换位思考

换位思考就是站在他人的立场、用他人的观点看问题。从自我圈子中跳出来，多设身处地地替其他人想想，以求理解他人。并学会尊重、关心、帮助他人，这样才可获得别人的回报，从中体验人生的价值与幸福。

2. 倾听他人意见

自我中心主义者不仅仅只顾个人利益的满足，同时也不善于接受他人的意见与建议，待人傲慢。要克服这些弱点，就要学会谦虚待人，善于倾听他人意见，把个人的观点与他人意见和建议作比较，吸纳他人正确的观点，改变自己错误的主张。

3. 广泛与人交往，培养合作精神

在广泛的人际交往过程中，可以更多地了解他人的个性特点和需要。努力培养合作精神，有助于克服自我中心主义倾向。

四、逆反

为了维护自尊，而对对方的要求采取相反的态度和言行，容易产生消极的思维定式，与外界人为地对立或对抗；对人、对事多疑、偏执、冷漠、不合群等。

（一）逆反的表现

在青年期自我意识发展的过程中，逆反心理是常见的。逆反心理，是指人们为了维护自尊，而对对方的要求采取相反的态度和言行的一种心理状态。对于青年人来说，逆反心理是一种普遍存在的正常的心理现象，对现实中不合理的现象采取批判的态度，独立思考、追求创新是值得提倡的。从思维上看，逆反心理是一种求异思维、逆向思维，它是创造的源泉；从行动上看，它可使人们对问题多提一些相反的意见；从人格上说，它常与自主型、独立型、创造型人格密不可分。但是，大学生还缺乏生活经验，思想不够成熟，在认识上也经常表现为片面、偏激、固执和极端化。往往以理想化或自身的标准来判断外部事物，过高估计自己，又常常低估了社会与他人。

（二）逆反的危害

当自身的主体需求得不到满足时，作为一种本能的反抗，把客观环境推向自己的对立面，进而把“自我存在”与“自我价值”相对扭曲，故意与外界对抗，表现出一定的逆反心理。逆反心理一旦形成，就会产生消极的思维定式，与外界人为地对立或对抗；同时还具有偏激性，导致看问题不客观、不全面，还易导致主观虚无主义。逆反心理会形成对人、对事，多疑、偏执、冷漠、不合群等病态性格，使人们信念动摇、理想泯灭、意志衰退、工作消极、学习被动、生活萎靡等。

还可能进一步向犯罪心理和病态心理转化；严重者在不良因素的诱导下会滑向犯罪的边缘，危害家庭、学校与社会。可见，盲目的逆反心理危害是极大的。

（三）逆反的调适

克服盲目逆反心理，建议从如下几个方面入手：

（1）学会理解与尊重。承认代沟存在的客观性，与长辈、与教师要相互接纳、相互融合、相互尊重和理解。另外，还要主动与他们接触，向他们请教，这样多了一份沟通，也就多了一份理解。只要抱着宽容的态度去理解他们，逆反的情绪就会大大减少。

（2）学会把握好自我。要经常提醒自己，遇到不合理、不顺心的事要尽力克制自己，提高自身修养。要认识到退一步海阔天空，凸显自己的个性并不是通过与他人的对抗来实现的。虚心向成人学习，在接受他们生活中积累起来的经验与教训的基础上努力创新，形成自己独特的风格才是健康个性的体现。

（3）学会解决冲突的方法。当你与教育者发生冲突时，下列方法可以起到缓解矛盾的作用：一是自我暗示；二是找出休战的合理解释；三是发生冲突时，用一句幽默语言化解；四是转移话题、转移行为；五是在“想象中”或“实际中”扮演对方的角色，体验对方的心理、期待和要求。

五、虚荣

虚荣者往往盲目攀比，好大喜功，过分看重别人的评价，自我表现欲太强，有强烈的嫉妒心。

（一）虚荣的表现

“虚荣”在字典里的解释是表面上的荣耀，虚假的荣誉。心理学认为：虚荣心是一种扭曲了的自尊心，是自尊心的过分表现，是一种追求虚表的性格缺陷，是人们为了取得荣誉和引起普遍的注意而表现出来的一种不正常的社会情感。

（二）虚荣的危害

虚荣心是人们的一种普遍心理，因为任何人都不想落后于他人，适度的虚荣是可以理解的。但是，过度的虚荣是个人心理的一种畸形表现，是不良的心理品质，其本质是利己主义的情感反映。如果把对一般毫无价值的东西的追求发展为似乎是美好的愿望。在这个意义上，虚荣心就是表现为可悲的，甚至不道德的社会情感，常常使人做出没有理智的、不成熟的举止行为。据调查表明，现在有很多大学生存在攀比心理，具体表现为在穿着打扮，手机、计算机等物品上追求品牌；在人际交往方面讲究吃喝等。有些大学生的消费远远超出了家庭的支付能力，这种做法具有很大的潜在危害性，必须及时纠正。

（三）虚荣的调适

如何矫正虚荣心理呢？下面的方法可以参考：

（1）悦纳自己。人生最大的悲剧莫过于自己不能接受自己。不能接纳自己的人往往把自尊心和人生价值建立在两个错误基点上：一个是他人的缺点；另一个是他人的优点。当发现自己比别人好，或得到他人的肯定时，就会觉得自己比别人好；当失去他人的肯定时，就觉得自己毫无用处。而悦纳自己意味着把自己的尊严和价值建立在自身的优点之上，这是一种自我肯定。

（2）客观认识自己。客观地认识自己就是要对自己的优缺点有客观的认识既不要过高地估计自己，也不要无视自己的短处。优点并不一定是自己比别人强的地方，缺点也不一定是自己不如别人的地方。如果我们能客观地认识自己，即使自己不如他人，或者被人轻视，也能保持心理平衡，不至于用夸张或逃避的方式来保护自尊。

（3）正确对待社会差别。自从人类进入阶级社会，社会成员的等级差别就一直存在。目前我国还处于社会主义初级阶段，社会成员之间的贫富差异是一种客观存在。社会上也存在部分嫌贫爱富、炫耀攀比的不良风气，这些问题不可能在短时间内解决。对于今天的大学生来说，要正确理解这些问题。靠自己的努力去掌握知识、学好本领，改变自己的命运。

（4）加强自身修养，不追求虚幻的满足。如今大到世界上的“科学谎言”，小到学校里的“考试作弊”，虚荣的背后反映的是一个人的修养问题。正如屈原所说：“善不由外来兮，名不可以虚作。”良好的修养和高尚的情操是遏制虚荣的基石。因此，大学生应不断加强个人修养，提防虚荣心理作祟。

自信程度自评量表

指导语：

本问卷用于评定你的自信心。每个题目都涉及一种你对你自己的感觉和态度。如果题目的陈述符合你通常的实际情况或感觉，符合实际情况选 A，不符合实际情况选 B。

1. 我一般不会遇到麻烦事 A　　B
2. 我觉得在众人面前讲话是很困难的 A　　B
3. 如果可能，我将会改变我自己的很多事情 A　　B
4. 我做决定比较果断 A　　B
5. 我有许多开心的事做 A　　B
6. 我在家里常常感到心烦 A　　B
7. 我适应新事物较慢 A　　B
8. 我与我的同龄人相处得很好 A　　B
9. 我家里的人通常很关心我的感情 A　　B
10. 我常常会做出让步 A　　B
11. 我的家庭对我的期望太多、太高 A　　B
12. 我是个很麻烦的人 A　　B
13. 我的生活一团糟 A　　B
14. 别人通常听我的话 A　　B
15. 我对自己的评价不高 A　　B
16. 我有许多次想离家出走 A　　B
17. 我常常觉得我的工作很烦人 A　　B

18. 我不像大部分人长得那么漂亮 A　　B

19. 如果我有什么话要说，通常是说出来的 A　　B

20. 我的家里人理解我 A　　B

21. 我不像大部分人那样讨人喜欢 A　　B

22. 我常常觉得我的家里人好像总在督促我 A　　B

23. 我常常对我所做的事情感到失望 A　　B

24. 我常常希望我是另外一个人 A　　B

25. 我是不能被依靠的 A　　B

评分与解释：

本测验共 25 题，每题选 A 得 1 分，选 B 得 0 分，选 A 的个数即是你的总分。你的总分越高，你的自信程度就越高。

21 分以上：你很自信，你的自我感觉良好，你为自己的过去感到自豪，对现状和周围感到满意，对自己的未来充满信心。

17 ~ 20 分：你有正常的自信心，这使你能正常地适应人际交往和社会生活。

14 ~ 16 分：你的自信心稍微偏低些。

13 分以下：你的自信程度较低，你对自己和周围的评价不高或不满意，你在现实中有这样那样的苦恼和不如意。为此，你要及时作出调整，分析一下问题出在哪里，或是改变心态或是积极采取行动。

······　第三节　自我完善方法与途径　······

我们时时刻刻都在与自己相处，满足自己合理的期望，并善于利用每个成长机会改进和完善自己，我们的生活就会快乐充实有意义；相反，如果不清楚自己是谁，不能建立良好的自我形象，就会产生角色混淆的感觉。大学阶段是自我意识发展、完善的重要时期。

大学生渴望更深入地了解自己，渴望改正自己身上的缺点或者不足，期待着摆脱自己往日的失败而迎来明天的成功，期待着一个羞涩、胆怯的自己即刻消失而变得强大勇敢。

这些愿望可以实现吗？答案无疑是肯定的。许多心理学研究表明：一个人如果能正确地认识自己，就意味着他具备了决定自身的成功与失败、痛苦与欢乐的基础；如果他能接受自己，接纳自己的不足，积极地看待自己，就意味着他可以优化自己的学业或生活；如果他能把握自己的每一天，每一天都在进步，他就会更加从容地面对生活。

每个大学生都拥有一把决定自己命运的钥匙，他就在自己的手中，大家都可以用这把钥匙开启自我潜力之门，让生命变得更真实，让青春变得更精彩。

一、全面认识自我

案例启发

错位的自我认知

人格心理学家、新精神分析学派的代表人物卡伦·霍妮的一生说明了自我探索的过程。

霍妮生活在一个重男轻女的时代，家庭环境中充斥着对女孩不平等的教养态度。加之她相貌平平，资质平平，常常被父母冷落。但她并没有因为这些因素而自卑，而是在9岁的时候就发出惊人之语："如果我不能漂亮，我将使我聪明！"这就是她给自己找的突破点。在12岁的时候，她就决心要进入医学院学习，最终冲破重重阻力，获得了柏林大学医学院博士学位，并有了后来的成就。

卡伦·霍妮是怎样取得成功的呢？她通过正确认识自己，接纳自己，最后排除万难，不断地提升自己。她的成功告诉我们一个道理：真正的成长是自我探索的过程，自我探索是一个痛并快乐的过程。

古人云："人贵有自知之明""知人者智，自知者明"。古人的话为我们带来启发：人最可贵、最难得的品质是能够认识自己和评价自己。心理学研究表明：全面深刻地了解自我、认识自我是形成自我意识的基础。作家刘易斯写道，在整个宇宙中有一件事，而且只有一件，我们对之的了解比我们能从外部观察学习到的多，这就是我们自己。《大不列颠百科全书》"心理学"词条中写道："人，认识你自己。"就是这么一句话，经过漫漫几千年的演化，形成了我们今天的心理学。一代又一代的心理学家也始终把"人，认识你自己"作为自己的奋斗目标。

心理故事

斯芬克斯之谜

在古希腊的奥林匹斯山上，有一座特尔斐神殿，神殿里有一块石碑，上面写着"人，认识你自己"。主神宙斯觉得人类没有真正认识自己，就派了怪兽斯芬克斯来到人间，它整天守在行人必经的路上，让众人回答同一个问题："什么动物早上用四条腿走路，中午用两条腿走路，晚上用三条腿走路？"如果行人能够答对，它就放他们过去，否则就把他们吃掉。这样，时间一天一天过去，没有人答出来，所以众多行人都成了它的口中之物。终于有一天，一个叫俄狄浦斯的年轻人来到它面前，说出了这个神奇动物的谜底，斯芬克斯听到回答后就跳崖自杀了。

这个谜底是人。它把人的一生浓缩为一天的经历。婴儿呱呱坠地，一开始只能四肢在地上爬；成年后，两条腿走路；老年的时候，步履蹒跚，要借助拐杖才能走路。

所以是三条腿走路。斯芬克斯用这个谜语告诫人类，要对自身进行认识，更要认识被自己忽视的心理。

如果一个人能够全面、正确地认识自己和客观地评价自己，就能准确地为自己确立生活目标，进而能够坚持不懈地为实现自己的目标去努力奋斗。为此，大学生要努力拓宽自己的知识面，增大信息来源，提高文化水平和修养；多与人交流思想，多征询他人对自己的看法，以适当的参照系来了解自己。同学们可以采取如下几种方法来认识自我。

（一）比较法

通过与同年龄伙伴在处世方法和对人、对事的态度、情感表达方式等方面进行比较，“以人为镜”找出自己的特点，进而认识自己。比较时，对象的选择至关重要。找不如自己的人作比较，或者拿自己的缺陷与别人的优点比，都会失之偏颇。因此，要根据自己的实际情况，选择条件相当的人作比较，找出自己在群体中的合适位置，这样才能比较客观地认识自己。

（二）自省法

自省是人的一种自我体验。人们在实际生活中，往往通过自我反思、自我检查来认识自己。古人云“吾日三省吾身”，意思就是说，一个人应时时反省自己，只有这样才能避免或减少错误的发生。

（三）评价法

每个人在认识自己的时候，应该重视他人对自己的评价。他人的评价比主观自省更客观。如果自我评价与他人的评价近似，则说明自我认识较好；如果两者相差过大，大多表明自我认识上有偏差，需要调整。当然，对待他人的评价，也要有认知上的完整性，不可偏听偏信，要恰如其分地认识自己。

（四）经历法

在生活中通过总结成功与失败的经验及教训来发现个人的特点，成功和失败能够反映一个人的性格、能力上的优点和劣势。大学生应该积极参加各种实践活动，并对实践活动获得成败进行正确的自我归因，总结经验教训，不断进行自我修正，完善自我。

周哈里窗理论

社会学家心理学家鲁夫特与英格汉提出“周哈里窗”模式，“窗”是指一个人的心就像一扇窗，周哈里窗展示了关于自我认知、行为举止和他人对自己的认知之间在有意识或无意识的前提下形成的差异，由此分割为四个范畴：一是面对公众的自我塑造范畴；二是被公众获知但自我无意识范畴；三是自我有意识在公众面前保留的范畴；四是公众及自我两者无意识范畴，也称为潜意识。普通的窗户分成四个部分，人的心理也是如此。因此把人的内在分成四个部分：开放我、盲目我、隐藏我、未知我(图 3-1)。

第一种是自己知道、别人也知道的区域，这个区域称为“公众我”，也叫“开放我”。

比如我们的性别、外貌，以及一些公开的信息，就像职业、爱好等都属于这一部分。这是关于自我的最基本的信息，也是了解自己、评价自己的基本依据。

第二种是别人知道，但自己不知道的区域，这个区域称为“盲目我”，也叫“背脊我”。

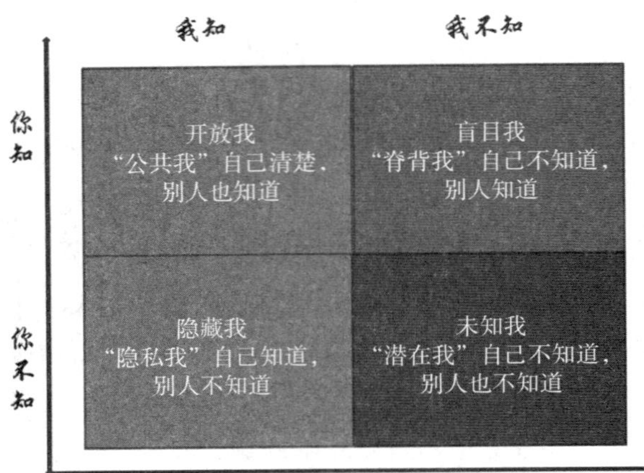

图3-1　周哈里窗

俗话说“当局者迷旁观者清”，这一部分可能是你的优点，也可能是缺点，或许是你的一些小习惯，又或者是某些行为表现。比如当你感觉被别人忽视了，就会无意中表现出一种对对方不满的敌意。因为自己没有察觉，当别人提出来时，可能更多地会表现出辩解、质疑。通常善于自省的人，这个区域比较小。

第三种是自己知道、别人不知道的区域，这个区域称为“隐藏我”，也叫“隐私我”。

通常就是我们的隐私秘密，比如你过往的一些痛苦的经历、自己不愿被别人知道的欲望想法等。虽然适度的隐藏可以保护自己，不容易轻易被别人伤害。但过度的隐藏就可能让你和他人之间竖立一道墙，让别人难以理解你、亲近你，而你也会更容易陷入孤独中。

第四种则是自己不知道、别人也不知道的区域，这个区域称为“未知我”，也叫“潜在我”。通常是值得挖掘的部分，可能是一些潜在的能力或特性。比如你可能不擅长逻辑推理，但是你在记忆方面可能比别人更强。如果通过后天的训练和坚持，这一部分极有可能成为你的最大优势。

二、积极悦纳自我

悦纳自我包括三个方面：第一，接受自己的全部，无论优点还是缺点，无论是成功还是失败。第二，无条件地接受自己，接受自己的程度不以自己是否做错事而有所改变。第三，喜欢自己，肯定自己的价值，提升自我认同。如何才能悦纳自己呢?

（一）积极地评价自己

积极地评价自己，是产生自尊感、克服自卑感的关键。在我们全面地了解自己后会发现自己并不完美，自己身上会有不足。个人的家庭、成长的经历、教育的环境不同，就会造就我们与别人的不同。要发掘自己身上的特点，每个人都有闪光点。别人能做到的，我不一定要做到。要平静而理智地对待自己的长短优劣，要乐观开朗，以发展的眼光来看待自己。在自我悦纳的基础上，培养自信自立、自强、自主的心理品质，从而发展自我、更新自我。

（二）正确地对待挫折和失败

每个人在成长过程中都难免会有失败，在失败面前，要善于总结经验，不气馁，以积极的心态对待挫折，最终总会获得成功。一个人要有勇气面对挫折，认真总结经验教训，不断鼓励自己，不断给自己进行积极的心理暗示，相信自己可以，树立不达目的决不罢休的信心。

（三）为自己设定适合自己的目标

所谓合适的目标，是指那种中等难度的目标，那种你踮起脚尖够得着的目标。然后一步步去完成这些目标，通过不断实现目标，你的能力会逐渐提升，知识会不断积累，经验也会越来越丰富，你就会越来越有安全感，对生活也会越来越有掌控感，自然就会越来越自信了。

（四）获得积极的情感体验

对自我有积极的情感体验，才会悦纳自我，也才会有自我价值感。而积极的情感体验是在生活实践中获得的，作为一个大学生不仅要学好书本知识，还要多参加社会实践，在实践中不断地认识社会、认识自我，寻找自身的价值，发挥自己的潜能和优势，确立自信。

心理故事

珍珠与渔夫的故事

有个渔夫从海里捞到一颗大珍珠，爱不释手。然而，珍珠上面有一个小黑点。渔夫想，如能将小黑点去掉，珍珠将变成无价之宝。于是，他就用刀子把黑点刮掉。可是，刮掉一层，黑点仍在，再刮一层，黑点还在，刮到最后，黑点没了，珍珠也不复存在了。

我们会将自己与生俱来的独特性看成是缺点，盲目地改掉缺点，最后在改正缺点的过程中迷失自己。悦纳自我是心理健康的表现。当你快乐地接受了自己，你的整个心胸便会舒展和开阔；同时，你会发现，你也更加容易接受他人了。

三、有效地控制自我

自我控制能力是自我意识的重要成分，它是个人对自身的心理和行为的主动掌握，是个体自觉地选择目标，在没有外界监督的情况下，适当地控制、调节自己的行为，抑制冲动、抵制诱惑、延迟满足，坚持不懈地保证目标实现的一种综合能力，表现在认知、情感、行为等方面。从心理学的角度看，自我控制是自我心理结构中最重要的调节机理，也是心理成熟的最高标志。

自制力主要表现在两个方面：一方面使自己在实际工作、学习中努力克服不利于自己的恐惧、犹豫、懒惰等心态；另一方面，应善于在实际行动中抑制冲动行为。如何做到有效的自我控制？你可以尝试下面的方法。

（一）注意力转移法

在遇到不良的诱惑时，可以将注意力转移到其他事情上去，这样就会避开眼下的诱惑。例如，当你看到其他同学在寝室玩电脑游戏，自己也十分想玩时，就可以离开寝室，到图书馆看书或做些户外运动。

（二）心理暗示法

如果你是一个爱发火的人，不妨以"制怒""忍小忿而就大谋"等警句勉励自己，尽量保持良好的心境。

（三）合理宣泄法

当你情绪波动时，可以通过听音乐，绘画，做体育运动，向好友倾诉等方法来宣泄情绪。

（四）理智分析法

对事物的认识越正确、越深刻，自制力就越强。古希腊数学家毕达哥拉斯说："愤怒以愚蠢开始，以后悔告终。"所以对自己的言行失去控制，最根本的原因就是对这种粗暴作风的危害性缺乏深刻的认识，对自己的感情和言行失去了控制，造成了不良的影响和后果。

总之，人的一生是不断变化的，自我意识也在不断发展。每个人从青年到老年，都要不断地重新认识自己，不断地进行自我反省、自我调节与控制，这样才能不断自我完善，从而达到自我实现。

四、不断地创造自我

剧作家莎士比亚曾说："你是独一无二的。"这是对个性最高的赞美。人的成长过程是一个逐步认识自我、确定自我的过程。所谓的创造自我是指个体在认识自我、悦纳自我的基础上，根据自己的个性特点，自觉规划行为目标，主动调节自身行为，积极挖掘自己的个性潜能，以适应社会要求的过程。那么，如何形成并保持自己的个性，创造自己的个性魅力呢？

（一）积极塑造自我

人生不像草木生长是一个自然而然的过程。人是有主观能动性的，人生从某种意义上来说是一个创造的过程，也就是一个创造自我的过程。因此，人首先要树立一个理想的自我，并采取积极的态度、积极的行动，按照理想的自我来塑造自己，实现人生目标。接纳自己的不完美，重塑更好的自己。

（二）接受现实自我

创造自我并不是对现实自我的全盘否定，而是在接受现实自我基础之上创造一个新的自我。包括对自己的缺陷、过失、短处，以及优势、长处的接受，做到自我承受。同时，还必须认识到人的弱点和缺陷虽然属于自己，但并不等于自己。知道自己的缺点，才会使人改正缺点，明确努力的方向。

（三）尊重社会发展规律

当代大学生喜欢张扬个性，强调自我的独特性。在创造自我的过程中，首先要熟悉和了解社会，认识社会发展的规律，符合社会发展规律，为理想自我的确立寻找合适的社会坐标；积极探索人生、理解人生，树立正确的人生观，为理想自我的确立寻找合适的人生坐标。

（四）正确价值观指导

理想与抱负是否远大，不在于最终获得的荣誉与地位，而在于社会价值。一个人只有把个人的理想与社会的需求联系在一起时，才是真正有意义的。以个人的私利为奋斗目标，甚至以损害国家和社会利益来满足个人的所谓名利需求，是不可取的。

思政剧场

大国工匠精神
——完善自我、奉献社会

2012年6月3日，一阵哭声打破了广州市天河区怡东苑小区的平静，一名女童卡在4楼阳台的护栏上。危急时刻，周冲从3楼的窗户爬出，用双手托住了孩子悬空的小脚，使小孩成功获救。这一救人义举让周冲成了家喻户晓的“托举哥”。周冲见义勇为救下女童后默默离开，随后全城寻找“托举哥”，周冲因此进入公众视野。随后，他进入广州港集团有限公司，从电焊维修工一线岗位做起。周冲说，“选择这个岗位让我觉得特别踏实”“我要靠自己的双手去挣自己应得的”。就这样，周冲在平凡的岗位上脚踏实地，步履不停。利用单位给他提供的成长时间和空间，他先后考了各种技能证书，从一名普通的初级工进阶为高级工；从最初入职时的初中学历，到后来获得本科学历。他先后荣获广东省劳动模范、广州市技术创新能手、广州市技术能手等荣誉，成长为广州港集团有限公司黄埔港务分公司安全环保部经理助理兼安全监督组组长，并在2023年当选为全国人大代表。

思想启发：马克思是哲学史上科学地阐释人的本质的第一人。1845年，马克思写下了一句传世名言：“人的本质不是单个人所固有的抽象物，在其现实性上，它是一切社会关系的总和。”马克思认为，人的根本属性是社会属性。人从社会中来，到社会中去。作为青年学生要充分认识自我，不断完善自我，最终奉献社会。

课后思考

1. 如何做自己的自我认知、自我体验、自我调控？
2. 大学生自我意识的特点有哪些？
3. 通过分析自己的优势与限制，提出完善自我的方法。

心理实训 1

周哈里窗理论帮助我们从不同的角度去认识、了解自己。认识自己不是一蹴而就的，需要你不断在实践中去探索。

一、实训任务

想要全面地认识自己，不妨现在就用周哈里窗理论，在纸上写上四个部分的自我认知。

（1）正确认识“公开我”，写出对自我的了解。

（2）扩大“盲目我”，与你熟悉的人去交往和沟通，多问问周围人对你的看法，了解他人对你的评价，这样能够更深入地了解自己。

（3）适当地进行自我表露，在与他人的交往中或许有同学会很敏感，觉得在别人面前过于袒露自己是不明智的，会把自己隐藏起来，不愿意和别人多交流。适当地让别人知道你的想法、喜好才能让别人更了解你，在与人互动中正确认识自我。

（4）探索“未知我”，去挑战有难度的任务，探索没尝试过的活动，在做任务的过程中挖掘潜在的自我，你可能会看到一个不同的自己。

二、实训任务书

<table>
<tr><th>活动名称</th><th>天生我才</th><th>姓名</th><th></th><th>完成时间</th><th></th></tr>
<tr><td>1. 正确认识“公开我”</td><td colspan="5">写出对自我的了解
生理的我：
社会的我：
心理的我：</td></tr>
<tr><td>2. 扩大“盲目我”</td><td colspan="5">了解周围人对你的看法
父母眼中的我：
同学眼中的我：
朋友眼中的我：</td></tr>
<tr><td>3. 适当地进行表露“隐藏我”</td><td colspan="5">多向他人表达你的想法
尝试表达1：
尝试表达2：</td></tr>
<tr><td>4. 探索“未知我”</td><td colspan="5">挑战有难度的任务，探索没尝试过的活动
尝试活动1：
尝试活动2：</td></tr>
</table>

 心理实训 2

实训任务书

活动名称	写给自己的诗	姓名		完成时间	
填上关于自己的描述	我是： 我好奇： 我听见： 我闻见： 我看见： 我愿意： 我假设： 我感到： 我触到：				
填上关于自己的描述	我担心： 我明白： 我试图： 我希望： 我梦想： 我坚信：				
在写诗的过程中体会自己有什么感受？					
对自己有什么新的发现？					

心理实训 3

实训任务书

活动名称	天生我材	姓名		完成时间	
填写“天生我材”练习表	我最欣赏自己的外表是： 我最欣赏自己对朋友的态度是： 我最欣赏自己对求学的态度是： 我最骄傲的一件事情是： 我最喜欢自己的性格是： 我最欣赏自己对家人的态度是： 我最欣赏自己对做事的态度是：				
在写完练习表后有什么感受？					
小结					

第四章

大学生的学习心理

——学海导航，做积极主动的学习者

身处知识经济的时代，为适应知识不断更新的需要，人们将不得不选择“学习—工作—再学习”这样循环的学习过程，以不断适应时代的发展，追赶时代的脚步，我们明白了树立终身的学习观是时代的要求，是大学生与时俱进的具体表现。在这样的时代背景下，我们关注学习时的心理状态、心理活动，探讨提高学习能力、改善学习方法的途径，克服各种学习心理问题，对青年人才的成长与终身发展具有积极深远的意义。

学习目标

1. 认识终身学习的重要性。
2. 了解并掌握影响自我学习心理的智力因素与非智力因素。
3. 能够识别在自身学习过程中出现的问题及原因，并能够对其进行调适。
4. 学会正确的学习方法和心理调适方法。
5. 能够进行及时自省，有效消除心理困惑，开发潜能。

思维导图

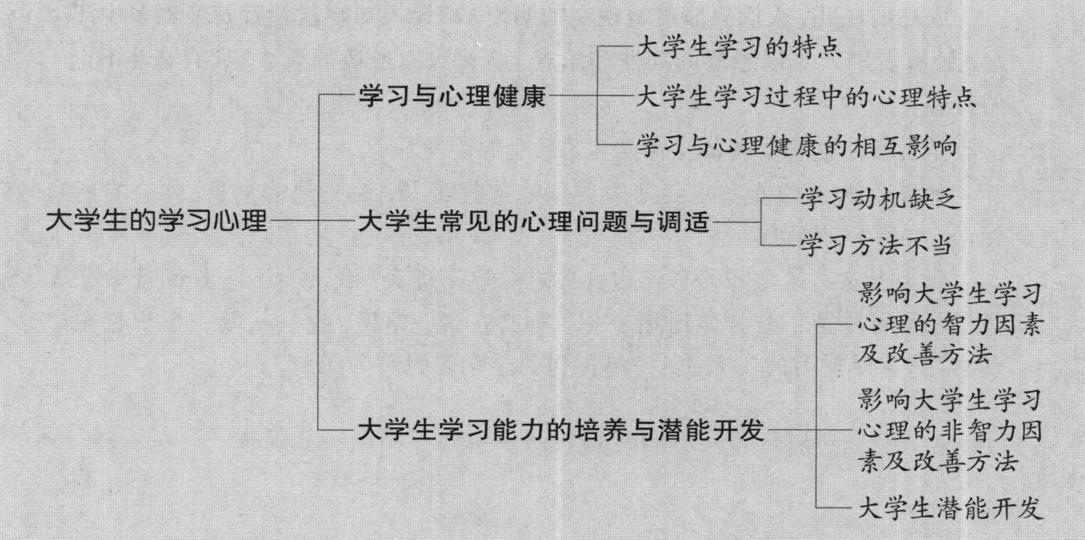

导入案例

蜕变人生

有这样一位女孩，出生于一个普通的农村家庭。初中毕业后，她就踏上了南下打工之路。因为缺乏知识和技能，她只能干没有技术含量的工作。枯燥的打工生活让她一度开始怀疑人生，所以她想到重返校园学门真技术，找个好工作。

时隔一年后，这位女孩再次走进学校，成了某职业技术学院的一名学生。在那里，她知道了世界技能大赛，还见到了之前世界技能大赛的铜牌得主，自此她立志要成为像铜牌得主一样优秀的人。有了明确的目标后，她如饥似渴地认真听课，参加学院集训，一路从省赛、国赛奔向世界技能大赛的舞台。

备赛时，一个动作重复成千上万遍，模拟测试更是家常便饭，每天训练达十四五个小时。春节到了，别人和亲人团圆，她却在实验室与瓶瓶罐罐相伴。在一个月的集训中，她每天坚持训练到凌晨2点。据她自己粗略估计，这几年的训练总时长超过了14000小时。

在世界技能大赛比赛第一天，面对从未见过的新题型和仪器设备，她一时间不知所措。但长期精益求精的训练形成的肌肉记忆，让她迅速进入状态并圆满完赛，并取得优异成绩。

成功的花儿，人们只惊羡她现在的明艳，却无人知晓这背后凝聚着多少汗水。她有着别人难以想象的韧性和乐观。从来没有逆袭的天才，唯有奋斗不止的青春。

是什么使这位女孩的生活发生了巨大的改变？

如果你和这位女孩正经历着类似的前期经历，读完她的故事，你会有所触动，有所行动吗？

我为什么总是学不会？我为什么总是学不进去？我为什么一考试就紧张等，这些问题是不是常常困扰着你。那么在这一章里，我们从做一个积极主动学习、善于学习的人入手，一起探讨关于学习的种种问题。

第一节　学习与心理健康

一、大学生学习的特点

学习是一种十分复杂的心理现象。在心理学中“学习”是一个较为广泛的概念。很多学者认为，可以从广义和狭义两方面对学习进行理解。广义的学习是指人和动物在生活过程中，凭借经验而产生的行为或行为潜能的相对持久变化。狭义的学习是专指学生的学习，是在有专门老师的指导下，有目的、有计划、有组织、有系统地进行的，在较短的时间内接受前人所积累的文化科学知识充实自己的过程。

学习作为有机体适应环境变化的有效手段，了解并学会学习就显得尤为重要。学习作为大学生的首要任务，其与中小学生和成人的学习相比较，除具有一些共同特点，还有自身一些独特的地方。

（一）学习的专业性

大学与中学学习明显不同的是，在经历过基础教育的广泛理论知识汲取后，我们进入了专业教育阶段。在这个阶段，我们会在通识教育的基础上，进行专业理论与专业技能的学习，为将来成为某一领域的专门人才作准备。从入学开始就根据自己的兴趣爱好或需求选择一定的专业，基本明确了今后的职业方向，再经过几年的学习，大学生逐步成为基础知识扎实、专业知识结构合理、能力强的德智体全面发展的专门人才。当然，依照现今社会的人才需求，大学生在学好专业知识的同时，应广阔拓展自己的知识面，实现“一专多能”，以便更好地适应社会对人才的需求。

（二）学习的主观能动性

在大学阶段，大学生会有大量的可以自主自由支配的时间。在自由支配的时间里，大学生可根据专业课程需要，查阅资料，扩充课堂上所学的知识；也可以根据自己的喜好选择选修课、学术讲座，独立地阅读各种书籍等，制订学习计划，采用适合自己的有效的学习方法。如何使用和利用这些自由支配的时间，是大学生学习的主观能动性的重要体现。

（三）学习的多样性

多样性主要是指大学学习内容和学习形式的多种多样。在大学，虽然课堂教学还是主要形式，但已经不是大学生学习的唯一途径了。在课堂的学习中，教师主要通过开展各种形式的讲授，充分调动学生学习的积极性和主动性，做到抛砖引玉，授人以渔。在课外的学习中，大学生可以依靠图书馆、电子阅览室、学术讲座、社团活动等多种渠道来获得知识。同时，大学的实践性教学活动占有很大的比重。自学、讨论、实验、实习、社会实践等都是大学生增长知识和才干的重要途径。

（四）学习的研究性

大学生的学习已经不单是掌握知识，而是达到学会学习、形成创新能力的一种学习活动。大学的学习重要的是培养大学生具有发现问题、提出问题、解决问题的能力，更重视的是大学生在学习过程中遇到困难、解决困难的过程，从而引导大学生根据以往的学习或生活经验中所产生的问题为载体，运用各种研究方法和相关知识探究未知事物。

二、大学生学习过程中的心理特点

大学是青年时代一个重要的转折点。在大学期间，大学生不仅要了解学习的特点，也要完成两次心理过渡：一次是中学学习习惯向适应大学学习过渡；另一次是做好学生走向社会的准备。因此，在学习心理上也有两个独特的不同阶段。

（一）适应阶段的学习心理

学生离开原来熟悉的环境，进入大学，面临新的学习环境及与中学不同的学习方法，会表现出多方面的心理不适应。

较为突出的两项不适应：一是学习动因不适应。调查显示，很多学生对待学习的目标较为单一，就是考上一所理想的大学。但是上了大学之后，这些初入校门的大学生，可能会因阶段性愿望的实现或落空而失去前进的动力，加之现实的大学生活与原来理想中的美好憧憬产生矛盾，陷入迷茫的境况，沉迷于谈情说爱、网络聊天、网络游戏等，出现学习积极性下降，学习动力不足，学习目的性不强，学习成绩下降等现象。二是学习方式的不适应。升入大学后，课程门数增多，老师上课速度加快，自学能力不足、不会自学、没有自主学习意识的同学，没有从心底摆脱对家长和老师指派任务、细心辅导的依赖心理，会明显感到力不从心，学习兴趣逐渐变弱，心理出现自卑、焦虑等症状。

（二）发展创造阶段的学习心理

在逐步适应了大学的学习后，大学生将从基础理论学习转向专业技能的学习。这一阶段学习主要呈现以下这些特点：

1. 学习的自我意识基本成熟

在顺利度过了适应阶段后，学习的自我意识是学会学习的关键。这种意识的增强主要会表现在拥有更强的学习独立性、主动性和可控性。如对学习内容主动选择程度的提高，对学习时间安排上的自主支配。此阶段，学会学习，自学能力已成为影响他们学习效果的主要因素。

2. 核心学习动机成为主要驱动力

大学生需要从学校学习成绩的肯定、老师的表扬与鼓励等外界诱因促进的直接性学习动机过渡到以内驱力及以学习的社会责任感为主导的学习动机。一般而言，直接性学习动机随着学习年级的升高、自身身心的逐步成熟而逐渐减弱，而以自身发展需求及以学习的社会责任感为主导的学习动机则随着学习年级的升高而加强，专业性的学习动机也随着学习年级的升高而日益巩固和发展。大学生的学习动机应进入深挖人生意义、追寻社会意义的深层动力的核心层发展。

3. 学习的自我评价与调整能力提升

随着知识的丰富，自我意识及自我认识的形成，大学生的自我评价能力也得到相应的提升。在这样的能力背景下，他们能对自己的学习效果进行合理评价，包括对智力、能力活动及效果的自我评定，对知识、技能掌握程度的评定，对学习动机的内容、方向、动力大小的自我评定。在正确客观评价自我的基础上，能制订出一套与自身能力发展匹配的计划，并及时对学习活动进行调节和控制。

三、学习与心理健康的相互影响

学习本身是一个复杂的心理现象，受诸多因素的影响。一方面，大学生的心理健康状况、心理发展水平对大学生的学习产生直接作用；另一方面，大学生的学习活动也对他们的心理健康产生影响。因此，学习与心理健康，二者相互影响，相互制约。

（一）学习对心理健康的积极影响

1. 学习能够开发智力和潜能

常言说，“刀越磨越快，脑子越用越灵”，这是有一定道理的。每个人都有与生俱来的智力和潜能，学习可以使大学生发展智力，开发潜能。与此同时，大学生的观察力、注意力、记忆力、思维力以及想象力，只有在实际学习过程中才能得到开发、利用和提高。如果不学习，先天素质再好的人，其智能也得不到开发和利用。

2. 学习能够提高各种能力

随着社会的发展，社会对大学生的能力要求将越来越高，如自学能力、运筹时间的能力、创造能力、表达能力和管理能力等，而这些能力都是通过学习而获得的。一方面，学习能促进大学生认知水平和自我概念的发展，提高他们的理论水平，发展他们学习能力，逐步掌握科学的认知方法。另一方面，也只有在学习过程中，大学生才能发现自身的不足，正确认识、评价自己和他人，才能根据社会的发展进行自我调节，以便更好地适应社会。

3. 学习能够促进正向情绪感的产生

一个善于学习、乐于工作的人，能够在学习和工作中找到幸福和愉快。大学生通过努力学习，完成一项学习任务或取得一定的成绩后，就会感到成功的喜悦和快乐。同时自己会发现，一分耕耘一分收获，真正体会到自己的价值。当遇到不如意的事情时，自己若能专注于学习，也会冲淡或忘掉烦恼。以学习为乐，可以调节大学生的情绪情感，促进正向积极情绪的产生，提高心理健康水平。

（二）学习对心理健康的消极影响

学习不仅是复杂的心理现象，也是一项艰苦的脑力活动，需要消耗大量的心理、生理能量。

从学习的强度来看，学习负担过重，会给学生带来一定的心理压力，造成精神高度紧张，出现学习焦虑情绪。此时，自己如不能很好地调节，采取适当的劳逸结合的方法，就容易对身体健康造成伤害，进而影响身心健康。

从学习的内容来看，由于大学生在学习内容和学习时间的支配上具有较高的自主性，因此，在完成学校的指定课程后，他们还有足够的时间去学习其他知识。如果学习的内容不健康，就会给大学生的世界观、人生观和价值观带来消极的影响。

从学习方式方法来看，如果学习方式不当，就容易造成所下功夫与所得成绩不成正比的现象，即出现很努力地学习却总也不见成效的现象，学习成绩长期得不到提高。长此以往，会使学生产生自卑心理，甚至自暴自弃，形成恶性循环，影响其心理健康。

（三）心理健康对学习的影响

学习是非常复杂的心理现象，它涉及注意力，观察力等智力因素，也涉及动机、情绪、个性等非智力性因素。因此，不能简单把学习成绩的好坏与智商的高低等同起来。在大学里，大学生间的个体的智力水平差距较小。可是为什么同一专业甚至是同一班级的学生的学习成绩差距会比较大呢？有的学生学习起来毫不费力，而有的同学却感到被学习压得喘不过气来，甚至无法完成学业，这与个人的心理健康状况有关。心理学研究表明，心理健康状况对大学生的学习有着很大的影响。那些心理健康，尤其是非智力因素好的学生，他们的学习比较轻松，学习成绩也比较优异；而心理健康状况不佳，甚至有心理疾病，则不同程度地妨碍大学生的学习，抑制他们的潜能开发，甚至使大学生中断学业。可见学习与心理健康状况是互为基础，互相制约的。

巧用心理暗示提升学习力

心理学家罗森塔尔等人曾经做过一个实验，他们在一所小学随机挑选了三个班级进行“发展测验”，随后他们交给老师一份名单，告诉老师名单上的孩子会有更好的发展。8个月后，罗森塔尔等人又来到该校，发现他们给出的那份名单上的学生，不仅成绩有了明显进步，而且这些学生与教师的关系也特别融洽。罗森塔尔等人分析认为，虽然那份名单只是他们随机抽取的，但对老师来说，老师对名单上的学生有了更多的信心，也因此给予了这些学生更多的赞美和信任。而相应地，这些学生在老师的积极暗示下，各方面都取得明显进步。由此可见积极心理暗示的力量。

这里我们一起试试这几句积极的心理暗示，以便迎接更好的自己！

（1）我是自己的榜样。

（2）我能行！

（3）我每天都要有所成长。

（4）再坚持一下。

（5）在这世界上我是独一无二的。

当然，以上五句话仅供参考，大家还可以根据自身的需要，尝试着用简单明了的语句，对自己进行积极的心理暗示，温暖自己，鼓励自己，成为更好的自己。

······ 第二节 大学生常见的心理问题与调适 ······

在大学生涯中，大多数学生都能经受住紧张的学习对其各方面素质的综合考验，顺利完成学业。但也有一部分学生存在或长或短、程度或轻或重的学习困难。导致学习困难的原因，针对不同的问题，需要不同对待。

一、学习动机缺乏

（一）大学生学习动机缺乏的表现

学习动机缺乏的例子举不胜举，表现也是形形色色。综合而言，主要表现有：学习目标不明确，学习态度不认真，学习上没有动力，得过且过；缺少抱负和期望，没有压力感和紧迫感，混一天算一天；上课无精打采，不能积极思考，作业能拖则拖，没有学习积极性；不在意考试成绩，厌倦学习，逃避学习，把大量时间和精力放在与学习无关的活动上。

（二）学习动机的激发与调适

学习动机是推动学生进行学习活动的内在力量，激发和调适学习动机可以从以下几方面入手。

1. 提高对学习意义的认识，端正学习态度

很多情况下大学生缺乏学习积极性和主动性，是因为他们不知道学什么，为什么学和怎么学，即没有明确的学习目标。因此，制订切实可行的学习计划，以便科学合理地利用时间和分配精力就显得尤为重要。恰当的目标能激励大学生为了达到目标而产生一种无形的力量，而又不会因目标过高难以实现而产生心理上的失落感。

2. 培养学习兴趣

兴趣是引起和维持注意的一个重要内部因素，是学习过程中一种积极的心理倾向。孔子在两千多年前就说过“知之者不如好之者”，爱因斯坦也说“兴趣是最好的教师”。大学生可以通过听讲座，看相关专业书籍，参加本专业的讨论等形式去了解自己的专业在科技发展中的重要作用及其在当今世界上的发展水平，以培养自己对专业的兴趣。另外，大学生还可以通过参观专业对口的工厂企业、研究所等，真切体会专业学习的重要性，这些都有助于提高学习兴趣。

3. 进行正确归因

归因是对他人或者自己的学习结果的原因作出解释或推测的过程。有相当一部分学习动机缺乏的大学生是由于学习上遇到失败和挫折后，进行了不正确的归因所造成的。因此，只有建立一种正确的成败归因模式，才能促进学习动机的端正和学习成绩的提高。

4. 积极创设有利于学习的氛围

良好的学习氛围和学习环境是激发学习动机、促进学习的外部条件。外部环境主要包

括家庭环境、学校环境和社会环境。一个尊重知识，尊重人才的社会，一个具有良好学风的学校环境和一个好学上进、温暖融洽的班集体，都能对发展学生的学习动机起直接或间接的影响作用。

思政剧场

我无比确定，读书真的可以改变命运

“我家就住在他读书的中学里，我家的厨房对着他高中住的那间小屋。每天黄昏吃饭的时候，都会听到他在大声朗读背诵。小时候贪玩，经常被老爸揪着去看他学习，透过那扇纱窗，我不知道我看到的，是一个宇航员的曾经。”这条令许多人触动的留言，仿佛电影里穿越时空的一个按钮，按下去，循着与“神十六”航天员桂海潮有过交集的那群人的话语，我们找到了那个“邻家男孩”刻苦读书的曾经——

上小学的桂海潮总是坐第一排，到了初、高中才慢慢壮实起来，小学老师赵光富对他的印象是“非常喜欢提问”，有些问题让人意想不到，连老师也答不上来。乡村小学可以看的书特别少，他业余时间总喜欢抱着书，从为数不多的书籍中探索广袤的未知世界。

高中期间，每天早上6点左右，英语老师孙爱春都能看到桂海潮在大声朗读英语和语文，寻找语感。品性好，有天赋、有主见，刻苦、勤奋，而且心态非常稳，是桂海潮给各科老师留下的印象。他不仅擅长找学习方法，每次还会主动问老师要试卷来做。

在高二，还发生了一个决定桂海潮人生轨迹的“大新闻”，那一年，桂海潮从校园广播听到：神舟五号载人飞船发射成功，航天员杨利伟成为中国飞天第一人。“梦想”来敲门了！桂海潮回应的方式是：两年后，以第一志愿考入北京航空航天大学宇航学院飞行器设计与工程专业，他也是那一年北航在云南省录取的理科最高分。

走出小镇，走入繁华，人生考验才刚刚开始——要经得起诱惑，坐得住“冷板凳”。桂海潮守护“梦想”的方式是，整整9年，一路从本科攻读完博士学位，继而赴国外从事博士后研究，且在国际顶尖期刊发表近20篇学术论文。

2018年，31岁的桂海潮便在母校担任起了博士生导师。桂海潮的师兄贾英宏说，读博期间，桂海潮“特别稳”，先花时间下足功夫研究基础理论，“每次去实验室，他基本都在看书”。面对有很多技术难点的科研项目，他“很少瞻前顾后”，“干劲特别足，心理素质也特别好，没怎么见他发过愁”，出成果不是最快的，但他总是一丝不苟、厚积薄发，抓住关键难题不放松。

入选预备航天员，封闭训练期间，桂海潮仍是尽己所能挤出时间指导学生科研，亲自帮忙推导关键的理论公式。博士生夏新会回忆，开大组会的时候，“桂老师思维特别活跃，总能一语中的发现问题，基础功底很深，说话也风趣幽默”。“时间管理大师”，也是个“情绪管理大师”，这是周围人对他的评价，他乐观又豁达，很少被负面情绪侵扰，即使受到挫折也能很快振作。

20年后，桂海潮与“梦想”的梦幻联动时，站在酒泉卫星发射中心问天阁，走杨利伟走过的路，飞杨利伟飞过的天。出征前，桂海潮说，“过去只能在报道中看到的各位英雄，成了我们训练场上的师父、运动场上的队友、生活中的朋友、任务中的战友。”如果你“追星”，那最高境界可能就是有一天，你也活成了偶像的模样。

读书，或者说学习，不对任何人设防，任何地方都可以是通往星辰大海的起点。

二、学习方法不当

“工欲善其事，必先利其器。”学生学习方法是否正确、科学和优化直接关系到学习效率的高低。有些学生进入大学校门仍采用中学时期的学习方法，虽然花费了相当多的时间和精力，但是仍事倍功半。根据调查，大学生的许多学习问题的产生与方法的不当有直接关系。所以，大学生除了要有刻苦钻研、坚忍不拔的精神外，还需要掌握科学的学习方法。

（一）合理制订计划，科学利用时间

有的大学生常常抱怨学习的时间不够，牺牲自己的休息时间来学习，却不见成绩的提高，反而使自己身心疲惫。严密的学习计划是完成学习任务的保证，因此学会科学地利用时间，制订合理的计划非常重要。

1. 设立目标

大学生要从实际情况出发，设立学习目标。学习目标要明确，设置合理。首先要根据学校的教学大纲，从个人的实际出发，分析本专业的总体培养要求、各专业课的基本要求和特点、自己现有的知识基础，根据总目标的要求，从战略高度制订出总体计划，如设想在大学自己要达到的目标，达到什么样的知识结构，学完哪些科目，培养哪几种能力等。

2. 盘点可支配时间

作为大学生的你要学着盘点自己的可支配时间。什么是可支配时间？每个人的一天都是24小时，除去睡觉、吃饭、上课、社团活动等的时间，剩下的时间就是你的可支配时间。而这几个小时的工夫，也拉开了人与人之间的差距。

打个比方，你打算一年读80本书，一周需要读1.5本书。根据你之前的阅读速度，一本书最多花7小时，一周大概需要11小时，平均每天阅读1.5~2小时。那么，你就需要拆解每天的可支配时间。早上6点半到7点，可以阅读30分钟，中午12点半到13点半，可以阅读1小时，晚上9点到9点半，可以阅读30分钟。

这是理想情况，如果还有其他任务占用时间，你可能没有那么多时间阅读。因此，如果你发现自己列的计划，分配到每天，根本就没时间完成，不妨忍痛割爱，删掉它或者更改一下。

3. 学会定时定量

学习计划要定时定量。定时学习一方面要做到每天必须保证必要的学习时间；另一方面要做到该学习的时间结束就要马上停止学习，也不能长时间地使用大脑，会导致大脑的疲劳。因此学习时间不能安排得太满，要留出一部分机动的时间去参加体育锻炼、美术、音乐、

旅游等活动。这样不仅可以使大脑得到休息，还可以丰富自己各方面的知识并提高自己各方面的能力。

4. 学会利用碎片时间

根据每个人的学习、生活习惯，理出一份个人碎片化时间的分布图尤为重要。绘制出一份属于自己的碎片时间分布图，能够很清晰地知道自己碎片时间的分布及时长。

当我们知道了自己碎片时间的分布、时长之后，就可以寻找相关事件来进行填充或者调整。选择合适的填充物就是在合适的时间里做合适的事情。比如，在课间的空当时间，我们可以滴点眼药水让自己休息下，或者准备其他学习材料等。

不管是兴趣爱好，还是专业知识，都是一个庞大的体系。而碎片时间的关键在于碎片，无法整块地使用。这个时候，把系统化的知识拆分成碎片，拆分成可以塞进碎片时间内的碎片，这样才能达到碎片时间利用的效果。比如，你想学习写作，而碎片时间不足以支持你写一篇文章出来，那怎么办呢？很简单，假设你有10分钟的碎片时间，你可以选择阅读一篇优秀的文章，或者选择查找一个论点素材。

（二）培养良好的学习习惯

习惯是经过反复练习而形成的较为稳定的行为特征。习惯的作用是双向的，“好习惯结好果，坏习惯酿恶果”，它既可以给人以行动的动力，也可能阻碍人的成长。学生在学习活动中形成的学习习惯，也会对学习效果产生影响。行为养成习惯，习惯形成品质，品质决定命运。为此，应加强良好的学习习惯的培养。

1. 自学的习惯

自学是大学生获取知识的主要途径。教师只是引路人，学生才是学习的真正主体，学习中的大量问题，主要靠学生自己去解决。而阅读是自学的最主要的形式。通过阅读书籍，学生可以独立领会知识，把握概念的本质和内涵，分析知识前后联系，反复推敲，理解教材，深化知识学习，并逐步将其转化为能力。研究发现，学习层次越高，自学的意义越重要。

2. 总结归纳的习惯

许多知识的呈现是分散的、孤立的，要想形成知识体系，必须进行总结。总结的方法包括对所学知识进行概括，抓住每部分知识的重点和关键，利用对比等方式理解易混淆的概念等。每学习一个专题，应把分散在各章中的知识点连成线，使学到的知识在大脑中系统化、规律化、结构化，这样运用起来才能游刃有余。

3. 反思的习惯

在复习的过程中，要通过联系，检验和强化知识。做完当日练习并非大功告成，重要的是将练习反映出的问题进行分析，反思解题的重要环节，尤其是问题解决时，更应进行反思。

4. 切磋琢磨的习惯

同学之间的学习交流和思想交流是非常重要的。《学记》里讲“独学而无友，则孤陋而寡闻”就是这个道理。遇到问题要互帮互学，展开讨论，这样每一个人都可以吸取别人的优点，最终大家都能得到提高。

一个闲不下来的“理科男”

期末考试备考、做实验、数模竞赛、英语辩论赛……满满当当一周的安排。回想那一周，睿哲做完模拟题时，常常已到早晨五六点，六点半回到宿舍睡一个小时，再接着去上课。这样的日程计划图，睿哲的手机相册里还有很多。

刚入学，睿哲就感受到了校园能够提供的平台之大，心中抱负的种子像是久旱逢甘霖。

学习、竞赛、专业实践、社会实践、学生活动……睿哲的校园生活丰富且繁忙。时间久了，他摸索出了几个提高学习和工作效率的“小妙招”：

（1）上课时间记好笔记，课后整理归纳当天内容。

（2）当竞赛、活动等诸多事情同时来临时，可根据事情的紧迫性分为两类，一类是长期的需要分步进行的事；另一类是短期性需要及时完成的事。

（3）当出现突发事件致使之前的安排全部打乱时，用“三分钟”法调整心态，即接到新任务时，首先花三分钟的时间，静下来思考这些事情该如何协调以及详细执行。

他对“休息”也有着不寻常的定义：“课程学习、竞赛、实践、学生工作之间的切换，是可以达到休息目的的。校园生活的主轴还是学业，但做不同方面的事情会激起不同的大脑兴奋点，也有助于提升效率。”

他就是一个闲不下来的“理科男”，也正因为一直闲不下来，坚持热爱，才能展翅翱翔，一次次勇敢地奔向下一个目标。

第三节　大学生学习能力的培养与潜能开发

大学生的学习能力受到诸多因素的影响。从心理学的角度分析，学习心理在很大程度上决定一个人学习能力的高低。学习心理是指人们在学习活动中的心理反应、特点及其活动规律。大学生的学习心理结构包括学习动力、智力以及自我评定等诸多因素，但综合起来可以概括为智力因素和非智力因素。智力因素和非智力因素是一个人心理的全貌，学习过程必须建立在人的全部心理活动，即智力因素和非智力因素的基础上。学习的成功取决于智力因素和非智力因素的共同作用。

一、影响大学生学习心理的智力因素及改善方法

智力因素是学习的必要心理条件，也是成才的必要条件，其包括注意力、观察力、记忆力、思维力和想象力。学习过程是以一定的智力发展水平为前提的心智活动过程。相较于

中小学的能力培养目标，大学阶段对于这五大能力提出了更高的要求，以适应社会发展的需求。

（一）注意力

注意力是将心理活动集中指向一定事物的能力。其能保证人更清楚、更完善地认识事物。在整个认知过程、思维活动中都有赖于注意的参与。

大学生的学习生活丰富多彩，构成其学习的途径增多。例如，在图书馆里或电脑网页上随意浏览中所获得的零散、不成体系的知识，若无注意力的参与，这些零散的不成体系的知识很难在短时内在大脑留痕。在大学课堂上所获得的理论性、专业性的知识，则要求大学生必须全神贯注地学习，以应对繁重的学习任务。

孟子曾以学弈为喻说明注意力对学习的重要性。对当代大学生来说，学习的成功，多取决于“专心致志”的程度。

提升专注力的好办法

——舒尔特方格

舒尔特方格是一种训练注意力的方法。普遍用于飞行员、航天员的训练，也是学生提高注意力的有效训练法。

具体操作：在一张方形卡片上画上1cm×1cm的25个方格，格子内任意填写上阿拉伯数字1～25等共25个数字。训练时，要求被测者用手指按1到25的顺序依次指出其位置，同时诵读出声，施测者一旁记录所用时间。数完25个数字所用时间越短，注意力水平越高。

（二）观察力

观察是人的大脑通过感觉器官进行的有意识、有计划、有目的的活动，来捕捉事物中的典型的、带有本质性的外部特征的能力。

观察力不仅是智力活动的门户，也是提问、探究、创新的重要心理因素。良好的观察力能使大学生在生活学习中，养成细致观察的习惯，在观察中发现问题、提出问题，并尝试性地解决问题，弄懂其中的道理，积累经验，促进他们产生强烈的求知、探索欲望。

提升观察力的小技巧

杰出的画家画一幅画离不开出色的观察力，伟大的科学家发明一件新事物也离不开敏锐的观察力，每个人在学习工作生活中都离不开观察力。下面就跟大家分享几个提升观察力的小技巧。

一、静止物观察训练法

选取一种静止物，比如一幢楼房、一池水塘或一棵树对它进行观察，按照观察步骤，对观察物的形、声、色、味进行说明或描述。这种观察可进行多次，直至抓到自己满意的特征。

二、生活观察训练法

抓住生活中的一件事，比如班里有位女同学因身体不适呕吐了。马上注意全班同学的各种反应：有的同学嫌难闻，捂鼻子往外跑；有的调皮鬼说“啊！丰富的午餐”；有的同学假装看不见；有的热心同学扶生病同学去卫生室，帮忙打扫……这件事继续发展如何，结果如何，都要留意观察。

三、画图训练法

选一个目标，像电话、收音机、简单机械等，仔细观察几分钟，然后等上大约一个小时，不看原物画一张图。把你的图与原物进行比较，注意画错了的地方，最后不看原物再画一张图，把画错了的地方订正过来。

四、听声训练法

辨别各种声音。坐在家里或教室里，你可以听到数不清的各种各样的小声音，有的是家里的，有的是邻居家的，还有街上的、河里的或住的那个地方的声音。大多数噪声是你熟悉的，但要把一种和另外一种区别开来并不是件容易的事。如果你从来没有做过这类练习的话，请辨别一下这些声音。

（三）记忆力

记忆是人脑对经历过的事物的反映。记忆不是一瞬间的活动，而是一个从识记到保持再到回忆的三个基本环节。其中，识记是把所需信息输入头脑的过程。保持是对识记过的事物在头脑中保存和巩固的过程，是记忆力强弱的重要标志之一。回忆是对过去经验的提取过程，它是识记、保持的结果的表现，是记忆的最终目的。

记忆力是学习的重要心理条件。每当遇到新的学习情境时，大学生都需要从原有的记忆中提取材料，进行思维，用旧知识结合新知识，以促进学习。在这样的学习过程，记忆力好的大学生就可以更自如地在头脑中提取一切有价值的知识，省去查阅和重新理解的时间，提高学习效率，保证新知识的学习和思考正常并高效进行。

艾宾浩斯遗忘曲线

日常生活中，我们会忘掉好多信息。德国心理学家艾宾浩斯研究发现，遗忘在学习之后立即开始，而且遗忘的进程并不是均匀的。最初遗忘速度很快，以后逐渐缓慢，并根据实验结果绘制了描述遗忘进程的曲线，就是著名的艾宾浩斯遗忘曲线。

这条曲线告诉人们在学习中的遗忘是有规律的，遗忘的进程很快，并且先快后慢。过了相当长的时间后，几乎就不再遗忘了，这就是遗忘的发展规律，即“先快后慢”的原则。根据这一原则，我们学的知识在一天后，如不抓紧复习，就只剩下原来的25%。随着时间的推移，遗忘的速度减慢，遗忘的数量也就减少。为此，如何提高人的记忆能力，在学习中如何培养记忆能力，我们就有了理论依据。

一、科学地把握复习的时间——及时进行复习

及时复习可以较大限度地控制遗忘。例如，第一次复习的时间应在学习结束后的5～10分钟。第二次复习的时间为学习当天的晚些时候或学习结束后的第二天，重读有关内容，将要点用自己的语言表述出来。第三次复习的时间为一个星期后。第四次复习的时间为一个月后。第五次复习的时间为半年后。

二、复习的次数——分散复习

人们对事件的开始和结尾具有较强的记忆，而对中间的记忆较差。为解决这一问题，我们可以将连续的集中复习时间加以分散，分为几个小的单元时间，中间穿插短暂的休息。这样，就能够增加开始和结尾的数量，进而提高记忆效果。

（四）思维力

思维是一种高级的心理活动，即反映客观事物一般属性和内在联系的心理活动。孔子曾言：“学而不思则罔，思而不学则殆。”可见人们要得到对于客观事物的理性认识，必须通过思维才能实现。

大学生要建立合理的思维能力结构。分析、综合、比较、抽象和概括，是思维能力结构不可分割的环节，其中任何一个环节脱节，思维结构就不完整。这些能力相互联系，相互制约，组成完整的思维运动。

大学生还要学会总结和反思，改善思维方法。善于思考的人不应只满足于弄懂知识本身，而是会进一步整理思路，总结思维活动中的经验教训，达到举一反三的效果。

思维导图

思维导图是表达发散性思维的有效图形思维工具。

它是一种将思维形象化的方法，充分运用左右脑的机能，利用记忆、阅读、思维的规律，运用图文并重的技巧，把各级主题的关系用相互隶属与相关的层级图表现出来，把主题关键词与图像、颜色等建立记忆链接。它应用于记忆、学习、思考等的思维“地图”，有利于人脑的扩散思维的展开。

常见的思维导图形式包括圆圈图、气泡图、双气泡图、树形图、括号图、流程图等。

1. 圆圈图

圆圈图是由两个圆圈组成，内圈用以标示主题，外圈用以定义主题，主要是通过提供相关信息来展示与一个主题相关的先前知识。比如需要定义“交通工具”的含义，可以在中间标注“交通工具”主题，在外圈上标注交通工具包含的主题，如飞机、高铁、火车、汽车、轮船等。

2. 气泡图

气泡图是由多个泡泡组成，是以主题为中心，向外延伸气泡的一种导图形式，主要是使用形容词或形容词短语来描述物体。比如以“熊猫”为主题，会联想到“爱吃竹子、黑白色、短尾巴、毛茸茸、憨态可掬、国宝”等词语。

3. 双气泡图

双气泡图和气泡图相似，都是用以描述主题的特征、性质等。区别是双气泡图描述的是两个主题，是由两个气泡图构成的，两者连接的部分即两个主题的相同性质、特征，主要可以用来作对比。比如水生动物和陆生动物是两种动物，但也有动物都属于水陆两系，如螃蟹、青蛙、乌龟。

4. 树形图

树形图是一种较为简单的形式，其特征是以一个主题为中心，向外延伸二级、三级主题，主要是用来对事物进行分组或分类。比如唐朝诗歌的发展可以分为初唐、盛唐、中唐、晚唐，每阶段下面又有具有代表性的诗人。

5. 括号图

括号图主要用于分析、理解事物整体与部分之间的关系，括号左边是事物的名字或图像，括号里面描述物体的主要组成部分。比如地球分为表面和内部，表面又由大气圈、水圈、磁场和陆地组成，通过括号图可以轻松展现出它们之间的关系。

6. 流程图

流程图主要用来列举顺序、时间过程、步骤等，能够分析一个事件发展过程之间的关系，解释事件发生的顺序，比如通过流程图可以清晰了解新生办理入学的流程步骤。

（五）想象力

想象力是在原象基础上创造新形象的能力或本领。想象和思维是相互交叉，相互渗透的，如果没有想象力的支持，就无法产生创造性思维。

在大学生的学习过程中，不仅艺术创作需要丰富的想象力，对于一些客观的信息、理论的知识也需要想象力赋予其生命，使得变得鲜活生动且更有价值。如果只是被动地学习书本知识，没有想象力的参与，那么学习的意义和价值将大打折扣。

二、影响大学生学习心理的非智力因素及改善方法

要探究非智力因素对大学生学习的影响，首先需要明白什么是非智力因素。顾名思义，非智力是相对于智力而言的。非智力因素是指与认识没有直接关系的动机、兴趣、情感、意志、性格等。

在智慧活动中，智力因素决定一个人能做不能做；非智力因素决定一个人肯做不肯做；至于做得好不好则由智力因素和非智力因素共同决定。由此可见，从心理学角度看，这些非智力因素是智力发展的内在因素，对学生的学习效果有着不可低估的影响。

（一）学习动机

学习动机是激发个体进行学习活动、维持已引起的学习活动，并使学习行为朝向一定目标的一种内在过程或内部心理状态。

它具有三个功能：一是激活功能，即学习动机会激发个体产生某种学习行为，如激发学生将热情和兴趣贯注于寻觅知识、探求真理的活动中；二是指向功能，即在学习动力的作用下，使个体的学习行为指向某一目标，如在学习动力的支配下，学生上课会认真听讲，下课会到图书馆看书，使学习活动沿着一定的方向持续下去等；三是强化功能，即当学习活动产生以后，动机可以维持和调整学习活动，使学习行为维持一段时间，并调节强度、时间和方向，当个体活动指向指定目标时，个体相应的学习动机便得到强化，因而学习活动就会维持下去。

1. 学习动机与学习效率的关系

在一定范围内和一定条件下，学习动机的强度与学习效率呈正相关。也就是说，动机越强，学生的学习积极性越高；反之，动机越弱，学生的学习积极性越低，学习效率也就越低。

当然，不能笼统地认为学习动机越强越好，只有当学习动机、学习内容与学习效率三者的强度处于最佳水平时，才会使学习活动产生最佳效果。

研究表明，学习动机强度的最佳水平不是固定不变的，它往往会因学习内容性质的不同而不同。具体可区分为三种情况：一是当学习内容比较容易时，学习效率会随着学习动机强度的增强而提高；二是学习内容较难时，学习效率反而会由于学习动机强度的增强而下降；三是当学习内容难易适中时，学习动机的强度在一定范围内增强，这也有利于学习效率的提高。

耶克斯—多德森定律

耶克斯—多德森定律是心理学家耶克斯与多德森的心理学研究表明，动机强度和工作效率之间的关系不是一种线性关系，而是倒 U 形曲线关系。

中等强度的动机最有利于任务的完成。也就是说，动机强度处于中等水平时，工作效率最高，一旦动机强度超过了这个水平，对行为反而会产生一定的阻碍作用。如学习的动机太强、急于求成，会产生焦虑和紧张，干扰了记忆和思维活动的顺利进行，使学习效率降低。考试中的“怯场”现象主要是由动机过强造成的。

2. 学习动机与归因的关系

学习动机有多种多样，在诸多影响学习的动机中，成就动机与学习关系最为密切。对于大学生而言，他们力求通过学习知识、发展才能，以实现个人成就目标的动机影响着其学习的过程与效果。许多心理学家的研究表明，成就动机高的大学生学习积极性较高，且学习效果较好。

而正确归因是影响成就动机的重要因素之一。在学校情境中，学生常提出诸如此类的归因问题，如“我为什么成功（或失败）”“为什么我生物测试总是考不过人家”等。此时，我们对成功和失败的解释会对以后的行为产生重大的影响。

小测试：学习内在动力的粗略诊断。

指导语：这个量表主要用来帮助你了解自己在学习动机、学习兴趣、学习目标上是否存在困扰。共20道题目，请你实事求是地在与自己情况相符的题目后打“√”，不相符的打“×”。

（1）别人不督促我，我极少主动学习。

（2）我一读书就觉得疲劳与厌烦，很想睡觉。

（3）当我读书时，需要很长时间才能提起精神。

（4）除了老师指定的作业外，我不想再多看书。

（5）如有不懂的问题，我根本不想弄懂它。

（6）我常想，自己不用花太多时间，成绩也会超过别人。

（7）我迫切希望在短时间内，就能大幅度提高自己的成绩。

（8）我常为短时间内学习成绩没提高而烦恼不已。

（9）为了及时完成某项作业，我宁愿废寝忘食，通宵达旦。

（10）为了把功课学好，我放弃了许多自己感兴趣的活动。如体育锻炼、看电影、郊游等。

（11）我觉得读书没有意思，想去找一份工作。

（12）我常认为课本上的基础知识没什么好学的，只有看高深的理论书，读大部头的作品才带劲。

（13）我只在自己喜欢的科目上狠下功夫，而对不喜欢的科目则放任自流。

（14）我花在课外读物上的时间比教科书上的时间多得多。

（15）我把自己的时间平均分配在各门学科上。

（16）我给自己定下的学习目标，多数因做不到而不得不放弃。

（17）我几乎毫不费力就实现了自己的学习目标。

（18）我总是同时为实现几个学习目标而忙得焦头烂额。

（19）为了应对每天的学习任务，我已经感到力不从心。

（20）为了实现一个大目标，我不再给自己制定循序渐进的小目标。

解释：

1 ~ 5 学习动机是否太弱；

6 ~ 10 学习动机是否太强；

11 ~ 15 学习兴趣是否存在困扰；

16 ~ 20 学习目标上是否存在困扰。

假如你对某组中的大多数题目持认同态度，则说明你在学习欲望方面存在一些问题，或存在一定程度的困扰。

（二）情绪与情感

在我们的学习和工作中，情绪常伴随左右，影响着活动的质量和效率。

积极的情绪可以提高人体的机能，有助于智力的发展，能够促进人的活动，能够形成一种动力，激励人去努力，而且，在活动中能够起到促进的作用。对于学习而言，情绪高涨的时候思维活跃办事积极，学习行为自然会更持久，效果也更好。

消极情绪会抑制智力水平的提高和人的活动能力，使人感到难受，活动起来动作缓慢、反应迟钝、效率低下，活动中易感到劳累、精力不足、没兴趣。因此，情绪低落的时候思维呆板，做任何事情都缺乏热情，学习行为持续的时间也会大大缩短，效果也不好。

因此，情绪是一把双刃剑，既能促进学习，也能妨碍学习。研究证实，唤醒水平和效率存在U形曲线的关系，这意味着太高或太低的唤醒水平都会损害效率。由情绪唤醒引发的生理唤醒可以令个体达到更高的效率，情绪过于激烈则会降低效率。就是说，学习的时候情绪不要太兴奋也不要太低沉。在学习中，应该保持一种适度的积极情绪，做到“乐学”，这样会提高学习效果。

情绪ABC理论教你管理好情绪

ABC理论是美国心理学家埃利斯在1955年提出来的。该理论由三部分组成，其中，A（activating event）是指激发事件；B（belief）是指在遭遇诱发事件之后，个体所做出的判断、解释及评价；C（consequence）是指在体验诱发事件的过程中，个体借助自身的判断、解释及评价，做出相应行为之后所产生的情绪和行为结果（包括错误的反应 C_1 和正确的反应 C_2）。

该理论的要点：情绪或不良行为不是由某一诱发性事件本身所引起的，而是由经历了这一事件的个体对这一事件的解释和评价所引起的。诱发性事件只是引起情绪及行为反应的间接原因，而直接的起因是人们对诱发性事件所持的信念、看法、解释。当人们坚持某些不合理的信念，长期处于不良的情绪状态之中时，最终将会导致情绪障碍、情绪郁闷拥堵的产生，从而做出一些不正确的事情。例如：面对一次考试的失利，有人可能认为“这次考试只是试一试，考不过也没关系，下次可以再来”；有人可能认为“我精心准备了那么长时间，竟然没过，是不是我太笨了，我还有什么用啊，人家会怎么评价我”。于是不同的B带来的C大相径庭。不同的人，在看待同一件事时，其态度和看法完全不同。

常见的不合理信念有绝对化要求、过分概括的评价和糟糕至极的结果。

绝对化要求是指人们常常以自己的意愿为出发点，认为某事物必定发生或不发生的想法。它常常表现为将“希望”“想要”等绝对化为“必须”“应该”或“一定要”等。

例如，“我必须成功”“别人必须对我好”等。这种绝对化的要求之所以不合理，是因为每一客观事物都有其自身的发展规律，不可能以个人的意志为转移。

过分概括的评价这是一种以偏概全的不合理思维方式的表现，它常常把“有时”“某些”过分概括化为“总是”“所有”等。例如，有些人遭受一些失败后，就会认为自己“一无是处、毫无价值”，这种片面的自我否定往往导致自卑自弃、自罪自责等不良情绪。

糟糕至极的结果这种观念认为如果一件不好的事情发生，那将是非常可怕和糟糕的。例如，“我没考上大学，一切都完了”，这种想法是非理性的，因为对任何一件事情来说，都会有比之更坏的情况发生，所以没有一件事情可被定义为糟糕至极。但如果一个人坚持这种“糟糕”观时，那么当他遇到他所谓的百分之百糟糕的事时，他就会陷入不良的情绪体验之中，而一蹶不振。

三、大学生潜能开发

潜能是人的成长和发展过程的一种隐性动能。开发或发掘得好，能够极大地提高人的能力，更能够在社会进步和发展中发挥尽可能大的能量。如果全社会都能够把自身的潜能得以发挥，社会的进步将是跨越式的。大学生作为一类社会群体，对社会的进步与发展起着促进作用，所以不断挖掘大学生潜能是教育者的重大任务之一，也是促进社会发展的隐形手段。

（一）自我意识对心理潜能开发的影响

自我意识主宰着个体的心理健康，进而影响着心理潜能的开发 。

大学生在生活和学习中形成的各种心理障碍往往与自我意识有着紧密的联系，只有客观地了解自我和认识自我，并对自己持一种接受和开放的态度，才会保持心理的健康。自卑、焦虑、抑郁等症状多是缺乏对自我的正确认知。缺乏良好的个性品质，缺乏和谐的人际关系，过分的自我中心或拒绝自我的状态都不利于人的正常的智力才能的发挥，甚至影响其正常的生活和学习。一个心理健康的人是一个智力正常、富有创新精神和坚强意志的人，他会在进取中不断克服困难和战胜挫折，他会充分认识自己的能力和特点，并和谐地加以运用。

（二）发展创造思维

创造性思维，是培养创造力的基础。所谓“创造性思维”，是指学习者独立地获取与发现知识，并运用知识技能不断解决问题的能力。这种思维过程，带有强烈的探索动机，经过存疑、假设、推理、验证等阶段，达到对某事物或问题的认识。

学生在学习中首先要对学习材料进行分析，找出它们的结构模式，运用归纳思维进行探索；在此基础上再引入清晰而准确的概念，并把这些概念与第一阶段的探索相联系；最后综合本章节或课题若干主要方面的问题，把新学知识应用到新的例证或问题上，并提出进一步的学习任务，扩展、推广和检验所学到的知识 ，从而不断发展创造性思维。

课后思考

1. 通过分析自身学习现状，反思自身在学习过程中存在哪些问题？
2. 针对出现的问题，寻求同学、老师的帮助，找寻解决问题的方法或途径。

心理实训

丽丽是一个有上进心的大学生，她每天都给自己制订出一整套的学习计划，可结果总是完不成；有时候想去学习，却总有杂七杂八的事情让她分心，因此学习效果并不好。比如，她正要去自习，室友却很热情地叫她参加生日会，丽丽本不太情愿做这件事，因为这样会打破她今天制订的计划，可是转念又一想，毕竟大家是曾在一起相处三年的同学，算了，还是去吧。事情办完后，丽丽的心情变得很糟糕，她今天的学习计划又泡汤了。类似的情形经常会发生，时间一天一天地过去，越来越强的挫败感充斥了丽丽的心灵，她难受极了，不知道该怎么办……

子凡是一个很乖的学生，每天按时去上课，无论刮风下雨，从不缺课、逃课，除了吃饭、睡觉以外，他几乎把所有的时间都用在了学习上；反观同宿舍的博宏，每天花在学习上的时间可比自己少多了，博宏喜欢运动，经常去体育馆打球，平时也爱看些闲书，听听音乐，翻翻报纸杂志，平时还参加社团的活动。可是每当考试成绩单下来，子凡心中实在不平衡，他想不明白：为什么我比他勤奋那么多，可却总是考不过他？

你能帮帮丽丽和子凡吗？

第五章

大学生的人际交往心理

——探索人际的奥秘

马克思曾说过，人的本质是一切社会关系的总和。社会关系的演化，也推动着人类社会形态的变迁。古人云：“投之以桃，报之以李”“来而不往非礼也”。如何恰当地处理人与人之间的关系，成为每个人都要掌握的学问。人际关系的和谐，不仅可以为我们探索世界提供重要的心理支持，也是自我意识的延伸和完善。大学生正处在人生历程中阔步迈向社会的最后一站，所有的活动都要在人际关系中进行，他们的身心特点与青春激情，使得他们面临这一发展任务时，体验必将更加深刻。青年人在交往中不断地感受、体悟、内化，方能成长。

学习目标

1. 认识人际交往，理解影响人际交往的因素和原则，习得人际困扰的调适方法，掌握改善人际交往的诀窍，良好的人际交往能力。

2. 加强与他人交流，获得情感陪伴，建立与朋辈关系，找到群体的归属感。

3. 在成长过程中建立健康社交、知识社交、志趣社交，树立积极进取的人生态度，担负起新时代的使命和责任。

思维导图

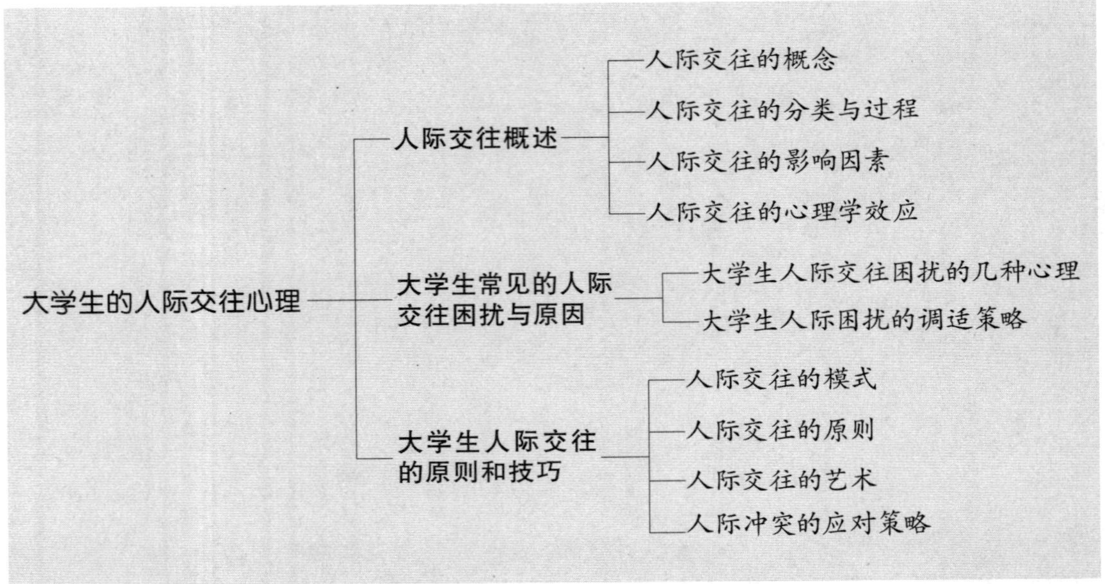

导入案例

一个大学女生宿舍

丽丽（化名）是一所高校的女大学生，由于与室友相处不融洽，常常感觉大学生活很压抑，心情很苦闷。

丽丽每天生活作息规律，晚上一般 11 点就准备休息了。但是，晚睡的室友有的外放声音看电影、有的和男友打电话，不时出现的声响让她难以入睡。当丽丽希望室友声音小一些时，室友却不客气地表示："你不会戴耳塞睡觉吗？"

平时，看到一些室友花钱大手大脚，丽丽也很不认同："父母赚钱那么辛苦，她们却这么挥霍，这样的消费观念真的好吗？"

除了生活习惯不合，丽丽和室友在价值观方面也有很大分歧。丽丽认为，未来的幸福生活要靠双手去奋斗。然而，有些室友的想法是要努力嫁得好，自己就可以轻松生活，“实在不能理解这种不劳而获的想法”，丽丽说。

多次发生摩擦后，丽丽慢慢放弃了和室友交流。心情越来越沮丧的她，走进学校心理咨询中心，希望获得心理抚慰与帮助。这是大学生人际关系困扰中最常见的例子。

在新的环境中，交往对象多样化，人际关系的种种问题摆在每个人面前。良好的人际互动对大学生的社会化发展极为重要，更有利于社会秩序的稳定和和谐社会氛围的营造。

那么，交往是如何产生的？你希望在大学结交几个挚友吗？大学生该怎样调整在交往中的心态？如何提高自己的交往能力呢？本章试着去思索和探讨，带给青年人一些体悟和启发。

第一节　人际交往概述

一、人际交往的概念

人际交往，通常指社会环境中，为了相互传递信息、交换意见和沟通感情而运用一定的方式进行接触，彼此互相影响和作用的过程。最终自己和他人之间形成稳定的心理联系，即人际关系，人际关系是人际交往的结果。大学生的交往主要发生在校园的局部环境之中，是在生活、学习、活动过程中的多维互动，是促进大学生全面协调发展、保持心理健康的重要途径。

用艺术评论类比，人际交往可以从“形”和“意”两个层次去理解。“形”指的是人际交往涵盖人与人之间的信息沟通和物质交换；“意”指的是人际交往还包括人与人之间通过动态互动形成的情感联结，它是人与人之间相对稳定的情感纽带。良好的人际交往应是“形神兼备”。

二、人际交往的分类与过程

（一）人际关系的分类

大学生的人际交往，按照交往范围大致可分为三类，即“我和你”——如同学、朋友、师生、恋人之间的关系；“我和你们”——个体与家庭、与班级、与室友之间的关系；“我们和你们”——如不同专业、不同班级之间的关系等。

（二）人际交往的发展过程

欧文·阿特曼等提出了社会渗透理论来解释人际关系发展的过程。他们认为人际交往主要包括两个维度：一是交往的广度，即交往的范围；二是交往的深度，即交往的亲密水平。人际互动中，人们计算交换成本和回报来决定是否增加对关系的投入。阿特曼等认为，良好人际关系的发展由泛泛之交到亲密知音一般经过四个阶段：认知定向阶段、情感探索阶段、情感交流阶段和稳定交往阶段。

心理实验

人际吸引度实验

美国社会心理学家阿伦森与林德邀请被试者们参加一项实验，被试者分为四组。其中一位被试者实际是研究者的助手，心理学家安排这名助手担当每组的临时负责人，其他被试者不知道他的真实身份。在每次实验的休息时间，这名助手都会到研究者那里汇报情况，并会谈到对其他被试者的印象和评价。虽然两人低声谈话，但是实验会巧妙地安排被试者们清楚听到这名助手怎样评价自己。

评价有四种情境：

肯定组：对第一组被试者，这名助手始终对他们持肯定态度，一直就用欣赏的语气说他们如何好，如何喜欢他们；

否定组：对第二组被试者，这名助手自始至终都对他们持否定评价；

提高组：对第三组被试者，前几次评价是否定的，后几次则由否定逐渐转向肯定。

降低组：对第四组被试者，前几次评价是肯定的，后几次则由肯定逐渐转向否定。

最后，心理学家让所有被试者对这个助手的印象和喜爱程度打分。结果发现，他们对助手喜欢程度的平均分：提高组平均打分最高；其次是肯定组，再次是否定组，降低组平均分最低。实验揭示了一项人际吸引效应：人们对否定自己→肯定自己的对象喜欢程度最高，甚至高于一直肯定自己的对象；而对于肯定自己→否定自己的对象喜欢程度最低，大大低于一直否定自己的对象。后来，其他学者的研究也证明了这一点，并把这种现象称为“人际吸引的增减原则或得失原则”。我们在交往中真诚待人，哪怕有时一开始未达到我们期望的社交效果，但是“日久见人心”，最终凭借努力依然可以收获肯定。

三、人际交往的影响因素

（一）位置和距离

人与人之间的地理位置越接近，越容易形成彼此的密切关系。例如，同寝室的同学接触更多，更容易熟悉，自然更可能建立深度交往。虽然位置不是人际关系好坏的唯一影响因素，但是“远亲不如近邻”，接近的优势无疑是促进人际交往的重要条件。

（二）交往频率和时长

交往的频率越高，时间越长，越容易加深彼此间了解，找到共同的价值观、兴趣和相似的经验等。

（三）外貌仪表

一个人的长相、穿着、仪态、风度都会对他人产生吸引力，特别在交往初期，这些因素占比更大。有句话说“人们看到了美丽，才更容易注意到美丽之下有趣的灵魂”。虽说人不可貌相，但外表的作用是客观存在的。

（四）个性特征与能力

个性影响着交往的态度、频率和方式，从而影响着人际关系。例如多血质的人往往热情开朗，结交小伙伴的能力更强。诚实、正直、开朗、自信、幽默、热情的人较之虚伪、孤僻、懒惰、固执、狂妄的人具有更强的人际好感。

能力强的人多使他人产生钦佩与信任，具有吸引力。心理学家还发现，比起金光闪闪的“完美人”，强者偶尔犯点无伤大雅的小错，反而更具魅力。

（五）相似与互补

人与人之间若对事物有相同或相似的态度，有共同的语言、理想、信念，就容易产生共鸣、同情、理解、支持、信任、合作，从而形成密切的关系。

情感需要和期望获得是人际关系构建的心理源头。如果没有需要和期望，空间距离再近，可能只是“鸡犬之声相闻”；相反，距离再远，也会是“天涯若比邻”。

影响人际关系的主要人格品质

美国学者诺尔曼·安德森研究了影响人际关系的人格品质。向大学生展示一些描写人格品质的形容词，让他们评判喜爱程度，实验结果发现人们最喜爱的词通常和真诚品质有关，最不喜爱的词和虚伪有关。

四、人际交往的心理学效应

（一）首因效应

人际交往中，个体会很重视初次获取的信息和好坏感受（包括交往对象的面容、语言、神态等），以至于会影响对后续信息的接受、评判和看重程度。这种心理现象被称为首因效应。陌生人之间的交往，往往受首因效应影响更大。首因效应提示我们，要尽力给他人留下正面的第一印象；同时又要注意，好印象是可以改善和塑造的，在长期交往中避免用第一印象以偏概全进行人际判断。

（二）近因效应

近因效应，是指近期交往的印象，对人们的人际认知所产生的影响。与他人近期交往活动留下的感受，往往最深刻。一般而言，熟人之间的交往受近因效应作用较大。故平时应该注意把握关键和契机，注重给人留下清晰、良好的印象，以发展和巩固人际关系。

曝光效应

越熟悉的事物越喜欢，看得越多、越久越喜欢，社会心理学上把这种只要经常出现就能增加喜欢程度的现象称为“曝光效应”或者“多看效应”。例如消费心理学中经常应用这一点，高频次投放广告可能会使消费者在消费时，优先选择那些“耳熟能详”的品牌。同理，人际交往中多刷一些“存在感”，也会提高个体在群体中的好感度，但前提是你给别人的第一印象很好，否则可能越曝光越惹人讨厌。

（三）光环效应

光环效应，又名晕轮效应，指在人际交往中，人们对他人的认知和判断往往只从局部出发，掩盖了其他品质或特点，形成整体印象的现象，最早由美国心理学家爱德华·桑戴克提出。例如，学习好的学生会被认为其他方面也很优秀。一方面，通过某个方面建立有关别人的印象，最迅速、最经济，帮助人们尽快适应多变的外部世界；另一方面，不够充足的信息会使人们对别人的印象与其本来面目相去甚远，这种效应可能表现为不够客观、有失公允。心理学研究发现，外表的吸引力有着明显的晕轮效应，当一个人的外表充满魅力时，其与外表无关的特征，也会得到更好的评价。

（四）投射效应

投射效应，是指在交往的过程中，人们总是假设他人和自己有相同的倾向，把自己的特性投射到他人身上，在心里构建对他人的看法。有时，人们对他人的推测和判定，无形之中透露的正是自己。例如“以小人之心，度君子之腹”“失斧疑邻”等都体现了这一点。

（五）刻板效应

刻板效应，是指人们有时会把社会上对于某一类事物或人物的一种固化的、概括的或笼统的看法，强加到该类的具体对象上，从而忽视个体特征。刻板效应有利于总体评价，可以迅速判断以减少心理能量的消耗，但对个体评价会产生偏差。就像我们通常认为老年人是保守的，年轻人是爱冲动的；北方人是豪爽的，南方人是精明的等。我们在交往中应当注意具体对象具体分析，尽量减少偏见。

思政剧场

《格言联璧》中的社交智慧

格言是中国传统文化的一种特殊形式，它凝聚了中国古代人民几千年来的人生修养与生存智慧，是一种能够给人以告诫、劝勉与激励的名言警句。清代学者金缨编纂

《格言联璧》一书，按儒家大学、中庸之道，以“诚意”“正心”“格物”“致知”“修身”“齐家”“治国”“平天下”等主要内容为框架，收集事关这些内容的至理格言。作者的用意是用圣贤先哲的智慧来鞭策启迪童蒙，从小懂得做人的道理、树立远大的人生志向、努力进取，长大以后成为于国于家有用的人。该书每一条事理内涵丰富，广博精微，言有尽而意无穷，先哲的入世智慧与妙辞尽在这些联珠妙语之中，让我们采撷一二。

“事属暧昧，要思回护他，着不得一点攻讦的念头。人属寒微，要思矜礼他，着不得一毫傲睨的气象。”大意是对于别人的隐私要尽量回避和袒护，不要将其作为攻击别人的话题。对于出身寒微的人，要以礼相待，不要表现得傲慢与轻视。俗话说“打人不打脸，揭人不揭短”，正是此意。用别人最为忌讳的问题来攻击他，是最不可取的方式，不论对方是对手还是朋友，都不应该采取这样的处理方法。

“待己当从无过中求有过，非独进德，亦且免患；待人当于有过中求无过，非但存厚，亦且解怨。”大意是对待自己要从没有过错之中寻找缺陷，这样不但能使自己的德行提高，而且还能规避很多祸患；对待他人要从过失之中寻找其长处和优点，这样会令彼此的交情更加深厚，也可以化解许多矛盾。要想提高自己的道德修养，便要不断地反省自己，寻找自身的不足加以改正，这样才能使自己进步。而对待他人的过失则要多加包容，先肯定别人的优点加以表扬，再适当婉转地提醒对方的不足，这样不伤害彼此的关系，还善意地让对方发现了自己的不足，这是非常可取的一种沟通方式。

“处众以和，贵有强毅不可夺之力；持己以正，贵有圆通不可拘之权。”大意是与大家相处要态度随和，贵在坚持原则立场时刚强坚毅；自己修身要端正严格，贵在不拘泥于教条，懂得权变时圆融通达。人要维持社会活性，交往的底线和尺度大有学问。

第二节　大学生常见的人际交往困扰及原因

哲学家尼采说过：“杀不死我的，必将使我强大。”二十几岁正是人生最宝贵的试错期。相比儿童，人们不仅能认识到失败对人生的意义，且有精力去修正问题、克服问题并总结的经验，对人一生的成长和发展颇有助益。大学生人际交往苦恼多，认知偏差、自卑、恐惧、嫉妒、自负……成长路上，勇敢面对、宽容智慧，人际交往的必修课，大学生责无旁贷。

案例启发

"人缘"之困

菲菲（化名）是某高职院校二年级学生。入学一年半了，她感觉和同学的关系总不融洽。她认为，不知道从什么时候起，周围的同学都不喜欢她，有的同学一见她扭头就走，有的人还在背后议论她。为此，她心里很烦，不知道周围的人为什么不喜欢她。她非常想获得其他同学的好感与尊重，但苦恼于不知道怎样做。

菲菲的苦恼在于她渴望与同学处好关系，想让别人喜欢，但又缺乏必要的知识。因此，她应该学习和掌握一些人际交往的基本原则和要点，同时要冷静地从自己的为人态度、性格特征、思维方式等方面找找原因，也可诚恳地找友好的同学聊聊，请他们帮自己找找原因。

一、大学生人际交往困扰的几种心理

大学生人际交往困扰成为大学生活中的普遍问题，也是学校心理咨询工作的重点之一。人际交往障碍背后存在哪些心理原因呢？

（一）不敢与人交往

在人际交往的实践中，很多人都存在不同程度的恐惧心理，只是每个人的反应程度不同。一部分大学生由于羞怯、自信不足等心理的作用，与人交往时特别紧张，心跳气喘、面红耳赤，不敢抬头挺胸，双目不敢正视别人；或者在与人交谈时语无伦次、词不达意、结结巴巴，尤其在公众场合、集体活动中更感到恐惧、自卑，不敢和人打交道，不敢表现自己，严重时可导致心理学中所称"社交恐惧症"。

拓展阅读

2021年，中国青年报·中青校媒面向全国大学生开展关于"社交恐惧"的问卷调查，共回收来自255所高校的4854份有效问卷。

调查结果显示，80.22%受访大学生表示自己存在轻微"社恐"；6.90%受访大学生表示自己有比较严重的"社恐"；0.64%受访大学生表示自己有严重的"社恐"，被医学上确诊为社交恐惧症。话题"八成受访大学生认为自己轻微社恐"还冲上了互联网平台热搜。

相反的是，仅有12.24%受访大学生表示自己完全不"社恐"，称自己是"社牛"。

（二）不愿与人交往

有的大学生在经历了"千军万马过独木桥"的高考之后，发现自己不如中学时那么出类拔萃了，形成了因嫉妒与自卑心理造成的人际障碍。有人害怕别人瞧不起，因此人际交往匮乏，缺乏合作精神，甚至视同学为敌手。有的同学自视甚高、目中无人，不能理解他人和换位思考；有的同学群体意识淡薄，以自我为中心，对周边人与事漠不关心；有的同学和人来往“看心情”，一会儿冷一会儿热；有些同学缺乏宽容心，甚至会为一些鸡毛蒜皮的小事大动干戈；有的人遇事则是回避、退让，他们自我封闭、孤芳自赏，但又特别敏感，心理承受能力差，独往独来。

沉默的“火山”

敏敏，大一女生，在宿舍里和年纪最大的小叶是上下铺。敏敏在班上学习成绩中等，胆小、性格懦弱、不爱说话，宿舍里总是有两个同学大声呵斥她，以为她不生气。其实，她心里很难受，又总是没有勇气说出来。一天，“敏敏、敏敏，你怎么又把鞋放我床底下……”小叶对着敏敏大叫着。“我，我，我就放了，怎么啦？我睡上铺，不放那儿，放哪儿？”虽然声音颤抖，但敏敏还是紧绷着脸，终于忍不住顶撞了小叶。其他室友都用诧异地看着敏敏……

像敏敏这样既害怕得罪同学，又为自己懦弱而苦恼的人在大学校园里并不少。其实，平等、尊重是人际交往的首要前提。性格懦弱的学生在人际交往中应注意塑造个体的边界感，明确宣示自己对等的权利和尊严。在交往中，既要做出适时的、有分寸的忍让和妥协，但也要有一个限度。交往中过分退让只是强化了别人不适宜的行为和态度，相当于让对方习惯不把自己的感受放在眼里。

（三）不善与人交往

有的大学生不了解人际交往的知识与技巧，在交谈中会显得生硬、木讷；有的大学生不关心外部世界，内心体验虽然很深刻，但无法敞开心扉。如偏执、高傲、冷酷、尖刻等都会阻碍交往的顺利进行；有的是不注意沟通方式，在劝说、批评、拒绝他人时不讲究语言艺术；有些是忽视交往的原则，开玩笑不注意场合，不给人留面子；或出言粗鲁伤了对方的自尊心，或不懂得尊重对方的风俗习惯，或不懂装懂、夸夸其谈等。这些表现都有损于自身形象的塑造，影响交往的深入。

孤独的李某

李某，男，20岁，某本科院校二年级学生。他性格十分内向、孤僻，不善言谈，很少与人交往。他和班上同学相处不睦，跟室友也曾发生过几次冲突，关系相当紧张。后来他擅自搬出宿舍，与外班的同学住在一起。从此，他与班上同学隔阂更深了，集体活动也很少出席。他觉得自己没有能信任、谈得来的知心朋友，常感到特别孤独，情绪烦躁。巨大的精神痛苦无处倾诉，长期的焦虑使他患上了神经衰弱症。失眠和头痛使他精神疲惫，学习效率极低，考试也开始出现不及格。他的心境和身体素质越来越糟，深感自己陷入低落的窘境而无力自拔，没了继续学业的信心。他开始厌倦学习，厌恶同学和班级，一天也不愿再在学校了。他听不进老师的劝告，也不顾家长的劝阻，坚持要求休学。

学生李某由于性格原因，在交往过程中引发人际冲突，无法融入大学群体，这种情况需要专业心理咨询引导他走出心理的阴影。

（四）不懂与人交往

进入高校之后，新生大都有强烈的人际交往欲望，但又常常遇到困难，导致高期望值与高挫折感并存，进而表现为部分大学生经常津津乐道于过去的经历，对于现实的人际交往不满，还有的沉湎于网络虚拟社交以寻求情感寄托；有的大学生不懂得相处之道在于平时的积累，以心换心，总希望别人主动关心自己、与自己交往，而自己总是处于被动地位，或是有事求人时才去“临时抱佛脚”，使对方感到无论在物质上还是在精神上都不能受益，有时甚至感到是累赘，这种交往理所当然会终止。

二、大学生人际困扰的调适策略

（一）正确地接纳自我

人们往往很难做到客观、全面地评价自我。大学生由于身心发展的特点，加上社会阅历浅，尤其容易产生自我认知的偏差。美国心理学家卡尔·罗杰斯说：“当我接受了现实的自己时，我就发生了变化。”正确地认识、悦纳自己，把握社交尺度，对指导和矫正社交表现有着重要作用，也是建立和谐人际关系不可缺少的因素。因此，要对自己的外貌、能力、品行、行为习惯等各方面有较明确的了解，看到自己的优势，充分地发挥利用；同时，评估并接受自己的不足之处。不足或缺陷人皆有之，有些是很难改变的，如身形、外表、声音等。我们不必遮掩、羞惭，可处之泰然，扬长补短，以亮点取得他人认可。

（二）塑造良好的个性

人际交往中，大家都愿意与性格好、人品佳、豁达包容的人交朋友，没有人愿意与自私、虚伪、狡猾、性情粗暴、心胸狭隘的人打交道。因此，形成良好的个性，尽力克服性格的弱点，是建立和谐人际关系的前提。如自信心强的人总是乐观向上，遇到困难和挫折不自弃，千方百计地挖掘自身的潜力，争取环境的支持，并达到既定目标。美国加州心理学家曾对优等生进行追踪研究，结果表明：事业成就受到情绪稳定、社会适应、上进心等因素的直接影响，尤其是培养自我省察与自我肯定的能力，更易建立良好的人际互动，适应群体生活，未来也更容易在社会上崭露头角。

（三）客观地看待竞争

大学生具有较强的竞争意识，特别希望在社交舞台展现自我、脱颖而出。但是社会竞争激烈，优胜劣汰不可避免。自我预期过高，只能成功不能失败；或是遇到打击就自我否定，或者害怕失败而不敢参与竞争，碌碌无为、浪费时光，都是不可取的。某件事失利并不意味着无能或者一无是处，很多时候失败中孕育着成功，挫折中可以累积经验，困难中可能潜藏着机遇与新路，破除不合理思维，才能不断提升修为。面对竞争，大学生还需注意克服不良的心态。比如看到别人有成绩和进步，嫉妒和诋毁于事无补，应当把精力放在自己如何过好每一天之上，与自己比较，才能取得真正的成长。

（四）培养人际危机的预警和干预意识

人际交往危机主要是指在与他人的相处中出现的自闭、逃避、自恋、自负等不良心理状态，以及难以调和与他人关系的行为表现。大学生要试着复盘与分析社交状态，对可能出现的人际交往危机进行预警和监测，并有效地预防和管理，把危机消灭在萌芽状态，尽量减小危机扩大和矛盾累积的可能性。如获取心理支持，有实践证明，师生间的有效沟通是化解危机最有效的方法之一。此外，可以参加校园文化社团等活动，感受到自己在群体的位置，提高自信心，提升交往质量。

（五）增强人际交往的适应性

大学生在进行人际交往中要清醒地认识到：第一，交往是双向的，没有交流就没有了解。适度袒露自己，才能更有效地接近他人。第二，交往是平等的，相互尊重，既不能觉得低人一头，也不能高高在上。在交往中要对自己有信心，对别人有诚心，互信互利的交往才可能持久。第三，交往是有选择性的。交往的双向性决定了交往的互动性和选择性，并不是所有的人都适合你，要选择能够与你产生共鸣的人作为交往对象，一厢情愿只会增加挫败和失落。第四，对交往的期望值不要太高。不要希望每个人都能成为你的知心朋友。区分交往的层次，可以避免因人际交往成本过高造成的心理失衡。

拓展阅读

共同音乐偏好是否会增加人际间的吸引力?

长期以来，社会心理学家们一直想知道人们为什么会喜欢上彼此。在关于吸引力的大量文献中，相似性效应是最为活跃和稳健的因素。

音乐作为一种文化现象，早已是人们日常生活中不可分割的一部分。音乐在社会认同和人际交往中的作用，音乐偏好的个体差异以及其与社会知觉、吸引力等之间的关系是音乐社会心理学的主要关注焦点。

音乐偏好作为年轻人最常见的自我表达方式，至少传达了两种信息：第一种乃是个性特征，包括人格、价值观、生活方式等在内；第二种则是与群体相关的身份信息。这些隐含信息被统称为音乐风格刻板印象。因此，音乐偏好不仅被人们用来传递自身的信息，也会影响个体对他人或群体的认知。

有研究发现，得知目标对象的音乐偏好信息，会使得人们去推测对方可能的人格特征和价值观信息，进而影响目标对象的吸引力。还有研究发现，音乐偏好相似性对于陌生人之间的吸引力具有相当重要的预测作用。那么，你喜欢听古典音乐还是校园民谣呢？试着找个同好聊聊天吧！

第三节　大学生人际交往的原则和技巧

社会关系需要人际互动来维持，互动既有良性的，也可能会带来伤害。世界上任何事物都有自身的规律，人际交往也同样如此。“一生之成败，皆关乎朋友之贤否，不可不慎也”，人际交往无小事。本节是从心理学、社会学、伦理学的角度，探寻大学生人际交往的原则和技巧，这和“关系学”“潜规则”等消极现象完全不同。我们在人际交往范畴既需要遵守原则办事，符合新时代的价值导向；也要注意掌握沟通的灵巧变通，还要能够换位思考，做到包容和理解，人生发展方能晴日朗朗、海阔天空。

一、人际交往的模式

美国心理学家爱利克·伯奈依据个体对自己和他人的基本生活信念，提出了四种人际交往模式：我不好—你好，我不行—你行；我不好—你也不好，我不行—你也不行；我好—你不好，我行—你不行；我好—你也好，我行—你也行，如下表所示。

人际交往四模式

沟通模式	个体信念	交往效果
我行—你也行	理性宽容、理解接纳	最佳
我行—你不行	自我中心、自以为是	不佳
我不行—你行	自卑感、恐慌感	不佳
我不行—你也不行	否定自己也否定别人	不佳

（1）“我不好—你好”“我不行—你行”

根据心理学家阿德勒的理论，这种模式源于童年的无助感，人的成长过程就是逐渐克服这种心态的过程。这种态度如果没有随着年龄的增长而改变，长大以后就容易放弃自我或顺从他人。在人际交往中常常表现出不同程度的自卑和恐慌，最为极端的表现是社交恐惧症。

（2）“我不好—你也不好”“我不行—你也不行”

这种交往模式常常表现为不喜欢自己也不喜欢别人，既看不起自己也看不起别人，既不会去爱人也不能体验和接受他人。

（3）“我好—你不好”“我行—你不行”

这种交往模式常常表现为坚信自己是对的，别人是错的。如果自己对别人好而没有同等的回报，就会感到愤愤不平，把交往失败的原因都归咎为他人的责任。

这三种交往模式都会妨碍人际交往，并且不利于人格完善和心理健康。

（4）“我好—你也好”“我行—你也行”

这是一种成熟的、健康的交往模式。相信自己也相信他人，爱自己也爱他人。任何人都不是十全十美的，能客观地悦纳自己和他人，正视现实，并努力去改变自己能改变的事物，善于发现光明面，从而使自己保持积极乐观、进取和谐的精神状态。

社会心理学家舒茨于1958年提出了人际交往的三维理论，用人际需要来解释人际关系的模式。在舒茨看来，每个人都有三种最基本的人际需要，即包容的需要、支配的需要和情感的需要。健康的人际交往能满足这三种需要的话，则个体在绝大多数场合中，可以得到相应的社会支持和高度的自尊心，更好地参与并适应社会生活；反之，人际关系紧张会对其心理健康造成障碍和破坏。

萨提亚心理学认为，生活中有五种沟通姿态：指责型、讨好型、超理智型、打岔型、表里一致型。其中，前四种属于不良沟通姿态，最后一种属于良好的沟通姿态。

二、人际交往的原则

1. 平等原则

平等是交往的前提，是建立良好人际关系必须遵循的基本原则。敬人者，人恒敬之。大学生来自不同城市、地区，虽然有着不同的家境背景和天资禀赋等，但并无高低贵贱之分，在交往时应该一视同仁，绝不能“势利眼”，也不能将自己的意愿强加于人。居高临下或过分自抑，都可能妨碍人际关系的良好发展。

2. 宽容原则

在交往过程中，应该学着宽恕容忍对方。每个人都有需要别人宽容体谅的一些弱项和特质，大学生在人际交往中首先应该学会宽以待人，不能苛刻挑剔、吹毛求疵。不要过度地关注细枝末节，如利益上的点滴得失、言语上的高低急缓、表达上的直白婉转等，如果动辄为了一点鸡毛蒜皮的事而争得面红耳赤，甚至恶语相加，势必使同学关系紧张，自己也容易被孤立。再者，集体之中，大学生彼此的秉性和习惯差异较大，要融洽同学之间的关系，就不可求全责备，而要放平心态：“不同意但尊重”，才能“各美其美，美美与共”。

3. 互补原则

正常的人际交往，是双方或多方的心理需求获得满足的过程。因此，互补是人际交往的推进器和润滑剂。人际交往的双方所具备的交流互换要素正好成为互补关系时，就会产生强烈的交往欲望。因此在交往中，应多肯定他人，使对方获得精神上的愉悦和满足。如果总是指责或抱怨，使对方时刻处于戒备防御状态，自然会妨碍正常交往。大学生要破除极端自我中心的陋习，在人际交往中，给对方以温馨、愉悦、祥和、轻松的氛围和空间，人际关系发展才能更加顺利。

4. 诚信原则

诚信是立身之本，是进行人际交往的认证书、资格证。诚信原则要求大学生在人际交往中要真诚、坦诚、忠诚，说真话，办实事，言必行，行必果。承诺做到的事情，就要千方百计、不遗余力做到、做好。如果因为不可预料、不可抗拒的原因，确实无法做到，应当认真说明原因，充分表达歉意，取得对方谅解。坚持诚信原则，要做到按时赴约，借物借款按时奉还，不能“死要面子活受罪”。

拓展阅读

交友选择知多少？

人生乐在相知心。 ——（宋）王安石

君子与君子以同道为朋，小人与小人以同利为朋。 ——（宋）欧阳修

大凡敦厚忠信，能攻吾过者，益友也；其谄谀轻薄，傲慢亵狎，导人为恶者，损友也。 ——（宋）朱熹

三、人际交往的艺术

大学就像一个微型社会，掌握好人际交往的技巧有助于处理各种交往中的问题，建立高质量人际关系。人际交往的技巧有着丰富的内涵和科学性，不是一朝一夕就可以速成的，也不等同于玩点小聪明、耍滑头等，大学生必须学会和把握人际交往的艺术，以适应自己的成长和发展。

（一）促进人际交往的“心理润滑剂”

1. 和而不同，学会接纳与尊重

大学生要培养自尊和互尊的良好品质。有这样一种说法：改变他人很难，但是如果你乐于按照一个人的本来面目去欢迎他，你就给了他改变自己的力量。接纳自己，意味着知道的处境，知道自己喜欢什么、适合做什么、能够做什么。接纳他人，就意味着能容忍他人的不同（明白不同不是不好，不同就代表着资讯的撞击）。要知道任何人都有优点和不足，既不要用自己的长处去嘲笑与羞辱别人，也不要用别人的优势来内耗自己，让自己变得卑微。

2. 学会换位思考，练习共情之道

换位思考就是换个角度，站在对方的立场考虑问题。大学生有时习惯从自己的角度去评价自己和他人的行为，导致看待问题片面和人际交往障碍。例如，在班级中，一个人当班长的时候，觉得其他同学老是给自己添麻烦，不当班长的时候则会像其他同学一样来指责班长不尽职。可以通过角色互换游戏学会换位思考，具体操作步骤如下：找一个安静的地方，放上两把椅子，选择其中一把椅子坐下。然后想象一下，跟自己发生冲突的对象正坐在另一把椅子上，此时可以将你对他（她）的各种不满、意见、情绪和指责“毫不隐讳”地表达出来。在发泄完之后，你需要坐到另一把椅子上，想象自己就是对方，对面的椅子上坐着自己，再从对方的角度来一一回答你刚才提出的责难，并宣泄不满情绪。

角色互换练习能帮助克服自我中心的思维倾向，这种方法不仅能让大学生注意到自己的情绪、思维和行为方式，还能理解和关注别人的情绪、思维和行为方式。换位思考可以拉近与别人的距离，减少人与人之间的隔阂，使交流更顺畅。

共情又称同理心，即设身处地感同身受，是在换位的基础上，客观地体会他人的情绪和想法，理解他人的立场和感受，并从他人的角度思考和处理问题，并且将这种理解传达给他人。例如，一位朋友对你说："今天班委选举，晓明居然没有选我，亏我还把他当朋友！"这时你应该做的是感受他的愤怒，适当地安慰和引导，而不是跟他同样义愤填膺地说："真是的，太可恶了，咱以后都不要和晓明玩了！"特别注意，同理心与同情心不同，同理心是站在对方的角度看待问题，不含价值判断，而同情心是从自我的角度出发，隐含了个人经验的价值判断。例如，一个考试作弊被开除的同学，你可以运用同理心来分析他的作弊动机，但是你很难去同情他。

3. 宽以待人：大事把住，小事淡定

与人交往，自己必须要有一些定见和原则，并尽可能让人知晓理解，不能为了所谓应酬完全失去自我。但也不能仅凭自己的兴趣爱好对他人过于苛求。固执地追求完美的人，要求朋友没有缺点，就可能没有一个朋友。如果工于心计，每样事情都很精明，就很难交到知心的朋友。大事要把住，小事糊涂一点也无妨。

4. 亲密有间：保持适当的交往距离

现代社会，每个人尤其是文化素养高的人，都需要有一块独自享有的私人领域。在人际交往中，为别人留出足够的心理舒适度空间，是文明和尊重的体现，是非常必要的。以往形容关系密切，都喜欢用"亲密无间"这个词。但现实告诉我们，朋友真的到了亲密无间的程度，往往会适得其反。朋友之间保持一定的距离，是维系友谊的必备条件，越来越被大家认同和接受。不同程度的朋友其距离的大小可以有区别。这里所说的距离，主要指的是应有礼貌和尊敬。有些人一旦与人混熟了，就会丢掉分寸感，进入了所谓不分彼此的境界，可能挤压别人的心理舒适度空间，就会忽视一些看似细节实际很重要的问题，衍生误解、摩擦甚至是冲突。

（二）促进人际交往的"方法工具箱"

1. 展现微笑，传递友善

与人交往中，面部表情管理是一种传递善意的重要工具，有心理学研究表明，沟通中的非言语要素往往起的作用更大。就算不善言表，真诚的微笑和柔和的注视会给人留下美好而深刻的印象。美国密歇根大学的心理学家詹姆士·麦克奈教授说，有笑容的人，从事管理、教学、经商等职业时，获得成功的机会更多。

2. 传递重视的信号：记住对方的名字和关键信息

对你的社交对象，再次见面时说出他的名字和一些关键信息，对方很容易对你的用心更有好感，获得加深社交的可能性。我们也许有这样的体验，自己的名字被别人记忆，尤其是时隔多年还能被人记得，这说明你在他心目中是重要的，由此，你获得了一种成就感和亲切感。将心比心，别人也是如此。记不住与你有关的人的名字，是一种失礼，客观上传递给对方一种被轻视的信息，对方与你交往的热情自然要降温。如果你想增强自己的亲和力，请你学会记住别人的名字。

3. 真诚、恰当地赞美别人

作为大学生，大家也许都有这样的体会，自己热爱且成绩好的科目，总是与赏识鼓励你的老师息息相关。当我们做一件没把握、不擅长的事情时，总是希望得到师长的赞许或肯定及建设性的意见。与自己关系密切的人，一般是理解欣赏敬佩自己的人。如果你自己渴望得到别人的赞许与鼓励，有什么理由不投桃报李，回馈他人呢？适时、得体、恰当地赞美别人是一种能力。第一，要能选准角度、恰如其分。假如你要赞美一位女同学，而她相貌平平，与其说她如何美丽，不如肯定她的善良、温柔和才干。第二，要具体实在。你赞美一个同学，笼统地说"你非常令人佩服"，不如说"你真不简单，刚才那番话很有震撼力"。第三，赞美要真诚，言不由衷地吹捧奉承，只会让人肉麻反感。第四，要讲究艺术。有时心怀善意不经意讲错话，就会惹恼别人。例如，某男生同时赞美两位女生，对其中一位女生说："你虽然没有她漂亮（冒犯了女生甲），但你的亲和力比她强（又触犯了女生乙）。"可见这个男生的确不会讲话。如果此时此地一定要赞美的话，应该说："你们两个都很漂亮，一个是古典美，一个是现代美"，或者"一个亲和力很强，一个是热心肠"。这样，赞美别人的良好主观愿望，才能产生正面的效果。

4. 学会倾听他人

倾听他人谈话，对搞好人际关系具有重要的作用。因为倾听本身就是在褒奖对方，你能耐心倾听，等于告诉对方"你的话值得我倾听"，这在无形之中就能提高对方的自尊心，拉近彼此的心理距离。做一个好的"倾听者"，必须掌握恰当的倾听方式。

（1）耐心。有些话题很普通，甚至很乏味，你已毫无兴趣，可是对方却绘声绘色，侃侃而谈。此时，你应尽量保持专注而不是厌烦。

（2）虚心。尽可能细致认真地倾听对方的谈话，并从中发现有意义的段落和线索，给予恰当的呼应和肯定。如果对方的谈话不是严重违背主流价值和社会公德，切忌居高临下，妄下评语。对于无聊的话题，如果有可能，可以善意地引导、升华或转变话题，或是寻找合理即不使对方尴尬的借口，脱离这样无聊的谈话。应尽量避免无谓的争辩，以免会破坏交往的氛围。

（3）会心。听人谈话，不只是被动地接受，还需要做出会心的呼应。可以与对方经常交流目光，时而赞许性地点头，用面部表情表示赞同对方的观点，或不时地用语气词来表示你在认真倾听，并明白对方所表达的意思。

5. 对话交谈有妙招

交谈是最普遍的沟通方式，俗话说"一样话，十样说"，"一句话让人笑，一句话让人跳”，可见说话方式的重要性。当你与别人谈话时，必须始终能意识到双方同时兼有叙述者和聆听者的双重角色，意识到双向性。自己的责任不仅是把思想表达清楚，还应考虑怎样谈才能使对方产生兴趣，易于理解，并根据对方的反馈来调整自己的谈话内容。

交谈中寻找共同的话题。交谈是否能够起到增进感情、密切关系的作用？要看谈话的过程是否愉快。要想让谈话在令人满意的氛围中进行，要克服潜在的自我中心性，不要仅仅将谈话作为表现自己的舞台。谈论对方感兴趣的话题，或者寻找共同的话题，这样对方才不会觉得受到了冷落，我们也从别人的见解和分享当中获得了新的知识和智慧。

交谈中学会委婉含蓄的技巧。生活中我们常见到一些“心直口快”的人，他们想到什么就讲什么，结果往往不是造成了误会，就是伤了和气。人际交往中，既要正直诚实，还要讲究方式方法，其中委婉含蓄就是重要的一种。含蓄、委婉是一种说话的艺术，之所以受到人们的欢迎，是因为它顾及了人们的自尊心，不会使人尴尬、难堪、下不了台。怎样才能做到含蓄委婉呢？一般来说，要做到四点：一是要顺耳，对于别人的观点，即使不同意，也不要说些攻击性强的话，而要说明理由，以理服人。二是要亲切，即使讲对方的缺点，也要选择适当的角度，尽量做到良药不苦口、忠言不逆耳。三是要文雅，既要说得生动鲜活，又要说得不庸俗。四是要得体，既不对别人的缺点夸大其词，也不抓住别人话中的漏洞穷追不舍，使对方难堪。要避免公开指责别人的缺点。

交谈中注意不受欢迎的交谈方式。主要包括：

（1）随便打断对方的谈话或抢接对方的话头。

（2）口若悬河，只顾自己一个劲地讲，而不注意对方的反应。

（3）注意力不集中，迫使对方再次重复说过的内容。

（4）像倾泻炮弹似的连续发问，使人穷于应对。

（5）在与别人谈话时漫不经心，不感兴趣，表现出不耐烦。

（6）言谈空洞，不着边际。

（7）不注意语言的分量和连续性，语无伦次，使对方难以接受或不知所云。

（8）目光老是从头到脚地打量对方，像审查什么似的，让人感到不自在。

（9）粗鲁地盯着异性看。

（10）随便解释某种现象，妄下断语，充作内行。

（11）避实就虚，含而不露，使人迷惑不解。

（12）短话长说或长话短说，不考虑交谈的时限、主题和氛围。

（13）不同对方商量就戛然而止，单方面结束会谈，使人感到没礼貌、不愉快等。

拒绝的勇气

拒绝的能力往往与自信紧密联系。缺乏自信和自尊的人，常常为拒绝他人而感到不安，而且有觉得他人的需求高于自己的倾向。

（1）简单回应。如果要拒绝，应坚决而直接。可以尝试用你的身体语言强调“不”，不需过分道歉。

（2）给自己一些时间，你会更有勇气和信心去拒绝别人。

（3）区分拒绝与排斥。你拒绝的是过分的要求，不代表排斥对方。

（4）不要感到愧疚。你有拒绝的权利，就像别人有权利要求帮助。有时，拒绝别人是让对方学会为自己负责。

（5）做自己。要明确和坦白什么是自己真正想要的。更好地认识自己，不必为了一些虚假的情绪价值为难你自己。

四、人际冲突的应对策略

人际冲突是人际交往中的一种对立状态，是交往主体之间表现出不和谐、敌视甚至争斗的状态。冲突的原因多种多样，有利益的矛盾，也有价值观或行为方式的不同。大学生还处于身心发展不平衡的成长阶段，自我意识较强，情绪不稳定，自控能力较差，学会巧妙地避免或化解人际冲突，能减少个体累积负面情绪，还能增进交往的有效性。有下面几个小诀窍。

（1）对事不对人。人际冲突的起因大部分是一些生活琐事。在发生冲突或争执时，要将焦点置于事情本身，客观分析冲突的起因，试着解决问题，避免将冲突扩大。为了解决问题而沟通，而不是随意上升到对方的人格或者人品，才可能及时化解矛盾。

（2）正视差异、求同存异。每个人都有自己的个性特点。作为一名新时代的大学生，我们更应该学会理解别人，尊重别人的兴趣爱好，承认别人与自己的某些不一致，不轻易评判和扣帽子。

（3）给情绪降温，做适度的让步。当发生人际冲突时，双方都处于一种应激状态。在这种情绪状态下，冲突双方很容易说出中伤对方的话而造成无法挽回的局面。此时，做适度的让步不失为一种明智的选择，让步并不代表忍气吞声，把握好度也是一种智慧。

（4）及时交流，以免矛盾激化。大学生日常相处中要积极敞开心扉，随时解决小问题；坦诚交流而不是逃避，防止日久冲突加剧，也损害自身的情绪状态和正常生活。

测测你的人际交往能力

指导语：这份人际交往能力自测量表共包括30道题，请根据自己的符合程度打分。

完全符合 =5 分；基本符合 =4 分；不好判断 =3 分；基本不符合 =2 分；完全不符合 =1 分，最后统计总分。

1. 我上朋友家做客，首先要问有没有不熟悉的人出席，如果有，我的热情度会明显下降。（　　）

2. 我看见陌生人常常觉得无话可说。（　　）

3. 在陌生的异性面前，我常感到手足无措。（　　）

4. 我不喜欢在大家面前讲话。（　　）

5. 我的文字表达能力远比口头表达能力强。(　　)

6. 在公共场合讲话，我不敢看听众的眼睛。(　　)

7. 我不喜欢广交朋友。(　　)

8. 我要好的朋友很少。(　　)

9. 我只喜欢与同我谈得拢的人接近。(　　)

10. 到一个新环境，我可以接连好几天不讲话。(　　)

11. 如果没有熟人在场，我感到很难找到彼此交谈的话题。(　　)

12. 如果在“主持会议”与“做会议记录”这两项工作中挑选一样，我肯定挑选后者。(　　)

13. 参加一次新的聚会，我不会结识多少人。(　　)

14. 别人请求我帮助，而我无法满足对方要求时，我常常感到很难对人开口。(　　)

15. 不是不得已，我绝不求助于人，这倒不是我个性好强，而是感到很难对人开口。(　　)

16. 我很少主动到同学、朋友家串门。(　　)

17. 我不习惯和别人聊天。(　　)

18. 领导、老师在场时，我讲话特别紧张。(　　)

19. 我不善于说服人，尽管有时我觉得很有道理。(　　)

20. 有人对我不友好时，我常常找不到适当的对策。(　　)

21. 我不知道怎样和妒忌我的人相处。(　　)

22. 我同别人的友谊发展，多数是别人采取主动态度。(　　)

23. 我最怕在社交场合中碰到令人尴尬的事。(　　)

24. 我不善于赞美别人，感到很难把话说得亲切自然。(　　)

25. 别人话中带刺揶揄我，我除了生气外，别无他法。(　　)

26. 我最怕做接待工作，最怕同陌生人打交道。(　　)

27. 参加聚会，我总是坐在熟人旁边。(　　)

28. 我的朋友都是同我年龄相仿的。(　　)

29. 我几乎没有异性朋友。(　　)

30. 我不喜欢与地位比我高的人交往，我感到这种交往比较拘束，很不自由。(　　)

结果解释：

各项得分相加即为总分。总分越高，表明你的社会交际能力越差；反之，总分越低，表明你的社交能力就越强。

总分大于120分：提示你的社交能力存在很大的问题，你不太善于交往或你不喜欢社交，你在社交场合，习惯于退却、逃避。你对自己的社交能力没有信心，你还没学会如何与别人，尤其是陌生人打交道。为此，你要走出自我封闭的圈子，尝试去与人交往，不要怕失败和尴尬，你会发现人际交往能带给你许多的乐趣和益处。

总分在91~120分：提示你的社交能力还有待于进一步提高。你对人际交往还有些拘谨。但你是可以交往的，如果你更大胆些，更多地注意培养自己的社交能力，那么你将会从社交活动中获得更大的快乐和成功。

总分在70~90分：提示你的社交能力尚可。

总分低于70分：提示你是一个善于社交的人，你喜欢交往，并能从社交中获得快乐和收获。你能与不同的人相处，并较快地适应环境。

思政剧场

古有高山流水，今续知音佳话

振宁：

你这次回到祖国，老师和同学们见到你真是感到非常高兴。我这次从外地到北京来看见你，也确实感到非常高兴。在你离京之后，我也就要回到工作岗位上去了。

关于你要打听的事，我已向组织上了解，寒春确实没有参加过我国任何有关制造核武器的事，我特地写这封信告诉你。

你这次回来能看见祖国各方面的革命和建设的情况，这真是难得的机会。希望你能了解到祖国的解放是来之不易的，是用无数先烈流血牺牲换来的。毛主席说："成千上万的先烈，为着人民的利益，在我们的前头英勇地牺牲了，让我们高举起他们的旗帜，踏着他们的血迹前进吧！"你谈到人生的意义应该明确，我想人生的意义就应该遵照毛主席所说的这句话去做。我的世界观改得也很差，许多私心杂念随时冒出来，像在工作中，顺利时就沾沾自喜，不顺利时就气馁，怕负责任等等。但我愿意引用毛主席这句话，与振宁共勉。希望你在国外时能经常想到我们的祖国。

这次在北京见到你，时间虽然不长，但每天晚上回来后心情总是不很平静，从小在一起，各个时期的情景，总是涌上心头。这次送你走后，心里自然有些惜别之感。和你见面几次，心里总觉得缺点什么东西似的，细想起来心里总是有"友行千里心担忧"的感觉。因此心里总是盼望着"但愿人长久，千里共同途"。

夜深了，不多谈了。代向你父母问安。祝两位老人家身体健康。祝你一路顺风。

稼先

思想启发：中国古代文化中，形容友谊的最高境界恐怕就是"高山流水"的典故了。这一则来源于寓言故事的成语，最早出自《列子·汤问》。春秋时期琴师俞伯牙和知音钟子期的故事家喻户晓：伯牙善鼓琴，钟子期善听。伯牙鼓琴，志在高山。钟子期曰："善哉，峨峨兮若泰山！"志在流水，钟子期曰："善哉，洋洋兮若江河！"伯牙所念，钟子期必得之。子期死，伯牙谓世再无知音，乃破琴绝弦，终身不复鼓琴。高山流水，知音难觅。

跨越千年时光，中国科学家在岁月里相识，彼此的惺惺相惜依然佳话传颂。

一封写于1971年的长信，洋溢着质朴的深情与厚重的友谊，在当年的杨振宁心中，激起巨大的波澜。杨振宁与邓稼先是“发小”，又同在美国留学，但他们以后的人生路截然不同。一个隐姓埋名、为国铸核盾；一个在世界物理学界，获得巨大的成就。2021年9月，杨振宁在100岁生日会上，对邓稼先的跨越半个世纪的答复，感动了很多网友。百岁老人深情地说：“稼先，我懂你‘共同途’的意思，我可以很自信地跟你说，我这以后50年，是符合你‘共同途’的属望。我相信你也会满意的，再见！”

1971年，杨振宁回国探亲时，见到了邓稼先。这次会面，杨振宁问邓稼先中国研发原子弹，美国专家有没有参与？邓稼先向上级请示后，写信讲明中国原子弹是自主研发的，美国专家并没有参与。杨振宁收到信时，看到这个回答，他激动得哭了……这封信就是前面，邓稼先手写的那封长信。杨振宁大受振奋，也为他日后做的种种有利于祖国的工作提供了动力。在信的结尾，邓稼先改写了苏轼著名的中秋词，希望能跟杨振宁“但愿人长久，千里共同途”。科学家的浪漫与深情，跃然纸上。

杨振宁在百岁生日的发言中说：“邓稼先是我中学、大学、在美国的知心朋友，我想他跟我的关系，不只是学术上的关系，也超过了兄弟的关系”。“共同途”的意思，他原来不懂，后来终于明白，他与邓稼先虽然做了不同的人生选择，但在对祖国的情感上面，其实一直都是同道中人。过去如此，现在如此。一个在国内兢兢业业，做“基石”，一个在国外心系人民，筑“桥梁”。邓稼先与杨振宁，既选择“殊途”，也终于“同归”。

课后思考

1. 什么叫作人际交往，它受到哪些因素的影响？
2. 大学生的人际交往应当遵循哪些原则？
3. 请列表格，评估自己在人际交往方面的长处与不足，并思考可以作哪些改善？

心理实训 1

信任旅行

实训目的：通过扮演盲人与拐杖的角色，体验人与人之间互相扶持和帮助的重要性；感受信任与被信任；培养观察和体谅他人需要的人际交往能力。

实训内容：

（1）播放轻柔音乐，营造舒缓、安全的气氛。所有的学生戴上眼罩扮演“盲人”，独自在室内四处行走，体验盲人的无助与恐惧。

（2）一半学生扮演盲人，另一半学生扮演帮助盲人的拐杖。拐杖不可以说话，只可以用肢体语言暗示盲人应该怎么走。由拐杖帮助盲人完成由室内到室外再回到室内的全部旅程（可以设置一些没有危险的障碍物）。

(3) 角色互换，刚才扮演盲人的学生这次扮演拐杖，刚才扮演拐杖的学生这次扮演盲人。“旅程”中的障碍可以进行修改。

(4) 交流第一次、第二次、第三次自己分别有哪些不同的感受。

学着表达“同理心”

(1) 角色表演：分组表演下列情境。

情境一：

小雨的笔记本被小亮不说一声就拿走了，小雨非常生气。

小雪说：“一本笔记本又不值钱，有什么好生气的呀！”

小明说：“你应该觉得生气，他拿了你的笔记本也没有跟你说一句，太过分了。”

情境二：

王莉要从郑州搬到上海去了，非常伤心，因为她要离开所有的朋友。

刘小乐说：“王莉呀，你又不是永远不回来了，也不是不能联系，有什么好哭的呀。”

张波说：“我能理解你的伤心，因为你要搬家了，从此后我们很难见面了。”

(2) “同理心”的表达方法。

意义：传达自己对对方感受与体会的了解。也就是说，以自己的词汇与方式使对方知道自己已经了解了他所表达出来的感受与体验。

公式：“我理解……，我同意……”后面要接着指出构成对方感觉的经验与行为。

(3) 实战演练。

请同学们用同理心的技巧试着练习生活中的理解他人的话语，每个同学准备三句，然后与大家分享，请同学们评价。

① ____。

② ____。

③ ____。

大学生的情绪管理
——打造阳光心态，乐观生活

人类的情绪和情感复杂多样，不同的情境会引发个体不同的情绪表现和心境体验。情绪是个体心理活动的重要组成部分，渗透于人类的所有活动之中。愉悦、积极的情绪体验使人产生追求卓越的动力，勇于面对各种挑战，有利于身心健康和人格完善；相反，沮丧、焦虑等消极情绪体验则使人精神萎靡、步履沉重、工作效率低下，不利于身心健康和个体发展。情绪不是问题，如何应对情绪才是问题。让我们一起揭开变幻的情绪面具，掌握管理情绪的工具，追寻人生幸福的真谛吧！

学习目标

1. 认识情绪的概念、分类及表现，结合自身学习、生活和成长体验，明确情绪稳定的重要性。

2. 了解情绪特点和成因，逐渐学会区分常见的情绪困扰，直面内心的阴霾，掌握适当有效的自我调节技巧。

3. 培养健康情绪和积极心态，减少负面情绪对身心的不良影响。

思维导图

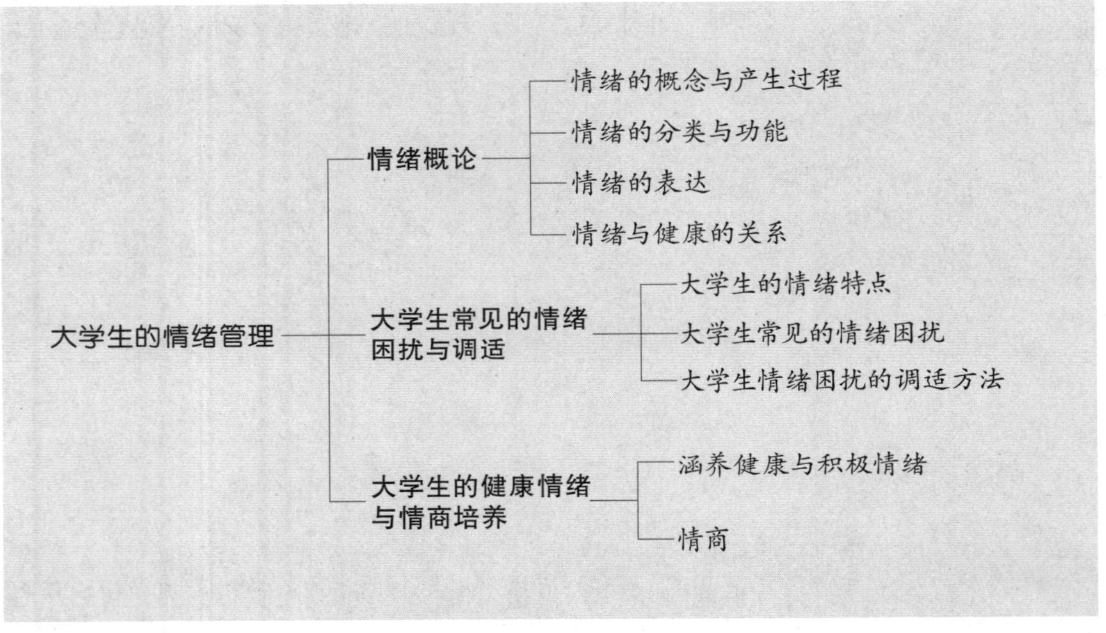

一封求助信

老师您好！

我想和您谈谈我的苦恼和困惑。进入大学，开始不习惯，不过我适应能力还行，不觉得无所适从。我与其他同学相处还算好，大家对我印象应该还行，但我总觉得压力大，干什么都提不起劲儿，没精神，情绪波动也很大。尤其是现在期末了，我看到大家都在读书，我就不想看书，觉得很难受，甚至有点痛恨他们在读书。我也和从前的同学说过我现在的情况，他们劝我说，大学和高中不同了，没必要被别人左右，你只要按自己的学习节奏，尽最大的努力就可以。可是我发现我还是控制不了自己的情绪。

我经常一个人行动，上课，自习，吃饭，我觉得一个人很自在，不受约束。我们宿舍五个人，两人一对，正好我一个。我们平时相处是不错的，也没有什么矛盾，我们宿舍还是学院的星级宿舍。我自认不孤僻，也和大家交流，只是习惯了独处。

我发现自己还有个问题，就是每当我心情不好时，只能用暴食来排解。常常是一个人在这个食堂吃过，又跑到另一个食堂去吃，然后再到超市买一大堆零食回宿舍继续吃。我觉得我近乎疯狂，不可理喻。我就想让胃撑满，有时近于疼痛，好像这样我会得到快感和满足。当我吃东西的时候，我也知道这样不对，但就是无法控制自己，我就想不停地吃下去，什么都不要想。

我把精力放在与学习无关的事上，这样我的生活不规律，学习不规律，饮食不规律。我觉得生活学习一团糟，对什么都很没有信心，也许这就是我情绪不稳定、对什么都没兴趣的原因吧。我觉得对不起所有对我有期望的人，父母、同学、师长，包括我自己，可是我还是很难控制我自己的情绪。我很害怕，但是不知该如何做……

情绪是什么？情绪是如何表达的？情绪对我们人类到底有多重要？“为情（绪）所困”时，应当如何调教自己的心弦，跳出负能量旋涡？大学生如何减少“内耗”，把满腔精力用来提升自己？通过下面的学习，让我们一道步入寻问之旅。

第一节　情绪概论

一、情绪的概念与产生过程

（一）情绪的概念

常言道，喜怒哀乐，人之常情。情绪是进化的产物，与人如影随形，我们的生活时常被情绪浸染上某种色彩。心理学认为，人对外界事物是否符合自己的需要而产生的态度体验为情绪与情感，情绪、情感与人们的认知紧密相关。情绪具有复杂性、周期性和普遍性等特点。同样的事物，对个体重要性不同，引发的情绪感受也不相同。此外，个体有时也很难描述清楚某个时刻具体的情绪感受。

小贴士

心理学家罗伯特·利珀把情绪定义为：是一种具有动机和知觉的积极力量，它组织、维持和指导行为。对情绪的调控能力，往往能拉开人与人的社会发展层次。

（二）情绪的产生与成分

情绪的产生一般由客观刺激引发的，分为外部刺激和内在刺激。外部刺激，如天气的变化对人心情的影响，受到表扬和批评感受截然相反；内部刺激，如青春期内分泌变化给青年带来的情绪波动、脑海中的联想给人带来的瞬时感受改变等。

情绪产生的过程包括个体的主观感受，特定场景会触发人产生独特的心理体验。例如，受到不公正待遇的愤怒、看到苦难场面的同情心、听到好消息时的心情舒畅等。个体对情境的生物性应答和生理唤醒，引发大脑皮层不同区域、神经系统、人体激素水平等剧烈变化。例如，在恐惧状态下人会出现汗毛竖立、身体僵直、瞳孔放大等生理变化；在愤怒状态下人会出现血压升高、出汗、面红耳赤等生理特征；个体的外显行为表现。行为在表情、姿态、言语、动作上表现力越强，就说明其情绪越强，如喜会手舞足蹈，怒则咬牙切齿，悲至痛心疾首，忧而茶饭不思等。

完整的情绪过程通常缺一不可，这也是社交中个体解读他人情绪的重要线索。如果只有外部行为表现，而没有内心的真实体验和生理唤醒，很难称为真情实感。表情动作等线索不符合旁人的预期，则可能会被误判从而引起误会，这些都是情绪研究的复杂性和意义所在。例如，“假笑男孩”，他凭借着独特的微笑表情，无意中在社交媒体走红，原因之一正是他的笑容弧度看起来就像在敷衍别人而非展现真正的愉悦。“尴尬而不失礼貌”的笑容引起广大青年人共鸣。中西方对这种表情的体味具有跨文化的相似性，非常有趣。

二、情绪的分类与功能

（一）情绪万花筒

情绪的呈现方式多样，强度变化千差万别，所以要对情绪作严格的分类是相当困难的。情绪到底有多少种，该如何分类？心理学界探讨诸多。中国古代文化已经发现人的情志多元。汉代《礼记》中提出“七情说”，把人的情绪分为：喜、怒、哀、惧、爱、恶、欲；我国心理学家林传鼎曾分析《说文解字》一书，找出了几百个描述人的情绪表现词，按其释义把它们分为多种类型，有安静、喜悦、恨怒、哀怜、悲痛、忧愁、愤急、烦闷、惊骇、恭敬、抚爱、憎恶、贪欲、耻辱等。近代西方心理学认为，人与生俱来的四种原始情绪分别是：快乐、愤怒、悲哀和恐惧，与人的基本需要紧密相连。有心理学家认为，兴趣不仅是一种动机，也是一种正向的情绪，促使个体将注意力指向心仪的事物，愿意克服困难，提高学习或研究的主动性。

这里提供几种分类观点。

1. 简单情绪与复杂情绪

简单情绪至少有六种，包括快乐、厌恶、惊奇、悲伤、愤怒、害怕等。复杂情绪是由若干简单情绪复合而成的，例如，失望是悲哀和意外的复合物，嫉妒是爱和恨的复合物。基本情绪又可以派生出许多复合情绪。复合情绪既是多种情绪的结合，也以个体的认知—评价为中介，如爱、焦虑、敌意、羞愧、内疚、嫉妒、傲慢等。焦虑与愤怒不同，它是社会化的复合情绪，常常带有对危险和刺激的预期，以及对自我效能是否充足的担心。敌意可以看作是愤怒、厌恶和轻蔑的结合等。

美国心理学家罗伯特·普拉切克提出了8种基本情绪：期待、快乐、信任、恐惧、悲伤、惊讶、厌恶、愤怒。其他情绪是在8种基本情绪的基础上混合派生出来的，普拉切克情绪轮盘如图6-1所示。每种基本情绪都具有从最微弱到最极端的强度变化，例如，恐惧、害怕、担心代表了某种基本情绪的三个强度水平。任何两种情绪之间的相似度可以分为几种等级，模式既含有正面情绪，如狂喜、崇拜；也含有负面情绪，如狂怒、厌恶、悲哀。相对的两种情绪是对立情绪，如快乐对悲伤，信任对厌恶，恐惧对生气，惊讶对期待。

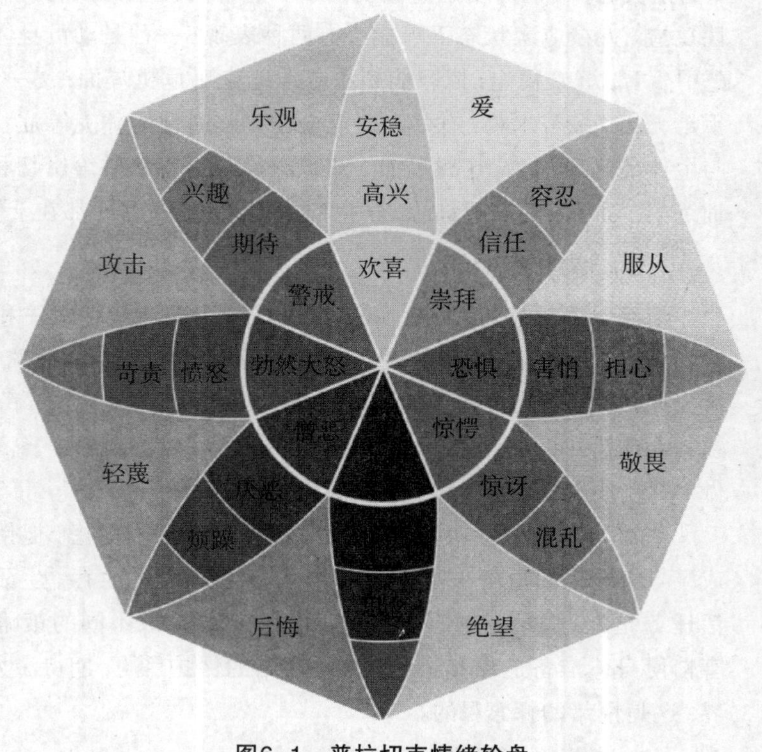

图6-1 普拉切克情绪轮盘

2. 积极与消极情绪

情绪可以分成积极的与消极的两类。积极的是那些能够带来幸福、向上的感受，促使主体与他人建立良好关系的情绪状态，如快乐、爱、欣喜等。消极的是指那些不能使人感到幸福，使人与人之间的关系趋于紧张的情绪状态，如害怕、沮丧、愤怒、悲哀等。痛苦是最常见的消极情绪，分离和失败是引发痛苦情绪的两大原因。

3. 心境、激情与应激

按照情绪的状态划分，情绪可分为心境、激情与应激。

心境。心境是人比较微弱而持久的情绪状态，通俗地说就是平时讲的心情。心境具有弥散性，心境表现出的态度体验会朝向周围的一切事物。当心情愉悦时，“人逢喜事精神爽”；当心情不佳时，神色沮丧，感知和思维僵化，“感时花溅泪，恨别鸟惊心”。生活中的顺境和逆境、工作中的成功与失败、人们之间的关系、个人的健康状况、自然环境的变化等，都可能成为引起某种心境的原因。

激情。激情是一种强烈的、爆发性的、短促的情绪状态。这种情绪状态通常由对个人有重大意义的事件引起。当激情到来的时候，大量心理能量在短时间内积聚而出，如疾风骤雨，使当事人失去了对自己行为的控制力。例如，《儒林外史》中的范进听到自己金榜题名，狂喜之下，竟然意识混乱，手舞足蹈，疯疯癫癫。而积极的激情能激励人们攻克难关，成为正确行动的巨大动力。

应激。应激是意外或者危险情境所引起的极度紧张的情绪状态。例如，面对火灾、地震等自然灾害，人们需要迅速做出判断和选择时体验到的特殊情绪体验，同时伴生一系列生物性反应。人在应激状态下可能会有两种表现：一种是动员身体各种潜能，使活动积极起来，急中生智，沉着稳定，以智能超乎寻常地应对危机局面；另一种是使活动抑制或完全紊乱，手足无措、呆若木鸡，有些人甚至会发生临时性的休克等症状。人们会出现各种行为反应，与个体的适应能力、个性特征、知识经验及意志品质等密切相关。应激的积极状态也是可以训练的，如军人的实战训练，学生的模拟考试等，目的都在于促成应激状态下的积极反应。

（二）情绪的功能

情绪具有适应性功能。如婴儿通过情绪表达获得关注和哺育，成人通过情绪来交流信息、促进人际合作。情绪的表达、判断和确认，对维持人际关系至关重要。例如，人与人第一次见面，微笑是一个普遍性的欢迎表示，似乎无声地在说“我很友好”或者“我是善意的”。在社会情境中的情绪表达，既有信号的机能（我感到怎样），又有指向的机能（我想要你怎样做）。爱、共情、依恋等使得人与人结成更深的纽带。

情绪具有动机性功能。学生面临考试会紧张、焦虑，促使他们更加努力学习从而取得好成绩。从进化的角度来看，情绪是为了改善人类的生存、生活条件而产生的。人类的基本生活任务是处理所面临的各种困境，指引我们采取不同的策略应对重要挑战和威胁。例如，害怕使身体准备退缩和逃跑，这是情绪的保护目的；期待激发了好奇感，使个体准备观察外界，这是情绪的探索目的。

情绪与情感

除了“情绪”的概念，心理学还经常使用“情感”这一概念。情绪和情感都是人对客观事物所持的态度体验，两者虽有联系但区别更多：情绪带有极大的情境性，情感则带有很大的稳定性；情绪冲动性大，具有明显的外部表现，情感较为内敛，有时表现也不明显；情绪是基于欲望和基本需要的，呈现分散性，情感则更倾向与社会需求、评判相关，通常与更深沉的态度体验相联结，如美感、道德感、爱国心等。

三、情绪的表达

情绪表达的方式可大致分为语言表达和非语言表达两类。非语言情绪表达的方式包括面部表情、姿势语言、语音语调等。

面部表情，即情绪活动所伴随的面部肌肉活动，是人类情绪表达的主要方式之一，如眉开眼笑、怒目而视、愁眉苦脸等。特别是眼睛，不但可以传情还可以交流思想。艺术家们往往会通过对人物面部表情的描绘，表现人物内心的情感和精神风貌。面部表情的研究发现，最容易辨认的表情是快乐、痛苦，较难辨认的是恐惧、悲哀，最难辨认的是怀疑、怜悯。一般来说，情绪成分越复杂，表情越难辨认。

姿势语言是指由人的身体姿态、动作变化来表达情绪，如高兴时手舞足蹈，悲痛时捶胸顿足，成功时趾高气扬，失败时垂头丧气，紧张时坐立不安，献媚时卑躬屈膝等。个体对经由姿势语言表达的情绪往往并不自知，或是无意识的表达。

语音语调表情是通过声调、节奏变化来表达情绪的，包括语音的高低、强弱、抑扬顿挫等。例如，人们惊恐时尖叫；悲哀时声调低沉慢；气愤时声高，节奏变快；爱慕时语调柔软且有节奏。

四、情绪与健康的关系

我国古代医学中就发现了身和心的关系，《黄帝内经》指出：“心者，五脏六腑之主也……故悲哀忧愁则心动，心动则五脏六腑皆摇。”任何情绪都讲究有度，中医学提出：怒伤肝、恐伤肾、喜伤心、忧伤肺、思伤脾，任何情志失调都可能导致心身疾病。某种情绪波动会使我们体内的生理指标如心跳速率、呼吸、血压、血管容积等发生一系列变化，引起正常生理功能的减弱或紊乱。

生物心理学家用动物做过一个嫉妒情绪实验：一条饥饿的狗被关在铁笼子里，看到另一条狗就在笼子外面吃肉骨头。它逐渐在急躁、气愤和嫉妒的负性情绪状态下，产生了神经症性的病态反应。国内外多项健康研究都指出：长寿人群的一大“法宝”就是乐观的情绪和豁达的心胸。不良情绪压抑过久，或某种情绪过激都会损害人的身心健康；而愉快而平衡的情绪能使大脑处于最佳状态。合理调控情绪变化，使人思维敏捷、记忆准确、意志坚定、决策果断，也会使促进各项生理指标的优化，正所谓“笑一笑，十年少”，情绪能致病亦能治病。

情绪稳定性测试量表

指导语：一个人的情绪是否稳定反映了他的身心健康状况。本测验共30题，每道题有三种答案，请从中选择与自己实际情况最为接近的一种答案。

1. 看到自己最近一次拍摄的照片，你有何想法？（　）

A. 觉得不称心　B. 觉得很好　C. 觉得可以

2. 你是否想到若干年后会有使自己极为不安的事？（　）

A 经常想到　B. 从没想过　C. 偶尔想到过

3. 你是否被朋友、同学起过绰号、挖苦过？（　）

A. 这是常有的事　B. 没来没有　C. 偶尔有过

4. 你上床以后，是否经常再起来一次查看门窗是否关好？（　）

A. 经常如此　B. 从不如此　C. 偶尔如此

5. 你对与你关系最密切的人是否满意？（　）

A. 不满意　B. 非常满意　C. 基本满意

6. 半夜的时候，你是否经常觉得有值得害怕的事？（　）

A. 经常有　B. 从来没有　C. 偶尔有

7. 你是否经常因梦见可怕的事而惊醒？（　）

A. 经常　B. 从来没有　C. 极少有

8. 你是否曾经有过多次做同一个梦的情况？（　）

A. 是　B. 否　C. 记不清

9. 是否有一种食物使你吃后呕吐？（　）

A. 是　B. 否　C. 记不清

10. 除去看见的世界外，你心里是否有另外一个世界？（　）

A. 是　B. 否　C. 偶尔是

11. 你心里是否时常觉得你不是现在的父母所生的？（　）

A. 是　B. 否　C. 偶尔是

12. 你是否曾经觉得有一个人爱你或尊重你？（　）

A. 是　B. 否　C. 说不清

13. 你是否常觉得你的家人对你不好，但你又确定他们的确对你好？（　）

A. 是　B. 否　C. 偶尔是

14. 你是否觉得没有人十分了解你？（　）

A. 是　B. 否　C. 说不清

15. 在早晨起来时，你经常感觉如何？（　）

A. 忧郁　B. 快乐　C. 讲不清楚

16. 每到秋天，你经常感觉如何？（ ）
A. 秋雨霏霏或枯叶遍地
B. 秋高气爽或艳阳天
C. 不清楚
17. 在高处的时候，你是否觉得站不稳？（ ）
A. 是 B. 否 C. 偶尔是
18. 平时是否觉得自己很强健？（ ）
A. 是 B. 否 C. 不清楚
19. 你是否一回家就立刻把房门关上？（ ）
A. 是 B. 否 C. 不清楚
20. 当你坐在房间里把门关上时，是否觉得心里不安？（ ）
A. 是 B. 否 C. 偶尔是
21. 当需要你对一件事做出决定时，你是否觉得很难？（ ）
A. 是 B. 否 C. 偶尔是
22. 你是否常用抛硬币、纸牌、抽签之类的游戏测凶吉？（ ）
A. 是 B. 否 C. 偶尔是
23. 你是否常常因为碰到东西而跌倒？（ ）
A. 是 B. 否 C. 偶尔是
24. 你是否需要用一个多小时才能入睡，或醒得比你希望的早一个小时？（ ）
A. 经常这样 B. 从不这样 C. 偶尔这样
25. 你是否曾看到、听到或感觉到别人觉察不到的东西？（ ）
A. 经常这样 B. 从不这样 C. 偶尔这样
26. 你是否觉得自己有超越常人的能力？（ ）
A. 是 B. 否 C. 不清楚
27. 你是否曾经觉得因有人跟踪你而心里不安？（ ）
A. 是 B. 否 C. 不清楚
28. 你是否觉得有人在注意你的言行？（ ）
A. 是 B. 否 C. 不清楚
29. 当你一个人走夜路时，是否觉得前面潜藏着危险？（ ）
A. 是 B. 否 C. 偶尔
30. 你对别人自杀有什么想法？（ ）
A. 可以理解 B. 不可思议 C. 不清楚

计分标准：选 A 得 2 分，选 B 得 0 分，选 C 得 1 分。请统计你的各项得分，算出总分。

评价参考：

0~20分	情绪稳定，自信心强
21~40分	情绪基本稳定，但较为深沉、冷静
41~50分	情绪不稳定，日常烦恼较多
51分以上	情绪极为不稳定，可能需要接受帮助
注意：此测验仅作为了解自己使用，如需求助与沟通，请咨询专业心理咨询师	

第二节　大学生常见的情绪困扰与调适

情绪常以不易觉察的方式出现，既能在危机时刻拯救我们，也可能使我们陷入深渊。我们有时习惯于逃避和否定情绪，又产生很多衍生情绪和工具性情绪。情绪若能自然地表达，身心和谐舒畅；但若被压抑或扭曲，就会形成一团乱麻，彼此互相纠缠、拮抗、撕扯、吞噬，变成了一个个“解不开的结”，散落在我们的人格与意识之中，最终成为痛苦与疾病的来源。更好地自我觉察，学会表达、接纳、理解和转化自己的情绪，利用情绪重建自我成长，改写生命故事，是大学生提升心理健康水平的重要议题。

一、大学生的情绪特点

大学生不再局限于学习成绩、家庭，面临着新的任务，如学习深造、就业、择偶、建立家庭等，准备探索更大的世界。也开始经历各种复杂的情绪体验。青春期被许多心理学家认为是一个动荡紧张的时期，又被称为“第二次心理断乳期”。因此，大学生的情绪有着既不同于儿童，也不完全等同于成年人的诸多特点。

（一）情绪的波动性和两极性

大学生的情绪兴奋性较高，容易激动和起伏，有时还可能出现突如其来的交替转化。大学生相比成年人更为敏感，一句话语、一个感人的故事、一首动听的歌曲、一首情理交融的诗歌，都可能使大学生的情绪骤然生变。

（二）情绪的心境性

随着认知思维的发展，大学生的情绪易于心境化，即情绪一旦被激活，即使刺激消失，他们仍然分析与思考，使得激情状态转化成一种心境。这种情况具有两重性，正性激情转化为心境后使学生保持乐观的情绪，并成为不断前进的动力。而有的负性事件引发的狂躁、愤怒等可能会化为压抑。如果这种不良心境持续时间太长，极容易产生心理问题，影响学习、工作和身体健康。

（三）情绪的掩饰性

由于自尊心比较强，大学生更多地注意自己的情绪在特定环境中的适宜性。当环境不适宜的时候，他们往往避免直接的情绪表达，而是通过掩饰的方式，隐藏自己内心的真实体验，以保持自己在他人心目中良好的形象。

（四）情绪的阶段性

大学生在不同的年级心理需求和成长任务不同，压力会趋于变化和调整，伴生不同的情绪体验。刚进大学，面对新的环境和目标、新的生活方式、新的同学和老师，在这一适应阶段很多人情绪的波动性较大。随着年级升高和自我意识的加强，大学生开始在校园环境中完善或重塑自己的“三观”，且对于专业兴趣、友情、爱情、未来人生规划的重新思考及其他事件会给大学生带来多层次、社会化程度更高的情绪体验和情感深化。趋近毕业时的升学、择业、分离等使得成就感和压力感等混杂在一起，大学生的情绪又面临新的起伏期。此外，不同个体之间情绪控制和管理的能力也有较大差异性。

二、大学生常见的情绪困扰

潜能开发专家说，成功的秘诀就在于懂得怎样控制痛苦与快乐这股力量，而不为这股力量所反制。如果你能做到这点，就能掌握住自己的人生，反之，你的人生就无法掌握。

没有处理好情绪带给我们的影响，任由它的蔓延和扩散，我们的人生只会变得一团糟。大学生常见的不良情绪有焦虑、抑郁、愤怒、恐惧、嫉妒、孤独、冷漠等。

（一）焦虑

当人面临不安或危险的情绪时所产生的反应就是焦虑。焦虑是一种复杂的、综合的、较为普遍的负性情绪。焦虑可分为特质性焦虑和情境性焦虑。特质性焦虑是一种神经官能症，是非器质性的心理障碍，是精神持续紧张或者发作性惊恐的状态，常伴有头晕、胸闷、心悸、呼吸困难、口干、尿频、出汗、震颤和运动不安等，且具有持久性。情境性焦虑是人在具体环境中产生紧张和不安甚至害怕的反应，因环境而异，也因人而异，具有暂时性。

（二）抑郁

抑郁又叫“忧虑”，是一种心境低落状态，对任何事物都不感兴趣，意志减退，严重的甚至悲观厌世，觉得活着没意思，有自杀的念头。

抑郁是大学生中较为普遍的情绪困扰。抑郁的主要表现：郁郁寡欢，思维迟缓，兴趣丧失，缺乏活力，干什么都打不起精神；不愿参加社交活动，对生活缺乏信心，体验不到生活的快乐；并伴有食欲不振、失眠等。对于大多数人来说，抑郁只是偶尔的、暂时的，且以轻度表现为主。如果长期处于抑郁状态，可能导致抑郁症的发生。

一般来说，抑郁情绪多发生在性格内向，如孤僻、敏感多疑、依赖性强、不爱交际或生活遭遇挫折、长期努力得不到回报的大学生身上。那些不喜欢所学专业，存在人际关系处理不当、失恋等问题的大学生也易于产生抑郁情绪。

（三）愤怒

愤怒是一个人的欲求和意图遭到妨碍、被人阻止时产生的消极情感体验。每个人都有过愤怒的时刻。但愤怒的消极情绪也有它的意义所在。例如，个体通过愤怒可以向周围人展示自己的人际边界在哪里。被别人欺压的时候，愤怒会让我们涌现出反抗的勇气，阻止进一步的伤害。

但是，过度生气或愤怒，不仅不能解决问题，还会危害到个体的关系。很多时候我们习惯把负面情绪压抑到潜意识里面去，没有真正的情绪处理，它可能会在不经意间爆发，伤人伤己。

野马结局效应

非洲的大草原上，有一种吸血蝙蝠，野马常常是它们的吸血目标，被这些蝙蝠盯上，大多逃不过死亡的结局。奇怪的是，这些蝙蝠虽然吸血，但吸血量不至于让野马死亡，那是什么导致野马死亡的呢？其实是野马的态度。每次遇到这些蝙蝠，野马们都会变得烦躁，为了甩掉蝙蝠，它们在草原上狂奔，力竭而亡。这种因为一点小事生气，以至于影响到自己的现象，心理学上称为“野马结局效应”。

生活中有很多类似的场景。情绪过度是有成本的，可能是身体健康，或是精神状态，也可能是关系丧失。一个人的情绪不稳定，往往对自己造成的伤害更大。那些情绪稳定的人，不是没有情绪，而是找到了排解烦恼的好办法，这才能经常维持一种积极的生活状态。

（四）恐惧

恐惧也就是通常所说的“害怕”，指的是人们在面临某种危险情境，企图摆脱而又无能为力时所产生的一种强烈压抑情绪体验。适当的恐惧可以帮助人们趋利避害，但如果对常人不怕的事物感到恐惧，或者恐惧体验的强度和持续时间远远超出正常范围，则会给人们带来困扰。大学生常见的恐惧反应主要是“社交恐惧”，例如会见陌生人情绪过度紧绷，人多的场合或有异性在场的情况下，产生紧张、焦虑，以至手足无措、语无伦次的情绪反应，形成令人尴尬的场面。可以通过系统脱敏、放松训练、正念练习等方法来改善各种恐惧反应。

（五）嫉妒

嫉妒是指一个人感到他人在才华能力、外貌打扮、成绩荣誉等方面超过自己时，内心所产生的恼怒、痛苦或对自己的不满、失望的复杂情绪，是个体自尊心的一种异常表现。虚荣心过强、自私、以自我为中心、自控力弱等不良的人格特征是一个人产生嫉妒的根本原因。

嫉妒是一种消极的情绪体验，它所产生的焦虑、恐惧、悲哀、猜疑、羞耻、消沉、憎恶、敌意、怨恨、报复等不愉快的情绪会导致个体心理失衡甚至做出极端行为。这些年见诸媒体的大学伤害案件多与嫉妒情绪有关。

小美（化名）家境贫困，舍友小铃（化名）家境优越。小铃常常买新衣服，大方地请同学们吃各种零食，还不时地请大家吃饭，手机更换的都是最新款。尽管小铃也常常请小美吃东西，可是，小美就是不喜欢小铃，自己也说不出来为什么。有一次，小美的手机被小铃不小心碰到了地上，小美很生气，就和小铃吵了起来，可是，大家都说小美大惊小怪，小铃不是故意的。小美心想：都是因为她有钱所以大家都维护她。正好出门的时候碰到有人向小美推销不需要任何抵押的“校园贷”，小美非常渴望能像小铃一样光鲜地站在大家面前……当债主找上门的时候，小美才认识到因为自己的嫉妒，一时错误的决定给自己带来多么大的麻烦。

很多人都有嫉妒别人的时刻，如何面对和处理？大学生一个重要的人生任务就是找到自己并且活出自己。每个人都是独一无二的美丽存在。可是很多同学因为以往的教育、家庭等因素的影响常常在和别人比较。学习要比其他人好，长得要比其他人漂亮，要比其他人有钱……在无尽的比较中迷失了自己，根本不知道自己是谁，自己的优点是什么，只要是别人有的都想要，也不知道自己真正想要的是什么，导致自己给了自己很多压力，也引起许多不必要的痛苦。

（六）孤独

孤独是对情感联结无法作出反应时的情感状态，经常由负性事件引发。例如被同学排斥，被恋人背叛或者前途渺茫等。个体常感到孤立无援和寂寞，也是大学生常见的情绪困扰。过度的孤独感不仅危害身心健康，也可能影响人际亲密度，影响学业和生活。值得一提的是，孤独和独处不是一回事。

（七）冷漠

冷漠同样是一种情绪反应强度不足的表现，表现为对生活没有热情和兴趣，对人对事漠不关心的消极状态。例如对学习漠然置之，对他人的冷暖无动于衷，对集体活动麻木不仁。日本心理学家松原达哉把处在类似情绪状态的学生称为无欲望、无关心、无气力的“三无”学生。

冷漠是一种自我逃避和封闭的心理反应，它本身虽然带有一定心理防御的性质，但是它会导致责任感的减弱、生活意义的缺失与自我价值的放弃。冷漠有时比攻击更可怕，例如，人际关系中的“冷暴力”伤人于无形。冷漠的形成多数与人生的重大事件有关，也与个体的生活经历有关。

小贴士

习得性无助

习得性无助是美国心理学家马丁·塞利格曼首先提出的概念，是指有些人在多次遭受挫折或打击之后，会产生无能为力或自暴自弃的心理状态，表现为自我怀疑、自我否定，变得自卑、消极、绝望，听任外界摆布。

三、大学生情绪困扰的调适方法

（一）适度宣泄

过分压抑只会使情绪困扰加重，而适度宣泄则可以释放不良情绪，变得平静、轻松。因此，遇有不良情绪时，最简单的办法就是“宣泄”。宣泄形式可以是尽情地向亲密关系人倾诉不平和委屈等；或是通过体育运动、劳动等方式来降低负能量聚集；或是到空旷的山林原野，安全尽情地发泄愤怒、悲伤等累积的负面情绪。需要注意的是，采取宣泄法来调节自己的不良情绪时，要采取正确的方式，选择适当的场合和对象，以免引起意想不到的不良后果。

案例启发

期末考试结束，小王发现自己的成绩居然比同宿舍室友小张差很多，这件事使他深受打击。感觉小张明明没有自己用功，考试成绩怎么比自己好呢？之后很长一段时间，他总是不能释怀，提不起劲儿学习，自信心也动摇了。

后来，他觉得这样下去不是个办法，鼓起勇气走进了学校的心理咨询室。在心理老师那里，他痛快地哭了一场，为自己的落后，为自己过的这一段极度郁闷、痛苦的日子……哭过之后，他感觉轻松了很多。心理老师帮他梳理认知，疏导情绪，并一起寻找如何增进效率的学习方法。在心理老师的帮助下，他认识到：生命是过好自己绽放自己的过程，而不是一味地与其他人比较……走出心理咨询室的时候，他的心情好了很多，又鼓起了信心，准备好好努力，争取在下次考试的时候考出自己的成绩，同时也祝福同学用他们自己的方法取得自己的好成绩……

是什么原因令王某的压抑情绪得到了缓解，什么行为促使他的心情平复下来，并能够找回信心与勇气？

（二）注意力转移法

这是一种当负面情绪来袭时，努力把注意力从引起不良情绪反应的刺激情境转移到其他事物或从事其他活动的自我调节方法。例如，外出散步，听听音乐，读读书，打打球，下盘棋等，慢慢使情绪平静下来。这种方法，可以中止不良刺激源的作用，防止不良情绪泛化、蔓延；同时通过参与新的活动，特别是自己感兴趣的活动来增进积极的情绪体验，舒缓心情。

（三）善用积极自我暗示

心理暗示，就是个人通过语言、手势、形象、想象等方式，对自身施加影响的心理过程。自我暗示有消极的，也有积极的。积极自我暗示，让我们保持好的心情、增强自信心，进而调动人的潜能，甚至可以创造奇迹。而消极的自我暗示会强化我们个性中的弱点，唤醒潜藏在心灵深处的自卑、怯懦、嫉妒等，使得个体面临挑战退缩或者逃避，终致失败。

语言激励是最有效的激励方式之一，对人对己同理。如每天清晨可以对着镜子给自己微笑，并说"我会一天比一天好"。这样不知不觉中，就会感到情绪放松和精神振奋。当生活中遇到情绪困扰时，可以充分利用语言和手势进行暗示，缓解不良情绪，保持心理平衡。比如发怒时，默想或用笔在纸上写出下列词语："冷静""三思而后行""制怒""镇定"等，紧张时握拳为自己加油打气，松弛情绪等。

（四）情绪升华法

升华是改变不为社会或他人所接受的动机、欲望而使之符合社会规范和时代要求，是对消极情绪的一种高级宣泄，往往具有建设性和创造意义。许多英雄人物在遭受打击或压力后，通过升华的过程最终造福社会和人类。例如，某同学因失恋而痛苦万分，但他没有因此消沉，而是将全部精力用于学习中，努力超越痛苦，求得自我实现。

（五）合理的自我安慰

一个人遇到不幸或挫折时，可以找出一种合乎内心需要的理由来说明或辩解，减轻精神上的痛苦或不安。例如，发生了无可挽回的事，试着安慰自己，或强调自己拥有的已经非常珍贵，来应对丧失感或崩溃。这是最常见的情绪调适方法，可以促使个体面对现实、保护自己。

当遇到问题的时候，把自己当作自己最好的朋友。如果最好的朋友现在遇到一样的状况，该如何安慰他/她？把这些话对自己讲。你会为他/她做什么？为你自己做吧！"人所不欲，勿施于己"。例如，你的好朋友考试失败了，你不会对她说："你真是太笨了。"那么，即便下次考试失败，也停止对自己说这样的话。

（六）代偿法

因为愿望不能实现而心情不佳时，可以换一个角度思考，或者用新的目标来代替当前不能达到的目标，以获得心理满足感。例如，长得不漂亮，可以通过学习上的成功来代偿；专业不喜欢，可以寻找新的职业发展目标来代偿等。

（七）理性情绪疗法

理性情绪疗法是由美国临床心理学家埃伯特·艾利斯在20世纪50年代创立的，其核心是对抗非理性的、不合理的信念，建立正确的信念。非理性信念的特点是绝对化、过分概括化、糟糕至极等。

理性情绪疗法认为：情绪并不是由某一诱发事件本身直接引起的，而是由经历这一事件的个体对事件的解释和评价所引起的。这一理论也称为情绪的ABC理论：A是指诱发性事件；B指个体所遇到的诱发性事件之后产生的相应信念，即他对这一事件的想法、解释和评价；C指在特定的情景下，个体的情绪及行为的结果D驳斥不合理的信念，改变认知；E是找出合理信念，F是新的情绪体验。这也是心理咨询中认知疗法的整体流程。

例如：一名大学生因考试成绩平平（A），产生焦虑和抑郁（C），他有这样的信念（B）：大学生应该每次考试都做到优秀，否则太失败了。合理的解释是胜败乃兵家常事（D），尽力而为是最重要的（E），付出总有所得心情平静（F）。很多时候，情绪问题往往是用非理性的念头对自己不断暗示的结果。不能成为情绪驱使的奴隶，调整对“已发生”的认知，驾驭“正当时”的感受，拥有“向未来”的积极，才能与自己和解，寻获幸福的可能。

（八）放松训练

放松训练法有很多，例如，身临考场而紧张时，可以进行的最简单的深呼吸放松法。具体做法是：站定（如果不允许，也可以坐着），双肩下垂，闭上双眼，然后慢慢地做深呼吸；深深地用鼻子吸一口气，再慢慢地、均匀地呼出去；再深深地吸进来，慢慢地呼出去；这样重复做五六个回合。

（九）冥想训练

冥想是缓解压力的一种有效方法，具有训练注意力、放松身体、舒缓情绪、改善睡眠等作用，生活中有很多不同的冥想方式。很多人认为冥想必须专门训练，一定是要坐下来闭上眼睛想什么，当然这是冥想常用的方式，但只要你专注地处在当下，都可以是不错的冥想过程。例如，喝水的时候全心全意地喝水，“全心全意”的意思就是完全地与自己同在，全然地体味自己的感受。水是什么颜色，是什么味道，有什么气味，喝水的时候有什么声音，水经过喉咙的时候是什么样的感觉，是凉的还是热的，是软的还是硬的，自己喝水时候的动作是怎样的……喝水也可以是一次冥想。还可以全心投入到某件事中，例如，放下手机去散步。走路的时候停止内心的各种杂念，专心体会此时的感觉：脚步与地面接触的感觉；闻公园里面鲜花的味道；听小鸟的叫声等。

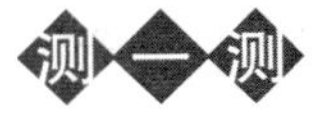

抑郁自测量表

指导语：下面共有20个问题，答案没有对错之分，请仔细阅读每一条，按照近期（一周内）的状况选择合适的选项。

评定项目：1＝很少有；2＝有时有；3＝大部分时间有；4＝绝大多数时间有。

1. 我觉得闷闷不乐，情绪低沉。1　2　3　4
2. 我觉得一天之中早晨最好。4　3　2　1★
3. 我一阵阵哭出来或觉得想哭。1　2　3　4
4. 我晚上睡眠不好。1　2　3　4
5. 我吃的跟平常一样多。4　3　2　1★
6. 我与异性密切接触时和以往一样感到愉快。4　3　2　1★

7. 我发觉我的体重在下降。1　2　3　4

8. 我有便秘的苦恼。1　2　3　4

9. 我心跳比平时快。1　2　3　4

10. 我无缘无故感到疲乏。1　2　3　4

11. 我的头脑跟平常一样清楚。4　3　2　1★

12. 我觉得经常做的事并没有困难。4　3　2　1★

13. 我觉得不安而平静不下来。1　2　3　4

14. 我对将来抱有希望。4　3　2　1★

15. 我比平常容易激动。1　2　3　4

16. 我觉得做出决定是容易的。4　3　2　1★

17. 我觉得自己是个有用的人，有人需要我。4　3　2　1★

18. 我的生活过得很有意思。4　3　2　1★

19. 我认为如果我死了别人会生活得好些。1　2　3　4

20. 我平时感兴趣的事我依然感兴趣。4　3　2　1★

评分方法：

每一条目均按 1、2、3、4 四级评分。请受试者仔细阅读每一条陈述句，或检查者逐一提问，根据最适合受试者的情况圈出 1（偶无，从无或偶尔），或 2（有时），或 3（经常），或 4（持续，总是如此）。20 个条目中有 10 项（第 2、5、6、11、12、14、16、17、18 和 20）是用正性词陈述的，为反序计分，其余 10 项是用负性词陈述的，按上述 1 ~ 4 顺序评分。

测试结果：

抑郁自测量表评定的抑郁严重度指数，按下列公式计算：

抑郁严重度指数 = 各条目累计分 / 80（最高总分）

抑郁自测量表范围为 0.25 ~ 1.0，指数越高，抑郁程度越重。指数在 0.5 以下者为无抑郁；0.50 ~ 0.59 为轻微至轻度抑郁；0.60 ~ 0.69 为中至重度抑郁；0.70 以上为重度抑郁。

三件好事练习

“记录一天中开心三件事”是积极心理学领域经过验证最能有效地增加积极情绪的方法，可以个人实施，也可以朋友间彼此分享；不仅可以增进对自我与他人的了解，更能不断累积正面的心理暗示，促进健康情绪的培养。

在接下来一周的每天晚上，请你在睡觉之前花10分钟写下今天的三件好事，以及它们发生的原因。这三件事情不一定要惊天动地，比如“已经连续几天雾霾了，今天见到了蓝天白云”“今天室友回来的路上帮我打了开水”。也可以是很重要的事情，如“我的资格证考试通过了”“我姐姐今天结婚了”。

在每件好事的下面，都写清楚“它为什么会发生”，比如：天气好转，室友很热心，我很努力，姐姐很会规划自己的人生。

刚开始写可能会很困难，坚持一个星期后就会变得容易。一般来说6个月后，你的抑郁会更少，你会更幸福，并会喜欢上这个练习。

第三节　大学生的健康情绪与情商培养

经常会听到这样的描述：“今天心情不好，什么事情都不想做。”有情绪是人的本能反应，但每个人都该学会控制情绪，健康、积极的情绪需要逐渐培养，这是让生活幸福度更高的捷径。可以说，“情绪稳定”是成年人最重要的修行之一。健康情绪是怎么样的？日常如何涵养健康情绪，带着饱满的精神状态和乐观积极的心态去开辟人生道路，走出一片天地呢？

一、涵养健康与积极情绪

（一）健康与积极情绪的特征

“积极心理学之父”马丁·赛利格曼认为幸福有五个元素：积极情绪、身心的投入、人际关系、有意义的生活、成就。北卡罗来纳大学教授芭芭拉·弗雷德里克森曾列出积极情绪的10种形式：喜悦、感激、兴趣、希望、逗趣等。

一般而言，健康与积极的情绪应体现在以下五个方面：

（1）正作用强，积极、乐观、愉快、稳定的情绪情感常居主导地位；

（2）情绪反应适度，不良情绪也可以及时调控；

（3）热爱生活，乐于参加社会实践，敢于面对挫折，能够体验生活的乐趣；

（4）能够理解人与人之间的关系，包容他人情绪，乐于与人交往；

（5）情绪的目的性正当，高级的、社会的情感能得到良好的发展。

（二）健康与积极情绪的培养

现实是无法逃避的。但无论日子如何，都应以乐观的心态去面对。虽然乐观的心情并不能改变客观事物本身，但是，乐观却让个体有勇气面对，不畏困难，并为改变所遇的挫折和失败提供心理动力。

心理学家曾做过一项实验，研究者请被试者（大学生）考虑下列假设性问题：“你的学期设定目标是80分，一周前第一次考试成绩（占总成绩30%）发下来了，你得了60分，你会怎么做？结果发现，每个被试者的做法因心态而异：乐观的被试者决定要更加用功，并想到各种补救的方法；比较乐观的被试者也想到一些方法，但没有实践毅力；而悲观的被试者则索性宣布放弃，并一蹶不振。研究发现，学生的学业成绩与其心态是否乐观有直接关系，这甚至比传统认为最具预测效果的入学测验更准确。也就是说，智能相当的学生做比较，情绪因素的影响更加明显。从现在开始每天尝试发现生活中的快乐并且给自己一点小而确定的幸福吧！

1. 从改变认知模式开始

心理学家艾利斯提出的ABC理论让我们知道，很多情绪困扰并不是诱发事件本身引起的，而是我们看待它的结果。不合理的认知模式日久天长，可能会引发一系列情绪障碍。任何事物都有两面性，正如"塞翁失马，焉知非福"，当我们闷闷不乐或忧心忡忡的时候，要做的第一步就是试着分析：到底是什么导致了自己的情绪？优先或集中解决问题的症结所在。只有逐渐厘清思维中的非理性认知，生活才能朝着你希望的方向去转变和发展。

2. 保证充足睡眠和适量运动

人一生有三分之一的时间处于睡眠状态，每个人的情绪健康、生活质量都和高质量的睡眠息息相关。加拿大一项研究显示，长期缺觉即夜间睡眠时间不足6小时会对人体尤其是大脑造成长期危害，最大的危害是损伤大脑认知，后果如同酗酒，同时还可能增加抑郁、焦虑等负面情绪感受。但当他们恢复正常睡眠时，情绪会出现显著改善。睡眠对于积极情绪促进的重要作用，而很多大学生由于人际关系、学业和职业前途的压力，奉行"花式熬夜、朋克养生"，损害了健康并愈加疲惫，降低了学习的效率，打乱了进取的步伐，反而增加了不良情绪发生的概率，无异于饮鸩止渴。

运动可以让人宣泄压力，分泌令人心情愉悦的化学激素，它对情绪的调节作用得到全世界范围内心理学家公认。运动的方式多种多样，选择适合自己的种类和节奏，不亚于一剂"快乐良方"。例如，许多心理治疗师都会建议抑郁症患者定期跑步来减少抑郁情绪的产生。我国的研究者也通过实验证实：坚持8周八段锦锻炼，可以有效缓解大学生抑郁情绪的症状，可以作为帮助大学生进行心理缓解的有效手段。

3. 在平凡生活中寻找意义

对生命和生活意义的探索与追求是人类的基本精神需要，当个体对生活的意义感到迷茫，出现"存在挫折"或"存在空虚"时，就会表现出对生活的厌倦。很多大学生有强烈的无意义感和孤独感，给自身发展带来较大的心理困扰。积极情绪的产生在于人的认知和态度。事物的两面性促使我们去努力寻找积极的部分，情绪就变得"可理喻"。因此，培养积极情绪的一个关键途径是，要在日常生活情境中更加频繁地找到积极的意义，或者赋予它积极的意义。如此，即便历经波折，幸福依然可期。

心理实验

过度的负面情绪，如恐惧反应和焦虑状态，会导致创伤后应激障碍等病理状态。据统计在欧洲，高达15%的人群受到持续焦虑和严重精神疾病的影响。

为了维持更高的健康水平，神奇的人体似乎会通过一些特定方式不断自动清理过多的"情绪垃圾"。一项来自瑞士心理学研究小组的研究，提供了大脑如何在有梦睡眠期间，帮助加强积极情绪和削弱强烈消极或创伤性情绪的见解。

在这项研究中，科学家们发现大脑会在梦境睡眠中对情绪进行分类，并巩固积极情绪的储存，同时抑制消极情绪。科学家表示，这项工作强调了睡眠在心理健康中的重要性，并对一些深度心理创伤和负面情绪记忆开辟了新的治疗策略。

二、情商

你能用准确的语言描述自己当前的状态吗？有人问你：你现在心情如何？是开心、焦虑、还是愤怒呢？不要以为这个问题好像很简单，很多低情商的人是不善于表述自己情绪的，他们会说："不知道啊，我不知道自己怎么了。"高情商的人往往善于表达，更善于洞察他人的情绪与行为。

（一）情商的含义

情商（Emotional Quotient，EQ）即情绪智力，是人对情绪的知觉、思考、移情、表达、调适和发展等能力的数量化指标。情商是一个人控制和管理自己情绪的能力，也就是非智力因素。与智商不同，情商可以培养和改善。心理学家丹尼尔·戈尔曼在他的著作《情绪智力》一书中指出：成功=20%的智商+80%的情商。

情商包括以下几个方面的内容：一是认识自身的情绪；二是能妥善管理自己的情绪，即能调控自己；三是自我激励，它能够使人走出生命中的低潮，重新出发；四是认知他人的情绪，这是与他人正常交往，实现顺利沟通的基础；五是人际关系的管理，用情绪信息来指导你的行为，即领导和管理能力。这五种能力偏重于我们日常生活中所强调的自知、自控、热情、坚持、社交技巧等心理品质。

如何觉察情绪线索来指导你的社交行为呢？当你能够明确对方的情绪状态且可以准确区分时，就会给出精准的反馈，此时就是有效社交。别人生气需要疏导，你能够提供相应的情绪价值，而不是在别人心情不好时，你讲一个更容易惹对方生气的笑话，这显然是情商需要提高的表现。

（二）提升情商的几个练习方法

1. 关注并具体化自己/他人的情绪

准备一个本子，每天有意识地记录自己的情绪，比如选一天你情绪变化最强烈的时候，把它记录下来。这情绪是怎么开始的，应该用什么词汇去描述当时自己的情绪，情绪如何发生变化。久而久之，会对自己和他人的情绪有更清晰的了解。

2. 学习根据不同的情绪线索进行反馈

最好找和你亲密的人来练习。当他人有情绪困扰或波动的时候，主动关心一下对方。比如，问问对方："看你好像不开心，怎么了？"说出这句话，首先你基于对方的情绪做了一个猜测，接下来的交谈，有助于你进一步去了解对方的情绪是怎么样的。情商低的人往往缺乏此类互动，即使有，反馈失败比较多时，挫败感会增强。要反复练习、不断试错，以提升反馈的有效性。

3. 掌握几个平息激烈情绪的小工具。

例如，愤怒可能会让你做出过激行为。当你觉得愤怒时，可以选择马上离开或暂停谈话，并尝试深呼吸、大步走等方式逐渐恢复理智，再面对问题。

4. 停止抱怨

牢骚满腹的人是很难有好人缘的。想抱怨时，停一下先自问，我是想继续忍受，还是想改变它呢？如果是前者，向好友倾诉，缓解好自己的情绪再回来重新面对。如果是后者，那就先不要抱怨试着去行动。

5. 把批评当成礼物

面对批评，不要急于对抗，耐心地听完并思考，如果根据他人的批评或建议，得以改善生活模式或人际关系，不妨虚心接受。

6. 从难以相处的人身上学到东西

从多嘴多舌的人身上学会沉默，从脾气暴躁的人身上学会忍耐，从恶人身上学到善良。当你能平静耐心地对待难以相处的人，就说明你的情商确实很高了。

测试你的情商（EQ）有多高

你关心过自己的情商水平吗？你不妨试试，测一下你的情商有多高。

对下列问题请回答“是”或“否”。

1. 对自己的性格类型有比较清晰的了解吗？（　）
2. 知道自己在什么样的情况下容易发生情绪波动吗？（　）
3. 懂得从他人的言谈与表情中发现自己的情绪变化吗？（　）
4. 有扪心自问的反思习惯吗？（　）
5. 遇事三思而后行，不赞同“跟着感觉走”吗？（　）
6. 遇有不顺心的事能够抑制自己的烦恼吗？（　）
7. 遇到意想不到的突发事件，能够冷静应对吗？（　）
8. 受到挫折或委屈，能够保持能屈能伸的乐观心态吗？（　）
9. 出现感情冲动或发怒时，能够较快地“自我熄火”吗？（　）
10. 听到批评意见以及与实际情况不符的意见时，没有耿耿于怀的不乐吗？（　）
11. 在人生道路的拼搏中，相信自己能够成功吗？（　）
12. 决定了要做的事不轻言放弃吗？（　）
13. 工作或学习上遇到困难，能够自我鼓励克服困难吗？（　）
14. 相信“失败乃成功之母”吗？（　）
15. 办事出了差错自己总结经验教训，不怨天尤人吗？（　）
16. 对同学、同事们的脾气性格有一定的了解吗？（　）
17. 经常留意自己周围人们的情绪变化吗？（　）

18. 与人交往知道要了解和尊重他人的情感吗？（　）

19. 能够说出亲人和朋友们的一些优点吗？（　）

20. 不认为参加社交活动是浪费时间吗？（　）

21. 没有不愿同他人合作的心态吗？（　）

22. 见到他人的进步和成就没有不高兴的心情吗？（　）

23. 与人共事觉得不能“争功于己，诿过于人”吗？（　）

24. 朋友相处能够严于律己、宽以待人吗？（　）

25. 知道失信和欺骗是友谊的大敌吗？（　）

结果分析：

上述25个题，情商所包含的五个方面的内容：①认知自身的情绪；②控制自身的情绪；③自我激励；④了解他人的情绪；⑤人际关系管理。

如果你在第1～4题中答“是”达3个以上，则表明你对自身的情绪有较高的认知；如果你在第5～10题中答“是”达4个以上，则表明你对自身的情绪有较高的控制力；如果你在第11~15题中答“是”达4个以上，则表明你善于自我激励；如果你在第16～18题中答“是”达3个，则表明你能够了解他人的情绪；如果你在第19～25题中答“是”达5个以上，则表明你善于人际关系管理。

总体衡量：25个题中答“是”达到20个以上者属高情商，答“是”在14～19个之间者情商属于中等，答“是”在13个以下者情商则偏低。倘若发现你的情商偏低，也无须恐惧，找准欠缺点，有针对性地加强自我修养和锻炼，是可以提高的。

思政剧场

心态决定命运

——两位“全国技术能手”的奋斗故事

2023年5月7日，第十六届高技能人才表彰大会在北京举行，大会颁发的“中华技能大奖”和“全国技术能手”荣誉，是我国褒奖优秀高技能人才的最高政府奖项。受到表彰的高技能人才是践行技能成才、矢志技能报国的先进典型。

其中两位杰出代表的成长故事，是对“心态即命运”的动人诠释。

“择一事终一生、干一行钻一行，这是我永远追求的职业态度和工作初心。”河钢集团张宣科技机电公司机械五作业区党支部书记兼副作业长刘大庆说。30余年坚守在企业设备维检一线，刘大庆从钳工专业毕业生成长为维检界的蓝领机械大师。时至今日，刘大庆已带领团队参与了企业200多项技改创新、岗位创新、大型工程等，获得国家专利授权40多项，累计为企业创效4000余万元。

“参加工作之初，我也曾为自己技能水平的不足感到失落。”刘大庆说。凭着一股子不服输的钻劲儿，刘大庆跟着师傅潜心学习，在工作中不断完善自己，技能水平得到飞快提升。善于钻研的他大胆创新，提出了一整套全新的维检方案，为企业节省资金数千万元，开启了技改创新之路。

工作30多年来，跋山涉水、栉风沐雨是河北省地质矿产勘查开发局第三水文工程地质大队（河北省地热资源开发研究所）水文水井钻探工齐恭的真实写照。“做我们这一行，不仅需要乐观无畏的心态，还得有坚守的定力，才能把地质事业做大做好。”齐恭说。

齐恭如同钻机上的一枚小小螺丝钉，平凡中却闪耀着金色光芒。

“从20岁加入省地质矿产勘查开发局第三水文工程地质大队成为一名钻探工起，我就知道这是一份苦差事，但我从不后悔。”对技术创新有着浓厚兴趣的他，提高了分层标观测精度，完善了全国地面沉降预警系统，起到了减灾防灾作用；改进了第四系取心钻具、钻头结构，使岩心综合采取率达到97%以上，填补了冀东地区地质资料的空白……与青山为伍、与荒野为伴，齐恭用对地质行业的痴爱丈量着大地河山，描绘着造福人民的美好画卷。

思想启发：这两位“全国技术能手”，他们的奋斗之路是技能本领精进之路，是与困难、挫折的对抗之路，更是与负面情绪、负面心态的搏斗之路。乐观昂扬、自信自强、坚定无畏，勇于奋进、敢于创新，终成大器，不愧为工匠精神的践行者，是职业教育的卓越典范，更是当代大学生的优秀榜样。

课后思考

1. 情绪是什么，情绪和健康有怎样的关系？
2. 大学生常见的情绪困扰有哪些？
3. 请根据自身状况，谈谈培养健康情绪的有效方式。

心理实训 1

觉察你的情绪

指导语：试着回忆你过去的经历，完成下列句子。你的情绪是因为当时的事情，还是你当时对它的看法？现在回想起来，你释然了吗？可以分成小组，彼此讨论和交流。

（1）我最生气的一件事：________________。

（2）我最难过的一件事：________________。

（3）我最焦虑的一件事：________________。

（4）我最害怕的一件事：________________。

（5）我最丢脸的一件事：________________。

（6）我最无助的一件事：________________。

思考：

（1）你在填写过程中感觉如何？

（2）你认为自己情绪觉知能力如何？当消极情绪出现时，你会感觉无助吗？

（3）别人的情绪经历对你有什么启示？

心理实训 2

情绪梳子

回想你曾经因为某个人或某件事，情绪爆发的一次经历，可能是一次争论，或者是他说过的话让你很生气或很心烦，或是给你施加了压力等。

第一步是要分析所发生的事情，考虑一下他对你曾经说了些什么以及是怎样对你说的。

对情境的分析：

（1）确认那个人的情绪（他的姿势语言显示了什么）。

（2）注意所描述的事实（他实际上说了什么）。

（3）确认那个人的需要（注意：事实与需要可能会不相同，需要有时候不直接表现出来，要考虑他的体态语言）。

（4）你自己做出了什么反应？你希望已经做出了什么反应？

你自己的情绪体验可以作为了解情绪的信息源。对每次体验，要尽量回答以下问题，这样你可以掌握自己的情绪特点。

（1）引起我愤怒的具体事情是什么？最激怒我的是什么？

（2）我愤怒的根源是别人吗？是我自己吗？是一件东西或事情吗？

（3）对这次事情我怎样解释？还有我没有考虑到的其他原因吗？在事情发生之后哪些话使我更为愤怒？

（4）有什么身体上的感觉伴随我愤怒的体验？

（5）我表现了什么行为反应？我的反应是口头攻击吗？

通过将情绪分类，可以使情绪得到缓和，压力得到缓解，用这种方式分析梳理一系列事件，会显露出你日常的愤怒形式，促使你对自己形成比较理性的认知；再思考：如果想要平息愤怒，不在失去理智的情况下做决定，可以试着做哪些认知上的改变？经过不断的练习，乱糟糟的愤怒情绪可能逐渐被你梳理顺服，你也得到了妥善处理愤怒的成长。

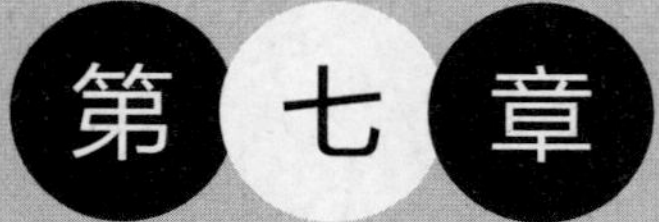

第七章 大学生压力管理与挫折应对

——经历风雨，看见彩虹

当代大学生作为国家储备人才的重要主力军，因其特定的社会角色、学习和生活环境，他们承受着社会的高要求和大学生对于自身的极高期望值，面临更加繁重的学业任务、更加复杂的社会人际关系、社会竞争和内卷加剧、新冠疫情影响和更加严峻的就业环境等各种现实压力并遭遇各种挫折。

学习目标

1. 理解什么是压力的概念和挫折的概念。

2. 了解并掌握压力与挫折产生的原因。

3. 了解并掌握大学生常见压力及管理方法、常见挫折及应对方法、挫折承受力提高的方法。

思维导图

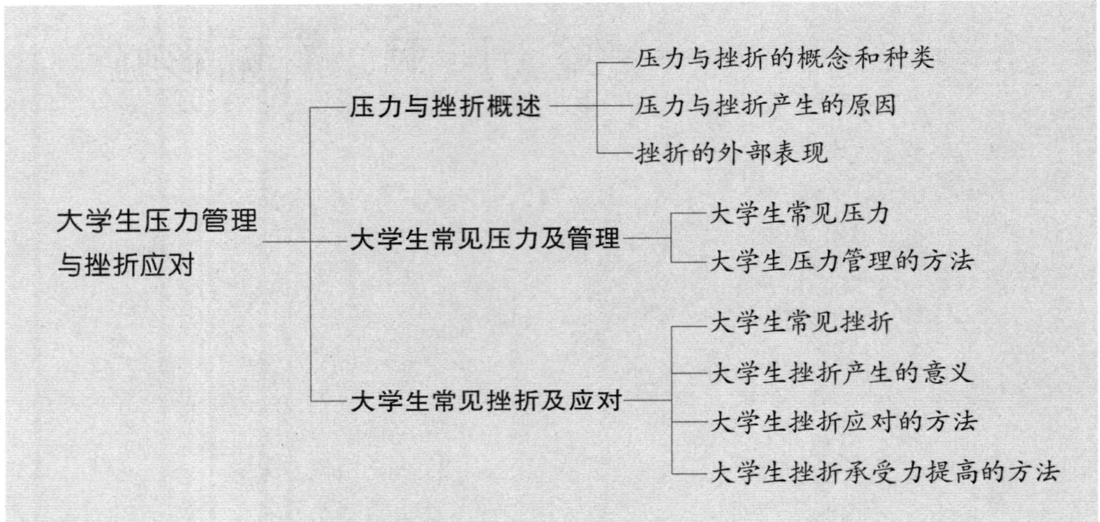

导入案例

“背”母千里上大学

2008年9月，山东临沂大学迎来了一位特殊的新生，只见他步伐缓慢地穿梭在人群之中，一只手拿着行李，另一只手则紧紧地抓住自己的母亲。看到这一场景，也许有人会觉得，这其实并没有什么，但他们不知道的是，这位母亲并不是送儿子来学校的，而是要和他一起“上”大学。这究竟是怎么一回事？这背后又隐藏着什么样的辛酸故事呢？

故事的主人公名叫刘秀祥，1988年3月，出生于贵州望谟的一个贫困山村里，他的童年完全被黑暗笼罩，没有任何光明可言。那他都经历了什么呢？在刘秀祥4岁的时候，父亲因病去世，母亲也因此受到打击，精神失常。三个哥哥姐姐便选择辍学，外出打工，只是，令人没有想到的是，他们这一走，便再也杳无音信。年幼的刘秀祥不仅要独自承担起照顾母亲的重任，还要上学读书，为自己争取一个光明的未来。“背”母千里求学的少年，从小便生活艰苦，既要照顾精神失常的母亲，又要努力学习，但即使这样，他依然乐观向上，渴望拥抱美好的未来。除了照顾母亲以外，他全部的精力都放到了读书方面。刘秀祥在初中、高中时期，依然是边打工边读书，甚至，在叔叔的介绍下，他会在周末时间，前往了建筑工地搬砖、扛水泥，而且每天一干就是十几小时。这个从小缺乏爱护的孩子长期营养不良而导致面黄肌瘦，身体虚弱，他现在又做如此高负荷的工作，身体更加吃不消。在参加高考时，因为长期劳累、体力不支，差点晕倒在考场上。生活艰苦，成绩优异，并在第二次高考时，成功考取了自己心仪的学校——临沂大学。2018年，刘秀祥被选入“中国好教师”，同年，他还成为任职学校的副校长。

如果你是刘秀祥同学你如何应对压力和挫折？你会做得比他更好吗？

其实人的能量是很大的，在压力中只要你不被压力所打败，鼓起勇气和斗志，那么你就能打败压力和挫折。

……　第一节　压力与挫折概述　……

一、压力与挫折的概念和种类

（一）压力的概念

“压力”这个词来源于物理学，一般是指作用于某物体的力的大小。它应用于人类社会领域，就是指对人的心理、精神和意志的一种压迫的力量。不同的学科领域，人们对压力的界定不一样。加拿大内分泌专家汉斯·薛利（Hans Selye）将压力引进心理学领域，认为压力是身体对任何需求的非特定性反应。一般认为，压力也叫应激，压力是个体在受到外界刺激后产生的一种紧张状态，这种紧张状态的持续会引发个体的情绪变化和生理反应。

“压力”的词源和不同的翻译

作为一个术语，压力（stress）这个词最早出现于物理学之中，指的是作用于某物之上的足够使其弯曲或折断的拉力或力量。1925年，哈佛大学生理学家坎农（Cannon）把“压力”这个术语引入社会研究领域。他在一系列关于痛苦、饥饿和情绪变化的研究中，首先使用了现代的“压力”概念。

在人文社会科学领域，从词源来看，“stress”一词有“重压”“压抑”“压迫”等含义，也有“重要”“强调”的含义。中文有“心理紧张”“心理压力”“应激”等不同的翻译。因为中国自然科学名词审定委员会将其翻译为“应激”，所以现在的压力研究中，中文称为“应激”的较多。但是，就中文语境而言，“压力”比“应激”更直观、更通俗易懂。

（二）压力的种类

从总体上来讲，根据心理—生理反应的强度、持续时间的特点以及压力的大小，可以将压力分成以下两个类型。

1. 重度压力

重度压力一般是指对人的心理和情绪有较大冲击的威胁事件产生，超过个体的承受能力，并可能造成严重后果的压力。如生活中发生的重大变化，如离婚、丧偶、亲人去世、遭遇突发性灾难等，事件越严重，持续时间越长，压力影响也就越大。这类压力通常使人令人难以招架，产生焦虑、心理失衡等各种反应。

2. 一般压力

一般压力是指个体能够承受，能够处理且不会产生太多负面反应的压力。表现为日常工作和生活中的一般困扰，没有产生很明显的消极影响，在大多数的情况下，人们感受到的大部分的压力都属于一般压力。但如果一般压力日积月累，也会造成心理的负担。

一杯水的力量

教师指导：

（1）举起一杯水，问同学：各位认为这杯水有多重？

（2）同学的回答可能各种各样。继续说：这杯水的重量并不重要，重要的是你能举多久？

（3）邀请几位同学现场来个“举水耐力比赛”，计算一下时间。

（4）请举水的同学谈自己的感受和体会。

（5）请大家谈感受和体会。

启发：一杯水的重量是不变的，但你举得越久，越觉得沉重。这就像日常生活与工作中我们承担的压力，如果一直把压力放在身上，到最后就会觉得压力越来越重，难以承受。我们必须做的就是放下这杯水，休息一下，然后再举起水杯，这样才可以举得更久。对待压力，也是同样。

从压力作用的形式上划分，压力又可分为三种类型：生理压力、心理压力和社会压力。

1. 生理压力

生理压力主要指与人自身的生理器官或系统有关的压力，这些压力又被称为基本压力。

2. 心理压力

心理压力指与认识和情感有关的压力，这些压力又被称为主观压力。

3. 社会压力

社会压力主要指与社会关系网有关的压力，这些压力也可以叫作客观压力。

在这三种类型中，生理压力和社会压力（客观压力）最终都是通过心理压力（主观压力）的形式为人所感知的。

我的抗压能力如何？

根据你有多长时间处于下列状况，从1（总是）到5（从不）给每一项打分。每一项都要标注，即使它不适用于你——例如，如果你不吸烟，也要在第六项旁边圈1。

	总是		有时		总不
1. 我一天至少吃一顿平衡的热餐。	1	2	3	4	5
2. 我一周内至少有4天可以睡7到8个小时。	1	2	3	4	5
3. 我的感情生活是正常的。	1	2	3	4	5
4. 在75千米范围内我至少有一个可以依靠的亲戚。	1	2	3	4	5
5. 我每周至少有两次出汗的运动。	1	2	3	4	5
6. 我限制自己一天抽烟不超过半包。	1	2	3	4	5
7. 我一周饮酒少于5次。	1	2	3	4	5
8. 我的体重相对于我的身高是合适的。	1	2	3	4	5
9. 我的收入能够满足基本的消费。	1	2	3	4	5
10. 我可以从宗教信仰中获得力量。	1	2	3	4	5
11. 我有规律地去俱乐部或参加一些社会活动。	1	2	3	4	5
12. 我有由朋友和熟人构成的人际网络。	1	2	3	4	5
13. 我有一个或多个可以倾诉个人问题的朋友。	1	2	3	4	5
14. 我身体健康（包括视力、听力和牙齿）。	1	2	3	4	5
15. 当愤怒或焦虑时，我可以敞开说出我的感受。	1	2	3	4	5
16. 我经常和住在一起的人谈论家庭问题——例如家务事和钱。	1	2	3	4	5
17. 我每周至少有一次娱乐活动。	1	2	3	4	5
18. 我可以有效地安排自己的时间。	1	2	3	4	5
19. 我一天喝咖啡（或其他富含咖啡因的饮料）少于三杯。	1	2	3	4	5
20. 我一天之中会给自己留一些安静的时间。	1	2	3	4	5

评分：将 20 道小题的得分加到一起即可得到总分。

解释：低于 10 分，说明你有非常好的抗压力能力。得分为 10~29 分表示中等的抗压力能力。如果得分高于 30 分，说明抗压能力就比较弱了；高于 50 分则说明抗压能力很弱了。你可以通过改进你选“3”或“3”以上的项，以提高你的抗压能力。注意，几乎所有项目描述的情形和行为都超出你的控制。首先，关注那些最容易改变的事情，比如，吃高热量食物、平衡每天的饮食、至少每周娱乐一次，然后再去处理那些看上去较难的事情。

（三）挫折的概念和种类

常言道，人生不如意事十之八九。在人的成长过程中，只要有追求、有欲望、有需求，就会有失落、有失望和有失败。挫折广泛存在于每一个人的生活历程中。

1. 挫折的概念

挫折是个体在进行某种有目的的活动过程中，遇到障碍或干扰，或遇到难以逾越的障碍，致使目标不能实现，需求或动机不能得到满足而产生的一种负性情绪反应。挫折是一种复杂的情绪感知，它应该至少包括失落、失望、焦虑和痛苦等多种情绪成分。

挫折概念一般有三层含义：挫折情境、挫折反应和挫折认知。

（1）挫折情境。

挫折情境是指阻碍目标实现的各种主、客观因素，包括自然环境因素和社会环境因素，如考试失误、竞争失败、比赛失利、恋爱中断等。

（2）挫折反应。

挫折反应是指个体需要得不到满足所产生的情绪反应，如愤怒、恐惧、焦躁、紧张、困惑等，也称为挫折感受。

（3）挫折认知。

挫折认知是指对挫折情境的知觉、认识和评价，既可以是对实际遇到的挫折情境的认知，也可以是对想象中可能出现的挫折情境的认知，如高考前大病一场，亲人的丧失，感觉同学敌视自己，怀疑同学议论自己等。

挫折对人来说，既不完全是负向的影响，也不完全是正向影响，对人有利也有弊。有利方面是挫折能引导人的认识能力的深化；不利方面是挫折使人产生心理焦虑、痛苦、失落、行为异常，甚至引起疾病。

拓展阅读

故天将降大任于是人也，必先苦其心志，劳其筋骨，饿其体肤，空乏其身，行拂乱其所为，所以动心忍性，曾益其所不能。

——《孟子》

2. 挫折的种类

根据挫折的性质，可以将挫折分为如下几种：

(1) 需要挫折。是指由于各种原因而造成个体的需要无法得以满足时的挫折。包括两种情况：一是多种需要并存，发生矛盾，难以妥善解决；二是个体自认为自己的合理需要被外界条件阻碍不能得以满足。

(2) 行为挫折。是指个体在需要与动机冲突解决之后，在一定动机支配下，有了行为的意向，但是由于某些因素的影响而无法付诸实际行动。

(3) 目标挫折。是指个体已经开始了行动，但是在行动过程中由于遇到无法克服的干扰和障碍而不能达到目标。

(4) 丧失挫折。是指个体自认为本来应是自己的东西，却在一定条件下丧失了。

前三种挫折都是个体自认为应该得到或做到而未得到、做到，从而受挫；丧失挫折则是个体已经得到的自认为不应该丢掉的却丢掉了，因而受挫。

二、压力与挫折产生的原因

(一) 压力产生的原因

压力产生的原因也可以称为压力源或称应激源。压力源一般认为是具有威胁性或伤害性，并因此带来紧张感受的事件或环境。简单地说，也就是我们要想避开的而无法避开的烦心事或者威胁性的情境。

压力源广泛地存在于我们的生活环境之中，压力来源主要包括外在环境因素与个人内在因素两个方面。个人内在因素的压力源，源于个体自身，包括：个性特质，如个性急躁，求胜心切，或个性随和，生活悠闲等；心理冲突，个体无法克服或调和的两种动机和行动倾向的矛盾对立，带来心理压力；其他个体因素，如自尊的高低、不良的自我概念、疾病等，也成为不同的个体产生不同程度压力的内因。

外在环境因素压力源是指环境的改变给人们带来压力的根源，包括：自然环境中的热、冷、噪声、强光等各种无机性的刺激和有机性的刺激；社会环境的变化，生活变迁，如亲人离世、离异、移民、升入高一级学校等；工作的变动，如离职、工作岗位变换、升职等。

但是，对人类影响最主要的压力源是社会环境，是社会环境中的人际关系，人际关系是带给个体压力的最主要来源。心理学研究把造成压力的各种因素进行分类，把压力源划分几个类型为躯体性、心理性、社会性和文化。

小测验：我生活中的压力事件

以下列出的是大学生生活中常常出现的事件，请核对过去12个月中你生活中发生的事件。

并在空格里打“√” 。等把过去12个月中发生的事件全部核对完毕后，再把打“√”的每一项对应括号里的分数汇总加在一起。

(100) ______ 亲密家人的死亡

(80) ______ 监狱服刑

(63) ______ 大学最后一年或第一年

(60) ______ 怀孕(自己或造成对方怀孕)

(53) ______ 严重人身伤害

(50) ______ 结婚

(45) ______ 任何人际关系问题

(40) ______ 经济上困难

(40) ______ 亲密朋友的死亡

(40) ______ 与室友争执(超过隔日一次)

(40) ______ 与家人有重大分歧

(30) ______ 个人爱好重大改变

(30) ______ 生活环境改变

(30) ______ 开始或结束一份工作

(25) ______ 与上司或教授之间出现问题

(25) ______ 杰出的个人成就

(25) ______ 一些科目不及格

(20) ______ 期末考试

(20) ______ 约会次数增加或减少

(20) ______ 工作条件改变

(20) ______ 主攻专业改变

(18) ______ 睡眠习惯改变

(15) ______ 假期只有几天

(15) ______ 饮食习惯改变

(15) ______ 家人团聚

(15) ______ 娱乐活动改变

(15) ______ 小伤小病

(11) ______ 小的违法

评分和解释：你得到的总分也许可以预测你将在下一年遇到严重疾病的频度。如果你的生活事件得分大于 300 分，那么你在明年将有 80% 的概率患重大疾病；如果你的总分在 150~299 分之间，你将有 50% 的概率患大病；如果你的总分低于 149 分，你患重大疾病的概率将降至 30% 以下。

请记住，在解释你的生活事件总分的时候，事件列表没有考虑你如何应对这些事件。在经历充满压力的生活事件的时候，有些人能应对和调适得很好，而有些人却不能。

（二）挫折产生的原因

挫折产生的原因很多，有自然因素、社会因素以及个体因素。

1. 挫折产生的外部原因

挫折产生的外部原因主要是指个体自身因素以外的自然因素和社会因素给人带来的限制与阻碍，使人的需要得不到满足和目标不能实现而产生挫折。造成挫折的自然因素很多，如不能预料和控制的天灾人祸、时空限制、意外事件等，包括自然灾害、交通事故、疾病、死亡等。自然因素造成挫折的程度不一，每个个体随时都可能遇到，其后果可能很严重，对人的影响很大，如亲人去世、严重的疾病等；也可能不严重，对人只产生暂时的影响，如有些学生刚入学时对当地的饮食和气候不适应等。

挫折产生的社会因素是指来自个体所处的社会环境的各种限制和障碍，包括政治、经济、文化、道德、法律等各个方面，既包括大的社会环境，也包括学校、社区、家庭、社团等微观环境。

与自然因素相比，社会因素更易引起挫折，而且挫折后果也往往更复杂、更严重。如大学新生新的人际关系、新的生活模式和作息制度适应困难，同学关系紧张，繁重学业和考试的压力等都有可能使个体遭受挫折。

2. 挫折产生的内部原因

挫折产生的个体原因是指因为个人生理、心理以及知识、能力等方面的阻碍和限制，使人不能达成目标，不能满足需要而产生挫折。

个人因素会导致挫折产生，如个体与生俱有的身材、容貌、生理缺陷及健康情况等所带来的限制；又如个体能力、自我期望、性格、经济条件等的影响。

对大学生来说，他们处于人生发展的关键时期，其主要特征有多元性、开放性、实用性和迷茫性等。一方面他们思想活跃，自我意识强，需求广泛，发展欲望强烈，精力充沛，需求广泛而执着，个人的理想抱负水平普遍较高，追求完美；另一方面他们心理发展尚不够成熟，社会阅历不足，挫折经验和承受力不足。因此，自身条件和能力与自我期望之间的矛盾冲突是造成挫折的重要因素。

三、挫折的外部表现

遭遇挫折会对个体的身心带来一定影响，伴随着个体各种各样的应对方式，会产生生理、心理和行为的反应，这些反应有积极的，有消极的，有情绪上的，有行为上的，持续时间较长的挫折可能还会带来个性上的变化。

（一）受挫的生理反应

遭遇挫折首先对个体心理产生消极的冲击，就不可避免地会引起生理上的变化。比如容易出现心率加快和脉搏加快、心肌收缩力增强、血压升高、呼吸急促、各种激素分泌增加、消化道蠕动和分泌减少、肌肉紧张或颤抖、头晕、恶心、呕吐、出汗、面色潮红或苍白、皮肤易出痤疮、肥胖或消瘦、食欲不振、便秘或腹泻等，同时还会出现入睡困难、睡眠质量差、失眠多梦、注意力无法集中、情绪亢奋、记忆力减退、思维缓慢、无法安坐、易疲劳、寡言少语，也无法集中精力做某一件事情等，这些都是遭遇挫折后容易出现的生理反应现象。

生理状态失调是伴随心理状态失调而产生的，如果长期无法走出挫折情境，生理状态失调将会进一步加强，从而可能引起身心疾病。

（二）受挫的积极心理反应

大学生受挫的积极心理反应表现为能保持冷静，正视挫折，接受挫折，客观分析挫折产生的原因，适当调整自己的心理预期，采取切实可行的措施摆脱挫折情境，解决面临的问题，最终战胜挫折。具体表现为认同、升华、补偿、幽默等。

（1）认同。在遭遇挫折时，自觉地效仿他人的优良品质并获得成功的经验和方法，使自己的观念、信仰、目标和行为更适应环境、社会的要求，从而缓解现实挫折带来的焦虑，增强获得成功的信念与勇气。

（2）升华。遇到挫折以后，将自己内心的痛苦、无法实现预定目标或动机，用一种更为高尚的、具有创造性的和建设性的、有社会价值的目标来代替，借此弥补因受到挫折而失去的自尊与自信，减轻挫折所造成的痛苦，如诗人歌德受挫创作了《少年维特之烦恼》。

（3）补偿。受到主客观条件的限制和障碍，个人的目标无法实现时，以新的目标代替原有目标，从而以现实取得的成功体验去弥补原有失败的痛苦。

（4）幽默。个体在遇到挫折、处境困难或尴尬时，以幽默来化险为夷，在无伤大雅的情形下，把原本困难的情况转变过来，大事化小，小事化了，摆脱困难，维持自己的心理平衡。这是一种心理素质较高的表现。

（三）受挫的消极心理反应

大学生消极的心理反应表现为悲观的、失态的、没有目的的、惊慌的态度，做出一些非理性行为，甚至表现出自杀等极端行为倾向。这种行为反应缺乏积极的社会价值，不仅不利于个体身心发展，也会危害他人和社会。具体表现为：攻击、倒退、轻生、固执、反向、逃避、压抑、文饰、投射等。

（1）攻击。攻击是受挫后的一种应激反应，即受挫者采取使他人受到伤害或痛苦的行为。表现为损害物品或对他人谩骂、讥讽、殴打，甚至加以杀害，这种攻击也叫作直接攻击。另外，一些个体受挫后，因为各种条件限制不能攻击造成挫折的对象，于是将愤怒情绪和攻击行为指向自己或者其他无关的对象，这种攻击叫作间接攻击又称转向攻击，如指桑骂槐，声东击西地发无名火，就是这种情况。

(2)倒退。在遭受挫折后，个体表现出与自己的年龄不相称的反常行为。当个体受到挫折后，以幼儿幼稚的行为来应对现实，目的是获得他人的同情，减轻焦虑，从而减轻内心的心理压力。

(3)轻生。可能由于反复遭受挫折，缺少社会支持和帮助，个人又找不到摆脱挫折的措施与途径，受挫后产生自暴自弃、悲观厌世的想法，愤怒的情绪又使之失去理智，从而以自杀的方式消除摆脱内心焦虑。

(4)固执。在遭受挫折后，往往不分析失败的原因，而是采取刻板的方式盲目地反复进行某种导致挫折的单调、机械的无效动作。这种行为呆板、无弹性，并具有强制性，是遇到挫折后感到无能为力和不知所措时产生的反应方式，可以表现为个体和群体的固执行为反应。

(5)反向。个体受挫后的一种心理防御机制，为了防止自认为不好的动机外露，以一种截然相反的态度或行为表现出来，以掩盖自己的本意，避免或减轻心理压力。例如，有些大学生内心很自卑，却总是以自以为是、傲慢不羁的行为表现来掩盖自己的自卑。

(6)逃避。受挫或预感将要受挫时，个体不能面对现实，正视挫折，而是以消极的态度逃避到自认为比较安全的情境中。如有些大学生追求心仪的对象，多次失败后就不敢再谈恋爱。

(7)压抑。将学习和生活中感到困扰或痛苦的经历、行为不知不觉地压抑在潜意识里，不再想起，不去回忆。

(8)文饰。也叫合理化，个体遇到挫折，没有达成目标，为避免或减轻随之产生的焦虑和维护自尊，杜撰一些理由摆脱困境或内心的痛苦，给予某种“合理”的解释。其形式可概括为“找借口”、吃不到葡萄说葡萄酸的“酸葡萄效应”。

(9)投射。投射又称推诿，是指个体把自己的不当动机、失误或不被允许的愿望、冲动、观念、态度和行为，转移到别人身上，以摆脱内心的焦虑和不安，从而保护自己。如大学生中有的人考试作弊，却说这次考试大家都作弊。

思政剧场

薛其坤：放牛孩子成功逆袭清华副校长，成功背后付出了多少？

薛其坤的人生并不是一帆风顺的，他的成功也并不是因为自己的幸运，而是他付出了常人无法想象的努力得来的。他三次考研，七年读博，通过自己不断的努力，铭记初心，为国家的建设贡献出自己的一份力量。

前途是光明的，道路是曲折的，这句话可真是诠释了薛其坤的考研之路。他第一次考研以高数39分的低分落榜，薛其坤毫不犹豫地选择了第二战，经过长时间的准备，信心满满地应战的他再一次以物理39分再次与研究生擦肩。

一鼓作气，再而衰，面对接连两次的考研失利，如果是换成平常人遇到这样的境遇肯定选择了放弃，开始抱怨上天对自己的不公平。虽然在这期间，薛其坤的情绪也很低落，但他并不允许自己长时间地受到这种低气压的影响，他很快地投入到第三次的考研准备中，这一次，薛其坤成功了。

1987年9月，薛其坤进入了中国科学院物理研究所，凝聚态物理专业，开始了研究生学习生涯。他在求学路上表现出惊人的坚持不懈的精神，让很多人为之折服。薛其坤于1990年7月，硕士毕业，同年9月进入中国科学院物理研究所，开始攻读凝聚态物理专业博士学位。

1992年6月，薛其坤人生迎来了第一次转机。这次转机对于他来说更多的是挑战，作为中日联合培养学生，他只身来到日本求学。他语言不通，环境不熟悉，家人不在身边，更没有朋友，对于他来说一切都需要从头再来。面对这样一个"新世界"，他没有选择退却，为了家人有一个更好的生活，更为了学到新知识报效祖国，他勇往直前。

接下来将近20年，薛其坤全身心地投身于科技研究事业当中，当时有人做过统计，他一年当中工作的时间将近330天，每天工作的时间几乎超过15小时，从来没有度过一个完整的节假日，他为小时候一次偶然萌发的科学家梦，奋斗了一生。

思想启发：人人都羡慕成功的人，羡慕他们轻轻松松达到了人生巅峰。但又有谁真正地看到了他们埋头苦干、不见天日的日子呢。这世界上哪有天才，有的是那些拼了命努力向前的人。只要是足够的努力，努力到感动自己，你同样也会得到上天的眷顾。你说呢？

第二节　大学生常见压力及管理

一、大学生常见压力

中国社会正在发生的不仅仅是一场波澜壮阔的社会改革浪潮，更是一场巨大的社会变迁。当代大学生正处在一个社会变化迅速的时代，生活节奏加快，竞争加剧，压力逐渐增大。很多大学生在生活中会感到十分的疲惫，其实很大一部分原因是因为他们内心产生的压力，时间久了会对他们的心理健康产生一定的影响，并且会导致他们学习、做事各个方面的效率变低。

大学生常见压力主要有以下几个方面。

（一）经济压力

大学生大部分都来自工人和农民家庭，特别是来自贫困家庭和偏远山区农村家庭的学生，由于家庭经济负担较重，学生的经济压力也比较大。大学生活除了学习，更多的是考虑自己如何生存，如何筹集学费，甚至课余时间也都用在了打工挣钱上。

（二）学业压力

大学生意识到未来社会竞争十分激烈，为了适应社会的需求，需要提升自己变成全能型人才，这就需要学习很多功课，除要学习课堂内的知识外，还要学习许多课外的补充内容，考取各种证书等，如果是考研的同学，升学的竞争力更大，就必须在学习上下大力气，学业压力更大。

（三）人际关系的压力

大学是一个小社会，大学的人际关系比高中复杂得多，特别是室友之间的交流和师生之间的交流等都需要锻炼一定的技能，刚进入高校的新生中不善于和人交往的人为数不少，对他们来说交往心理压力较大，特别是对于一些内向的学生，在大学里可能会有点孤独、无助和缺乏支持，特别是宿舍关系如果处理不好，大学生活可能会很有压力。

（四）认知失调的压力

随着数字货币的普及、绿色消费的兴起、社交媒体的演变、人工智能驱动的自动化革命、人口继续下降和人口老龄化等因素的冲击，社会变革更快，在多元化和快速变化的社会背景下，大学生每时每刻都会遇到价值观念、伦理道德、生活方式等方面的新观念的冲击，从而引起大学生认知失调和观念上的矛盾，导致大学生个体出现焦虑和压力。

（五）择业就业的压力

大学毕业生人数每年持续增加，人才市场和企业对大学生的培养规格和要求越来越高，就业市场竞争变得越来越激烈，许多大学生担心自己毕业后找不到理想工作或者就业前途不明朗，这也给他们带来了压力和焦虑。

二、大学生压力管理的方法

大学生正处在成长和发展的特殊阶段，但是社会竞争加剧，大学生要实现人生目标，把握多种人生机遇，就面临各种挑战，个体都承受着不同程度的压力。只有掌握了压力的管理策略，做好自我的管理和自我的规划，才能解决压力或变压力为动力。大学生压力管理的方法主要有以下几个方面。

（一）正确认识压力

现实生活中充满竞争，心理压力和心理紧张无法避免时，对压力要有明确的认识和接受态度。压力具有两面性，压力并不全部是有害的，适度的压力有助于发挥人的潜能。对已出现或将要出现的压力有一定的准备，把握压力可能导致的后果，可以学习并了解自己在压力情境下的反应方式，增强自己在面对压力时的应对能力，就可以有效处理过度的压力。

（二）改变不合理的认知

压力源本身并不能决定是否产生压力以及压力有多大，压力的产生是以个体对压力源的认知为中介的。法国哲学家蒙田说：对人类最大的伤害不是发生了什么，而是人类如何看待它。不合理的认知可能使压力更强烈，正确认识可以消除或减轻压力。

心理治疗师贝克将形形色色的认知歪曲归纳为五种形式：①任意的推论：在缺乏证据的

情况下，主要凭主观想象得出结论；②过分概括化：从少量的具体事件得出带有普遍性的结论；③选择性概括：通过局部的、片面的情形来对事物的整体做结论；④“全或无”的思维方式：对事情评价的思维模式要么全对，要么全错，非黑即白，没有中间色彩；⑤过分夸大或缩小：对客观事物的实际结果做出严重偏离的评价。

若五条都符合，那压力可以理解为不必要的压力；若五条都不符合，基本上这种压力可理解为必要压力。

（三）正确管控压力源

在问题及后果还未引发之前，将压力及时控制，消除致压因素，阻止压力状态的产生非常重要。可以采取下面的措施减少压力状态发生的可能性。

（1）唱歌。将自己的烦心事通过歌声的方式表达出来，可以在教室，宿舍，既可以活跃气氛也可以加强与同学、室友的关系，同时会唱歌的人一般运气不会差。

（2）体育锻炼。科学研究表明跑步可以缓解压力，一方面体育锻炼使身体健壮，精力充沛，应对能力增强；另一方面，体育锻炼使身心得到转移，减少了处于压力情境的时间。体育锻炼也提供了一个身心调整的机会，可以对问题加以反思，寻求解决问题的策略。体育活动锻炼了身体的同时也能强化心理能力，身体放松了的同时也减轻了精神压力。同时，也要有必要而充分的睡眠。

（3）聊天。主动与家人、好朋友或者室友聚在一起，聊聊天，交流思想，探讨解决的办法，可能就会聊出灵感，难题就会迎刃而解了，谈笑间压力灰飞烟灭。

（4）听音乐和读书。听音乐可以舒缓自己的心情，放松自己的内心。书籍是人类进步的阶梯同时也是我们进步的伙伴，读到喜欢的文章压力自然而然就抛在脑后了。

（5）自我宣泄。适度大哭、大叫等进行发泄。

（四）努力学习

面对激烈的社会竞争，学好知识，打好扎实的基础是十分关键的。大学生的学习任务繁重，大学生的压力来自各科目考试、计算机考试、英语四六级考试以及其他各种证书考试等，因此要安排好学习计划，平时要努力学习，避免因考试问题产生学习方面的压力。

（五）进行有效的时间管理

当我们为自己的目标制订计划时，不要将时间定得太过紧迫，如果能给自己充裕的时间与空间来完成一件事时，可以缓解压力。同时，应该为学习、工作任务设置完成的时限，通过时间的压力保持工作的动力，使每一项工作都能在第一时间完成，以便争取主动；学会拒绝与自己学习、工作目标无关的额外事物。当不懂得拒绝时，时间、精力容易被分割，造成压力。

（六）建立良好的人际关系

人际关系既是一种心理关系，又是一种社会关系。压力很大一部分来自人际关系，或者说个体社会归属感缺少而致。一个大学生要多参加集体活动，接受和认同班集体的价值观念，多与人交流沟通，及时倾诉自己感受到的无助和不快。通过与他人交谈，获取心理支持，增强自信心。培养独立的人格，减少他人评价的影响。认识自我价值，明确应该坚持什么、反对什么，有明确的是非界线，且不能人云亦云，不要为周围所左右。

第三节　大学生常见挫折及应对

一、大学生常见挫折

"人生不如意事十之八九。"挫折，广泛存在于人们的生活中，贯穿于人的一生。大学生也面临产生各种各样问题和障碍，并造成挫折，大学生常见挫折类型有以下几个方面。

（一）生活挫折

生活方面的受挫，一方面，主要是一些大学生对大学生活的适应存在障碍，感到不适，比如远离父母和亲人，没有朋友，感到苦闷孤独，又比如有些同学经济困难等。另一方面，大学生活与过去的中学生活环境差异很大，没有父母的照顾，衣、食、住、行都需要自己独立去完成，没有老师的监督，学习任务需要自己主动完成，凡事得靠自己，这样容易因为生活适应困难而产生挫折。

（二）情绪挫折

情绪受挫在大学生中比较普遍，大学生广见多闻、视野开阔，不受传统规矩的束缚，富有独立意识，具有广泛的爱好和需求，他们离开熟悉的环境，缺乏了父母的帮助，很多事情都得自己拿定主意，自己解决。然而，由于他们存在一定的认知不足，以及对各种困难缺乏必要的心理准备和承受能力，当遇到困难时，就很容易出现情绪上的困扰。同时，大学生渴望爱情，但大学生之间的感情没有经过物质、精神的考验，并不是特别的坚固，这样不成熟的恋爱可能产生了摩擦、矛盾，也可能会导致感情破裂而分手，造成心理失调，给他们带来挫折感和失落感。

（三）学习挫折

学习受挫出现在一部分大学生中，大学的学习任务比中学更重，要求更高，并且要求大学生主动完成。进入大学生活后，环境的改变，使得大学生发现自己在高中时的学习优势不再存在，每个同学都是各地的优秀生。为保持自己的学习优势，并不是考入大学就"如释重负"，而是需要投入更多的时间学习，除了学习自己的专业课、计算机课程和英语等级考试，还要做实验和参加各种学习活动，学习压力较大，造成学习挫折。此外，在学习的过程中，每个人或多或少都会遇到一些困难，如学习方法掌握不好、对所学专业缺乏兴趣、学习效果不佳等，都会使大学生产生挫折感。

（四）社会交往挫折

大学生的生活丰富多彩，除了专业文化学习之外，还要参加社会实践活动。在日常交往中，很多大学生不掌握沟通技巧，思想观念、价值取向、行为方式各异，同时受家庭、地域、风俗等环境影响，多数大学生都会感到“交往难，难交往”，想与人交往，又怕被拒绝，或是害羞，不会表达自己，或是不敢与人接近，把自己封闭孤立起来，内心被孤独、焦虑情绪占据，产生人际交往挫折，这极其不利于个体的身心健康。

（五）就业挫折

据统计，2023年我国高校应届毕业生人数达到1158万人，如此庞大的应届毕业生群体都面临相同的人生考验——就业择业，这也导致就业市场竞争异常激烈。部分大学生缺乏社会经验，无法客观认识自己。在面临择业选择时，并未深入思考自己和目前所从事的职业是否匹配，是否有利于自己的发展。一旦遇到挫折，很容易产生挫败情绪。一些大学生由于初入社会，面对实际就业不能满足自己期望的情况下，盲目迎合社会热门需求，意欲借考证缓解对就业压力的恐惧，有些大学生则在求职过程中过于依赖学校政府、亲朋好友的帮助，缺乏自主性和创造性，指望通过外力安排好自己的未来。对于毕业后自己的未来感到前途渺茫，就业挫败感强烈。

此外，不良习惯难以改变。如有的大学生打牌、酗酒、吸烟、玩网络游戏通宵达旦，严重影响学习和生活，这些不良习惯极容易导致挫折心理。另外，大学生性意识发展较快，但性心理发展相对滞后，性生理冲动与传统道德约束之间形成强烈的心理冲突，也可能引发心理挫折。

二、挫折产生的意义

人生的道路不会是一帆风顺的，总会遇到各种挫折与挑战，总会面临着各种各样的压力。大学生是人生的重要阶段，有着学生与成人两种重要身份。由于缺乏阅历和生活锻炼，经常会在学业、考研、恋爱、择业就业等方面遭受一些压力与困难挫折，遭受人生的低谷期。

但是压力和挫折是一把双刃剑，具有两面性，在给人们带来巨大的心理压力与情绪困扰的同时，也给人们带来了成长的契机。“没有压力就没有动力”“没有挫折就没有成长”，一个人没有经过生活的磨炼，是很难对生命的顽强与伟大有真正的感悟和认知的。

（一）挫折能提高人的认知水平和智慧才能

挫折能增强才干和智慧，“失败是成功之母”。大科学家爱迪生也说过，失败也是我们所需要的，它和成功对我们一样有价值。面对挫折和失败，强者会积极总结经验，反思自己的认知过程，找出不足并及时采取补救措施。知不足而后学，学习新的技能，逐步完善自我。学好后再去用。因此，挫折的经历对大学生是十分可贵的。它使大学生学会思考、反省、总结、探索、创造，能使大学生不断提高认识，增长智慧和才干。

心理故事

没有手的画家

法国画家纪雷有一天参加一个宴会，宴会上有个身材矮小的人走到他面前，向他深深一鞠躬，请求收他为徒弟。纪雷朝那人看了一眼，发现他是个缺了两只手臂的残疾人，就婉转拒绝他，说："我想你画画恐怕不太方便吧？"可是那个人并不在意，立刻说："不，我虽然没有手，但是还有两只脚。"说着，便请主人拿来纸和笔，坐在地上，用脚趾头夹着笔画了起来。他虽然是用脚画画，但是画得很好，足见是下过一番苦功的。在场的客人，包括纪雷在内，都被他的精神感动。纪雷很高兴，马上收他为徒弟。这人自从拜纪雷为师之后，更加用心学习，没几年的工夫便名扬天下。他就是有名的无臂画家杜兹纳。

启发：没有手竟然能成为画家，岂不是很不可思议？这个故事告诉我们，只要有排除万难的毅力和恒心，你就能创造奇迹，做到别人不能做到的事情。

（二）挫折能激发人的活力和斗志

挫折是一种内驱力，生活中的强者往往被挫折激发出强大的身心力量。牛顿曾说过：如果你问一个善于溜冰的人如何学得成功时，他会告诉你："跌倒了，爬起来，便会成功。"对于一个有志向的大学生来说，挫折的发生，会唤起他的斗志，激发他的进取心。

（三）挫折能磨砺人的意志力

挫折可以磨砺人的意志，可以锻造人的勇气，可以升华人的人格，也可以磨平人的棱角。一个人总是在风雨中疾行，总是在荆棘中求生，那么他的韧性和勇气就会不断增加，他的抗压能力和防御能力就会不断提升，而这样一个坚不可摧的人终究是会登上成功的顶峰的。对于大学生来说，越早经历苦难和挫折，就越能够磨炼他的意志，让他在以后的人生中，无论遇到什么，都能从容面对。

（四）挫折能增强人的耐受力

当代大学生大多是独生子女，心理耐受力低，在行为上也常常表现得浅尝辄止，缺乏忍耐力。这与他们的成长环境有关，他们从进小学到读大学，以至工作选择，都由父母去承受压力、克服困难，自然变得依赖性强，而挫折承受力弱。一般来说，挫折承受力较强的人，挫折反应小，挫折时间短，挫折的消极影响少；而挫折承受力较弱的人，容易在挫折面前不知所措，因为挫折的不良影响大而易受伤害，甚至导致心理和行为的失常。其实，生活中许多轻度挫折，却是意志力的"运动场"，古人曰："百糖尝尽方谈甜，百盐尝尽才懂咸。"可以这样说，不经历挫折的人生是空白的。心理学家把轻度的挫折叫作"精神补品"，因为每战胜一次挫折，都强化了自身的力量，为应对下一次挫折提供了"精神力量"。

拓展阅读

越早遭遇挫折，越能磨炼意志

在书法界，有一种字体很受学者的推崇，那就是“颜体”。“颜体”的创始人颜真卿是唐代名臣、著名书法家。颜真卿与柳公权并称为“颜柳”，又与欧阳询、赵孟頫、柳公权合称为“楷书四大家”。这样高的成就，不是一般人所能比得了的。

颜真卿少年时就有书法天赋，跟着他的第一任老师褚遂良学习楷书，小有所成。因为少年得志，所以颜真卿自认为自己的书法水平已经到了一定的水平，有点沾沾自喜，甚至有些狂妄自负。

如果颜真卿就这样一直下去，他很有可能成为第二个“仲永”。但好在，他有一个能“未见先知”的母亲。他的母亲知道，如果让颜真卿就这样下去，这个儿子就毁了。所以，颜真卿的母亲把他带到书法家张旭的面前，让儿子体验挫折的滋味。

张旭是唐代初期著名的书法家，不轻易收徒。所以，即便他看到颜真卿真的有书法的天赋，他也不轻易就答应收颜真卿为学生。为了考验颜真卿以后是不是能够成才，张旭想了一个办法。他让颜真卿去煮三个鸡蛋，要求只要有一个鸡蛋熟而不破壳就算成功。

颜真卿很聪明，他把一次机会拆分为三次，因为张旭并没有说明三个鸡蛋要一次性煮熟。第一次煮鸡蛋，颜真卿急于求成，半刻钟的时间就把鸡蛋拿出来了，结果鸡蛋没有熟透，算是失败了；第二次，颜真卿加大了火候，觉得像上次那样的时间基本就能把鸡蛋煮熟了，却没想到，没一会，鸡蛋壳就破了，自然也算失败；第三次，颜真卿汲取了前两次失败的经验，用慢火和加长时间来煮鸡蛋，两炷香烧过之后，他成功了。

经历了这样煮鸡蛋的过程，颜真卿懂得了从失败到成功的道理。从此，他拜在张旭的门下，虚心又耐心地学习书法，最终成为书法大家。

三、大学生挫折应对的方法

大学生涯中学业和就业压力较大，难免会遇到挫折，经历挫折、承受挫折是人生的一门必修课程。大学生掌握挫折应对的方法，提高挫折承受力，不仅能磨炼大学生的意志，而且能提高能力应付充满挑战和机遇的未来生活。大学生挫折应对的方法主要有以下几个方面。

（一）树立正确的挫折观

要有一个辩证的挫折观，困难和挫折对于人们来说，既是一种危机，也是一种契机。适度的挫折有其积极进步的意义，因为每战胜一次挫折，主体就会产生新的体会和认识，从而强化自身的抗挫力量，为下一次应对挫折提供更强大的心理耐受力。遭遇挫折不应沉浸在失败的负面情绪之中，而应通过分析挫折失败的原因，提升自我，从容地面对未来新的挑战。挫折能增强对今后人生中挫折的免疫力，正确认识挫折是战胜挫折的先导和前提。

（二）对挫折正确归因

根据心理学家韦纳的归因理论，引起挫折的原因主要有外部原因和内部原因。外部原因是由外部因素（如任务难度）、不稳定因素（如机遇）和不可控因素（如别人的反应）决定的；内部原因是由内部因素（如身心状况）、稳定因素（如能力）和可控因素（如努力）决定的。

倾向于外归因的人常常认为自己的行为是受外部力量控制的；倾向于内归因的人则习惯于认为自己的行为结果是受内部力量控制。如果将失败归结为自己能力差，因为能力是相对稳定的，那么，人就会悲观失望，缺乏信心。如果将失败归结为自己努力不够，因为努力程度是个体可以控制的，那么，个体就可能更努力。因此，大学生应正确分析遭受挫折的原因，避免归因的片面性。

（三）正确评价自我，调整自身抱负水平

挫折是人们在追求目标的过程中遇到困难而产生的感受。挫折感产生的一个重要原因是因为大学生自我评价不当、对自身的期望值太高而引发的。过高的自我评价导致制定高于实际水平的目标，而目标不能达成，个体可能体验到无能为力、懊恼和挫折感。大学生应当充分了解自我，恰当分析自身的长处、不足和现实条件，扬长避短，设立符合自身实际能力的奋斗目标。追求目标的过程中要有灵活性，认识到目标过高，就要适当降低或改换目标，不断总结经验和教训，及时调整自身抱负水平。

（四）培养正向积极思维，经常自我激励

遭遇挫折并不可怕。一些大学生遇到挫折消极应对，选择放弃、躺平，甚至自暴自弃、自我封闭，这些都是错误的。要肯定自己，以增强自信，大学生要培养自己从积极的角度看待挫折，培养正向积极思维。通过阅读励志书籍、自我积极暗示都能培养积极思维。积极思维能使人客观理解并分析挫折，把挫折看作自我激发的契机。

可采用这样的自我激励的方式，如经常使用内部言语进行默念“我很棒！”“我一定行！”“我能成功”，或者在无人的地方大声说“我很棒！”“我一定行！”“我能成功”，以此来激励自己；又如每天早晨都应进行创造性的思考，并问自己两个问题：第一，在我们的生活中，哪些方面令自己满意？第二，除了满意，我还可以做些什么？

（五）加强实践，提升解决问题的能力

面对挫折的时候，不仅要培养耐挫折的能力，还要培养解决问题的能力。要加强实践，大学生要积极参加学校所组织的各种社团活动、社会实践，如军训、勤工俭学、社区共建、寒暑假社会实践、素质拓展和野外生存训练等活动。通过这些活动，学会承担一定的职责，亲身体验到各种挫折，增强适应和应变能力，培养毅力和忍耐力，并学会思考和选择。

（六）掌握科学的放松方法

学习一些放松技巧也是应对挫折的有效方法。比如，瑜伽、八段锦、气功、静坐、冥想，都是非常好的放松方法，可以选择一个你最喜欢的，然后好好坚持下去。练习这些放松技巧，可以帮助您放松身体和心情，受益终身。

心理实训

冥想练习

找一个安静的场所，再找一把椅子。为了防止睡着，请选择一把靠背挺直的椅子。坐在椅子上，臀部紧抵椅背，双脚稍稍比双膝靠前，双手自然放在扶手上或大腿上。

尽量让肌肉放松，但不要太努力。因为努力是运作状态，而不是放松。只要呈现一种顺从的姿势就好。把注意力集中在呼吸上，让一切都顺其自然。如果感觉到放松了，这很好；但如果没有感觉到放松，这也没关系，同样接受这种感觉。

接下来，闭上双眼，每次吸气时在心中默数“一”，呼气时默数“二”。不要刻意改变或者控制你的呼吸，呼吸要有规律。坚持做20分钟。最好每天练习两次，每次20分钟。

最后，冥想完成后，给身体一定的时间恢复到正常状态。慢慢睁开眼睛，先盯着房间的某一个物体看，然后再把视线转向其他物体。做几次深呼吸，然后坐着伸展一下身体。当你感觉差不多了以后，再站起来伸展身体。冥想一般不会出现问题，但如果你有不舒服或头晕的感觉，那么请睁开眼睛停止冥想即可。

关于冥想的小窍门：

（1）起床以后或者晚饭以前练习冥想比较好。

（2）除去杂念，否则，要长时间把注意力放在呼吸上不太可能。

（3）闭上眼睛，每次呼吸时在心里重复默念一个词。

（4）表现出一种顺从的态度，也就是，不要太过尽力去放松。

（5）做冥想时，一个人必须暂时脱离现实世界。关掉你的手机，关闭电脑等，在这段特殊的时间里，不允许有任何干扰。

四、大学生挫折承受力提高的方法

大学生要有效应对挫折，必须提高挫折承受力。挫折承受力是经过实践磨炼出来的，不是天生的。提高挫折承受力需要一个持久的过程，提高挫折承受力的训练方法有很多，下面列举适合大学生训练的几种方法。

（一）体育锻炼

每天坚持体育锻炼，如每天坚持长跑，一开始跑的距离可以短一些，然后每天增加跑步的距离、增加几分钟跑步时间，当累得不行的时候，就提醒自己要坚持、坚持、再坚持，经过一段时间，就会发现自己的毅力增强了，以前跑800米感到困难，不能及格的同学，现在已经不是问题了。

（二）坚持冬天洗冷水浴

冬天坚持洗冷水浴可以磨炼意志，提高挫折承受力。洗冷水澡可以增强我们的体魄，特别是在冬天寒冷天气下，也能抵抗一定寒意这对年轻的大学生来说是一个锻炼的好机会。

（三）参加心理素质拓展训练班

素质拓展训练主要以拓展游戏、拓展项目、预设情境等形式开展，注重参与者全身心投入，积极参与，用心体验，真诚感悟，不仅在身体上得到锻炼，在心理、精神层面也能够得到升华。

（四）参加劳动和军训

大学生通过艰苦的劳动竞赛、军训等活动，对意志品质、耐力、团队精神进行磨炼，逐步提高大学生竞争和拼搏的意识，增强他们战胜困难的勇气和信心。

（五）自我激励

不断地自我激励很重要，大学生可以采用榜样学习法，经常与成功人士交往；用古今中外名人志士的事迹来感染自己，激励自己；听成功人士的演讲，看名人传记；经常对自己说激励语，如“我是最棒的！”“宝剑锋从磨砺出，梅花香自苦寒来”等。

心理承受力测试

指导语：

对于下面每道题，请根据自己的实际情况作出“是”或“否”的回答。

1. 你认为自己是个弱者吗？

A. 是　　B. 否

2. 你是否喜欢冒险和刺激？

A. 是　　B. 否

3. 你生活在使你感到快乐和温暖的班级吗？

A. 是　　B. 否

4. 如果现在就去睡觉，你会担心自己睡不着吗？

A. 是　　B. 否

5. 生病时你依旧乐观吗？

A. 是　　B. 否

6. 你是否认为家人需要你？

A. 是　　B. 否

7. 晚睡两小时会使你第二天明显地精神不振吗？

A. 是　　B. 否

8. 看完惊险片很长一段时间内，你一直觉得心有余悸吗？

A. 是　　B. 否

9. 你常常觉得生活很累吗？

A. 是　　B. 否

10. 你是否有一些无话不谈的知心朋友？

A. 是　　B. 否

11. 当考试成绩不理想时，你会感到非常沮丧吗？

A. 是　　B. 否

12. 你认为自己健壮吗？

A. 是　　B. 否

13. 当你与某个同学闹意见后，你会一直无法消除相处时的尴尬吗？

A. 是　　B. 否

14. 大部分时间你对未来充满信心吗？

A. 是　　B. 否

15. 你有一个关心、爱护你的家吗？

A. 是　　B. 否

16. 当你在课堂上回答不出问题时，你在课后还会久久地感到烦恼吗？

A. 是　　B. 否

17. 每到一个新地方，你是否常常会出现问题，如吃不下饭，睡不着觉，拉肚子，头晕等？

A. 是　　B. 否

18. 即使在困难时，你还是相信困难终将过去吗？

A. 是　　B. 否

19. 你明显偏食吗？

A. 是　　B. 否

20. 当你与父母发生不愉快时，你是否曾想离家出走？

A. 是　　B. 否

21. 你是否每周至少进行一次所喜欢的体育活动，如登山、打球、游戏等？

A. 是　　B. 否

22. 你觉得自己有些神经衰弱吗？

A. 是　　B. 否

23. 你认为你的老师喜欢你吗？

A. 是　　B. 否

24. 当你心情不愉快时，你的饭量与平时差不多吗？

A. 是　　B. 否

25. 看到苍蝇、蟑螂等讨厌的东西时，你会感到害怕吗？

A. 是　　B. 否

26. 你相信自己能够战胜任何挫折吗？

A. 是　　B. 否

27. 你是否常常与同学们交流看法?

A. 是　　　　B. 否

28. 你常常因为想心事而躺在床上久久不能入睡吗?

A. 是　　　　B. 否

29. 在人多的场合或在陌生人面前说话,你是否会感到窘迫?

A. 是　　　　B. 否

30. 你是否认为自己受到的挫折与其他人相比,根本算不了什么?

A. 是　　　　B. 否

评分方法:

第2、3、5、6、10、12、14、15、18、21、23、24、26、27、30题答"是"记1分,答"否"记0分。其余各题答"是"记0分,答"否"记1分。各题得分相加,统计总分。

结果解释:

总分在0～9分:你的心理承受能力差。你遇到困难易灰心,常有挫折感。

总分在10～20分:你的心理承受能力一般。你能轻松地承受一些小的压力,但遇到大的打击时,还是容易产生心理危机。

总分在21～30分:你的心理承受能力强。你能在各种艰难困苦面前保持旺盛的斗志。

自测后提醒或建议:

此问卷仅作为了解自己使用,如有疑问,请咨询专业人员。

思政剧场

致　谢

我走了很远的路,吃了很多的苦,才将这份博士学位论文送到你的面前。二十二载求学路,一路风雨泥泞,许多不容易。如梦一场,仿佛昨天一家人才团聚过。

出生在一个小山坳里,母亲在我12岁时离家。父亲在家的日子不多,即便在我病得不能自己去医院的时候,也仅是留下勉强够治病的钱后又走了。我17岁时,他因交通事故离世后,我哭得稀里糊涂,因为再得重病时没有谁来管我了。同年,和我住在一起的婆婆病故,真的无能为力。她照顾我17年,下葬时却仅是一副薄薄的棺材。另一个家庭成员是老狗小花,为父亲和婆婆守过坟,后因我进城上高中而命不知何时何处所终。如兄长般的计算机启蒙老师邱浩没能看到我的大学录取通知书,对我照顾有加的师母也在不惑之前匆匆离开人世。每次回去看他们,这一座座坟茔都提示着生命的每一分钟都弥足珍贵。

人情冷暖,生离死别,固然让人痛苦与无奈,而贫穷则可能让人失去希望。家徒四壁,在煤油灯下写作业或者读书都是晚上最开心的事。如果下雨,保留节目就是用竹笋壳塞瓦缝防漏雨。高中之前的主要经济来源是夜里抓黄鳝、周末钓鱼、养小猪崽和出租水牛。那些年里，方圆十公里的水田和小河都被我用脚测量过无数次。被狗和蛇追，半夜落水，因蓄电瓶进水而摸黑逃回家中；学费没交，黄鳝却被父亲偷卖了，然后买了肉和酒，都是难以避免的事。

人后的苦尚且还能克服，人前的尊严却无比脆弱。上课的时候，因拖欠学费而经常被老师叫出教室约谈。雨天湿漉着上课，屁股后面说不定还是泥。夏天光着脚走在滚烫的路上。冬天穿着破旧衣服打着寒战穿过那条长长的过道领作业本。这些都可能成为压垮骆驼的最后一根稻草。如果不是考试后常能从主席台领奖金，顺便能贴一墙奖状满足最后的虚荣心，我可能早已放弃。

身处命运的旋涡，耗尽心力去争取那些可能本就是稀松平常的东西，每次转折都显得那么的身不由己。幸运的是，命运到底还有一丝怜惜。进入高中后，学校免了全部学杂费，胡叔叔一家帮助解决了生活费。进入大学后，计算机终于成了我一生的事业与希望，胃溃疡和胃出血也终与我作别。

我很庆幸保研时选择了自动化所，感谢研究生部的老师们将我从别的部门调剂到模式识别实验室，感谢导师宗成庆选择了我。宗老师将我引入了科学研究的大门，博士这五年无疑是我过去最幸福的时光。惭愧的是，离宗老师的期望显然还有很远的距离，我也知道本可以做得更好。这一段经历已经成为我这一生值得回味的美好瞬间之一。我很喜欢人机交互式机器翻译这个题目，但也仅开了个头。在未来，希望能有机会弥补这段遗憾。

从家出发坐大巴需要两个半小时才能到县城，一直盼着走出大山。从炬光乡小学、大寅镇中学、仪陇县中学、绵阳市南山中学，到重庆的西南大学，再到中国科学院自动化所，我也记不清有多少次因为现实的压力而觉得自己快扛不下去了。这一路，信念很简单，把书念下去，然后走出去，不枉活一世。世事难料，未来注定还会面对更为复杂的局面。但因为有了这些点点滴滴，我已经有勇气和耐心面对任何困难和挑战。理想不伟大，只愿年过半百，归来仍是少年，希望还有机会重新认识这个世界，不辜负这一生吃过的苦。最后如果还能做出点让别人生活更美好的事，那这辈子就赚了。

思想启发：按照当下的说法，黄国平一出生是拿了一手“烂牌”，他从小生活贫穷，关心自己的人又相继离世，但是他凭借着心头一个“勇”，脑中一个“智”，为自己硬辟出一条路！人的一生中，最光辉的一天并非是功成名就那天，而是从悲叹与绝望中产生对人生的挑战，以勇敢迈向意志那天。

唯有奋斗，才会让人生充满华彩。黄国平的故事，才是无名之辈的真实人生，是青年一代的奋斗榜样，是货真价实的正能量。感谢黄国平博士能把自己二十二年来的求学生涯，如此动人地描述出来，那一路走来的坎坷，如今看来都是岁月留在口袋里的一把糖。

你向往的星辰大海，常常翻山越岭才会达到。每个人心中都有一片星辰大海，你要记住，任何的信念，完成起来，从来都不会是简单的。

课后思考

1. 结合自身的成长历程，谈一谈挫折在人生发展中的积极意义。

2. 你认为大学生降低挫折的负面影响以及使挫折向积极方面转化的途径和方法有哪些?

3. 请写出你自己遇到挫折时最常见的几种情绪反应方式，并按反应强度和持续时间长短排序，客观分析这些反应方式在应对挫折时的积极和消极影响，探讨自己应对挫折的最佳方式。

4. 评价自己的挫折承受能力，并思考如何提高自己的挫折应对能力?

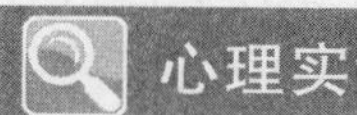

心理实训

感谢“挫折”

在一个人漫长的生命历程中，没有人能永远成功，不经历风雨怎么见彩虹。感谢挫折，挫折使我们变得更加坚强，挫折让我们更加成熟，挫折让我们对人生有更深刻的理解。只要我们以积极、健康的心态去面对困难和挫折，屡败屡战，终究会成功的。

请填写你的感悟：

挫折虽然让我失去____________________

失去的是这样补救和挽回的____________________

挫折让我得到了____________________

感谢挫折，因为挫折让我学会了____________________

今后再遇到类似的状况，我会____________________

大学生的恋爱心理与性健康

——解锁爱情密码，培养爱的能力

爱情是一个古老又经久不息的话题，我们生活当中最美好的和最悲伤的瞬间可能都与爱情密不可分。有史以来，它一直吸引着人们的兴趣，引不少学者探寻爱情的真谛；它的欢乐和悲伤激发着艺术家们创作的灵感，留下许多脍炙人口的文艺作品。

由于身心发展的日趋成熟和学习生活环境的相对独立自由，大学生有着充足的与异性交往时间和空间，大学生恋爱成为自由化、普遍化和公开化的群体现象。美好的爱情固然使人感到幸福和满足，但不成熟、不健康的恋爱心理和行为必然会给大学生的学习和成长带来一定阻碍。关注大学生的恋爱及性问题，教育和培养大学生形成正确的恋爱观、性行为观，有利于大学生人格的完善，促进身心健康，更加理性平和地度过大学生活。

学习目标

1. 学习关于恋爱及性的相关知识，掌握健康爱、理性爱的内涵。
2. 提升爱与被爱的能力，学会化解恋爱中遇到的冲突和困扰，健康性行为。
3. 树立健康、科学的恋爱观、性行为观。

思维导图

- 大学生的恋爱心理与性健康
  - 大学生恋爱心理概述
    - 爱情的概念
    - 爱情的特点
    - 爱情发展阶段
    - 爱情的类型
    - 大学生常见的恋爱观
  - 大学生性心理概述
    - 性心理的概念
    - 性心理健康的含义
    - 性心理发展阶段论
    - 大学生性心理发展特点
  - 大学生恋爱中的心理困扰与调适
    - 恋爱观认知偏差——何为爱
    - 恋爱观认知偏差的调适方法
    - 恋爱动机利己化——为何爱
    - 恋爱动机利己化的调适方法
    - 经营爱情方式不恰当——怎么爱
    - 经营爱情方式不恰当的调适方法
    - 失恋应对能力弱——告别爱
    - 失恋应对能力弱的调适方法
  - 大学生性心理发展常见问题及调适
    - 性认知偏差带来心理困扰
    - 性认知偏差的调适方法
    - 性行为带来心理困扰
    - 性行为困扰的调适方法
    - 严重性心理问题及障碍
    - 严重性心理问题及障碍的调适方法

导入案例

什么是爱?

爱，究竟是什么？可以让梁山伯、祝英台冲破封建的牢笼，化蝶双飞？爱有什么魅力，能让世仇罗密欧与朱丽叶放下隔阂？

神话故事中，西方有爱神“丘比特”，长着一对闪闪发光的金色翅膀，拿着弓箭，他的金箭射入人心会促进爱情走向婚姻，他的铅箭射入人心会使相爱的人产生憎恶，以分手而告终。在中国，爱神叫作“月老”，一手挽着红丝，一手携杖悬姻缘簿，被红线拴住的两个人，才会相爱。

在诗句中，诗人高度赞誉爱情，引人向往，“身无彩凤双飞翼，心有灵犀一点通”“问世间情是何物，直教生死相许？”“愿得一心人，白头不相离”“玲珑骰子安红豆，入骨相思知不知”。诗中也说，“由爱故生忧，由爱故生怖”“平生不会相思，才会相思，便害相思”“一种相思，两处闲愁”“似此星辰非昨夜，为谁风露立中宵”。

有人说，“爱是自由意志的沉沦”，有人说“爱是多巴胺和催产素的分泌”，还有人说“爱本质上是给予而非获取”。

世上那么多人都在解读爱情，却没有人能说出确切的答案。我们只能无限接近爱情的真谛，去解读爱情。

什么是喜欢什么是爱？爱情有什么特点？你渴望的爱情是什么样子的？

第一节　大学生恋爱心理概述

一、爱情的概念

爱情是一对男女基于一定的社会基础和共同的生活理想，在各自内心形成的相互倾慕，并渴望对方成为自己生活伴侣的一种强烈、纯真、专一的感情。性爱、理想和责任是构成爱情的三个基本要素。性爱是产生爱情的生理基础，理想是发展爱情的心理依据，责任是维持爱情的道德保障。爱情具有自然属性和社会属性。自然属性指性爱，主要满足人们的生理需要。社会属性，即情爱，指满足人们的精神需要。爱情是性爱与情爱的完美结合。

二、爱情的特点

（一）爱情具有对等性

以互爱为前提是爱情对等性的集中体现，即体现在双方是自愿选择当下的关系，不包括一方强制，勉强凑合等。这种对等性还体现在恋爱双方彼此的尊重上，恋爱中，我们依旧强调彼此的人格独特性及平等性。

（二）爱情具有利他性

恋爱中的人会高度关怀对方的情感状态，觉得让对方快乐和幸福是自己义不容辞的责任。在对方有不足时，也会表现出高度的宽容。再自我中心，自私自利的人，在恋爱中也会表现出某种理解，宽容，关怀和无私。

（三）爱情具有排他性

陶行知先生曾言："爱情之酒甜而苦，两人喝，是甘露；三人喝，是酸醋；随便喝，要中毒。""性爱按其本性来说就是排他的"。爱情所包含的特有的情感和义务，使它只能存在于彼此爱恋的两者之间。每一对恋人都会把自己所选择的恋爱对象看作是唯一的，不可替代的。爱情的专一和忠贞是恋爱道德的基本标准，也是符合现代人类社会的伦理原则。

（四）爱情具有持久性

爱情是个体身心发展到相对成熟的阶段时产生的一种高级情感。坠入爱河的两个人对彼此都有强烈的吸引力，这种吸引力很难因为外在环境的阻挠、对方的不足等原因而发生改变。

思政剧场

贵族与伟大的革命者的爱情故事

出身于贵族的燕妮聪颖智慧、高贵迷人，毫无疑问，她可以缔结一门荣华富贵的婚姻。但是燕妮义无反顾地舍弃贵族身份，不顾哥哥的强烈反对，嫁给了一个有着远大理想却一贫如洗的市民阶级子弟——卡尔·马克思。至此，两人拉开了充满艰难困苦和自我牺牲的生活序幕。由于马克思对共产主义事业的卓越贡献和对地主、资产阶级无情的揭露和批判，使得一切反动势力诅咒他、驱逐他，他不得不携家眷四处辗转。尽管生活困苦，马克思也没有放弃他的革命理想，而燕妮也没有离开马克思。她用自己的力量去爱他、支持他。无论生活多么坎坷艰难，两人都患难与共，相濡以沫。

因为马克思的手稿字迹难以辨认，所以燕妮常替他誊写手稿，她说这是她一生中最幸福的时刻。她曾经在手稿里对马克思深情告白："我甚至想象，如果你失去了右手，我便可以成为你必不可少的人，那时我便能记录下你全部的可爱的绝妙的思想，做一个真正对你有用的人"。马克思不是那种轻易在口头上表露心情的人，但对他的生活和革命爱侣——燕妮，他曾在信中这样写道："燕妮，任它物换星移，天旋地转，你永远是我心中的蓝天和太阳，任世人怀着敌意对我诽谤中伤，燕妮，只要你属于我，我终将使他们成为败将。"

1880年，燕妮患了肝癌，她忍受着极大的疼痛，坚持不去医院。马克思悉心照料着妻子，为她洗衣做饭，片刻不离。其间，马克思由于焦虑、失眠、疲劳，患了严重肺炎。在床榻前，他对燕妮说："我爱你，贵族家的小姐，这一生辛苦你了。"他们的儿女在接受采访时谈道："在最痛苦的日子里，我的父母还是热恋中的青年男女，他们依然欢笑着，歌唱着，完全不像一个病魔缠身的老翁和一个生命垂危的老妇，不像是即将永别的人。"

燕妮和马克思在现实生活的苦难面前，依旧互相勉励，相互支持，成为彼此坚强的精神支柱。世间最可贵、最崇高的爱情，不仅仅是"你若不离不弃，我便生死相依"的海誓山盟，更是两个伟大的灵魂紧紧相拥，为了共同的理想不懈奋斗终身。马克思与燕妮坚贞的爱情，并不是因为他们是伟人的爱情才显得崇高，而是因为他们的爱情因崇高而彰显出伟大的人格光辉。

三、爱情发展阶段

伯纳德·默斯坦提出"刺激—价值—角色"理论，该理论认为亲密关系的发展随着时间的推移，受到三种不同信息的影响。

刺激阶段，通常是当事人首次接触过程中的互相吸引，这种吸引力主要依赖于某些外在因素，如对方的身材相貌。

价值阶段，见面2~7次后，双方都将体验到彼此对事物的看法，在信仰、信念、价值观上的相似或相同之处，进而在彼此价值观和信念相似的基础上触发出一种情感上的依附。

角色阶段，通常双方转入角色阶段需要8次以上的接触，这时候，两个人跟对方许下的承诺，主要建立在当事人能否成功地扮演好对方对自己所要求的角色上，满足对方的期待和要求。

从亲密关系发展历程来看，三种因素在每个阶段都对亲密关系产生一定的影响，但每种因素在每个阶段所占的比重不同。刚开始接触时，刺激占了较高的比重因素，但是接触到一定程度，刺激因素就会趋于一个稳定的水平，并且其达到稳定水平过程中的增加幅度是递减的；价值因素在刚开始接触时，所占的比重较低，但是当关系发展成价值阶段时，其比重会迅速上升。在角色阶段时，价值因素的比重会趋于稳定水平，但就算到达平稳期，价值因素所占比重也高于刺激因素。角色因素一开始最低，到角色阶段则会超越其他两个因素，且随着关系的继续发展，其比重会不断地往上提升。

四、爱情的类型

（一）约翰李的爱情彩虹图

加拿大社会学家约翰李将男女之间的爱情分成六种形态：情欲之爱（Eros）、游戏之爱（Ludus）、友谊之爱（Storge）、依附之爱（Mania）、现实之爱（Pragama）及利他之爱（Agape）。

（1）情欲之爱：建立在理想化的外在美之上，是罗曼蒂克、激情的爱情。其特点是一见钟情式，以貌取人、缺少心灵沟通、热烈而专一，靠激情维持。

（2）游戏之爱：视爱情为一场让异性青睐的游戏，并不会将真实的情感投入，常更换对象，且重视的是过程而非结果；不承担爱的责任，寻求刺激与新鲜感。

（3）友谊之爱：是指如青梅竹马般的感情，是一种细水长流型、稳定的爱。这种爱情以友谊为基础，在长久了解的基础上滋长，能够协调一致，解决分歧，是宁静、融洽、温馨和共同成长的爱情。

（4）依附之爱：对于情感的需求非常大，易依附、占有、妒忌、猜疑、狂热，在恋爱中情绪不稳定。这种爱控制对方情感的欲望强烈。

（5）现实之爱：是会考虑对方的现实条件，以期让自己的酬赏增加且减少付出的成本的爱情。这类爱情理性高于情感。

（6）利他之爱：带着一种牺牲、奉献的态度，追求爱情且不求对方回报。

（二）斯腾伯格的爱情三角情理论

该理论认为：爱情包括亲密、激情、承诺三种成分。亲密是指与伴侣间心灵相近，互相契合，互相归属的感觉，属于爱情的情感成分；激情是指强烈地渴望与伴侣结合，促使关系产生浪漫和外在吸引力的动机，也就是与“性”相关的动机驱力，属于爱情的动机成分；而承诺则包括短期和长期两个部分，短期的部分是指个体决定去爱一个人，长期的部分是指对两人之间亲密关系所作的持久性承诺，属于爱情的认知成分。在三种成分下有不同的爱情关系组合（图8-1），其分别如下。

喜欢：只包括亲密成分。两个人在一起感觉很舒服，但是觉得缺少激情，也不一定愿意厮守终生，更像是友谊。

迷恋：只存在激情体验。认为对方有强烈吸引力，但对对方了解不多，没有想过将来，如一见钟情。

空洞之爱：只有承诺的成分。更常见于激情退却后的“爱情”中，既没有亲近温情也没有激情迷恋。如仅仅因为结婚而结婚即是空洞之爱。

浪漫之爱：结合了亲密与激情，荷尔蒙喷发，有明显的生理唤醒。这种“爱情”崇尚过程，不在乎结果，重感性而非理性。

同伴之爱：包括亲密和承诺，常见于细水长流式“爱情”。双方会努力维持情感，表现出亲近、分享等。

愚蠢之爱：激情加上承诺的“爱情”。双方会在一开始投入过多，但在不断的相处中又会因为了解而产生分歧，导致分道扬镳。

美满之爱：三种成分同时包含。只有当爱情的三个成分都非常充足的时候，人们才能体验到“彻底的”或“完美的”爱情。激情、亲密和承诺共同构成了爱情，缺少其中任何一个要素都不能称为爱情。

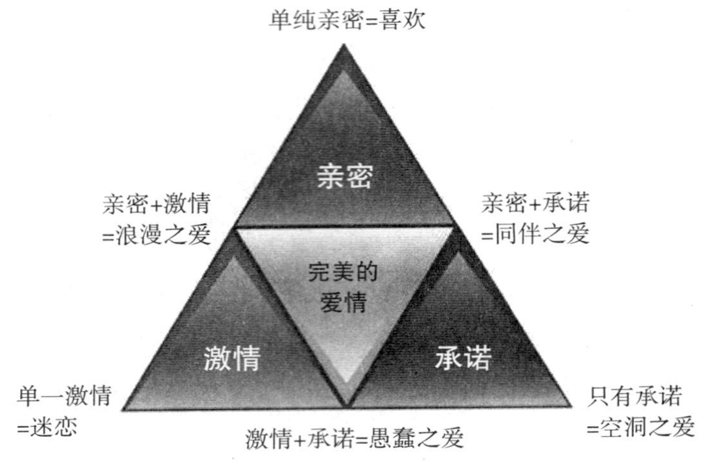

图8-1 斯腾伯格的爱情三角情理论

五、大学生常见的恋爱观

（一）爱情至上型的恋爱观

有些同学把爱情看得高于一切，似乎除了爱情以外，别的什么都不存在，都不重要了。有不少同学认为，“人生中最可贵的幸福就是爱情”“没有爱情，大学生活就没有色彩”“爱情就是生活的全部”等。

（二）功利型的恋爱观

功利主义思想在大学生恋爱观中显见端倪。有的大学生精于为自身利益打算，把爱情的筹码压在纯物质的追求上，而全然不考虑自己内心真实的情感需求，恋爱的动机就是为了获取经济上的支持和追求物质上的便利。

（三）感情寄托型的恋爱观

进入大学，随着学习环境和人际环境的变动性增大，部分同学不免出现强烈的孤独感和寂寞感。同时由于学习和就业等压力的增大，他们常常感觉到孤立无援，于是想通过恋爱来寻求感情寄托，消除寂寞，同时也期望从恋爱中得到他人的温暖和关心，使自己的感情有所依托、有所归属，进而排解心中的郁闷和烦躁。

（四）从众型的恋爱观

一些大学生将恋爱看作是一种自我价值的认可，不谈恋爱就是一件很没面子的事，同时，看到别人整天出双入对也难免心生羡慕，因此在虚荣心的作祟下开始谈恋爱。

（五）动力型的恋爱观

很大一部分大学生认为恋爱是男女双方心与心的沟通，情与情的交融。因此，为了获得对方的信任和爱恋，男女双方会努力扬长避短，自觉注重自身的修养，按照对方的期望来塑造自己，使自己变得更加完美和优秀。同时，在学习或者生活中遇到困难和挫折的时候，能得到来自对方的帮助和关心从而获得勇气和力量。所以他们认为恋爱有利于他们互相帮助、互相鼓励、共同进步。

（六）伴侣型的恋爱观

这是大学生中比较传统的一种恋爱观，在高年级大学生中相对比较普遍。他们认为大学期间谈恋爱是最好的时机，这时候彼此的感情最单纯，很少夹杂职业和其他一些物质因素的影响。

心理实验

吊桥效应

吊桥效应来源于美国心理学家在1974年发表的研究。在这个实验中，男性实验参与者被随机分配到实验组和对照组。实验组中的男性实验参与者被要求走过一个摇摇欲坠、十分危险的吊桥，对照组男性实验参与者走过一条平坦、稳定的桥。在他们走过桥之后，一位年轻漂亮的女性实验参与者在桥的末端等待着他们。这个女性实验人员会让他们帮忙做一个小的测试，根据一张内容模糊的图片来讲一个小故事，并且给他们留下了自己的电话号码。实验中的男性参与者和这位女性实验参与者都不知道这项实验的真实目的。实验结果发现，相比于对照组，实验组的男性参与者在他们的故事里涉及了更多和性幻想相关的内容。实验组里也有占比更多的男性实验参与者会打电话给那位漂亮的女性实验参与者。心理学家对这些研究结果的解释是，实验组的男性实验参与者走过危险的大桥，感受到了一些生理上的刺激和反应，例如，心跳加快，手心出汗。当他们看到女性实验参与者时，错误地把自己感受到的这些生理反应归结于对她的心动和喜欢。

第二节　大学生性心理概述

一、性心理的概念

性心理是指人类在性行为活动中的各种心理现象，是指围绕性意识、性心理特征和性行为而展开的所有心理活动，由性知识、性情感、性行为（包括性冲动、性梦、性幻想、手淫、性交等的广义性行为）、性态度（包括性兴趣、性观念等）等构建而成。

二、性心理健康的含义

世界卫生组织提出性心理健康的概念为，个体性行为在生理、情感、理智和社会各个方面通过人格、人际沟通、爱情的丰富和完善达到圆满和协调。

作为大学生，性心理健康的表现有如下几点。

（一）正确掌握性知识

能够通过合理正规的渠道认识与了解有关性问题的各种相关知识，内容主要包括生理知识、性知识。

（二）性心理特点和性行为符合性心理发展的年龄特征

大学生正处于青春期的后期（18～24岁），性生理发育趋于成熟，有更加强烈的性欲望和性冲动，在此阶段，大学生的性心理发展也日趋迅速，应不断形成稳固而合理的性观念和性态度，性需要和性欲望的满足符合社会规范和道德要求。

（三）能够接纳自己的性别

性别角色是指作为生理意义上的男性或女性所应承担的社会生活角色。性心理健康的人能够正视自己性生理的发育和性心理的变化，能自觉地在社会这个大背景下认识自我，能客观地评价自己和他人，在情感上愉快地接受自己的性别，并乐于承担相应的性别角色。不仇视自己的性别，不期求改变，更注重在社会化的过程中优化自己的性别角色。

（四）有正常的性需要和性欲望

性需要和性欲望是大学生性生理和性心理不断发展的结果，正常的性需要和性欲望的标志是强度合理、指向对象正常，异常表现有：性心理障碍（如性冷淡、性放纵、性压抑等）；性心理变态（恋物癖、露阴癖等）。

（五）能与异性建立和谐的关系

随着性生理和性心理的发展与成熟，自然而然的性需求就是与异性交往并保持良好的关系。随着与异性交往的不断深入，把握将情爱上升到性爱的恰当时机与行为方式，做到相互尊重、相互信任，符合社会规范要求。

三、性心理发展阶段论

弗洛伊德将人的性心理发展划分为5个阶段。

口腔期（0～1岁）：又称口欲期，在此期间，婴儿专注在嘴里的事物。如以吸取母乳来得到口唇的快感，或是拿到什么东西就咬。此时期的口腔活动若受限制，可能会留下后遗性的不良影响。成人中有所谓的口腔性格，可能就是口腔期发展不顺利所致。在行为上表现为贪吃、酗酒、吸烟、咬指甲等。

肛门期（1～3岁）：排泄机能成为婴儿性快感的主要目标，婴儿从排泄活动中得到极大的快乐。这一阶段的主要任务是按时大小便的训练，培养幼儿的自我控制能力。在肛门期，粪块摩擦直肠肛门黏膜产生快感之外，快感更来自对粪便的排出与克制，如果这一时期出现停滞现象，可使人格朝着慷慨、放纵、生活秩序混乱、不拘小节或循规蹈矩、谨小慎微、吝啬、整洁两个方向发展，形成“肛门排泄型”或“肛门滞留型”人格。

性器期（3～6岁）：处于这一阶段的儿童表现为对异性父母发生了性兴趣，儿童会体验到俄狄浦斯情结（又称恋母情结）和厄勒克特拉情结（亦称恋父情结）。他们会对性器官很好奇，也会发现触摸它会有奇怪的快感，可能会出现裸露身体某个部位，甚至让对方触摸的情况。

潜伏期（6~12岁）：其间没有明显的性发展表现。这个阶段的特色，是儿童失去对与性相联系的活动兴趣，而把他们的能量集中在其他的事情上，如学校的课业，良好的习惯。他们意识到男女间性别的差异，将自己局限在与自己同性的团体中，没有表现，故称为潜伏期。

生殖期（12岁以后）：在这个时期，个人的兴趣逐渐地从自己的身体刺激的满足转变为异性关系的建立与满足，所以又称两性期。儿童这时已从一个自私的、追求快感的孩子转变成具有异性爱能力、社会化的成人。

弗洛伊德指出，如果个体在五个阶段的性心理发展顺利，就可以一步步趋于成熟，如果在性的发展中受到阻力，性心理就可能会发生不协调，儿童就可能产生性犯罪、性倒错，甚至患精神病。

四、大学生性心理发展特点

（一）性心理的本能性和神秘性

随着大学生生理发育成熟，大学生特别是低年级大学生的性心理，具有浓厚的由生理发育成熟带来的本能作用。大学生的性生理成熟和性心理日趋成熟，希望与异性交往，喜欢探索异性的心里秘密，常常情不自禁地对异性产生浓厚的兴趣、好感和爱慕，喜欢被异性吸引，缺乏深刻的社会责任感和安全感等。受媒体信息的影响，社会多元化观念的传播，传统的性道德观念受到了强烈的冲击。又由于不少大学生对性的基本知识了解不多，特别是对性缺乏科学的认识，于是，对性产生了浓厚的神秘感，并且带有一种朦胧的色彩。对某个异性同学的偏爱之情是简单的、幼稚的、本能的；看重外貌，不了解对方的内在情感，具体表现为日常生活中常见的“单相思”或“异性恐惧症”等。

（二）性心理的动荡性和压抑性

由于大学生生理发育要早于心理发育，正确的世界观、人生观、价值观正在逐步形成，还没有形成正确的性道德观念和恋爱观，所以心理显得不够成熟，自控能力特别是对性自控能力比较弱。又受外界各种信息传播的不良影响，性心理表现出明显的动荡性，非常容易接受错误的性认知和性爱观，甚至引发性过失行为。此外，大学生群体存在性羞耻心理、性认知偏差，性需求和性欲望得不到合理的疏导、升华，常常因过分的性压抑导致性心理障碍甚至性变态。

（三）性意识的强烈性与表现上的文饰性

一方面，大学生对异性有浓厚的兴趣，非常看重自己在异性心目中的形象，非常看重异性对自己的评价，并常常将异性的要求和希望作为自己的价值取向，重新进行自我评价和塑造自己的形象。另一方面，部分大学生尽管对某一异性很感兴趣，既希望交往和发展友谊，但又自我封闭，唯恐被别人发现；既希望和自己所爱的人同甘共苦，但又装作不以为意，无动于衷，显得拘谨、羞涩和冷漠等。

（四）性心理的性别差异性

大学生性心理和性行为存在着明显的性别差异，在对待异性的感情上，男生往往更为开放和主动，占有欲更强；而女生则较传统和谨慎，但感情色彩更强，容易受到诱惑，在生理和心理上更易受伤害。男大学生的性冲动容易被性视觉刺激唤起，而女大学生通常是在听觉、触觉的共同刺激下引起性兴奋。在对待性冲动方面，男大学生通常以性梦或性幻想来释放，而女大学生则在这方面比男大学生少得多。

第三节　大学生恋爱中的心理困扰与调适

一、恋爱观认知偏差——何为爱

恋爱观是一个人世界观、人生观、价值观在恋爱问题上的集中体现，是对恋爱和爱情所持的基本观点和态度。恋爱观的认知偏差指对恋爱和爱情所持的基本观点和态度出现不合理认知。

恋爱观的认知偏差，具体表现在：肤浅化、表面化；责任感弱化；道德感降低；性行为轻率化。大学生群体恋爱观出现认知偏差，最直接的影响是学生不敢爱、不会爱，这既无益于大学生爱情、婚姻的健康发展，而且极易给身心带来无法愈合的创伤。

肤浅化、表面化：受网络信息的影响，有越来越多的大学生认为被爱与否与外貌、物质条件有关，而“没有谁会有时间去关心你的内在”“所谓一见钟情不过是见色起意”，基于此种恋爱观，有些大学生对自己的爱情呈现出悲观化的认知，认为自己不会被人爱上，遇不到真正的爱情。

责任感弱化：恋爱的过程中更少的体现出对自己和他人的负责，存在玩弄感情、以自我满足为主的身心放纵、沉迷当下颓废虚度的情况。

道德感降低：爱情是人类一种高级的精神追求，其本质是承担，是给予，而不是以此为理由的索取和占有。但在大学生群体中，依然存在一些不文明的现象，例如，追求中言语轻佻，缺乏尊重；不顾拒绝死缠烂打，纠缠不休；不顾及对方的自尊和隐私，到处散布求爱信息；分手后挖苦、奚落、造谣对方等。

性行为轻率化：有的大学生因为对性缺乏认识，认为爱情就是性，盲目地进行性行为；有的大学生不能妥善处理情感与理性的关系，因冲动或受诱惑发生性关系；有的出于好奇发生性关系等。

二、恋爱观认知偏差的调适方法

（一）正确认识爱情的实质

爱情的基本内容包含：生理因素，即生理机能发展到成熟阶段后萌发的吸引力，是一种生物本能；精神因素，即爱情作为一种高级情感，能让人产生美好的心理体验；社会因素，即爱情是一种社会现象，受社会道德，法律规范的制约，具有抚育下一代的社会功能。正确认识爱情的实质，就要认识到爱情作为男女两性之间的一种特殊情感，是主观感情和客观义务的统一。

（二）培育正确的恋爱观

1. 择偶标准合理化

在自然界，为了保证繁衍生息，雌性动物在选择配偶时，会从雄性动物的战斗力、花纹的华丽程度、巢穴等方面进行考量。在人类社会，这种物种的本能依然没有消退，体现在看重对方的外貌和经济实力上。但人类作为智慧生物，对爱情的需求是多方面、多维度的，无数实践证明，爱情能否长久维系并带来美好体验，往往是更深层次的因素在起作用，这些因素根植在一个人的性格因素、品格因素中。因此，在择偶的过程中，我们更应该看重内在的品质。

2. 提升道德感

大学生恋爱道德是处理男女恋爱关系应遵循的道德观念和道德规范的总称，其恋爱认知、思想情感态度及个人行为都要受到道德观念的制约。恋爱中的道德规范包括：尊重对方意志，恋爱关系的建立以自愿为基础而非强迫；尊重人格平等，切忌把对方当作自己的所属物或严重依赖对方从而失去自我；文明恋爱，在恋爱过程中自觉用道德要求规范行为和思想意识，做到言语文明，尊重隐私，举止稳重。

3. 增强责任感

责任感是衡量一个人精神素质的重要指标。大学生恋爱中的责任意识，体现在履行相应的责任与义务。一方面，恋爱期间要本着忠贞专一原则、相互信任原则及认真谨慎原则来对待另一方，坚持性、爱与婚姻的统一，不放纵自己的情感和性欲。另一方面，恋爱者双方应将恋爱放在整个人生背景中去考虑，坚定理想信念，在学习上相互勉励支持、发愤图强，共谋美好生活，正确处理恋爱与学习、人生的关系。

三、恋爱动机利己化——为何爱

当代大学生谈恋爱的目的除了爱情本身，还有生理层面、物质层面、精神层面的原因。在生理层面，部分学生谈恋爱的目的是找性伴侣，在恋爱时很少把恋爱行为与婚姻结合起来考虑，缺乏责任感。物质层面，一些学生的恋爱动机在于获取经济上的支持。精神层面，一些学生为了弥补内心的空虚、孤独，或者因为从众心理而谈恋爱。简而言之，当代大学生恋爱中存在只注重恋爱过程的问题，即把恋爱当作一种情感体验，强调及时行乐，借以寻求刺激，满足一时自我享受，认为“不求天长地久，只求曾经拥有”。

四、恋爱动机利己化的调适方法

（一）树立适宜的恋爱动机

利己化的恋爱动机往往伴随着恋爱中的不负责任，很少考虑对方，不愿意奉献，过多关注本人的内心感受和自身需求。这种爱容易引起矛盾和冲突，阻碍恋爱关系的正常发展。研究表明，大学生以积极正确的恋爱动机，即以婚姻性、情感性和成长性的恋爱动机为出发点，将会有积极的恋爱体验，发挥恋爱正面的功能；相反，如果大学生以不良的恋爱动机，如以性爱性、消遣性和功利性为目的，可能会获得不良的恋爱体验，使得恋爱发挥负面作用。把恋爱视为寻找刺激，满足个人需求的手段，既亵渎了爱情的神圣，又不利于个人健康发展。

（二）培育坚定的意志品质

大学生正处于世界观、人生观和价值观还没有完全形成和确立的准社会化阶段，社会环境的影响、媒体信息的传播等，都使得大学生的恋爱动机受到影响。坚定的意志品质，是抵制恋爱从众和跟风；通过恋爱排解寂寞，寻求刺激；通过恋爱获取物质利益等不良恋爱动机的坚实武器。拥有坚定的意志品质，能抵御网络和身边不良恋爱风气的侵袭，培育健康积极的心态，体悟爱情的美好。

（三）增强自我保护意识

增强自我保护意识，一是增强对自己身体的自我保护；二是增强法律保护意识。在恋爱过程中因贪图享乐而出现冒失行为、放纵行为不可取，更不能出现以满足个人利益的违法犯罪行为。在坚守道德和法律底线的同时，我们也应该警惕对方的恋爱动机不纯问题，做好自我保护，避免身心伤害。

五、经营爱情方式不恰当——怎么爱

恋爱是男女双方培育爱情的过程，从一开始对某个人感兴趣到表达出好感，直至确立恋爱关系，真正考验彼此的阶段恰恰是确立了恋爱关系后如何去经营和维系情感。很多大学生在这个过程中出现心理困扰，如他们在恋爱关系中变得患得患失，没有安全感；如彼此沟通和化解冲突的方式出现分歧；如彼此需求的不同如何协调等。在谈恋爱的过程中，有些大学生变得不自信了；有些变得没有社交圈了；有些情绪总因为对方不断波动着；有些开始无心学习不思上进了……

爱既是一种能力，又是一门艺术，爱情关系的维系需要用心经营。爱情关系经营得当，正是爱自己和爱他人能力的深刻体现。

六、经营爱情方式不恰当的调适方法

（一）合理认识自我

合理认识自我，可以避免恋爱中出现自我迷失，自我价值贬低。只有对自己有一个合理的认识，才能在恋爱中遇到指责甚至情感操纵时保持清醒的意识，正确分析哪些是自己的问题，哪些是无端指责。在沟通中，有合理的自我认识，意味着能够清晰认识到自己的需要和需求，能够清楚表达自己的诉求，既利于促进关系的和谐，又能够在遇到矛盾冲突时及时化解。

（二）培育爱的能力

爱的能力，即和他人建立亲密关系、维系亲密关系的能力。恋爱的过程亦是培育爱的能力的过程。

1. 表达爱的能力

包括敢于表达和善于表达两个层次。语言是内在思想和情感的传达，恋爱的追求过程和恋爱的维系过程都需要语言的辅助。表达需要在恰当的时机运用恰当的方式和语言。

2. 接受或拒绝爱的能力

当遇到有人向自己表达爱慕的时候，能够依照自己真实的意愿去表达接受或拒绝。接受爱时，能够做到勇敢大方，自然不扭捏；拒绝爱时，能够做到真诚尊重，态度明确，表达清晰。

3. 鉴别爱的能力

能较好地鉴别喜欢和爱的不同；在恋爱的过程中能较好地觉察到爱情的变化。

4. 解决爱的冲突的能力

首先，在爱情中需要对彼此包容和理解，这是维系爱情的关键；其次，在化解冲突的过程中，需要学会情绪管理，不让情绪左右自己；最后，表达对化解冲突起到直接作用。表达中，一是要客观表达事实，二是要准确描述感受，三是要明确表达自己的需求。

大学生恋爱价值观问卷

下面是一些对恋爱看法的描述性语句，请仔细阅读每一个句子，根据自己的真实想法在相应的答案上打“√”，每题只能选择一个答案。数字 1 ~ 5 表示由低到高的赞同程度，其中 1 是完全不赞同，2 是不太赞同，3 是难以确定，4 是比较赞同，5 是完全赞同。答案没有“好坏”“对错”之分，请尽快作出选择。

题号	题项	赞同程度				
		完全不赞同	不太赞同	难以确定	比较赞同	完全赞同
1	恋爱是为了寻求爱与归属感	1	2	3	4	5
2	找恋人时，我会看重他/她的能力	1	2	3	4	5
3	学习生活太枯燥，恋爱可以寻求一些新的刺激	1	2	3	4	5
4	找恋人时，我会看重他/她的相貌	1	2	3	4	5
5	周围的同学都有恋人了，自己没有会很没面子	1	2	3	4	5
6	找恋人时，我会看重他/她的性格	1	2	3	4	5
7	恋爱是寻找婚姻配偶的最好机会	1	2	3	4	5

续表

题号	题项	赞同程度				
		完全不赞同	不太赞同	难以确定	比较赞同	完全赞同
8	找恋人时，我会看重他/她的学识和才华	1	2	3	4	5
9	恋爱是为了追求纯真浪漫的爱情	1	2	3	4	5
10	有些同学谈恋爱了，自己也该找个恋人	1	2	3	4	5
11	恋爱可以驱逐我内心的空虚	1	2	3	4	5
12	找恋人时，我会看重他/她的家庭经济状况	1	2	3	4	5
13	恋爱可以多一个人分担我的经济压力	1	2	3	4	5
14	找恋人时，我会看重他/她的身高和体重	1	2	3	4	5
15	恋爱可以缓解我的性压抑	1	2	3	4	5
16	找恋人时，我会看重他/她的价值观	1	2	3	4	5
17	恋爱有助于提高我的社会地位	1	2	3	4	5
18	找恋人时，我会看重他/她的外形	1	2	3	4	5
19	恋爱是为了找到人生的另一半进行家庭生活	1	2	3	4	5
20	找恋人时，我会看重他/她父母的职业	1	2	3	4	5
21	大学生没有恋人会被人瞧不起	1	2	3	4	5
22	恋爱可以帮我获得一份好工作	1	2	3	4	5
23	恋爱的最终归属就应该是婚姻	1	2	3	4	5
24	找恋人时，我会看重他/她的兴趣爱好	1	2	3	4	5
25	恋爱可以帮我发展事业	1	2	3	4	5
26	周围的同学都谈恋爱了，自己没谈会很没面子	1	2	3	4	5
27	恋爱可以调剂我紧张的学习压力	1	2	3	4	5
28	恋爱可以满足我的生理需要	1	2	3	4	5
29	找恋人时，我会看重他/她的穿着打扮	1	2	3	4	5
30	恋爱可以充实我孤独寂寞的大学生活	1	2	3	4	5
31	恋爱可以释放我的性欲望	1	2	3	4	5
32	找恋人时，我会看重他/她的家庭来源地	1	2	3	4	5

续表

题号	题项	赞同程度				
		完全不赞同	不太赞同	难以确定	比较赞同	完全赞同
33	恋爱可以使我多一份情感的支撑	1	2	3	4	5
34	恋爱是为了寻找结婚对象	1	2	3	4	5
35	恋爱是为了消费时有人买单	1	2	3	4	5
36	找恋人时，我会看重他/她的智力	1	2	3	4	5
37	找恋人时，我会看重他/她父母的社会地位	1	2	3	4	5
38	恋爱可以消磨我无聊的时光	1	2	3	4	5
39	恋爱是为了寻找性伴侣	1	2	3	4	5
40	恋爱是为了给婚姻做准备	1	2	3	4	5
41	找恋人时，我会看重他/她的人品	1	2	3	4	5
42	恋爱可以满足我对爱情的需要	1	2	3	4	5

计分方法：选择数字几就得几分，如选择数字“3”，即表明在该题项上得分为3分。问卷分为“恋爱动机”和“择偶标准”两个分问卷，每个分问卷下有不同维度。对每个维度单独进行加分，得分高低显示在该分问卷下的价值倾向性。如“恋爱动机”分问卷中“情感性”得分最高，即表明恋爱动机倾向于追求真情实感。

分问卷	维度	项目	得分
恋爱动机	性爱性	15、28、31、39	
	情感性	1、9、33、42	
	婚姻性	7、19、23、34、40	
	面子性	5、10、21、26	
恋爱动机	功利性	13、17、22、25、35	
	消遣性	3、11、27、30、38	
择偶标准	家庭背景	12、20、32、37	
	个性品质	6、16、24、41	
	外表	4、14、18、29	
	才智	2、8、36	

七、失恋应对能力弱——告别爱

失恋，即恋爱关系的终止。一般而言，哪怕是和平分手，情绪和情感上亦会有痛苦体验。当恋爱关系被迫中止时，一些大学生可能会出现躯体不适、认知偏差、情绪情感问题和各种行为问题。

（1）躯体不适：失眠、饮食失常、胸闷心慌、头昏头疼等。

（2）认知偏差：

我不够好，所以被抛弃。

我痛苦证明我对他/她的爱不可改变。

我不能放弃。只要继续付出感情，或只要恳求他/她，我就能重新得到爱。

男人/女人没一个好东西，我以后还是少爱为好。

真爱一生只有一次，我不可能再去爱别人，生活已变得毫无意义。

（3）情绪情感问题：失恋给恋爱者造成的挫折反应和痛苦体验包括三种，一是失落感，失去了肉体和精神的寄托和依赖而产生的孤独和悔恨；二是虚无感，由感情失常和意识偏差而产生的悲观或绝望；三是耻辱感，好胜心和荣誉心受到打击而产生的羞耻和嫉恨。

（4）行为问题：荒废学业、酗酒、抽烟、敌对行为、反社会行为、自伤自残行为等。

具体而言，失恋者会表现出以下三种不良状态：

（1）激情状态型：常常表现出绝望、悲愤和暴怒，认识分析问题的能力和对事物的判断力骤降，甚至不能控制情绪，铤而走险，做出蠢事。

（2）消极状态型：常常表现出多疑，对人缺乏信任，学习效率低；过度忧愁、悲伤而中断学习，甚至丧失生活的勇气，自弃自毁。

（3）疏远封闭型：常常表现为见到异性就疏远，自我封闭。

八、失恋应对能力弱的调适方法

（一）合理认知失恋

恋爱有开始就有结束，每一段感情，从它开始的那一刻起，就在走向结束。作为大学生，我们必须意识到并对感情的结束有所心理准备。失恋是每一段感情都有可能出现的正常现象，当自己遭遇失恋时，应该意识到这是一件再正常不过的事。把失恋等同于自己的无能、失败是不正确的，失恋后认为还有转机，反复哀求、纠缠是不可取的。

（二）调节失恋情绪

1. 转移注意力

失恋后，失恋者往往会不断回忆过往的恋爱细节，这些细节既包括甜蜜的回忆，也包括即将分手前一些不好的过往。不断回忆恋爱过往会延长失恋后的情绪反应时间和增加情绪痛苦度。因此，失恋后要将注意力从失恋转移到其他活动上来，一方面通过其他活动来增加正面情绪；另一方面通过减少回忆来避免负面情绪堆积。

2. 转移情境

我们的大脑中有条件反射系统，又称动力定型。其特点是当它形成后，一旦相应的场景出现，反应定型系统就会自动出现。这种定型在人身上表现为习惯化。恋爱时，在这个场景留下的是甜蜜，但当失恋时，相同的场景不再有相同的行为出现，带来的就是不满和痛苦体验。因此失恋后，逛街旅游，认识新的朋友，参加新的集体活动，培养新的爱好和习惯，都有助于开阔心情。

3. 宣泄

弗洛伊德认为，个体消极地压抑负性情绪就会在心理上积蓄侵犯性能量，这些能量不会自然消失，而必须以某种方式释放出来。得不到有效的宣泄与释放，情绪就像膨大的气球，随时可能爆炸。失恋后装作若无其事，不肯流露自己的悲伤，会导致情绪的堆积产生慢性伤害，及时的宣泄就是给情绪找一个出口，减少负面情绪的侵蚀。

4. 倾诉

倾诉为情绪找到了一个出口，倾诉对象给予的反馈，给了倾诉者支持感、认同感甚至有益的帮助。也就是说，倾诉一方面释放了消极情绪，另一方面又补充进来一些积极情绪。因此，学会向自己信任的人倾诉很重要。还有一种倾诉是专业倾诉，它能提供一段“短暂的好关系”，为倾诉者提供理解和共情，让倾诉者获得滋养，由平静变得冷静、积极。专业倾诉还能提供中肯、专业的建议，为更好地解决问题提供助力。

（三）正确分析失恋原因

失恋后出现的不良情绪反应和行为反应与不能正确分析失恋的原因有很大关系。失恋后的痛苦来源之一是陷入了自我怀疑的否定中。无论是将恋爱与自我价值感挂钩（恋爱成功自尊感就提升，恋爱失败就出现自我认同危机，认为自己是糟糕的，不值得被爱的），还是因为分手的过程受对方言语的攻击而自我感觉差劲，都是没能正确分析失恋的原因的结果。

正确分析失恋的原因，要做到：

（1）在适当的时机分析原因：这个适当的时机是指自己情绪和缓，能够冷静回忆恋爱细节的时候。

（2）原因的分析保持客观理性，必要时可寻求他人帮助评判。

（3）自我关怀：对自己宽容，不过分责罚自己。

（四）认真告别

告别是对未完结的情感的一种结束。这是一场情感的宣泄过程，坦然面对自己的怨恨、害怕、无助，从内心层面将遮遮掩掩的情感宣泄出来，从而实现真正的情感道别。告别是一个回归现实的过程，哪怕再不愿承认，一个告别，就是一场说服自己接受的过程。接受结束、接受离开、接受失去，接受这件事发生在自己身上。告别是一个重获力量的过程，在这个过程里，所有的缺憾都会转变成另一种成长。

1. 首先要给自己留出接受的时间

包括接受事实和情感两个方面：接受事情的真实性以及自己产生的一切情感。一句话总结就是顺其自然，不压抑自己的情绪和需要。

2. 原谅

原谅自己和提出分手的人，无论认为在这件事里是自己的不对还是对方的不对，都要学会原谅。

3. 告别

告别没有具体的形式，可以是大哭一场，也可以以文字记录的方式，可以是一场旅行……只要适合你，它就是好的方式。告别也不是一蹴而就的事，可能很多人没有办法一次性告别彻底，这就需要下一次继续告别。

失恋后“四不要”

1. 不要失学

大学中不乏学生因为失恋问题而休学、退学的现象。大学是接受高等教育的阶段，这个阶段接受的不只是知识技能教育，更是人格、人生教育。草率休学、退学是对自己人生的不负责，将失恋看作自己的失败、人生过不去的坎是对自己的轻视。大学生是建设社会的栋梁，应有顶住压力、扛起重担的意识和决心。

2. 不要失态

失恋后感受到悲伤的情绪是正常的，但哪怕再悲伤、再不愿接受、再想挽回，都应该做到自尊自爱，维护双方的人格尊严。处理失恋事件应该冷静自持，不暴露双方隐私，言行恰当，不出现当众拉扯、对峙、谩骂、祈求等行为。

3. 不要失德

现在在学生群体中出现的一个现象是分手后通过网络发布一些有损对方名誉、形象的信息，有些甚至是捏造信息，对对方造成恶劣影响。此种行为不只触犯道德底线，还很有可能触犯法律底线，大学生应做到谨言慎行，不将个人私事的社会影响面扩大，以免事态失控，最终伤人伤己。

4. 不要轻生

失恋后，有大学生出现自残、自杀、伤人等恶性事件。这警醒我们大学生群体在面对失恋时应理智，如果自己不能调节过来应立即寻求外界帮助，最好是寻求专业的心理帮扶。生命只有一次，大学生应该珍惜自己和他人的生命，无论是以威胁的方式换取对方的回心转意，还是失恋后伤心失意丧失求生意志都不可取。

第四节　大学生性心理发展常见问题及调适

案例启发

爱与性

婷婷是我的好朋友，她学习优秀，相貌出众，从一进入大学开始，就不断收到男生的示爱信息。不过，婷婷拒绝了男生们的追求，每日带着我出入图书馆，沉迷学习。大二的时候，婷婷和其他学院的一名男生恋爱了。男生相貌英俊，身材挺拔，经常出双入对的两人被我们评为金童玉女，十分般配。很快，我也恋爱了。曾经的两人结伴，成了两对恋人之间的结伴。

恋爱让我感到甜蜜，男朋友也经常表达他对我的爱，我越发地爱他。半年后，男朋友对我提出性要求，我一开始很震惊，坚决地拒绝了他。可是后来，他不断地诉说自己忍得有多难受，自己有多爱我才会想要和我发生性关系，想到他对我的好，我开始动摇了……那天晚上，我还是过不了心里的关，离开了。

从那晚后，我能感受到男朋友对我的疏远和冷淡，以前他对我嘘寒问暖，消息秒回，可现在，他在用他的方式表达对我的不满。我又开始动摇了，我不知道自己坚持不发生性关系是否正确，或许真如男朋友所言，情到深处发生性关系是多么正常的事啊，只有不爱的人才不愿意发生性关系！

“你的想法不对！”我把自己的想法告诉婷婷时，婷婷坚决地否定我的想法，“也许爱和性确实不可分离，但那是对于婚后而言。在大学阶段谈恋爱不谈性才是正常的啊。”我问婷婷她的男朋友没有提过性要求吗？婷婷直接让她的男朋友亲自回答我。他说：“我很爱婷婷，我想和她结婚，想和她有更长远的未来，我舍不得去伤害她，也不愿意违背她的意愿。在我们结婚前，我都不会提与性相关的要求。”

听了两人的话，我思考了很多，突然明白男朋友在玩“欲擒故纵”的把戏，他所说的爱，根本就不是纯粹的爱，而是自私的爱。不久后，我提出了分手，觉得浑身轻松。

大学阶段谈恋爱，不少学生会面临爱与性的考验。你是否遇到过故事中类似的情况？当时的你又是如何处理的呢？你是否能保持冷静清醒不被蛊惑？保持正确的爱与性的观念，能让我们更好地学会爱与被爱。朱光潜在《给青年的十二封信中》说道：“一般人误解恋爱，动于一时飘忽的性欲冲动而发生婚姻关系，境过则情迁，色衰则爱弛，这虽是冒名恋爱，实则只是纵欲。我为真正的恋爱辩护，我却不愿为纵欲辩护。”

性通常可以分为性生理、性心理和性行为三个方面。性生理是性心理的基础，性行为是性心理的后果，而性心理则是性的核心。大学生正处于性生理发育基本成熟及性心理迅速发展时期，所面临的性问题主要是性心理方面的问题。大学生出现的性心理困扰主要包括以下几个方面。

一、性认知偏差带来心理困扰

（一）性生理成熟认知偏差

通过调查发现，仍然有部分男女大学生对遗精和来月经这样的正常生理现象存在负面认知和情绪。如男大学生会认为遗精是"下流"的表现，产生羞愧、不安等情绪；女大学生对来月经感到"厌恶""紧张""恶心"等。伴随着性生理成熟，性器官的发育引起男女大学生的注意，出现不能正确认识自己的身体和第二性征的状况。如男大学生对自己的阴茎大小不满意并出现消极心态；女大学生对自己的乳房大小、形状等不满意，既希望自己身材苗条，又希望自己乳房丰满。性生理成熟的认知偏差，可能会导致大学生出现自卑心理，影响社交和学习。

（二）性意识认知偏差

进入大学阶段，对异性间的相处和交往不再进行严格限制和约束，因此会出现诸如仰慕异性，渴望与异性相处，有意无意想到性的问题，产生性幻想、性梦等各种性心理活动。这些现象都是正常的，但部分大学生存在性无知、性教育滞后、性观念混乱等情况，不能科学看待，产生心理困扰。

性压抑：部分大学生对性冲动持抵制、否定的态度，采取压抑的方式应对性冲动。性压抑可能会影响到正常的异性交往，导致交往时不自然、脸红心跳、语无伦次、手足无措等情况。长期的性压抑不仅会有碍于性心理的健康发展，严重者还会导致性变态或性过错。

性焦虑：对自己的形体、性角色和性功能的焦虑。性心理的矛盾、冲突以及各种性适应不良都会引起性焦虑。典型的性焦虑具体表现出烦躁不安、头晕耳鸣、爱走神遐想、注意力不集中、学习吃力、成绩下降等。

二、性认知偏差的调适方法

（一）加强性科学知识的系统学习

性科学知识的学习包括性生理知识和性心理知识两方面的学习。学习的过程需要把握这样几个原则：

（1）积极主动解除心理压力，不以学习性知识为耻，主动学习相关的知识，提高自己的素质。

（2）要培养鉴别良莠、区分好坏的能力，我们在获取性知识时要有一定的鉴别能力，不要盲目地一概接受，主动杜绝不科学、不严肃、低级下流的性知识的荼毒。

（3）要选择正规的国家出版机构和正规渠道出版的读物或载体的信息，警惕色情读物的腐蚀和毒化。

（二）不断完善性观念

性观念的完善可以帮助大学生正确认知和接纳自己的性别角色，正确看待性冲动、自己的形态、性功能，更好地解决在紧张学习生活的同时由性所带来的各种困惑问题，顺利地与异性交往，建立爱情关系和协调关系，从而达到身心健康、稳定、和谐的状态。

三、性行为带来心理困扰

大学生的性行为主要包括：自体性行为、边缘性行为和婚前性行为。

（一）自体性行为

所谓自体性行为是指在没有他人参与时，个人进行的满足性欲的活动。一般有性幻想、性梦和手淫三种形式。

1. 性幻想

性幻想又称性的白日梦，是指人在清醒状态下对不能实现的与性有关事件的想象。性幻想常常出现在入睡前或醒后卧床以及闲暇时。部分大学生进入角色之后，可导致性兴奋，出现相应的情绪反应，女大学生的性器官充血，男大学生出现射精，有的还伴有手淫。偶然出现性幻想，属于正常的心理现象。如果经常以性幻想代替现实，将会导致病态，影响身心健康。

2. 性梦

性梦是指在梦中与他人发生性行为，达到性满足的现象。性梦或梦遗都属正常的性心理、生理现象，“精满自溢”并非病态。性梦能够缓解积累的性紧张，并起着一种“安全阀”作用。性梦是无法受意识支配的，当性欲得不到排解，自我压抑，就转入梦境得到满足。一般来说，男性多于女性。研究表明，性意识越强烈，压抑越深，性梦发生率就越高。

3. 手淫

手淫是指通过自己用手抚弄甚至两腿夹挤生殖器，或用工具刺激性器官而产生性兴奋或性高潮的一种行为。多见于青少年学生和未婚成人，以男性多见，是一种非常普遍的现象。在青少年迅速成熟后，性冲动难以抑制，又没有合法的满足途径时，采取手淫来释放性能量，缓和性心理紧张，保持身心平衡。适当的、有节制的手淫对身体无害而有益。过度手淫会使人疲劳，有的影响睡眠，颓废消沉，神思恍惚，分散精力，影响身心健康、学习进步。

（二）边缘性行为

边缘性行为是性行为的重要组成部分，泛指除性交外的非实质性行为，方式多种多样，包括互相抚摸、亲吻、情话、拥抱以及其他亲密动作。边缘性行为能给双方带来浪漫色彩，同时也会带来一定的性冲动满足。对部分人来说，这种行为能消除性紧张；对另外一部分人来说，这是不想将性行为推进一步的让步。

（三）婚前性行为

大学生婚前性行为是指大学生在恋爱期间发生的性交行为。其特点是双方自愿进行；没有法律保障，不存在夫妻之间应有的义务和责任；容易产生一些纠纷和严重后果。调查表明，近年来，大学生在恋爱期间发生性关系者明显增多，并且有低龄化的趋势。

大学生婚前性行为的心理

大学生婚前性行为的心理，主要有以下几种。

1. 热恋心理

男女大学生进入热恋阶段，感情如胶似漆，难分难解，大有“一日不见如隔三秋”之感。海誓山盟之后，由边缘性行为激发起性生理本能的强烈冲动，理智难以抵御强烈的性冲动，婚前性行为也随之而来。

2. 迎合心理

男/女大学生认为对方各方面条件比自己好，认为只有性才能维系住爱情，或认为婚前性行为是恋爱的必经之路，可以早日确定关系，使爱情升级、深化。当对方提出性要求时，因怕失去对方，主动迎合，以性锁情。

3. 感激心理

常见于因对方在学习、生活上给自己以无微不至的关心、帮助，或因对方为自己、亲友提供经济资助，解决了许多困难，做出了很大的牺牲而心怀感激，在对方提出性要求时在感恩心理的影响下，以满足性要求作为回报。

4. 好奇心理

随着体内性激素水平的增高，男女大学生对性也产生了好奇心理。又由于影视作品的刺激，网络和书籍刊物对性器官、性生活内容的介绍，公共场所经常出现的搂腰搭肩，拥抱、接吻现象等，使性心理尚未成熟、性道德教育比较贫乏的大学生对性充满好奇与探秘心理，追求情欲的快乐。

5. 虚荣心理

在市场经济大潮的不断冲击下，有的大学生受到拜金主义、享乐主义思想的影响，虚荣心极强，产生了严重的攀比心理和追求高消费的现象。于是，有的大学生为了满足自己的虚荣心，追求物质享受，达到吃喝玩乐的潇洒，不惜以肉体换取财物；也有的大学生在金钱的诱惑下，“爱情”不断转移，陷入罪恶的泥潭不能自拔。

6. 逆反心理

大学生确定爱情关系后，总希望得到父母的支持和赞许，但常常事与愿违，因受到家庭和亲友的强烈反对、阻挠，于是产生逆反心理，不但不终止恋爱关系，反而更热情、更密切，用发生性关系来表达自己的抗议和决心。

7. 屈从心理

在言语引诱中半推半就发生性关系；因不愿意让对方“忍着辛苦”而发生性关系；有的因为对方表示不发生性关系就分手而屈从。

8. 侥幸心理

因缺乏性知识和性教育，错误认知性关系的实质和轻视性关系带来的危害，认为

“没什么”“不会有问题”而发生性关系。

9. 占有心理

恋爱双方都认为彼此不错，同时又存在一定的竞争，为了保持自己的获胜心理或出于嫉妒心理，以发生性行为来达到占有目的。

10. 性放纵心理

受西方“性解放”“性自由”错误思想和网络性文化泛滥的影响，冲击了我国传统性道德。有的大学生贞操观淡化，强调个性自由，追求情欲和感官的刺激；有的视爱情如儿戏，随意更换恋爱对象。

四、性行为困扰的调适方法

（一）正确认识性行为

大学生要正确认识到，自体性行为不是个别行为，把握好适度和安全原则，自体性行为是满足和缓解性冲动的一种有效方式，有利于缓解性冲动引起的各种心身问题。性心理学家认为，温文尔雅而想象力特别丰富的青年男女有性幻想绝对是种常态，也是他们性冲动活跃的不可避免的结果。但若过分发展，无疑会以常态始而以病态终。

大学生要科学意识到婚前性行为的损害不可逆性，学会自尊、自重、自爱，学会尊重和爱护对方，做到洁身自好，避免或杜绝婚前性行为。

（二）积极调适性欲望和性冲动

1. 认知升华

认知升华就是用一种积极的、富有建设性的、能为社会所接受的欲望和方式来转移性能量，平衡性情感，取代性欲，转移性欲。弗洛伊德在他所著的《精神分析理论》中提出，对性冲动的升华创造了文学、艺术和社会文明。这说明性欲是可以控制的，一个人格健全的人能适时适度地升华性欲，而不是被性冲动奴役。升华方式如绘画、音乐、诗歌、体育活动和娱乐等。

2. 合理宣泄

性宣泄既是一个生理过程，又是一个心理过程。合理宣泄就是采取积极的、健康的、富有建设性的方式和态度去释放、缓解、转移性能量的过程，如通过学习、绘画、音乐、体育活动、娱乐、社会实践活动以及男女的正常交往等多种途径，使生理能量得到释放、代偿、升华。也可以通过适度的手淫或性幻想来缓解性冲动引起的紧张、焦虑等情绪。应该避免消极的、不健康的、不正当的性宣泄，如讲、写下流话来发泄性欲。坚决反对通过损害公物和环境来进行性宣泄，或者是通过婚前性行为获得性满足等。

3. 主动预防性诱惑

借助网络媒介，色情信息的传播更为便捷、广泛，这些信息深深地影响着大学生的性认知、性审美和性态度，挑战着大学生的性自控能力。大学生要自觉远离那些富有性挑逗、性刺激的色情信息，阅读格调高尚、情趣健康的书报，收看思想性强、艺术水平高的影视节目，自觉抵制网络色情垃圾，从事健康的文化娱乐和体育活动，避开有性诱惑的娱乐环境，预防和避免不良性刺激引起的性冲动。

4. 加强性道德学习

随着多元价值观和社会不良风气的影响，大学生贞操意识淡化，性观念开放过度、性价值观模糊、性控制意识淡化，失范性行为甚至性罪错时有发生，给大学生的身心健康带来了极大的消极影响，对他们未来的发展埋下了严重隐患。如此，加强性道德学习有其必要性和紧迫性。

大学生性道德，是大学生两性关系的道德规范和行为准则。性道德学习，需要学习三个方面的内容：第一，掌握性道德规范，培养正确的性道德观念。第二，增强性道德意识，发展健康的性道德情感。增强性道德感、性责任感、性义务感、性羞耻感意识。第三，提高性道德能力，形成坚强的性道德意志，养成文明的性道德行为。性道德能力包括正确的评价判断能力、自主选择能力和性行为控制能力等。

性道德标准

1. 自愿原则

性行为自主权是人的基本权利之一。非自愿下的性行为，是对他人的侵犯，触犯道德底线和法律条例。出于某些不正当的目的，在“自愿”基础上发生的性行为，应该杜绝。

2. 相爱原则

性爱是躯体的感受与心理感觉的有机融合，既有生理上的冲动，更有复杂的心理反应和情感交流活动。只有在相互产生爱情的基础上发生的性行为，才是高尚的、道德的。缺乏爱的性行为，只是一种低级的、冲动性的性行为。

3. 勿伤原则

勿伤的原则是性行为的道德准则之一，要从多方面理解：一是两人之间的性行为不要伤害他人的幸福；二是不要损害自己或对方的身心健康；三是不要伤害后代的健康；四是不要影响社会稳定，造成社会危害。

4. 性禁忌原则

性禁忌的本质是对某些性行为的禁止和否定。在明知自己携带或可能携带能通过性行为传播疾病的病毒时，不应和他人发生无保护措施的性行为。

五、严重性心理问题及障碍

（一）性别认同障碍

性别认同障碍者是指无法认同自身生理性别，并且有强烈持久变更性别想法的人。性别认同障碍主要描述了与异装癖、转换性别相关的问题，起源于精神病学的一种分类。这类患者有一个共同特征，就是从心理上否定自己的性别，男、女患者均有此性征，不承认自己的生殖器官及副性征。他们的意识行为、感情交流、穿着打扮、与人交往等方面都按自己性别相反方式效仿，且不顾亲人朋友的相劝。个别人还要求为自己做变性手术，达不到目的就采取自残、自杀的过激手段。

（二）露阴癖

露阴癖是指在异性生人面前反复、强烈地暴露自己性器官的性渴求和性想象并付诸行为，从对方惊慌、害怕或羞怯、厌恶中获得性欲的满足。一般男大学生多于女大学生。大多数发生于青春期早期。

（三）窥阴癖

窥阴癖是指通过窥视别人的性活动或偷看异性裸体或生殖器获得性兴奋和快感的变态心理。多见于男性，如窥视女浴室、女厕所等行为。

（四）恋物癖

恋物癖是指通过与异性穿戴或佩戴的物品相接触而引起性的兴奋与满足，多见于男性。他们对女性的内衣、胸罩、头巾、丝袜、内裤等特别感兴趣，常常通过偷窃等非法行为来获取目的物；表现出既被某种变态的性冲动吸引，又常感到极大的痛苦，出现一犯再犯的情况。

六、严重性心理问题及障碍的调适方法

（一）积极预防性生理问题

积极预防性生理问题要做到：

（1）要学会对性器官进行必要的自我检查。

（2）学会观察自身的一些生理现象，如男性的遗精、射精、勃起是否正常，女性的月经是否有异常状况等。

（3）主动求医。对自己的一些性生理问题产生不解、怀疑的，应主动求医排除问题。主动求医是预防和及早发现问题的有效手段，讳疾忌医最终会导致自己的性健康出现问题，使自己的生活甚至一生的幸福受到影响。

（二）培养良好的生活习惯

这些习惯包括：

（1）要把主要的时间和精力投身于学习和工作，不要让性的意念和幻想占领头脑。

（2）保持规律的运动以振作精神状态，释放性冲动。

（3）多参加集体活动，在集体活动中学习与异性相处，建立人际关系。

（三）寻求专业性心理治疗

严重性心理问题及障碍难以通过自我调节得到治愈，寻求专业的性心理治疗对于及时有效解决问题起到关键作用。大学生对性心理方面的问题会感到难以启齿，心理治疗师具有专业的职业素养和职业道德水平，更容易解除大学生对于性心理方面问题的诉说顾虑。大学生应该树立积极寻求帮助的意识，做到早发现、早治疗。

课后思考

1. 爱情的四个特点，对你在恋爱中有什么启发？
2. 大学生应该树立什么样的恋爱观？
3. 在恋爱中，如何审慎对待性行为？
4. 如果遇到性方面的困扰，应该如何做？

心理实训 1

活动名称：以诗表意	姓名		完成时间	
写出你最喜欢的描写“爱情”的诗句				
这些诗契合了你对爱情的哪些感受				
这些诗表达了你对爱情的什么看法				

心理实训 2

活动名称：爱与性	姓名		完成时间	
很多文学家表达过他们对“爱与性”的观点和看法，请写出一些你认同的观点				
你认同的理由是				

大学生生命教育与心理危机应对

——让生命多姿多彩

人生是个有始有终的过程。每个人无法决定生命的长度，但我们可以掌握自己生命的宽度，即实现生命的意义，活出人生的精彩，展现自我的价值。法国现代著名文学家罗曼·罗兰说："世界上只有一种英雄主义，那就是了解生命而且热爱生命的人。"生命总会面临无尽的挑战，但积极探索生命的意义，尊重生命，关怀、珍爱每一个生命的价值，热爱生活，你将会拥有一个多姿多彩的人生。

学习目标

1. 认识生命教育的重要性，领悟生命的意义和价值，培养大学生尊重生命、珍惜生命、热爱生命的品质。

2. 了解大学生的心理危机的表现和预防，把握大学生心理危机的识别与干预方法。

思维导图

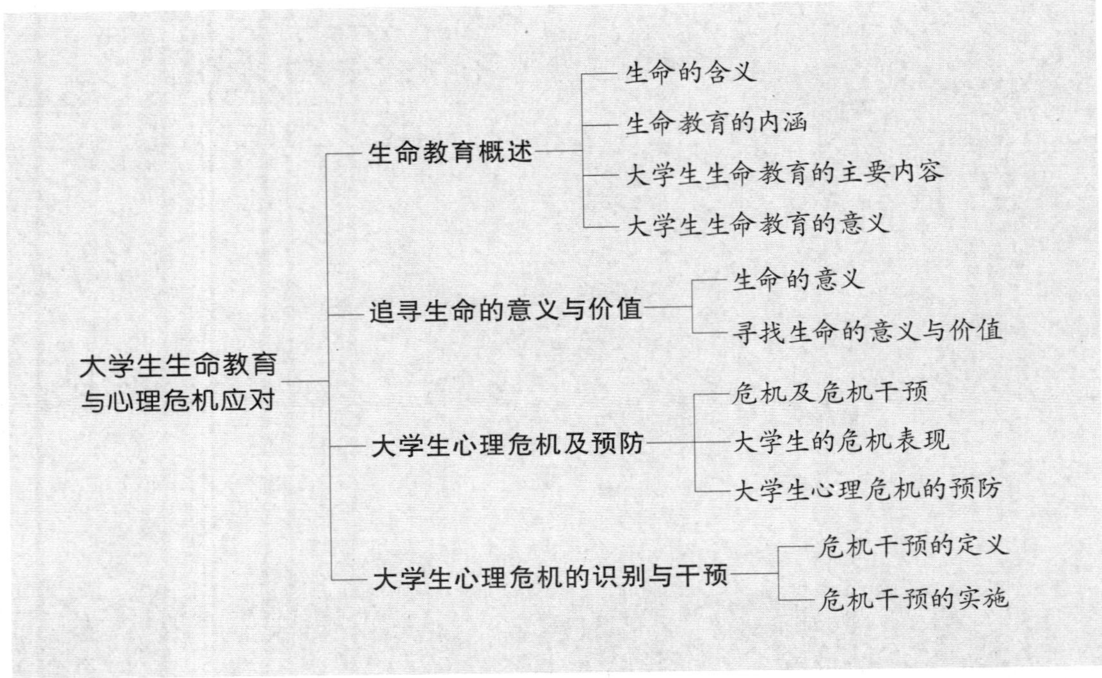

导入案例

身残志坚、自强不息的张海迪

在中国，“张海迪”三个字代表着一种信仰：“即使翅膀断了，心也要飞翔。”5岁时，张海迪患上脊髓血管瘤。此后4年里，她先后经历5次大手术，被摘除6块椎板，以致高位截瘫，胸部以下没有知觉。在残酷的命运面前，从未进过学校的张海迪，不但自学完成了小学到大学的全部课程，还自学十几种医学专著和针灸技术，无偿给1万多人治病。

张海迪不但先后出版了《生命的追问》《轮椅上的梦》等著作，而且耗时4年、删改7遍，写了一部有关登山的长篇小说《绝顶》。从小便有登山梦的张海迪，不断攀登的，其实是自己生命的巅峰。

1991年，张海迪的鼻腔患上黑色素癌，又一次大手术后，身体极为虚弱的她，依然坚持在吉林大学哲学系攻读研究生课程。两年后，张海迪以论文《文化哲学视野里的残疾人问题》获得学位，成为中国第一位坐在轮椅上的哲学硕士。

“活着就要做个对社会有益的人。”正是怀着这样的信念，2008年11月，张海迪受邓朴方重托，接替他成为新任中国残联主席，开始了新的人生追梦！

“世上既有苦水，也有美酒，就看你怎样去追求。只要你能昂起头，苦水也能化美酒。”这是当年小小的张海迪写下的诗，也是她一生信奉的信念。她是残疾人，是弱者，却创造了人生的奇迹。张海迪自强不息的奋斗历程，鼓舞着一代又一代人热爱生活、珍惜生命。通过本章的学习，可以帮助大学生了解生命的意义与价值，了解面对压力和困境时摆脱痛苦的方法，可以使大学生认识生命，尊重生命，欣赏生命，珍爱生命，活出精彩人生。

第一节 生命教育概述

一、生命的含义

生命本身是一种复杂的存在形式，生命历程也并不仅仅是个体由生到死的过程。尽管对生命的理解更多的是个人的感悟，但人的生命问题是哲学、伦理学、心理学、教育学、社会学等多学科研究的重要话题，对生命的诠释也观点纷呈。

从哲学角度看，西方哲学对生命的探讨有一个共同点，即如何实现生命的意义或生命的价值。生命是泰勒斯哲学的基本范畴之一。在泰勒斯的生命哲学中，他将生命同自动性、自主性与流动性、灵活性联系起来，认为可从四性上提高生命的质量，提高生命的深度和广度。在历史上，生命哲学对生命的认识总是和非理性主义联系在一起，这对于纠正理性主义对生命的遮蔽是积极的，但对生命的分析是不全面的。正如生命哲学家狄尔泰所指出的：“我们不应当把理智、文化和生命对立起来，因为理智和文化乃是生命不可分割的组成部分。”

从伦理学角度看，有学者认为，人的生命是自觉和理性的存在，是生物属性和社会属性的结合体。还有学者把人的社会生命称为人格生命，人类的人格生命或社会的人的本质特征是具有自我意识的。因此可以把人定义为具有自我意识的实体。以上两种观点对生命的本质特征的理解基本相同。

从心理学角度看，它不仅分析生命的表面，重要的是关注生命的内在。精神分析大师弗洛伊德从生命的角度探讨了人的潜意识。人本主义心理学家马斯洛首次将“自我实现、人的潜能”概念引入心理学，将生命推至更完善的境界，旨在帮助人们不断地自我实现，建立健康的生活。

从教育学角度看，对生命的关注是教育的本真。人的生命组成最起码可以分为四个紧密相连且不可分割的组成部分，即自然生命，价值生命，智慧生命，超越生命。

上述观点是从不同学科出发对生命所做的诠释，它们拓展了对生命内涵的理解范围，但明显带有各自的学科色彩，并且对生命的认识都不全面。德国哲学家雅斯贝尔斯曾强调过人的生命的完整性，他认为人的生命虽然有年龄、自我实现、成熟、生命可能性等不同形式。但是，人的生命的完整性确实是一个毋庸置疑的事实。从马克思主义的实践——生存观来看，人就是由自然生命、精神生命和社会生命构成的具体而完整的生命存在。人的三维生命是一个互为前提、互为因果、循环往复的生命流程，实现着人与自然、人与自我、人与社会的交换和协调。这一观点完整地、动态地、辩证地认识到生命的本质内涵。可见，生命是一个复杂而完整的系统，即一个完整的生命包含着自然生命、精神生命、社会生命三维内涵。

二、生命教育的内涵

所谓生命教育，就是引导学生正确认识人的价值、人的生命，理解生命与生活的真正意义。广义的生命教育是一种全面培养的教育，从肯定、珍惜个人自我生命价值，到他人、社会乃至自然、宇宙的价值，并涉及生死尊严、信仰问题的探讨，包括生死观教育、人生哲学教育、情绪辅导教育、创造思考教育、终身学习教育、生活伦理教育、两性教育、公民道德教育、环境教育等多方面。狭义的生命教育是一种人生观的教育，教育学生认识生命、尊重生命、热爱生命，进而珍惜生命。我国目前主要从后者的意义上诠释生命教育。

思政剧场

他用生命诠释生命的意义

“我身体病理可以用的话，就给病理；病理如果觉得不好用的话，留给解剖；解剖也觉得不好用的话，我的骨骼还好，至少还可以做个骨骼标本。”这是谢长松曾说过的一段话。

2019年11月19日，我国寄生虫学家、中南大学基础医学院原院长谢长松因多器官衰竭，医治无效，与世长辞，享年83岁。

他生前的遗愿是把遗体捐献给学校人体解剖教研室，还嘱咐亲友“不要搞遗体告别、追悼会，不要设灵堂，尤其不要放鞭炮，因为担心会打扰邻居”。

11月21日下午3时，中南大学湘雅医院负一楼的太平间内，哀歌低回，中南大学基础医学院为谢长松教授举办了一场符合他遗愿的遗体捐献仪式。他生前的亲人、同事、朋友、学生都来了，眼含热泪来送教授最后一程。

思想启发：死亡告诉人们，人的生命不是一条没有终点的、无限延长的射线，而是一条有始有终的线段，它提醒人们生命是有限的，人无法决定生命的长度，只能把握好生命的每一天。从自然生命的角度看，人只能获得一次生命，在人类历史长河中，人的生命又是极为短暂的、有限的。直面死亡，认识生命的有限性，是为了格外珍惜生命，使人生更加从容有序，赋予生命以内在意义。

三、大学生生命教育的主要内容

（一）生存信念教育

生存信念是人生的基本信念，是人的一种重要的精神活动，给人们的实际生活以价值向上的信念引导，是一个人生存下去的根据和动力。生存教育的开始要引导大学生追求人生的终极价值——人生的幸福，要确认生存信念教育在学生思想教育中的重要地位。

（二）生命价值教育

生命价值是一种特殊的价值，是人的生活实践对于社会和个人所具有的意义和作用，生命价值包含了自我价值和社会价值两方面。自我价值表现为个体存在的意义、个体需求的满足和社会对个体的尊重和满足；社会价值则表现为个体对社会需求的满足和对社会进步的贡献。生命价值教育就是要帮助学生了解人生的意义、目的、价值，进而珍惜生命，尊重自己、他人、环境及自然，过有意义的人生，并使自我功能充分发展，为他人和社会有所贡献。

（三）生命发展教育

人的生命是一个不断发展的过程，这种发展既包括生理的发展也包括心理的发展，生命发展教育是遵循生命发展的规律进行的教育。生命发展教育的实质是挖掘人的内在潜能，充分调动人的积极性和主动性，不断提高个人的生命价值，拓展生命的宽度。生命发展教育，旨在通过有目的、有计划、有组织地进行生存能力培养和生命价值升华，最终使生命质量充分展现，凸显生命价值。

四、大学生生命教育的意义

大学生生命教育是保证大学生健康成长的客观要求和现实需要，帮助大学生了解生命的来之不易，激发大学生对自己生命的热爱，以正确的态度看待人生问题，懂得珍惜生命，以积极的态度迎接生活。

（一）促进大学生健康成长

大学时期是个体人生重要的转折时期，这个时期青春蓬勃又显得极为脆弱。开展生命教育，可以让大学生深刻理解生命的内涵。作为一名大学生，不仅仅追求“活着”，更要追求“有意义地活着”。生命的意义在于让自己有限的生命创造出无限的价值，促使学生尽早规划自己的人生，懂得一个人的成长不仅包括身体生理的健康，也包括人格的健全，实现自我各方面的协调发展。生命教育，可以让学生理解生命与人生的依存关系，进而感受生命之重，懂得生命之义，发展自我，完善自我，提升自我。

（二）帮助学生正确面对压力与挫折

近年来大学生的心理问题普遍存在，有的已经严重影响其学习与生活。北京市6所高等院校统计了过去10年间造成大学生退学、休学、中断学习的原因，其中，心理因素高居首位。从大学生面临的现实问题来看，其心理应激源主要在于学习、就业、交往以及经济负担等。生命教育帮助大学生掌握一定的生理和心理知识，了解关于生命的知识，提高他们对生命的感悟和深层认识。面对挫折与应对挫折，是人生成长的重要组成部分，部分大学生之所以感到迷茫，是因为没有体验到挫折的真正意义，对人生缺乏精神层面的正确认知。

（三）帮助学生正确接纳自我

开展生命教育，让大学生认识自我、探索自我、了解自我。许多大学生在进入大学这个新环境中，面对多元化的评价标准，一些在竞争中处于弱势的学生，容易进行不恰当的比较，看不到自己的优点，产生自卑感，不能够正确地评价自我。开展生命教育，让大学生认识到自己生命的独特性与特殊性。面对优势，不骄傲，不自大；面对缺陷，不埋怨，不自卑。培养学生良好的自我意识，引导其正确地面对客观现实，正确地认识自我、评价自我、悦纳自我，并不断努力，积极塑造更加完善的自我。

第二节　追寻生命的意义与价值

案例启发

乔布斯毕业演讲（摘录）

在我17岁的时候，我读到一句话："如果你把每一天都当作生命中的最后一天去生活，那么终有一天你会发现自己是正确的。"这句话给我留下了深刻的印象，从那时算起的33年以来，我每天早晨都会对着镜子问自己："如果今天是我生命中的最后一天，我还会做自己今天即将要做的事吗？"当答案连续多次都是"不"时，我就知道自己需要做些改变了。"记住把每一天当作生命的最后一天来生活"是我听过的最重要的箴言，它帮我做出了生命中许多重大的决策。因为几乎所有的一切——包括外界期望、骄傲、对于难堪或失败的恐惧——都会在面对死亡时化为虚无。留下的就是真正重要的东西。你有时会想自己可能失去一些东西，"记住把每一天当作生命的最后一天来生活"是我知道的逃脱这种思维的最好方法。

生命的每一个阶段，生命的意义都是不同的：当我们是婴儿的时候，我们认为生命的意义在于汲取，汲取妈妈的乳汁，汲取众人的爱，汲取玩耍带给我们的快乐；当我们逐渐长大步入校园之后，我们认为生命的意义在于学习，学习书本上的知识，学习实践中的理论，当我们走上工作岗位时，我们认为生命的意义在于进取，如何将自己的能力尽情展现，如何得到职位的晋升，如何超越身边的人；当我们成立了自己的家庭后，我们认为生命的意义在于付出，不遗余力为自己所爱的人付出我们的全部，让我们所爱的人幸福快乐。等到我们老去的那天，我们静静回忆这一生，才发现，原来生命的意义在于经历。一个人只有经历过了，才知道什么是真正的快乐，什么是彻底的悲伤，什么是耀眼的美丽，什么是刺目的丑陋，什么是最纯粹的幸福，什么是最不幸的悲哀。将不同阶段对生命的理解串在一起就是我们一路走过的人生，它有无法估量的价值，是每个人的珍宝。

一、生命的意义？

“生命的意义是什么？”很多人都曾在人生的某些阶段思考这个难以回答的问题，其中绝大部分人是在思考“生命有何目的”这个问题。大学阶段正是人对生命充满迷茫、好奇和探索的阶段。大学生找到自己生命的意义，可以使自己的生活更为充实和丰盈。

《追寻生命的意义》的作者弗兰克尔认为，人类最原始的动机是追求意义的意志。当人对自己的生命感到无意义时，他的行为就失去依据，也就受到“存在的空虚”的困扰，追求意义的意志遭受挫折。心理学中的意义治疗理论强调人可以通过实现以下3种价值来获得生命的意义。

（一）创造与实现

创造与实现即通过某种类型的活动实现个人的价值，获得生命的意义，这就是通过创造性的工作或思考给世界提供有形的产品和无形的思想是获得生命意义的具体手段之一。人可以通过工作、运动、服务、付出、贡献、与他人建立关系等方式来发现生命的意义。工作带给人的意义并不是简单的养家糊口，它也为人提供了一个展示生命独特性的机会。不同的人通过不同的岗位、不同的方式，追求着他们各自生命的意义。

（二）经验与体验

经验与体验是指人通过对世界的接纳与感受，通过体验某种事物或体验某个人来发现生命的意义。如欣赏艺术作品、走近大自然、与人交谈、体验爱情等。生命是现实世界中具体的存在，当我们通过努力克服困难并取得一定成绩时，会觉得幸福；当我们在同学之间找到像家人一样相互关心的感觉时，会觉得幸福；当我们打电话给家人，分享学校的趣事时，会觉得幸福；当我们游历各地美景，当我们感受到爱情，当我们亲自下厨制作美食……生命的意义正是源自我们对这些具体生活事件的体验。

（三）挫折与受难

当个体面对无法改变的命运（罪恶、死亡或痛苦的逼迫）时，可以采取积极的态度，并从中获得意义。此即苦难的意义，是人类存在的最高价值。每个人都不可避免地要经历一些挫折与不幸，这些经历会带来痛苦，但随着时间的推移，当痛苦被发现有意义时人就不再痛苦了。通过认识人生的悲剧性，可以促使人深思，寻找自我，最终发现人生的意义，实现自我超越。

拓展阅读

弗兰克尔与意义疗法

维克多·弗兰克尔，维也纳医科大学心理精神病学终身教授，一生著有32部著作，曾先后被翻译成26种语言在世界各地出版。获得医学和哲学双博士学位的弗兰克尔，第二次世界大战期间曾身陷纳粹集中营。作为集中营中的一名生还者，他用自己的行为见证了人生的意义，并因此而闻名于世。他是一位杰出的存在主义者、精神病学家和哲学家，同时还是维也纳第三心理治疗学派——意义治疗法的创始人。他创立的意义治疗法是一种以意义为中心的人道主义心理学疗法。他的畅销书《追寻生命的意义》被美国国会图书馆誉为最具影响力的10本著作之一。他的关于追寻意义的观点和经验深深地影响了全世界的读者。

1905年，弗兰克尔出生于奥匈帝国的首都维也纳，生长在一个较为自由的犹太人居住区。随着弗洛伊德精神分析学派的创立，维也纳成为独树一帜的心理学大本营。从一个中学生到医学院的学生，青少年时代的弗兰克尔深受各种心理学、政治和哲学的影响。在师从精神分析学派的过程中，他比较了弗洛伊德的“快乐原则”和阿德勒的“求权利的意志”后，弗兰克尔发现了终极意义对自我的重要性，提出了“求意义的意志”，从而这一概念伴随着弗兰克尔的终生，并经受住了集中营的考验。

第二次世界大战结束后，作为纳粹集中营中的一名生还者，弗兰克尔根据亲身经历，提出了经受考验的“意义治疗法”。意义治疗的基本信条是：人主要的关心并不在于获得快乐或避免痛苦，而是要了解生命的意义。同精神分析相比，意义分析较少用回顾与内省的方法。意义治疗的焦点是放在将来，放在“人存在的意义”及“人对此存在意义的追寻上”，放在病人将来要完成的工作与意义上。按意义治疗法而言，这种追寻生命意义的企图是人最基本的动机，弗兰克尔称为“求意义的意志”，与弗洛伊德提出的“快乐原则”及阿德勒强调的“求权利的意志”大不相同。

那么生命的意义到底是什么呢？弗兰克尔认为，生命的意义因人而异，因日而异，甚至因时而异。一个人不能寻求抽象的生命意义，每个人都有独特的天职和使命，需要具体地去实现。因此，意义治疗学认为“能够负责”是人类存在的最主要的本质。意义治疗学认为，生命是有意义的；我们有寻求意义的意志，这是我们活着的主要动机；我们有在思想和行动中发现意义的自由。意义不能被赋予，而是必须被发现。我们能够发现意义，良心是意义器官，引导着人们去寻找它。我们可能通过三种不同的途径发现生命的意义：第一种是在做事或创造事物中现出意义；第二种是在经历某事，爱某人中现出意义；第三种是在他孤立无援地去面对某种无望的情景中找出意义。寻求生命的意义是我们作为人类的不懈追求，也是人类在任何一种，甚至是悲观境遇中的最后的自由。在具体治疗神经官能症的过程中，弗兰克尔发现名人们的预期害怕会变成真的，而人过分想要得到却反而得不到，弗兰克尔称为“过分意愿”“过分注意”“过分反射”基于以上事实，意义治疗法发展出一种称为“矛盾意向”的治疗技术。

思政剧场

学习雷锋精神，奉献他人提升自己

雷锋同志，一名普普通通的人民子弟兵，却成为家喻户晓、亿万人民争相学习的楷模。他在日记本上重重写下的那句“人的生命是有限的，可是为人民服务是无限的，我要把有限的生命，投入到无限的‘为人民服务’之中去”的话语传诵至今。他的袜子、衣服总是缝了又缝、补了又补，只为把节省下来的钱捐给需要帮助的人；他在列车上主动端水扫地、在工地上推车飞奔。他以朴实无华、勤俭节约、乐于助人的精神品质最好地服务与回报了社会，奉献上青春年华。

思想启发：生命的意义不是索取，而是不计较个人得失的付出与给予。奉献是一种为成长和幸福所做的积极奋斗，大学生应拥有一份主动奉献爱的能力，不但爱自己、爱生活，更要爱他人、爱人民、爱祖国，用深厚的爱去感恩父母的艰辛和他人的善意，用博大的胸襟去包容社会万物的点点滴滴。

二、寻找生命的意义与价值

生命教育不只是教会大学生欣赏生命美，感受生命美，更重要的是教会他们能坦然接受生命中的挫折和苦难。人生充斥着曲折和坎坷，这就要求大学生时时刻刻都要作好面对困难的准备，从困境的纷扰中感受生命的尊严和伟大，以及人之为人的意义和价值。

（一）从平凡中寻找生命的意义与价值

大部分人的一生都是平凡的，其实平凡本身就是一种伟大。活在真实中，这是人生的最高境界，也是永恒的境界。真就是不假、不虚伪；实就是实在、脚踏实地，不违背良心，不做非分之想。我们没有必要羡慕别人，没有必要自怨自艾，更没有必要矫揉造作。幸福只是一种生活的感受，只要我们向往明天的美好，热爱生活的点滴，珍惜今天的拥有，生命的意义与价值自在其中。

（二）从爱自己和爱他人中寻找生命的意义与价值

爱是高尚的，男女之间的纯真爱情、人与人之间的相互关爱、对祖国的热爱都是高尚的。爱亦是博大的，人不但要爱自己、爱生活，更重要的是爱他人、爱国家。一个只爱自己、只顾自己的人，与其说是一种自私自利的狭隘主义，倒不如说是没有真爱。世界因为爱而变得美丽，生活因为爱而变得精彩。爱本身就是一种快乐，只有懂得爱的人才能真正享受生活，才能领悟生命的意义与价值。

（三）从自我价值的实现中寻找生命的意义与价值

人的价值实现即自我的实现，通俗地讲，就是事业上的成就。生命的价值不在于生命的长短，而要看生命存在的意义。古往今来立德、立功、立言的人，名垂青史，千百年后仍被世人敬仰、崇拜。生命虽短暂，但以生命换来的事业是不会磨灭的，其精神也永远会由后人继承和发扬光大。所以，生命之易逝不足为忧，所忧者当在这有限的生命能否换来无限光荣的事业。若是苟且偷生，闲居待死，就是活到百岁仍难以体现生命的意义与价值。

（四）从与他人相处中寻找生命的意义与价值

我们每一个人都会对身边人的品行有一个看法或评论，如某人热情开朗、乐于助人、随和、仗义，某人自私、斤斤计较、自恃高傲、爱发脾气、性格孤僻等。但很多人并不知道自己的行为在无意中触犯了别人。学会与人相处，就得时刻注意自己的品行，提高自身修养，思考问题多站在他人的角度，关注他人的感受，学会宽容和理解，这样才能与周围人和谐相处，受到周围人的欢迎，并使自己保持愉快的心情，感受生活的美好和生命的意义与价值。

人的一生很短暂，要尊重生命、珍惜生命、开拓生命，才能获得成功、幸福和快乐，才能实现生命精神层面的永垂不朽。

案例启发

我要的生命更灿烂，我要的天空更蔚蓝

有这样一名屡次遭遇人生不幸的大学生——周健，在人生一次次和他“作对”时，这个年轻的大学生，选择了坚强。在他6岁的时候，因为帮助家人收割小麦，不幸发生意外，被脱粒机绞去左臂。残缺的身体，不仅给他带来极大的痛苦，还因为别人的嘲讽与议论，让他幼小的心灵受尽了伤害。然而骨子里的毅力，让他在最绝望的时候，没有放弃。尽管这以后又经历了父亲遭遇车祸丧失劳动能力、高考前一周的急性阑尾炎等磨难，可凭着顽强的毅力，周健从小学、初中、高中一直走进安徽科技学院的校门。在校期间，周健一边努力学习，一边寻思着勤工俭学，并打算用自己仅存的一只手臂养活自己，以减轻家庭负担。一个偶然的机会，周健接触到了安徽省非物质文化遗产——凤阳凤画，生性就对书画有着浓厚兴趣的周健顿时有着一种“一见钟情”的感觉。在那之后的3年时间里，在努力完成学业的同时，周健把别人用来放松休闲的课余时间全部用在了凤画的学习上。他的好学钻研和特殊的家庭状况，也让当地的几个凤画传承人深受触动，纷纷对他在凤画学习上给予无私的帮助。“周健是一个非常强大的人，是一个有梦的人”，在学校，无论是老师还是同学，对这个独臂学生，都有着这样的评价。面对未来，周健常用最喜欢的一首歌来表达：生命就像一条大河，时而宁静，时而疯狂。我要的生命更灿烂，我要的天空更蔚蓝。我要飞得更高，飞得更高……

人的一生难免遇到挫折，大学生在生活中和学习中遇到困难是很正常的事情，应该学会面对，学会解决，同时，实践也证明了，每一次成功都将会使意志力进一步增强。如果你用顽强的意志克服了一种不良习惯，那么就能获取与另一次挑战决斗并且获胜的信心。每一次成功都能使自信心增加一分，给你在攀登悬崖的艰苦征途上提供一个坚实的“立足点”。或许面对的新任务更加艰难，但既然以前能成功，这一次以及今后也一定会胜利。

心理演练场

人生倒计时

“人生倒计时”是一个想象的活动，同学们通过这个活动可以更好地体会自己生命的意义，了解自己生命的真谛。

（1）假如现在你得了一种疾病，没有药能够医好你的病，你的生命只剩下一个月，你会在这一个月的时间里做什么？请将你要做的事情写下来。

（2）5分钟后：假如医生告诉你一个好消息，目前新研制出来一种药可以延长你的生命时间，医生说你还可以活半年。如果你的生命只剩下半年时间，你会做什么？请将你要做的事情写下来。

（3）5分钟后：假如医生又告诉你一个好消息，新研制出来的药效果很好，可以将你的生命延长到两年，你会在这剩下的两年的时间里做些什么？请写下来。

（4）5分钟后，以5~6人为一组，分享当生命剩下一个月、半年和两年的时候，自己的想法和感受。

人在觉得自己有很多时间的时候，通常不懂得珍惜时间，也经常会为一些不重要的事情而烦恼，而在有限的生命时间里更能够了解自己生命的价值和意义。在整个活动过程中，关注自己的想法和感受，探索自己的生命价值和意义。

第三节 大学生心理危机及预防

案例启发

如何及时发现危机

某个夜晚，正值学生们洗漱准备睡觉之际，某宿舍的大二学生小敏突然表现出异常的激动，在宿舍内根本不听室友劝导，止不住地哭喊闹腾。她一直叫嚷着拨打110报警，并意图拿起水果刀、指甲钳等金属器件刺伤自己，说出“活不下去了”“让我去死”等轻生话语。该宿舍两位同学中的一人用力拉住她不让她伤害自己，另一名同学迅速拨通了辅导员电话。辅导员及时带着宿管和值班警卫到达了现场，发现宿舍的两位同学已经一人一边按着小敏的手，让她坐在床头。她看到到来的老师激动地喊着“救命”，断断续续的哭诉中表示她被植入了追踪器，一直有坏人在偷窥她，还威胁说将她洗澡的录像发布到网络上去。她几度哽咽，呼喊着要公安立刻抓走坏人。经了解，小敏的爸爸在她5岁时就患病离世，她与妈妈一直借住在亲戚家中，由于妈妈怕看到小敏想起丈夫，于是常年在外打工，与小敏的交流可谓少之又少。小敏本人也性格孤僻多疑，不善于沟通，多独来独往，除了课堂、宿舍以外，就喜欢一个人待在图书馆。刚开学的时候，她曾经与室友们说过觉得自己的一举一动都被监视了，舍友们安慰她说学校里面很安全，不会有这样的事情发生，小敏之后也不再多说了。而事实上，小敏为这件事茶饭不思，开学到现在长期失眠，近期胃口很差，人都消瘦了不少。最后，就出现了开头的一幕。

小敏同学由于从小的成长背景，习惯了不轻易在同学甚至亲人面前暴露自己内心最脆弱的一面，而对于“被监视”的长期怀疑超出了她的心理承受能力的极限。事实上，小敏错过了两次寻求帮助的良机，刚开始觉得“被监视”时就应该及时向老师反馈，查明真假，尽快排除危机；在自己长期失眠、身心状态不佳的时候，小敏也应勇敢说出困扰，但她一味选择暗自忍受，任由心理危机的危险程度愈演愈烈，直至出现心理学上典型的“幻听幻觉”症状，而这需要长期的治疗才能恢复，既耽误了正常的求学时光，又影响了自己的身心健康。

上大学对青年人来说确实是生活中的重大转折。每一个人都将面临结交新朋友、接触新环境、学习新课程、面临新挑战并且拥有新体验。大多数学生都是满怀着期待、兴奋和焦急的心情去适应的。然而有一些情况会让学生产生心理压力，如果学生承受的压力超过了其应对能力，那么压力就变成了危机。大多数危机可以在几周内顺利解决，但有一些危机却会逐步增强，最终导致人际关系问题和学习问题的产生。最严重的是，有些危机还会使学生产生自伤的想法。认识危机，了解面对困境时摆脱痛苦的方法，可以增进心理健康。

一、危机及危机干预

危机伴随着人生发展的各个阶段，谁也不能避免危机。青年人一般会遇到恋爱和学业等方面的危机，中年人一般会遇到职务升降和社会关系等方面的危机，而老年人则会出现以精神和身体疾病为主的危机。随着时代的发展，生活节奏的加快，各种新生事物的不断出现，社会环境的急剧变化，人们的物质生活和精神生活受到巨大的冲击。那些天性脆弱、心理承受能力较差的人，在巨大的压力面前，就可能出现认知扭曲、情感混乱、行为怪异、意志薄弱甚至自杀等情况。

（一）危机及其特征

1. 危机的含义

危机是一种认知，指人们认为某一事件或境遇是个人的资源和应对机制所无法解决的困难。是个体使用常规的处理问题的方法所无法处理的一个特定情况。例如，某人正经受一次心理危机，是指在他的日常生活中突然发生了背离常态的事件，比如汶川大地震、印度洋海啸这些难以预见又突然发生的事件。危机是对不可控制事件的认知，它有着自己的发展进程。危机具有两面性，它包含着危险和机遇两层含义。如果危机严重威胁到一个人的日常生活和其家庭的其他成员，而个体又无法找到合适的解决办法，就有可能导致个体精神崩溃甚至自杀，这种危机是危险的；但是如果一个人在危机阶段及时得到适当有效的治疗性干预，往往不仅会防止危机的进一步发展，而且可以帮助个体学到新的应对技巧，从而使个体心理恢复平衡。米斯科维斯认为危机是个体因为在物质和社会文化等方面发生重大改变而导致的心理长时间失去平衡的一种状态。

2. 危机的主要特征

现实生活中的危机涉及很多方面。帕里提出了定义危机的几大特征，分别是：①一种关键的压力事件或长期的压力情境；②个体的悲伤经历；③存在损失、危险和羞辱；④有一种无法控制的感觉；⑤事件的发生是预料之外的；⑥日常工作遭到破坏；⑦未来的不确定性；⑧紧张持续时间过长（2~6个星期）。

翟书涛认为心理危机具有以下特点：①重大的心理应激；②产生急性情绪扰乱（紧张、焦虑和抑郁）；③认知改变（注意力集中困难、记忆减退）；④躯体不适（失眠、头晕、头痛、腰部不适以及不思进食）；⑤行为改变（这些症状均不符合任何精神疾病的诊断标准）；⑥当事人无法用寻常方法并应用已有的能力和资源来解决当前出现的特殊问题。

吉利兰和詹姆斯认为危机的特征是：①危险与机遇并存；有复杂的状况；②存在成长和变化的机缘；③缺乏万全的或快速的解决办法；④有选择的必要性；⑤普遍性与特殊性共存。

（二）危机干预的含义

危机干预是对处于困境和挫折中的个体予以关怀和支持，使之恢复心理平衡的过程。

主要针对心理适应陷入危机状态者，给予适时救援，助其度过危机；并且视情况轻重转至有关机构接受治疗。国内的一些医疗单位设置的“生命热线”和一些社区服务机构成立的各种“自助组织”都属于危机干预的范畴，目的是为陷入危机的个体和群体提供及时的危机调适。虽然干预危机的方法多种多样，但大体可以归为两大类：一类是情绪干预；另一类是问题干预。当然，这只是一种概念上的简单区分，目的是便于我们理解各种应对反应。在现实中调整情绪和直接解决危机很可能同时进行。而且，没有一种策略对所有问题都有效。例如，有证据表明，问题中心的处理策略在解决职业危机时比解决家庭危机更加有效，即使这个结论也不适用于所有个体。危机干预可以从个体自己和寻求帮助开始。

二、大学生的危机表现

大学生是一个独特的群体，他们既是天之骄子，又承受着很重的心理压力。如果这些压力没有有效的方法来应对，就有可能导致比较严重的心理问题。社会各界对大学生面临的危机越来越关注。下面介绍大学生危机的特点、常见的危机类型以及面对危机的反应。

（一）大学生危机的特点

社会正在经历着转型，大学生也面临着前所未有的严峻挑战，他们在心理和生理上都承受着巨大压力。由于大学生这个群体具有特殊性，他们的文化水平较高，心理发展水平正好处在埃里克森所谓的“自我同一性和角色混乱”的时期，这是人生全程最重要的阶段。他们这一时期遇到的心理危机的特征既有普遍性，也有特殊性。一般来说，大学生心理危机的特点主要表现在以下八个方面。

1. 造成损失

危机对个体而言是有害的事件，会给大学生造成心理上或物质上的损失。

2. 症状复杂

危机是个体的生活环境、家庭教养、朋友交往等关系相互交织的综合反映，不遵循一般的因果关系的规律。因此，危机是复杂的。

3. 自己感到无法控制，且没有迅速解决的办法

对于处于危机中的大学生而言，基本上会感觉到自己无法控制自己的情感和周围的环境，也找不到迅速解决的方法。任何企图寻找迅速解决问题的想法，都会适得其反，最终反而导致危机的加深。

4. 具有不确定性，且伴随着日常生活的改变

危机使人们常常感觉到事件的结果不能确定，并感觉到危机给日常生活带来了明显的变化。

5. 具有普遍存在性

危机是一种正常的生活经历，而非疾病或病理过程，没有人能够幸免，成长中的大学生也不例外。想稳妥、冷静地处理所有危机不太容易，但是通过努力，把握机会、设定目标、形成计划，去处理问题还是能够做到的。

6. 处于危机中的个体，其防御机制削弱

危机时期，个体的认知、情感和意志资源都受到了限制，面临危机的个体的防御机制将会受到影响。

7. 危险与机遇并存

对于正处在危机中的大学生来说，危机既意味着危险，又蕴藏着机遇。其危险在于它可能导致个体严重的病态，包括自杀和杀人；机会在于它带来的痛苦会迫使当事人寻求帮助，危机的解决会导致积极的和建设性的结果，如增强应对能力、改变消极的自我否定、减少功能失调的行为。大学生在寻求帮助的过程中，能够使个体获得成长和自我实现，最终走向成熟。

8. 具有时代性

当代大学生的心理危机，反映了时代、社会对大学生的要求和期望，个人对理想的追求，表现为成为通才型的人才、身体健康、心理承受能力强、完成学业、胜任职业、继续深造、实现理想等压力下的冲突和矛盾，不是孤立的。

（二）大学生常见的危机

1. 成长危机

大学生已经进入青年中期，正处于生理发育的基本成熟和部分心理发展相对滞后的特殊时期，人生观和世界观逐渐形成，心理状态不稳定，容易受到外界的各种影响而产生心理危机。

2. 人际关系危机

和谐的人际关系既是大学生心理健康一个组成部分，也是大学生获得心理健康的重要途径。他们的人际交往危机主要是指在校大学生在与他人相处和交往的过程中表现出的不适、自闭、逃避、自恋、自负，以及难以调和与他人关系的不良心理状态和行为表现。一方面，从中学到大学，大学生面临着一种全新的人际关系，在中学时代，他们或许能够凭借出色的成绩赢得同学和老师的青睐，但在大学，成绩好不一定就能获得好的人际关系。好人缘需要一定的技巧，同时还要懂得在出现矛盾时怎么来解决。另一方面，大学的同学来自五湖四海，其家庭背景、生活方式、价值观、性格、兴趣爱好等可能会千差万别，这些差异不可避免地会带来摩擦和冲突，如果得不到及时的解决，就会产生人际关系上的危机，给大学生的心理健康带来严重影响。

3. 就业危机

近几年来，由于社会竞争的加剧，高校扩招，就业市场的不景气，大学生找工作或找到比较理想的工作越来越困难，一些学生表现出严重的危机感，同时一些学生为了缓解就业带来的压力，不断给自己施压，长期处于紧张状态。一部分大学生看不到自己的前途在哪里，特别是那些学习成绩不好、能力又不出众的学生，就业就像一座大山压在他们的身上。他们努力增强自己日后的就业实力，给自己设置一些不合实际的目标，花费大量的财力和时间来学习热门实用的课程，使自己处于长期的紧张状态和高负荷压力下，一旦失败就会体验到严重的挫折感和失败感。

4. 学业与经济危机

对大学生来说，学习是首要任务，也是主要活动方式。大学生的学习压力相当一部分来自所学专业非所爱，这使他们长期处于冲突与痛苦之中；课程负担过重，学习方法有问题，精神长期过度紧张也会带来压力；另外还有参加各类证书考试及考研所带来的应试压力等等。精神长期处于高度紧张的状态下，极可能导致大学生出现强迫、焦虑甚至是精神分裂等心理疾病。生活的压力主要在于学生不善于独立生活和为人处世，还有生活贫困所造成的心理压力。目前，我国高校在校生中约有20%是贫困生，而这其中5%～7%是特困生。他们中有些人虚荣心太强，经不起贫困带来的精神压力，总觉得穷是没面子的事，不敢面对贫困，与同学相处敏感而自卑，采取逃避、自闭的做法，有的同学甚至发展成自闭症、抑郁症而不得不退学。

5. 情感危机

当前，大学生对情感方面的问题能否正确认识与处理，已直接影响到大学生的心理健康。情感危机是指一个人在感情中遭到突然的打击，使他无法控制和驱使自己的感情，从而严重地干扰他的正常思维和对事物的判断处理能力，甚至使工作学习无法进行。在极度的悲痛、恐惧、紧张、抑郁、焦虑、烦躁下，极易导致精神崩溃，引起自杀和做出莽撞的事来。在大学生中最常见的情感危机莫过于失恋，这是诱发大学生心理问题的重要因素，恋爱失败往往导致大学生心理受挫，有的人因此而走向极端，甚至造成悲剧。

（三）大学生危机发生后的反应

危机发生后，个体会在躯体、认知、情绪、行为等方方面面发生种种变化。在躯体方面，会产生疲劳、失眠、头痛、做噩梦、容易惊吓等。在认知方面，在危机状态时注意力集中于急性悲痛之中，并导致知觉和记忆的改变。在情绪方面，常出现害怕、焦虑、忧郁、伤心、悲伤、易怒、绝望、否认与不安等情绪。在行为方面，当事人不能完成职业功能，不能专心学习和从事家务活动；与人隔绝，回避人或采取不寻常努力以使自己不孤单，变得令人生厌或具有黏着性；与社会联系遭到破坏，当事人感到与人脱离或相去甚远，可能发生对自己、对周围的破坏行为并以此作为解决问题的最后努力；拒绝他人帮忙，认为接受支持是自己软弱无力的表现，其行为和思维、情感是不一致的；还会出现一些平时不多见的行为。

从过程来看，个体在经历危机后可能会出现以下一系列的反应：

1. 震惊

危机发生后，当事人表现出周期性或持续性的颤抖、长期的心烦意乱或不断否认、极端不安和精神恍惚、混乱。

2. 责难

不断地责怪自己或责怪他人，反复假想如果当初做什么或不做什么，事情的结局就会不一样。当事人此时会伴随极其强烈的内疚感，往往认为事情的发生是由于自己的错误引发的，不断地自责。

3. 焦虑

危机中的个体可能因为害怕、恐怖、忧虑而不知所措。其情绪可能会突然发作或者衰变，经常坐立不安，并且借助于抽烟、喝酒、吃东西、打电话等行为来减轻焦虑，并伴随着出汗、头痛、心悸、胸痛、战栗、过度换气等生理症状。如果经历危机的个体不断地思索、幻想和诉说，反复体验创伤，一般正常的问题就会被夸大。

4. 抑郁

人们在面临危机，特别是在极端的情况下，会极度地悲伤、痛心和绝望。在这种情况下的个体表现得很无助，会认为面对如此情景，无论采用什么方法和手段都无济于事，无论怎样做都无法摆脱这种情况。

5. 逃避和专注

危机当事人可能会装作若无其事，假装适应，这是所有的心理危机反应中最敏感的。有些人好像成功地应对了创伤和压力，但事实上他们只是故作轻松。假装适应的反应是一种由抑制、自我克制等综合构成而支撑起来的相当脆弱的防御方法。假装适应的个体很少主动寻求帮助。

6. 情绪休克

个体被所经历的创伤事件弄得不知所措，感到茫然和麻木，时常有种“这并没有真正发生在我身上”的感受。他们也经常表现出眼神呆滞，说话恍恍惚惚，难以集中注意力，走路僵硬，并且很容易受到暗示的影响。一些个体由于突发事件而引起的压力反应是对他人的攻击，总觉得能够发泄心中的怒火和重新获得自尊的唯一途径就是毁灭那个他们认为伤害了自己的人；有些个体则是自我毁灭式的，如酗酒、飙车、狂欢，直到神志不清。

7. 寻求改变

危机中的个体虽然对事件的不确定感到难受，处理问题的能力受到了限制，但他想获得别人的帮助，寻求途径摆脱困境，只不过常常采用一些不当的方式来处理问题。

三、大学生心理危机的预防

大学生心理危机的预防与干预应以预防为主。预防是前提，是基础，也是关键。只有把预防工作做实做好，才能有效地降低心理危机及恶性事件的发生。与狭义危机干预相比，预防是一项更为主动、积极，也是更有意义的工作。防范、预警、干预是学校做好大学生心理危机预防与干预的三条基本的途径，其中防范和预警属于预防的两个基本环节。

（一）防范

要提高广大学生预防和应对心理危机的能力，就要学会利用各种教育形式，使学生了解心理危机的基本常识，学会辨认心理危机，增强危机中求助和助人的意识与能力；帮助学生完善心理品质、提高面对挫折的能力；指导学生认识并学习应对现实生活中可能遇到的各种挫折；让学生接受必要的社会实践锻炼，在实践中去感受挫折、经受考验、锤炼意志、提高能力。

（二）预警

对可能发生的心理危机进行预报与监管，把心理危机控制、消除于危机发生的早期。预警心理危机，首先要建立科学的、易操作的预警指标，以便于及时发现危机的征兆。可根据刺激源、情绪变化、行为表现和生理的反应4项内容，设定简易的和专业的两套预警指标，前者供非专业人员（如普通教师、行政管理人员、后勤服务人员、学生等）参考，后者由专业人员（如心理咨询专职教师、医务人员、社会工作者）掌握。容易引发心理危机的高危时段包括：学习、生活环境变化以后（如新生入学、改换专业、调换班级与寝室等）；重要考试前和成绩公布后；评优选干的前后、受到惩处之时；群体或个体性突发事件（或重大变故）发生后；发生严重冲突以后；与学生自身利益密切相关的规定、措施出台（调整）后；毕业前夕、求职期间等。

（三）干预

干预心理危机是指心理危机发生后进行的“情绪急救”。有效的危机干预，既要具备快速的反应机制和干预通道，又要具备有力的管理措施和科学的干预技术。在心理危机干预中，要遵循安全、健康和人道的原则：确保经历危机的人和可能被危及的同学、教师的安全，不抱侥幸心理，不放松警惕；干预方法、途径和措施既要保证安全，也要符合人们的身心卫生要求，利于健康；在干预、处理危机过程中，学校要关心、保护学生的眼前和长远利益，充分体现人性化和人道主义原则。

身边同学出现心理危机该怎么办?

大学校园是一个小社会，关爱他人的心理健康，在危机时刻拯救他人的生命，也是一名成熟负责的大学生应有的担当。

1. 真情关爱

关爱身边的同学，当他总是独来独往的时候，当他学习或者生活中遭遇困难，当他感情上受到打击，一个关切的眼神、一句嘘寒问暖的关怀等都可以帮助他排解他的孤独困扰，释放他压抑的内心，融化他冰冷的心结，给予他坚强成长的动力，引导他厘清生命的意义。

2. 鼓励求助

发现同学存在自身无法排解的心理问题和危机的时候，要劝说鼓励他向亲朋长辈和老师倾诉，也可以陪伴他到专业的心理咨询和治疗机构寻求帮助。这既给了他一份依靠和安全感，又开启了一扇正确干预心理危机的门。

3. 及时反馈

发现同学存在心理危机的表现，要及时向老师、辅导员进行反馈，通过更多社会力量的介入，提供更全面与周到的干预。

4. 悉心照顾

协助老师和家长做好危机同学的日常监护工作，挪走一切有可能危及生命安全的物品，确保其处于安全的环境中。同时，保持每日的沟通交流，询问近况，也可以安排合适的活动，诸如散步、慢跑、钓鱼此类不需要过度消耗体力的安静活动，帮助同学尽早走出心理危机，恢复身心平衡。

“社会支持系统”与心理成长

所谓个人的“社会支持系统”，指的是个人在自己的社会关系网中所获得的、来自他人物质和精神上的帮助和支援。一个完备的社会支持系统包括亲人、朋友、同学、同事、邻里、老师、上下级、合作伙伴等，还包括由陌生人组成的各种社会服务机构。

测测你的支持系统：

1. 学校的老师和领导，你最喜欢谁？
2. 为商讨一新观念，你会找谁？
3. 郊游消遣时，谁可与你为伴？
4. 经济拮据时，你会向谁开口？
5. 被困孤岛时，你渴望谁在身边？
6. 生病在床时，你喜欢谁照顾？
7. 恋爱失败时，你会向谁倾诉？
8. 若你与家人吵架时，你会向谁倾诉？
9. 当你获得某项成功时时，你会与谁分享？
10. 若你考试成绩不理想时，你会向谁说？
11. 当你在功课上有问题时，你会向谁请教？
12. 当你面临选择时，你会向谁征求意见？
13. 如你长期外出时，你的用品会托谁照管？
14. 搬家时，你会找谁帮忙？
15. 为了完成一个重要使命，你会找谁？

看看上面列出的问题中，你列出多少个人。

如果少于 3 人，你的支持系统很不完善；如果 3~5 人，你的支持系统不太完善；如果 5~8 人，你的支持系统比较完善；如果 8 人以上，你的支持系统非常完善。

第四节　大学生心理危机的识别与干预

大学生心理危机干预是根据心理危机干预的理论，找出影响大学生心理危机的因素，提出对策，制定步骤，恢复个体认知、情感和行为方面的功能，最终使大学生心理危机得到及时有效的缓解，变“危”为“机”。

一、什么是危机干预的定义

危机干预是随时对经历个人危机、处于困境（或遭受挫折）、将要发生危险（如自杀）的人提供帮助和支持，使之恢复心理平衡，达到危机前行为水平的短期治疗过程。可以理解当事人无法通过自身因素调整心理问题时，就应该采用外界手段干预的方式，对当事人进行提前治疗，以防止不良后果的产生。

二、危机干预的实施

危机干预本身属于一种心理卫生的救助措施，主要对心理适应陷入危机状态者给予适时救援，助其度过危机，并根据个体情况转向有关机构进行治疗。处于危机中的当事人，常常会忽略一些明显的事情，包括对自身资源的忽略。自我支持技术的目的在于从自身的角度出发来解决危机、调整情绪，使自身的功能水平得到恢复。

1. 寻求滋养型的环境

个体在危机中陷于莫名其妙的恐惧和不知所措的境地，不知道发生了什么事情，也不知道将来会发生什么事情，但可以肯定的是，那些过去有类似经历的人能够从其经验中得到帮助。因此，向有经验的人或心理咨询老师求助，是寻求解决问题的办法之一。

2. 积极调整情绪

危机的出现会使人们极度地紧张和沮丧，这些情绪反应不仅是内在的、强烈的不适感，而且是消极的挫折体验，将使危机进一步恶化。当危机超出个体控制以及个体无力改变外部事物时，把握自己的情绪尤为重要。情绪调节法包括抑制、分散等回避痛苦的方法。这些方法能转移人的消极思想和情绪，为个体心理重建赢得时间。当遇到的痛苦得到宣泄的时候，情绪会适度舒缓，因此向朋友倾诉、自我对话、大声独白和心情记录都是调整情绪的方法。

3. 建立良好的人际关系

孤立无援的个体希望能够得到别人的帮助，在危机期间和危机过后，个体都需要与周围的人保持良好的人际关系，但不一定是提供强烈的情感支持，而是与其保持日常联系，共同分享经验，共同面对事物。这有助于遭受危机的个体重新适应社会，还可以分散注意力，缓解消极紧张情绪。另外，每个人在与朋友的交往中都带有肯定自我的成分，倾向于选择能肯定其自我价值的人做朋友。

拓展阅读

人离不开别人的支持，那么一个人究竟需要哪些朋友呢？

作家汤姆拉斯认为，有8种朋友必不可少：

成就你的朋友；支持你的朋友；志同道合的朋友；牵线搭桥的朋友；为你打气的朋友；开阔眼界的朋友；给你引路的朋友；陪伴你的朋友。

4. 面对现实，正视危机

在危机的前期，个体习惯采用积极的态度来应对危机，利用一切可以利用的资源来避免危机带来的损害。但到了危机中后期，当个体应对危机的策略失败，个体感到绝望的时候，他们就会消极地逃避现实，采取退缩的策略来应对危机。而面对现实、正视危机，有利于个体激发自身潜在的力量，动员一切资源寻求危机的解决办法。

5. 暂时避免作出重大决定

处于危机中的个体处理问题的能力比平时要低，由于个体受到问题和情感的双重困扰，搜集信息和处理信息的能力受到一定限制。个体在对面临的问题无法进行深入分析，掌握的信息量又少的情况下，很难作出正确的决策。个体虽然很想摆脱危机，努力去寻找一切解决问题的办法，但危机的无法控制往往使得个体无功而返，甚至造成更大的伤害。因此，在危机时期，不作重大决定，有利于个体的自我保护，避免再次受到伤害。

遭遇危机该怎么办？

（1）不要等待，主动寻求帮助。

（2）要相信会有人愿意帮助你。但你得将自己的真实困难和痛苦告诉你信任的人，否则他没有针对性。

（3）如果你的倾诉对象不知道如何帮助你，可以向学校的心理咨询中心寻求帮助。

（4）如果担心你的心理问题被发现，可以向心理热线或校外的心理咨询人员寻求帮助。

（5）有时为找到一个真正能帮助你的人需要求助于几个不同的人或机构。你应坚持下去，为你提供帮助的人一定会出现。

（6）解决心理危机通常需要一个过程，可能你得反复多次地约见咨询人员或心理医生。

（7）如果医生开药，应按医嘱坚持服用。

（8）避免使用酒精或毒品麻痹你的痛苦。

（9）不要冲动行事。强烈的痛苦会使你更难作出合适的决定。

心理干预的七步模型

七步模型由艾伯特·罗伯特提出，用于帮助处于急性的心理危机、急性的情境性危机和急性的应激障碍的人群，包括以下七个步骤，如图 9-1 所示。

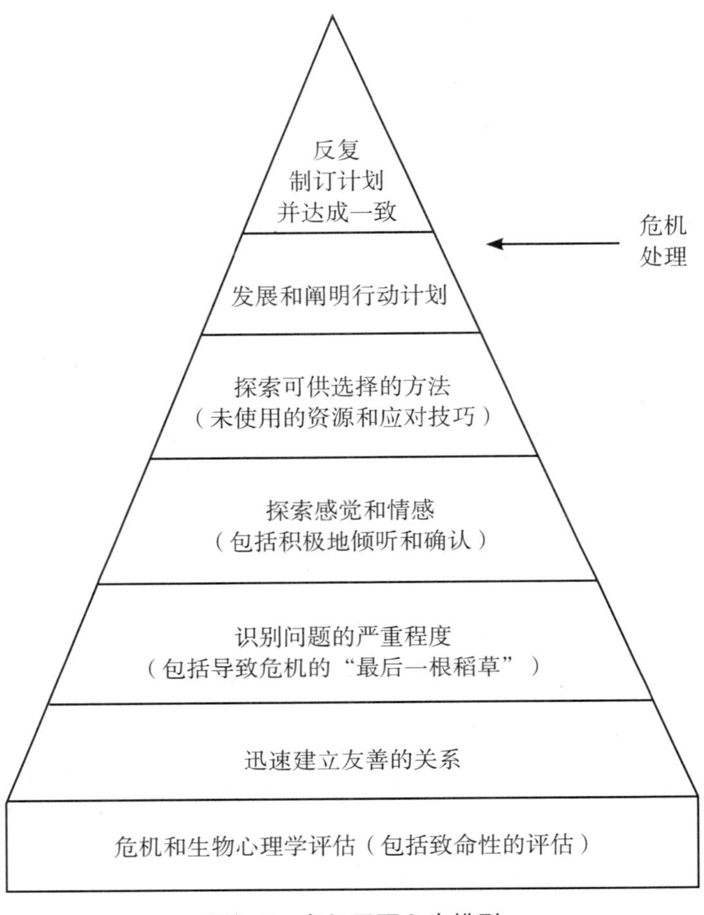

图9-1　危机干预七步模型

（1）危机和生物心理学评估。设计对于危险性的迅速评估，包括自杀、杀人或暴力的危险性、药物治疗的需要、毒品和酒精滥用等情况的评估。

（2）迅速建立友善的关系。向对方表示你的尊敬和接纳是关键。要极力去迎合当事人的话题，并保持中立而不作评判，尽量确保不要表露个人观点。保持冷静，并使局面处在掌控之中。

（3）识别问题的严重程度。用开放性问题让当事人用自己的语言解释和描述他（她）遇到的问题，这样便于危机干预工作者了解问题真相。可以感受到危机干预工作者的关注与理解，对当事人来讲很重要，而且也有利于友善、信任关系的进一步建立。第二步、第三步采用问题解决中心的疗法，识别当事人的能动性和应对资源，包括对其以往有效应对策略的辨别。

(4)探索感觉和情感。利用鼓励性语言，让当事人感到危机干预工作者在仔细聆听，这些口头反馈在电话干预中尤为重要。除此之外，反应、解释、情绪定性等都是可使用的技巧，反应包括重复当事人所说的话、所表达的感情和想法；解释包括用危机干预者本人的语言来重复当事人的话；情绪定性包括归纳出隐含在当事人话语中的情感，如"你听起来非常生气"。

(5)探索可供选择的方法。通过识别当事人的能动性和以前成功的应对机制，探索可供选择的方法。危机干预者和当事人的合作能使潜在的应对资源更为丰富，供选择的方法范围更为广阔。因此，危机干预工作者的创造性、灵活性和应变能力是成功干预的关键。

(6)发展和阐明行动计划。危机干预工作者应在限制性最小的模式下帮助当事人感到自主性。这一步骤之中重要的环节包括识别可供联系的人和转接资源，以及提供应急机制。

(7)反复制订计划并达成一致。第一次会面后，危机干预的工作者应与当事人达成一致，共同确定能使危机得到解决的计划。这可以通过电话和面对面交流来完成。

心理演练场

正念呼吸

请确保在你设置的这段时间内不会被干扰。关掉一切干扰声音的来源。在房间里选择一个相对舒适的姿势坐在椅子上，双脚平放在地面上，感受脚踏实地的稳固感；双手自然放在腿上或膝盖上，保持背部挺直而不紧绷；想象头顶被一根来自天花板的线拉着，让头部与脊椎成一条直线；双耳和肩膀成一个平面，保持身体端正。此时你可以选择闭上眼睛(也可以睁着眼睛，可以看着前方，无论看到什么，都不用盯着它，保持眼睛能看到就好，也不用费心去思考看到的东西)。

接下来，要求自己把注意力放在自己的呼吸上，感受呼气、吸气。请留意在呼吸的时候，身体感觉最明显的那个部位，可能是你的胸部或者腹部，可以感受到呼吸时胸、腹的一起一伏；也可能是鼻端，也就是鼻子和嘴唇之间的那个部位，可以感受气流的进进出出。选择哪个部位去感受呼吸都可以，当吸气的时候，知道自己在吸气，当呼气的时候，知道自己在呼气。同时请留意呼气和吸气之间的那个停顿。就这样一吸一呼，感受呼吸的流动。(留白一分钟)

此时不需要去刻意呼吸、控制呼吸，以自己的方式进行就可以了。请带着好奇心去感受每一次呼吸，生命中的每一口呼吸都是独一无二的。无论感受到什么，都请接受它。(留白一分钟)

当你准备好了，就睁开眼睛，放松一下身体，恭喜你完成了这一次正念呼吸训练。

心理专家建议：把呼吸作为锚点是正念训练的基础。很多其他的正念练习方法，都可以从练习正念呼吸开始。

课后思考

1. 你认为生命的意义是什么？应该如何善待自己的生命？

2. 大学生常见的心理危机有哪些？

3. 当自己和他人处于心理危机状态时，你会采取什么样的方法帮助自己或他人走出危机状态？

心理实训 1

一、实训任务

首先，请花一点时间思考一下，“对你来说，什么使你感觉到你的生活是很重要的”。然后，根据下列的描述与你的情况相符合的程度，在1~7中作出选择。并请你尽可能准确和真实地作出回答，下列问题的主观性很强，每个人的回答都会有所不同，并无对错之分。如下所示，1是完全不同意，2是基本不同意，3是有点不同意，4是不确定，5是有点同意，6是基本同意，7是完全同意。

二、实训任务书

活动名称	人生意义问卷	姓名		完成时间	
填写“人生意义问卷”评分表	1. 我很了解自己的人生意义； 2. 我正在寻找某种使我的生活有意义的东西； 3. 我总在寻找我自己人生的目标； 4. 我的生活有很明确的目标感； 5. 我很清楚是什么使我的人生变得有意义； 6. 我已经实现了一个令人满意的人生目标； 7. 我一直在寻找某样能使我的生活感觉起来是重要的东西； 8. 我正在寻找自己人生的目标和“使命”； 9. 我的生活没有很明确的目标； 10. 我正在寻找自己的人生目标。				
在评分的过程中体会自己有什么感受					
小结					

三、实训任务说明

计分方法：人生意义问卷包含生命意义体验与生命意义追寻两个因子。生命意义体验因子指个体目前体验生活和知觉自己人生有意义的程度，因子分为1、4、5、6、9项得分相加；生命意义追寻因子指个体积极寻求人生意义或人生目标的程度，因子分为2、3、7、8、10项得分相加。

评分解释：得分越高，生命意义感越强。

心理实训 2

一、实训任务

假设生命只剩6个月，你会如何安排？让我们一起来做一个“6个月的生命计划”。

二、实训任务书

活动名称	6个月的生命计划	姓名		完成时间	
记录关于“6个月的生命计划”的想法	1. 你最想做的事有哪些？（6个月内） 2. 你最想见的是哪些人？ 3. 你最想说的话： 想对父母说： 想对朋友说： 4. 你最想送给自己的一句话是：				
在记录的过程中体会自己有什么感受					
小结					

心理实训 3

一、实训任务

班里的一名女同学平时就比较沉默少语，本学期以来基本不与任何人交往。她上课时独自坐着发呆，还多次逃课在宿舍睡觉，有时甚至不吃饭，晚上还会躲在被窝里哭泣。作为她的室友，你认为这位同学是怎么了，你会做些什么？

二、实训任务书

活动名称	心理危机应对策略	姓名		完成时间	
你认为这位同学是怎么了					
你会做些什么	（1） （2） （3） （4） （5）				
小结					

第十章 大学生网络心理及其调适

——把控虚拟世界，助力自我成长

互联网已经成为大学生学习和生活的重要组成部分，我们应积极引导大学生理性认识网络，科学使用网络，合理安排上网时间，鼓励他们积极参加校园文化及其他积极向上的、健康有益的活动，多与人交往，注意与亲友、师生和同学之间的关系。帮助大学生构建网络伦理，确立网络道德规范，自觉做到遵纪守法，文明上网，重塑自信。总之，要让当代大学生融入和适应现实的社会生活。真正让大学生驾驭计算机这一科技载体，扬长避短，奔跑在理想之路上，一往无前，迅速成长。

学习目标

1. 了解大学生的网络心理以及网络对大学生心理健康的影响。

2. 掌握如何进行网络心理障碍调适，使网络发挥积极的作用，同时能够宣传、倡导、引领文明、诚信地使用互联网。

思维导图

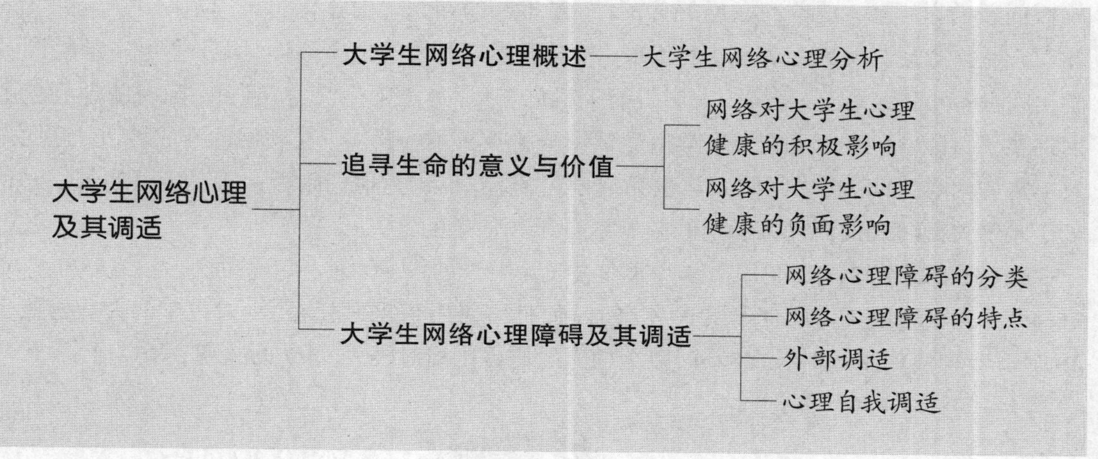

导入案例

网络的旋涡

大一新生赵某从小聪颖好强，在写作和音乐方面比较突出。她父母对其期望很高，但教育方式较专制，强迫她报考了自己不热爱的专业。由于她个性自由、任性、叛逆，又体弱、敏感，与他人相处总感到难以沟通孤独抑郁，喜欢上网聊天。上大学后空闲时间比较多，她更变本加厉，长期上网聊天，久而久之，她发现自己的记性不太好使了，每天起床后情绪低落、头昏眼花、双手颤抖、疲乏无力，可是，只要一上网，就像“吸毒”一样，立刻精神起来了，现在身体消瘦、面色蜡黄，平时基本上不学习，经常心情不好、吃饭不香，觉得活着没有意思，常常想到死。

这些问题可能导致了网络成了一把双刃剑，以至于大学生的网络心理涉及沉迷、虚拟身份感、社交行为、网络暴力和信息过载等问题。为了保护大学生的心理健康，如何加强大学生的网络心理教育和引导，帮助他们正确地使用网络，这些内容将在本章进行探讨。

第一节　大学生网络心理概述

一、大学生网络心理分析

随着网络技术的快速发展，网络已经介入到社会生活的方方面面，人们学习、沟通、交友、娱乐、购物等都已经离不开网络，同时也标志着一个新文明的兴起，它是现代社会文明发展的新的里程碑。随着互联网的普及，一扇崭新的知识之窗逐渐打开，网络中浩瀚如海的知识，使当代大学生趋之若鹜。近年来，大学生作为网络的主要群体，几乎所有大学校园及学生宿舍都被网络覆盖；同时，大屏智能手机的普及，为大学生快速、便捷、随时随地轻松上网提供了可能，上网已经成为大学生生活中至关重要的一部分。互联网的开放性、交互性以及丰富的内容，不仅可以帮助大学生完成学习需要，也成为他们闲暇之余的娱乐胜地，对正处于人生关键时期的当代大学生的影响更是无法估量的。

数据显示，2021年，我国大学生群体中有45.8%的人日均使用手机时长为3～6小时，有26.4%的人日均使用手机时长为6～8小时；而日均使用手机时长在3小时以下的人数占比为20.5%，日均使用手机时长在8小时以上的人数则占比相对较少，为7.3%（见图10-1）。

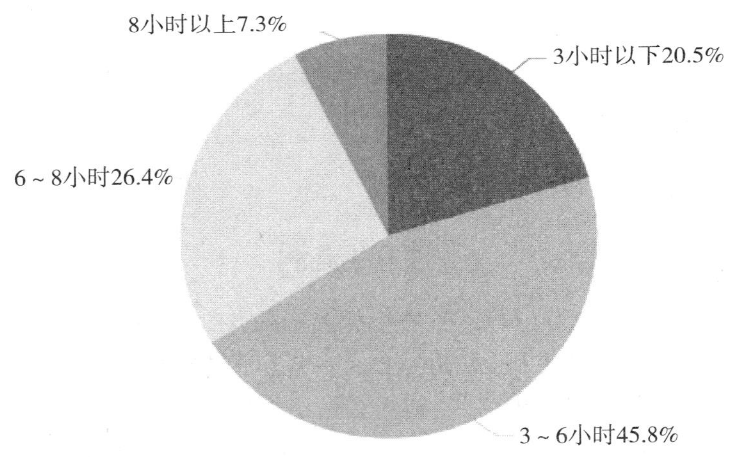

图10-1　2021年中国大学生日均使用手机时长

从整体来看，2021年我国大学生群体当中，日均使用手机时长大部分在3～6小时。由于科技的快速发展，现在的智能手机功能越来越强大了，除了作为人们的通信工具之外，它也给人们带来了更多的娱乐增值服务。值得注意的是，网络给大学生带来全新的理念、丰富的知识和创新的思维的同时，也对其行为模式、价值取向、心理发展、道德观念等产生了巨大的冲击，并引起了许多网络心理健康问题。面对互联网的介入使大学生的心理健康教育面临的新挑战，高校思想教育工作者必须适应时代发展，采取积极行动，拓展工作空间，帮助学生正确认识网络、科学使用互联网，强化网络对大学生的积极影响，减少其消极影响。

（一）大学生上网的心理尝试

网络的平等、开放和互动，大大激励了当代大学生的尝试心理。网络与传统媒介如广播、电视、报刊有明显的区别，传统媒介由于受传播手段的限制，通常表现为文字、声音、图像的单一传送，因此，接收者没有更多的选择余地，只是单纯地处于被动接收的境地。而网络的出现则使这一状况得到了彻底地改变，它具有多媒体化的特点，能集报纸、广播、电视三者之长于一体，实现文字、图片、声音和图像等报道手段的有机结合，使访问者同时拥有读报纸、听广播、看电视等诸多兴趣。不管大学生身处何地，不管时间的早晚，不管身份为何，只要进入了因特网，就可以在同一平台上，以互相平等的方式从事信息文化的制造、交流与利用。免除了现实生活中人与人之间的信息交流会受到地域、人际关系、社会地位、行业等因素的制约，信息交流总呈现一定封闭式。然而在网络这个虚拟空间里，克服了信息传播的时空限制，使得各种文化、思想、教育、观念等都可以自由平等的参与和自由表达，为大学生追求开放性和多元的文化、观念提供了平台。

（二）大学生上网的猎奇心理

喜新猎奇，追求感官刺激是青年大学生的鲜明的个性特点。网络资源的丰富、内容的刺激更是催化了大学生的猎奇心理。网络信息超乎想象的丰富资源是传统媒介所不能具备的。因特网作为最大的广域网把全球不计其数的局域网连接起来，成为全球最大的图书馆和信息数据库，内容涉及社会生活的方方面面，政治、经济、文化、科学教育、艺术、生活无所不在，大大扩展了大学生的视野为大学生带来了全新的生活体验。而且集图、文、声、像于一体，对人的感官造成多方面的强烈刺激。模拟仿真的逼真，足以跨越时空的界限，实现人们在现实生活中无法实现的梦想。大学生正处于求知欲望和想象力丰富的人生阶段，网络上的信息资源正可以满足他们求知和猎奇的欲望。

人本主义心理学家马斯洛认为，人的成长源于个体自我实现的需要，自我实现的需要是人格形成发展、扩充成熟的驱动力。所谓自我实现的需要，就是“人对于自我发挥和完成的欲望，也就是一种使它的潜力得以实现的倾向”。正是由于人有自我实现的需要，才使得有机体的潜能得以实现、保持和增强。在现今的高考制度下，考试成绩是评价学生的唯一标准。在中学，学习成绩优秀的学生可以凭借其优异的成绩获得老师的青睐和同学们的关注，优异的成绩是一些学生骄傲的资本。然而，进入大学的都是各个地方成绩优异的学生，他们中只有少数人能够保持原来的中心地位和重要角色，大多数学生将从中心角色向普通角色转变。他们中很多人的这个赖以凭借的资本突然没有了，由中学时老师的宠儿变成了一个普通的大学生。一些大学生不能够很好地适应这种角色的转变，自信心便垮掉了一半。而且由于他们缺少特长，在学校的各种文体活动中难以获得成功，其价值感和自我成就感便无从谈起。于是，他们被由此而产生的失落感和自卑感缠绕着。由起初的心理压抑进而产生了一切都无所谓的态度，一味地原谅自己，放纵自己，进而到网络上寻找满足感，找回原来的“辉煌”的自我。

大学生有很多的需求，但许多需求是很难轻易得到满足的，需要付出艰苦的努力和奋斗。然而，在网络这个虚幻的世界里却能轻易地得以满足。在现实的学习生活中相对缺乏竞争力的学生往往会选择上网以求得暂时的解脱。在网络虚拟社区里，在游戏中体验成功的乐趣。而且，这种成功的概率会大大地增加。尤其是在网络对抗游戏中，每升一级或者是打过一关，都会产生一种愉悦感和“高峰体验”。这是一种转瞬即逝的极度强烈的幸福感，甚至是欣喜若狂、如痴如醉和欢乐至极的感受。他们在虚拟的网络世界获取的快乐和自我成就感比现实世界要多得多。这让这些在学校活动中少有表现的学生也体会到成功的乐趣。而这种感觉又会强化他们参与网络游戏的行为，使他们沉湎于此而不能自拔。

（三）大学生上网的减压心理

随着社会竞争的日益激烈，社会对人才质量的要求越来越高。许多大学生在这种情况下承受着巨大的心理压力，造成了大学生的学业负担相对较轻，而心理压力相对较重的现象。学习不顺、人际关系紧张、失恋和生活的窘困等，让他们吃不香，睡不好，令他们不安和烦恼，求学与就业中充满着竞争、冲突，矛盾和挫折，使他们对社会环境以及校园生活中的诸多不完善的方面大为不满。严重的还可能产生不同程度的心理障碍，进而影响学习、身体健康、情绪以及人际交往。精神分析学派认为，人的行为的“心理驱动系统”由两种心理倾向构成：一是寻求满足的、进取的心理倾向；二是避免伤害的、防卫的心理倾向。上网可以解除激烈的社会竞争带来的压力。

大学生在寻求满足、进取的活动过程中产生的心理压力会导致其产生避免伤害、自我防卫的行为，以求获得心理的平衡。网络由于具有隐匿性、开放性、便捷性和互动性等特点，这给大学生适时地转移、倾诉和宣泄自己的不良情绪提供了机会和场所。通过这一方式，他们可以宣泄被压抑的不良情绪，获得一定的心理自疗效果，让他们从日常的精神紧张中解脱出来。因此，网络极易成为许多大学生躲避孤独和排解心理压力的场所。上网成了他们释放心理压力、松弛身心的一种有效方式。他们或到QQ聊天室向网友倾诉自己的不快，或到对抗游戏里冲杀一番。这如同人们喜欢唱卡拉OK、听摇滚乐、喜爱足球一样，是因为可以通过尽情地呼喊、喧闹发泄心中的郁闷。

案例启发

花式解压

E同学自从上了大学以后，发现对自己越来越没有信心了。她觉得自己做什么事情都做不好，没有优点，觉得自己好笨，觉得自己的每一个细胞都在慢慢走向死亡。在别人面前她很自卑。她有一个很大的缺点就是说话声音特别小，在陌生人面前几乎说不出话来，不是有话说不出，而是她觉得大脑在那时几乎就是空白的，不知道说什么。她觉得自己在一步一步地走向失败，她不想就这么沉默地生活。

因为新冠疫情的原因，当代大学生的活动范围的确较以前小了不少，因为社交范围的缩小，导致在心理上难免会遇到一些问题，但只要相信保持一种积极乐观的态度去积极面对新冠疫情给我们带来的麻烦，把每一天都充实起来，一定能够克服种种困难，把大学生活变得丰富多彩起来，给自己留下宝贵的回忆！因此，大学生们要学会情感调节，将不良情绪带来的能量引向比较符合社会规范的方向，转化为具有社会价值的积极行动。如把充沛的精力与丰富的情感引导上升为自我教育的动力。

（四）大学生上网的娱乐心理

网络被称为继报刊、广播和电视之后的第四媒体，它具有传播速度快捷、彻底打破地域隔阂、拉近传播者与受众之间的距离等优势。它从某种程度上改变了目前的文化和娱乐形态，深刻地影响着人类的精神生活。而且，网络还拥有多媒体性，它使网络媒体有能力在技术上实现多媒体传播，达到时空交融、视听兼备的综合性艺术效果，营造出特定的情感氛围。网络媒体还可以集文本、声音、图像、动画等形式于一体，这就打破了传统媒体之间的界限，使网络媒体作为一个整体的概念而存在，不再有现实生活中传统媒体电视、报纸、广播三足鼎立的势力划分。传统媒体提供的新闻和信息都是封闭的，受众只能随着传播者的意图被动地接收媒体的信息。网络传播中，网络受众可以主动接收所需要的信息，改变了传统媒体中受众的被动性；网络受众可以随心所欲地点击所需要的信息，可以参与媒体的传播活动，成为媒体的部分或与媒体传播者交流沟通。在网上参加游戏，聊天，听音乐，看在线播放电影，读娱乐性网上文章是大学生网上娱乐的重要方式。网络媒体把文字阅览、画面浏览和声音聆听融为一体，将欣赏者的各种感觉全方位打开，使视觉、听觉、触觉甚至味觉和嗅觉协同活动，获得多感官的刺激，让人体验到心跳、体温、眩晕、紧张等微妙的心理变化，达到真正的审美通感，从而获得精神上的满足与愉悦。网络传媒具有的这些特征和功能正好和大学生具有的好奇，浪漫、喜欢惊险刺激，对新事物、新知识反应迅速，强烈的求知欲和探索精神的心理特征相匹配，故而上网冲浪成为他们业余休闲的重要形式。

（五）大学生上网的价值心理

社会心理学认为，为了使自己的人生具有价值，获得明确的自我价值感，大学生需要了解别人，需要通过别人来了解自己，需要爱与被爱，需要归属和依赖，需要有机会显示自己的优越和展示自己的专长。所有这些，都使大学生需要同别人进行交往，需要同别人建立并保持一定的人际关系。大学生的思想比较活跃、渴望友谊和同学之间的相互理解和支持。随着年龄的增长，生活空间的扩展，社会阅历的不断增加，大学生的交往愿望也就越来越强烈。因此，大学生表现出比以往更加迫切的交往愿望。然而现实生活里，在诸多困扰大学生的问题中，人际关系问题是最令人烦恼的“百慕大三角”。由于人际关系的社会复杂性和大学生心理的单纯性，常会使部分学生在交往中遭受挫折，表现出了不同的人际交往障碍，如多疑、害羞、闭锁和社交恐惧，使他们的自我价值感得不到满足。而在网络这个虚拟的世界中，为当代大学生满足自己的价值感提供了便利条件。在网络里，不再强调相貌的作用，人们在一个非以貌取人的环境下相互认识、相互了解；每一个网民拥有平等的发言权，人们根据大学生的话语来形成对大学生的印象；在网上可以说出自己想说的话，而且一般来说不用担心会带来什么惩罚，所以他们不需要过多的面具，表达自己比较真实。这对那些在现实中觉得地位卑微的学生更具有吸引力。不论天涯海角，在互联网上人们可以跨越时空彼此相识。彼此陌生的人可以相见、发展友谊甚至产生爱情。在互联网上形成一种理性而又持久的亲密朋友关系。他们还可以建立个人主页，把自己的兴趣爱好等资料通过超时空的、双向的、多向交流的网络传媒让网友或其他的网络受众认识和了解。通过这种交往，他们的自我价值会得到确立，自我评价也会不断提升。当自我价值得到确立时，在主观上就会产生一种自信、自尊和自我稳定的感受，即自我价值感得到体现。大学生的自我价值一旦得以确立，就会觉得生活富有意义，使人充满热情。相反，如果他们的自我价值得不到确立，就会缺乏自信、自尊和自我稳定感。这也正是部分大学生沉湎于网络的内部动机。

（六）大学生上网的情感表达心理

当代大学生正处于人生的青年期，这一时期的感情比较丰富。情感表达是大学生的一个重要的内在心理需求。通过上网来寻求人与人之间的以互相关心、互相理解和互相尊重为要素的广义的人类之爱，是种潜藏在大学生内心深处的上网动机。通过与网友的交往可以使他们隐藏于内心深处对爱的需要得到满足。他们在网络中结识朋友，获得现实生活中无法得到的情感交流、尊重和满足感。网络给他们提供了一个对爱的需要得以满足的场所。在网络里他们表达情感的方式主要有聊天、建立个人主页、网恋和在社交媒体上发表自己的观点及见解。在大学生的聊天中，聊得最多的话题是爱情和友谊。他们在网络里绝不会感到孤独，因为无论兴趣爱好是什么，总有许多人在“虚拟社区”里相互交谈、互相倾吐着秘密。在网上，一个大学生的所思所想都是经过一定时间的筛选才反映为文字，它展示的自我，从某种程度上说是经过粉饰的或者是理想中的自我。他们在这里可以寻找理想化的“白马王子”或“白雪公主”，可以找到完美无瑕的“梦中恋人”，这种现代的、纯真和柏拉图式的爱情童话，能够满足大学生内心深处对浪漫爱情和真诚友情的渴求，也可以慰藉内心深处孤寂的心灵。

案例启发

女大学生李某，长得挺漂亮。她有许多网友，跟大家都聊得很好。渐渐地，她发现自己和其中一个男生特别投机。一次不太在意的见面，却让女孩更加心仪，因为她发现男孩比想象中好很多，从此网恋就变成了现实中的恋爱。长时间的相处，让女孩发现男孩有许多像她这样从网上骗来的女朋友。男孩一直在欺骗她，这就如晴天霹雳，李某心里接受不了这样的事实，没有心思做任何事，甚至要割腕自杀。

女大学生的这种网络心理障碍属于情景性忧郁，她把自己真实的感情给了一个并不真实的人，真正相处了以后，发现他根本没有网上那么优秀，感觉也不像在网上那么好，只是虚有外表而已。更没想到男孩是一个专在网上欺骗女孩感情的人。因此造成心理障碍甚至想要自杀。而从男孩的角度来看，这也是一种网络心理障碍。他经常欺骗网上的女孩，表现了他在平时生活中都存在着自卑心理，这样的人特别希望得到关注。他们徒有一个好的外表，就好像“绣花枕头烂稻草”。他在网上把自己说得天花乱坠，其实是一无所有。网络是虚拟的，它可以让人们随意幻想，有些男孩把自己想成白马王子，女孩想成白雪公主，过度的幻想就产生了病态心理。从以上相关类似的案例中可以看出，当代的一些大学生对很多事情的认知都处在似懂非懂的阶段，因此很容易将网上那些想象中的东西当成现实，并且寄予厚望。希望越大失望也越大，很容易会导致心理障碍。因此，要鼓励大学生们多交朋友，多方面获取知识，扩大知识面。要树立正确的理想，有奋斗目标才能进步。成年人遇到困惑时，应该寻求社会支持，多和亲人沟通，从正确的道路出发，解决问题。

第二节　网络对大学生心理的影响

心理是人脑对客观世界的主观影响，因此，要了解网络时代对人类心理的影响，首先要了解网络对人类社会生活这一客观世界的影响。

一、网络对大学生心理健康的积极影响

（一）网络时代拓宽了大学生的视野，能帮助大学生健全和完善自身的心理机制

与传统的电视、报纸、广播等媒体相比较，网络新媒体带给人类更加丰富、便捷的资讯，这些信息和资源能极大地开阔人类的眼界，扩大并加深大学生的感知世界、思考世界、探索世界的广度和深度；并使人们的关注点不仅局限在自身，极大地拓展了人们的心灵空间与精神自由，并逐渐健全和完善自身的心理机制。

1. 认知方面

认知是指外界信息在人脑中的整合归纳储存和使用过程，即人们某一特定的思考事物和感受事物的过程体现。网络拓宽了人们的信息来源渠道，拓宽了人们的视野，增加和扩大了信息量，缩短了收集信息的时间，提高了汇集信息的效率。网络也为人们提供了更多自我学习的途径和机会，为自我发展创造了更多的条件。同时，网络舒展了人类认知和实践活动的范围，许多过去人类不可能亲自进行实践活动的领域现在对人类打开了大门。也可以说，网络所创造的虚拟实在的环境，让人类进入了一个以前从未体验过的世界。如为了了解原子

内部的结构，今天的计算机网络技术已经能够创造出一个进入原子核内部的虚拟环境，让你在三维的立体环境中亲身感受原子结构的奥妙。另外，网络还能够促进人类某些技能的提高，如在许多由网络技术模拟的或创造的非现实的环境里，可将人的感知和反应能力提高到在真实条件下达不到的程度等。

2. 情绪情感方面

网络不仅给人们创造了一个崭新的情感交流空间和场所，而且可以充分地表达和宣泄，这在现实中是无法做到的。现实中情感的表达必须受环境的制约和影响，受社会规范和社会关系的制约，网络满足了人们情感表达的多样化需求，为人性中的本能宣泄提供了释放的渠道，这对保持人们的心理平衡、维护心理健康是有益的，可以一定程度地避免情感的异常和迷失。

3. 自我意识方面

在提倡个性化的时代，网络极大强化了人的自我意识状态，人们在网络条件下可以充分张扬个性，增强了人们处理事件时的独立性、自主性和支配性。独立意识和自主意识不断增强。

（二）网络时代开辟了心理健康工作的新天地，能促进人类心理健康

传统的心理健康工作包括现实中面对面的心理咨询、心理治疗和心理健康教育，影响力和覆盖面有限。网络时代开辟了心理健康工作的新天地，新媒体丰富而新颖的信息传播渠道，不仅能够扩大心理健康教育工作的活动空间和覆盖面，还能够增强心理健康教育的预警功能。由于互联网的交互性，心理健康教育工作者通过平等参与网上与求助者的交流，能够建立信息沟通的有效渠道，极大地拓展了心理健康教育工作的时空，使得心理教育无处不在，无时不有。

同时，网络时代有利于心理健康教育知识的普及。网络资源共享，将众多心理健康教育资源连接起来，可以形成一个传统社会无可比拟的信息库，从而为人们心理健康教育工作提供取之不尽、用之不竭的信息资源。

网络还能够使心理工作者互通信息，相互合作，形成心理教育和研究、咨询和治疗的合力，空前推动心理学科的发展和心理健康工作的进步。

（三）网络时代激发了大学生的好奇心与探索欲，开发其心智潜能

网络以它广阔的空间，丰富的信息资源，向大学生展示了一个全新的世界。由于网络的雅俗共赏，内容丰富，信息量大，影响面广，功能齐全，传递方便快捷，意识观念开放，气氛轻松自由等特点，为当代大学生“一网情深”。它满足了大学生对新生事物的好奇心，激发了他们学习和掌握网络知识和应用技能的愿望。网络的便利性使其认识、了解了更多更广阔的新事物、新知识，开阔其认知视野，激发想象力、求知欲和创造性，思维得到活跃和拓展，促进了心智潜能的开发。

“校园哎吆嗨”：微信营销卖水果

郭玉静，来自许昌学院的一名女大学生，虽然刚刚大三，但是已经凭借自己的团队，拿着一年几百万元的利润。故事发生在2014年3月，正值水果旺季，郭玉静凭着自己对新事物的敏感抓住了商机，让她想到了卖水果的想法，不久她便创办了“幸福鲜果坊”网上商城，开始面向校园的学生们售卖水果。短短几个月，由于她的商城口碑良好加上这种销售模式方便快捷，使郭玉静的团队大获成功，赚到了第一桶金。

6月份，她注册了自己的公司，通过与其他商家的联合，构建网络平台开始移动购物，使得她的公司也被人熟知，到目前为止校园内80%的商家已经与她的团队建立了稳定的合作关系。之后，她开始开拓校园外面的市场，同时通过校园巡讲的方式和经验零成本的分享使得更多人了解到她的公司。才几天，她就收到了200多份申请。就这样，她的高校小蚂蚁联盟也宣布成立了。小蚂蚁高校联盟凭借自己的零成本获得了更多的高校创业者的加入。

网络对于大学生的思想开放以及创新创业有着巨大的贡献：网络可以帮助大学生开凿信息渠道，使得大学生能够从各种网络上获得千变万化的时代信息和人文科技知识，广纳百川精华，汲取各种知识营养，来发展和壮大自我。通过上网，社会经验不足的大学生得到了充实和提高，他们可以通过网络了解校园文化、社会热点、国家大事、国际风云；了解政治、经济、文化、军事、哲学、科技的发展动向、历史沿革；进行休闲娱乐、感情交流、学术讨论等。所以，网络在很大程度上可以使青年大学生得到各方知识的陶冶和锻炼，成为象牙塔中的社会人。

开拓知识视野，有所创造，网络是知识和信息的载体，它作为一个全新的事物进入我国，引发了创造性极强的大学生群体的极大好奇，也正是基于网络本身的广谱应用和软硬件技术的不断改进和更新，给广大学子带来了极大的创造空间：网页、电脑设计、三维动画、工业造型、电脑预决算、网络科研项目、网络课件教辅、远程教育技术服务、大学生网络创业大赛等，无不在内容和形式上造就了大学生的创新欲望，于是，一大批以在校大学生为核心的电脑公司、网吧公司、信息公司、学生企业应运而生，它推动并引领了当今高校学子的无限创造，也给国家的未来和现实的经济发展带来了生机和活力。据调查，我国家电知名品牌“海尔”就从全国各高校选取了大批在高校学习中创造性极强的学子充当其技术核心力量，“北大方正”“清华同方”旗下更有大批优秀学子的创造身影，据悉，每年各高校不断涌现大学生国家创造发明专利的获取和技术项目的拍卖。

二、网络时代对大学生心理健康的负面影响

网络会对大学生产生心理上的冲击，容易造成他们情感自我和角色自我的迷失，影响其心理健康，并诱发出种种心理障碍。

（一）网络可能使人认知混乱

网络有其不可忽视的、潜在的弱点。网络中的虚拟毕竟不是客观的真实环境中无法体验到的感觉和感知，但长此下去，人们会对真实的现实生活产生某种疏远感甚至不信任感，产生认知混乱。同时，传播的信息丰富而庞杂，其中良莠不齐，使人们容易出现社会认同缺失、抉择依据混乱、行动方向难定等问题，造成人们心理上的失衡，心理问题急剧增加。

（二）网络可能对人格产生不良影响

人格是人们在长期的社会实践活动中形成的稳定的行为方式与整体情况，是人的心理与行为特质的总和，既包括外在行为及规律，也是人的心理与精神状态的真实反映。然而，由于网络的虚拟性，使得人们在网络中的行为与现实中发生很大的差异，网络中频繁地角色转换会使人们的人格统一性受到影响和破坏，知、情、意的和谐统一出现动摇，容易出现人格分裂倾向及自我同一性的混乱，导致双重人格及多重人格的极端性表现，直至发生心理疾患。

（三）网络可能使人交往能力下降

建立良好的，人际关系对大学生人格发展十分重要。大学生在与同辈群体间相互交往中得到周围环境对其言行的评价，从而认识、反省、完善自我。只有正确评价自己，学会尊重，学会宽容，坦诚与人交往，融入群体才能感受友情，取得信任，建立合理的“归属感”。而网络交往是在虚拟情景下进行。并非面对面交往，这种人—机方式的交往影响了大学生正常的交往方式，极易产生人际关系的冷漠，产生新的人际障碍，从而阻碍大学生心理的健康发展。同时，由于网络的隐蔽性，交往双方的真实的内心世界很难辨别，易受到蒙骗，这对于那些原来就有人际交往障碍但又渴望别人关心、理解的学生来说更是雪上加霜。

（四）网络可能使大学生成瘾影响健康

网络成瘾是一种成瘾行为，它由重复使用网络导致，并会给个体带来心理、社会、生理机能受损。据调查统计，我国网民中大学生占到40%左右，在这40%当中又有10%的大学生存在病态使用网络的行为，即网络成瘾。网络成瘾严重影响着人们正常的工作、学习和生活，影响着人们的身心健康。

因此，在网络时代，我们应保持清醒的头脑，认识网络时代特点，了解网络可能给我们带来的心理影响，增强网络心理健康意识，加强网络心理健康教育，充分利用互联网为提升人类的心理健康素质服务。

（五）网络时代可能使大学生崇尚科学，忽视人文素质

由于计算机及其网络在现代社会的重要地位日益凸显，其发展速度一日千里，极大地推进了社会经济的飞速发展和时代的巨大进步。所有这些都让当代大学生更加真切地理解到科技是第一生产力的含义，更加充分地体会到知识经济的巨大力量。对科学技术重要性的重新认识，使大学生能够自觉地奋发学习，求知的渴望更加强烈，积极主动地投身到知识的

海洋中去，以获取更多的科技知识，为更好地立足社会、推动社会发展做好知识储备。但是，大学生因受因特网的影响，在认识到新技术对社会发展的巨大推动作用的同时，也出现了另一种倾向，就是对人文科学的忽视。他们未能全面深刻地把握人文学科和自然科学在自身成长过程中同样不可或缺的重要作用，以及两者在科学上的互相作用的重要性，在价值观念上过分注重实惠，对社会的责任感和对他人的人文关怀逐渐淡化，甚至导致人文品格和道德水平的滑坡。

（六）网络时代可能使大学生迷恋网络，荒废学业

在现代信息化社会中，虚幻的网络世界一直深受大学生的喜爱。然而学生在网络上用于专业的学习实际是微乎其微的，学生主要集中在聊天室、各个站点和联众游戏等网站上。他们上网不是为了搜集资料，而是把它变成了聊天工具。不少学生晚上上网"兴致勃勃"，白天上课"无精打采"，学习效率可想而知了。2004年南华大学对该校的1000名在校大学生进行的调查问卷，其中发现：大学生平均每周在互联网上花费7个小时，有些人甚至时间更长。另据《中国教育报》载：2004年五一假期7天，一个大学生就在聊天、刷小视频和打游戏中度过，这些大学生的确对网络到达了沉迷的地步。

对于这些网络着迷者来说，网络就是他们第二个家。一下网就有再上网的渴望，有关网络上的情况反复出现在梦中和想象中，忽视现实生活的存在，导致人的行为异常，人格障碍，人际交往受到阻碍、交感神经失调。具体表现如下：

精神上：他们以上网为生活乐事，一接触网络，他们就感到兴致高昂，他们花费了大量时间在网络上，从而得到满足；当上不了网时就感到情绪不振，精神萎靡，空虚，容易发火，坐立不安。

躯体上：体能下降、头晕、恶心、眼干畏光，腰酸背痛，肩膀痛，饮食不规律或食欲不振；不考虑个人清洁卫生，生物钟紊乱上课注意力不集中。得了网络依赖症的学生往往与朋友之间疏远，学业倒退、成绩下降，甚至旷课、逃学等。

大学生沉迷网游，学业荒废遭劝退

小张同学老家位于湖北恩施一处普通的农村家庭，从小很聪明，上小学每年都能带上奖状回家，他是父母心目中的骄傲。上初中和高中，看到孩子学习很用功，也很辛苦，父母心疼，专门商量着在学校附近租了一个房子，由妈妈照顾生活起居。最后小张在高考时，终于不负众望地考上了武汉一所本科学校，读计算机专业。刚刚进入大学校园的小张同学，感到非常新鲜。一方面完全离开了父母的身边，自己独立生活，另一方面大学的学习也不像从前紧张，小张觉得自己好像获得了自由。为了孩子学习方便，家里帮小张买了一台电脑。结果小伙子却迷上了网络游戏，天天在寝室打游戏，这样的生活过了两年，门门功课不及格，学业彻底荒废，小张也遭到校方劝退！

沉迷网络导致学生学习动机减弱，严重影响学生的学习生活，上网成了他们生活的主题。由于网络本身极具吸引力，加之大学生缺乏自我控制能力，因此沉迷网络耽误了学习时间，削弱了学习兴趣，破坏了学习习惯，降低了学习效率，从而影响了学习成绩。许多大学生就是因为沉迷于网络游戏而荒废了学业。大学生应合理安排好自己的日常生活，保持正常的生活、工作、学习规律，控制上网时间。同时，要勇于直面现实、直面人生，积极面对现实，应多参加有益的社会活动，从网络的迷恋中解脱出来。

（七）网络时代对大学生奋发向上的行为产生负面影响

因特网使大学生看到知识的价值、科技的分量和知识经济时代的宏伟前景。在当今IT行业中，涌现了一批凭借自己技术力量而白手起家的中外名人，许多大学生从这些人身上看到了自己的希望和个体的梦想。这种梦想就是把自己的理想与现实的信息产业有机地结合起来，去开拓属于自己的一方天地。但是在计算机行业繁荣的背后，出现“黑客攻击”“金融偷盗”“贸易诈骗”“隐私侵犯”，散布虚假广告和有害信息、恶意的人身攻击、黄色游戏等，网络的安全.管理以及法律建设问题日益突出。比尔·盖茨辍学创业，都在不同程度上动摇了学生对学业传统评价体系的信心。诸多大学生对未来的目标也时有游离，他们更趋向于用金钱来衡量一切。这些都对大学生的行为规范和道德标准产生了一定的负面影响，不得不引起我们的高度重视。

第三节　大学生网络心理障碍及其调适

一、大学生网络心理障碍

网络心理障碍是指因无节制地上网导致行为异常、人格障碍、交感神经功能失调。其表现症状为：开始是精神上的依赖，渴望上网；随后发展为身体上的依赖，不上网则情绪低落、疲乏无力、外表憔悴、茫然失措，只有上网后精神才能恢复正常。大学生网络心理障碍大多数表现为感情上迷失自我、角色上混淆自我、道德上失范自我、心理上自我脆弱、交往上自我失落，主要包括五类：

（一）网络关系的依赖

此类成瘾者将全部的精力投注于在线关系中，在线朋友变得比现实生活中家庭成员和朋友更为重要，由于学校的、家庭的、就业的压力的存在，有些课外活动不丰富，大学生就是过着“两点（教室和寝室）一线”的生活，觉得生活极其枯燥乏味。为满足自身的心理和生理需要，他们找到了上网这个解决方法。他们喜欢在网上找网友诉说自己的不满和不幸，不需要顾及别人的眼光，不需要负责任；可以随心所欲地改变自我，使自己成为一个有理想的人，从网友的欣赏和赞扬中获得众人奉承的快乐；还可以伤害别人，侮辱别人，不用担心别人会报复等。面对网络，他们可以与陌生的伙伴侃侃而谈，避免了在现实生活中，他们直接接触所带来的恐惧，造成网络孤独症。

（二）网络恐惧

大学新生特别是来自经济落后地区的农村学生，几乎没有接触过互联网或接触很少，进入大学后面对色彩斑斓的网络界面，看到层出不穷的各种网络书籍、计算机软件，瞧着周围的同学熟练地使用计算机，自由地浏览、聊天时，一部分学生感到害怕和迷茫。

另外，一些对网络比较熟悉的大学生也有这样的障碍，他们对网络的畏惧主要是害怕跟不上网络的快速发展，怕掌握不了新的网络技术而被淘汰。

（三）网络游戏成瘾

此类人群将大量的时间精力和金钱花在网上赌博、游戏、购物和拍卖等活动中，其中打游戏的人群占大多数。大学的学习相对来说没有高中时那么紧张，把更多的时间花在了打游戏上。网络上有各种各样的游戏，他们玩起来可以几天不睡，通过与陌生的网友进行游戏对抗，靠自己的能力过关，可以说在网上，他们找到了现实生活的活动中所不能带来的乐趣，体会到了更大的满足感，久而久之，就欲罢不能了。

（四）网络色情依赖

很大一部分大学生上网的目的是猎奇，即追寻一种在现实生活中难以了解，通过正当渠道难以获得的猎奇事物或信息，并借以获得感官刺激。他们往往会出于好奇或冲动的心理刻意去寻找一些色情、暴力信息。此类的成瘾者着迷于观看、下载和交换色情作品。在目前的网络空间中，色情信息的泛滥达到了使人难以置信的程度，只要稍不留心，就可能误入其中而不能自拔。大学生对性知识的了解还处于模糊和好奇的阶段，这样不仅满足了他们的好奇心理，还使得一部分人在观看、下载、交换色情作品中，难以自拔。这样势必会影响他们正常的学校生活。

（五）网络失范行为——大学生网络犯罪

此类成瘾者沉迷于计算机程序制作、开发黑客软件以致影响了正常的学习和工作。在网络世界里，衡量一个人价值的唯一标准是技术，网络本身对技术及创新能力有较高的要求，拥有高超计算机技术的人成为IT行业的宠儿，与其他行业相比较而言，这类人能力强，待遇好，很受大学生们的崇拜，比尔·盖茨是这类学生口头中常出现的人名之一。这类大学生对技术的追求，对“知识英雄”的崇拜，虽然有利于我国信息化技术人才的培养，但是随着他们“发烧"程度的加深，以自我为中心的心理会越来越凸显出来，影响他们真正地了解自己和展望未来的能力，他们的兴趣产生偏离，对网络不依不舍，排斥其他事物，精力长时间过分集中在一个方面，会对其他事情了无兴趣，这样发展下去会影响正常人具备的思维和想象。例如：随着上网时间的增加，一部分大学生将猎奇和追求刺激作为网上生活的主要内容。他们会破译他人网络密码，窃取、篡改他人网上信息，散发、编制病毒，当黑客；或利用计算机技术窃取其他网络用户及一些公司、企业、网站账户，从中牟取非法利益，还有的学生为了发泄自己的不满情绪，揭发他人隐私、毁人形象，在网上散布虚假信息，甚至恶意中伤他人。这些都给他人、组织、社会造成了极大损失，同时也给自身带来了严重的身心伤害。长期在这种环境中生存，必然使部分学生的自我约束力下降，行为变得越来越无所顾忌。

（六）网络自我迷失和自我认同混乱

在以计算机为终端的网络中，由于匿名性而隐去了身份，许多现实社会中的规范、规则、道德在虚拟世界中的冻结，大学生上网者在表现个人自我时，把社会自我抛得越来越远，甚至企图借助网络在现实社会中凸显自我，将自我凌驾于社会之上，网络黑客，网络犯罪就是这方面的典型例子。此外，某些大学生对一些社会现象愤懑不满，他们想通过上网发泄不满，逃避社会，希望在网上有一个“清洁”的交往环境，构建一个良好的自我。然而网上充斥的色情图文、脏话、无聊的帖子、庸俗的话题，使他们在对社会产生失望之后又对网络产生了失望。

（七）网络沉溺综合征

因这种依赖行为类似于成瘾性的行为，如病态赌博、吸毒等，许多学者对这一问题进行了研究。例如：匹兹堡大学的学者是最早对互联网成瘾现象进行研究，将赌瘾的诊断标准改成一份八道题的依赖诊断问卷，通过调查对象对这些问题的回答来判断其是否患有“互联网依赖症”：

（1）你是否着迷于互联网？

（2）为了达到满意你是否感觉需要延长上网时间？

（3）你是否经常不能控制自己上网、停止使用互联网？

（4）停止使用互联网的时候你是否感觉烦躁不安？

（5）每次在网上的时间是否比自己打算的要长？

（6）由于互联网你的人际关系、工作、教育或者职业机会是否受到影响？

（7）你是否对家庭成员、治疗医生或其他人隐瞒了你对互联网着迷的程度？

（8）你是否把互联网当成了一种逃避问题或释放焦虑不安情绪的方式？

在上面八个问题中，如果被调查者对其中的五个问题的回答是肯定的，就可以断定他已经患上了互联网依赖症。结果在600名调查对象中，2/3符合互联网依赖症标准。这些平均每星期用40～80小时在网络上的网络依赖者，这导致对其生活有负面影响，如睡眠障碍、持续疲劳、工作和学习效率降低、人际关系障碍等。

进一步的研究还表明，“依赖型”和“非依赖型”上网者的不同，并不是仅仅指网民每周上网的时间，更主要的是在网上利用时间的方式。在依赖型上网者中，35%的时间用于聊天室，28%的时间用于多用户互动游戏；而在非依赖型上网者中，55%的时间用于接发电子邮件和万维网，24%的时间用于查阅网上图书馆、下载软件等其他信息的收集上。

二、网络心理障碍的特点

（一）病症发现的隐蔽性

网络心理障碍是人类进入以互联网为标志的信息时代后高科技环境下的产物，是伴随着计算机科学的发展和网络的普及而出现的新疾病，是网络用户在现实环境和网络的虚拟环境的巨大反差下形成的特殊心理状态。因此，对于网络心理障碍的认定本身就存在诸多的困难。患者自身也很难意识到自己已经患有此种病症，其周围人员也无法在患者患病初期进行确认。一般网络心理疾病患者的发现都是在中后期，而网络心理障碍一旦发展到一定的程度，患者的心理发生严重的扭曲，极易做出对自身健康和社会安全构成危害的行为。

（二）生理疾病的并发性

网络心理障碍是由于患者长期处于网络的虚拟环境中而形成的心理疾病，是以长时间上网为基础的。上网持续时间过长，就会使大脑神经中枢持续处于高度兴奋状态，引起肾上腺素水平异常增高，交感神经过度兴奋，血压升高。这些改变可引起一系列复杂的生理和生物化学变化，尤其是植物神经紊乱、体内激素水平失衡，会使免疫功能降低，诱发多种生理的并发疾患，如心血管疾患及胃肠神经官能症、紧张性头痛等。同时，由于眼睛长时间注视电脑显示屏，视网膜上的感光物质视紫红质消耗过多，未能及时补充其合成物质维生素A和相关蛋白质，就会导致视力下降、眼痛、怕光、暗适应能力降低等。所以，网络心理障碍与以上因长时间上网而产生的生理现象又统称为互联网络成瘾综合征。

（三）治疗手段的模糊性

网络心理障碍产生的根源在于人脑的潜意识发生了病变，其特征业已突破了传统心理疾病的特点，因而现代医学的各种医疗手段和心理学的理论并不能彻底地治疗此种病症。同时，网络心理障碍涉及计算机科学、医学、心理学和思想政治学的范畴，所以，很难单纯依靠医务人员或心理专家单方面来对此类疾病进行治疗，而医学界和心理学界对此种疾病的认识也只处于起步阶段，尚需深入地研究和探讨。必须结合思想政治教育达到标本兼治的目的。而现实是，部分教育工作者由于没有受到系统的计算机和心理学教育，面对飞速发展的计算机和网络科技往往不知所措，加上繁忙的工作和家庭负担，不少人很难抽出时间进行系统的学习，对此也就无能为力。

（四）预防和治疗的紧迫性

许多心理障碍（包括网络心理障碍）都是文化抑制的结果，也就是说一个人受教育程度越高，所受的文化禁忌越深，内心的冲突也就越强烈。因此，大学生上网过多，就很容易形成网络心理障碍。随着网络在高等院校的普及，网络心理障碍的患者将出现快速增长的趋势，如果采取的措施不及时、效果不理想，就会导致网络心理障碍的蔓延。

三、大学生网络心理障碍的调适

进行网络心理障碍的调试，要在对现实心理健康教育的方法进行沿用和整合的基础上，探索适应网络时代特征的新方法，所以一方面要充分发挥中国传统文化在大学生网络心理健康教育中的作用；另一方面，要借鉴和整合西方心理学的方法在大学生网络心理健康教育中的运用，并积极探索新的方法。

（一）外部调试

1. 培养网络心理健康意识教育

要想从根本上解决大学生的网络心理问题，首先要加强网络心理健康意识教育，引导大学生树立正确的网络心理健康观念。从大学新生入学教育开始，大力普及网络知识，引导学生对网络科学认识，树立正确的上网动机；客观评价网络，分析网络利弊，扬长避短。积极引导大学生提高网络信息的鉴别力，有选择地借鉴吸收网上良莠不齐的信息，自觉抵制网络上的不良信息所带来的诱惑。针对大学生沉迷网络、逃避现实社会的情况，要强化大学生的社会化的教育，学会认清虚拟世界和现实生活的区别。

网络心理健康教育是一种助人与自助的活动，“助人”是手段，让学生“自助”才是最终的目的。所以，在网络心理健康教育中，要充分发挥自我教育，对自身的心理困惑，能够将网上心理健康教育内化，自我诊断，自行解决，从而培养自我提高，自我发展心理素质能力，促进身心健康成长。

（1）加强自律与自我管理。

真正的救世主只有一个，就是自己。大学生只有自律才能既充分实现其自尊、自主与自由，又能培养强大的自制力，养成良好的“慎独”习惯。在网络社会里，一方面，由于其信息量十分庞大，各种文化理念与价值观激烈碰撞，各种论断又莫衷一是，各色诱惑比比皆是；另一方面，由于网络具有极大的隐蔽性和虚拟性，在“匿名效应”的驱动下，人性之“恶”便无所顾忌地暴露出来。父母老师根本无法监督和管理，此时完全靠大学生的自我约束和管理能力。如不加以约束，带来的危害将无法想象。

（2）丰富课余生活。

大学生要善于利用课余时间，参加一些有意义的讲座、讨论会、学术报告、文娱活动、社团活动等等，尽量培养自己的多种兴趣爱好，这样可以使生活充实丰富，人生增添乐趣，也有利于增强自信心和社会适应能力，同时也避免了因为生活空虚单调而陷入网络世界无法自拔的不良倾向，对大学生的身心健康发展非常有利。

2. 网络人际交往心理教育

网络提供给了大学生很好的交流途径，那就是上网聊天和网上交友。目前，许多大学生把网络作为扩大交际圈和打发无聊时间的手段。但由于一些大学生过度迷恋网络聊天等虚拟的交往方式，而不去参加现实生活中的交往活动，从而疏远了现实社会的人际关系，严重的还患上了“网络孤独症”。有的大学生由于性格内向、孤僻等原因，现实中不善于与人交往，借助网络消解生活中缺乏朋友的孤独，上网逃避现实，离线后更感寂寞。因此，在加强大学生网络人际交往的心理教育，树立起正确的人际交往观念的同时，在大学生网络心理健康的内容中要加入网络人际交往的技巧和艺术的教育。掌握了一定的网上交往技巧和艺术，才能够用正常的、健康的心理状态进行人际交往，才能在网上建立良好的人际关系。良好的人际关系不仅是大学生在网上健康快乐生存的保障，同样也是他们在现实中健康快乐生活的保障。

3. 网恋和色情心理健康教育

网上的匿名性使大学生敢于更真实地表达自己，而不必担心社会评价。所以在网上结交异性朋友和谈情说爱也不再是羞于启齿的事。有资料显示，46.2%的学生结交异性网友是寻开心、解闷，14.1%的学生是为了获得感情慰藉，9.1%的学生是对现实生活感到失望，11.7%的学生是渴望了解异性，获得满足感。有39.7%的学生曾与网友见过面，其中，11.2%的学生常与网友见面。另外，青春期的大学生对性的好奇和向往表现在和性直接或间接有关的网站访问率较高。

在了解大学生网恋的心理状态和可能出现的问题后，运用性心理与爱情心理的理论，明确网恋心理健康教育的主要内容。一是要对大学生网民进行正确恋爱观的教育；二是要加强性健康教育；三是应加强对大学生尤其是女大学生的安全教育。同时，分析大学生网络色情心理的现状，研究矫正大学生网络色情心理的对策。

4. 网络学习心理指导与职业生涯规划

网络学习心理指导与职业规划也是高校网络心理健康教育的基本内容。我们要研究大学生网络学习心理及优化。运用学习心理的理论，分析大学生网络学习心理的现状，研究优化大学生网络学习心理的对策。网络学习心理指导包括学习方法指导、学习动机的激发与培养、学习兴趣的培养、学习习惯的养成、学习疲劳的预防，以及现实学习与网络学习的联系与区别、网络学习的技巧等。

5. 网络道德心理教育

由于网络上正确与错误、先进与落后、有用与无用的消息鱼龙混杂，以及充斥其中的大量的淫秽、暴力、迷信等丑恶低俗的内容。所有这些都很容易使那些人生观、世界观还没有完备的大学生受到误导，而导致思想道德混乱，是非观念模糊，丧失了分辨善恶美丑的标准，为人处世更加我行我素，把自己的责任也忘在一边。进而造成不道德行为的泛滥和违法行为的增多。调查显示：有37%的人认为“偶尔在网上说粗话没什么”，有25%的人认为“在网上做什么可以毫无顾忌”，有32%的人认为“在网上聊天可以撒谎”。由此可见：部分人在网络行为中存在着道德淡漠的现象。同时，对“在网上聊天时可不可以欺骗对方”这一问题，有13.2%的青少年认为网上聊天谁也看不见，相互欺骗是很正常的；55.1%的学生认为在网上可以欺骗对方，但只能以保护自己的隐私为限，而不能伤害别人；只有28.1%的学生认为即使彼此看不见，也应该以诚待人，不该互相欺骗。这一结果说明，有比较多的学生对网上的欺骗行为并不反感，还有一部分学生认为，在网络这样的场所进行欺骗是很正常的事情。这两个案例反映出传统道德规范中诚实守信的道德品质在网络世界中受到严峻的挑战。

6. 网络心理健康教育相关的心理学方法

（1）中国传统文化的心理学方法。

儒家重社会教化、自我修养的身心修养模式。儒家的身心修养方法非常重视知、情、意、行的统一，这样才能保持良好的心态，最好达到“乐道安仁”的最高境界。儒家的身心修养方法还强调必须遵循“中庸”原则。儒家“教化”的修养方法不是注重顺其自然的个体直观体悟，而是注重外力施加教育，使其通过立志、学习一系列过程达到个体领悟的目的，自我加强修养。

(2)西方主要心理学方法。

当事人中心疗法是罗杰斯在其人本主义心理学理论指导下创立的，其基本思想是咨询人员或治疗者不是直接治疗患者的行为，而是指导患者自我探索，内省、发现和判断自我的价值，调整自我观念，使其内心发生变化而达到治疗目的。咨询人员或治疗者只在于创造一种好的环境，形成真诚相待、设身处地地理解和无条件尊重的气氛。

当事人中心疗法主要有两种形式：一是患者中心治疗，一般用于有心理冲突或心理疾病的来访者；二是通过交朋友小组进行小团体治疗，主要解决交往障碍和社会生活中存在的心理问题。前者的基本假设是：人的自身内部有理解自己并改造自我概念和指导自己行为的广阔能源；只要提供适宜的环境气氛，这些能源就能开发出来。这种适宜的气氛主要有三条：真诚、无条件关怀和移情的理解。

在咨询过程中要求咨询者努力创造这种适宜的环境气氛，使来访者体会到自己在咨询过程中的主体地位，积极主动地讲述自己的心理问题，并在咨询者的引导下寻求解决问题的方法。交朋友小组的成员由背景或问题相似的人组成，如不善于与人交往、有一定社交恐惧心理的人，或不习惯与异性相处和交往的人等，参加人数在10人左右。参加者虽然有一定心理障碍，但病情不太严重，他可以坐下来参加小组的谈话而不会因为有妄想或奇异行为而影响集体行动。交朋友小组一般由咨询人员担任主持人。主持人的作用在于促进组内成员之间的建设性关系，建立融洽而无拘束的气氛，使参加小组活动的人逐渐消除防范心理，达到能相互吐露真情，建立较深的感情关系。通过交朋友小组的活动，消除心理障碍，增进心理健康。

（二）大学生自我心理调适

(1)加强马克思主义哲学、辩证唯物主义的学习，树立正确的世界观、人生观、价值观，学会分析问题和解决问题的科学方法，明辨真假，分清是非，增强抵御网络环境负面影响的能力。

(2)把自己的注意力从消极上网转移到积极的大学生活中来。当不良的想法出现时，可以采取转移注意力的方法寻找一个新颖的刺激，激活新的兴奋点，使不良想法逐渐消失。

(3)养成良好的网上生活习惯。从网上汲取知识是大学生活的重要组成部分，是适应现代社会进步和发展的必然要求。有过上网体验不是坏事，关键是要把用于上网聊天、游戏的时间用来从网上汲取丰富的知识营养。根据学习要求和生活规律规定自己的上网时间。养成有计划、有目的的上网，化消极因素为积极因素。

小虎（化名），男性，22岁，大一学生，上网成瘾6个月，在父母的陪同下前来咨询。其父亲说：小虎从小身体健康，未得过什么大病。小学学习很好，成绩优秀，考上了一所重点大学。中学阶段曾经间断上网，一般时间较短。考上大学，父母给他买了电脑作为奖励，以后，小虎上网时间与次数逐渐增加，甚至忘了吃饭，而且主要是在玩游戏。已经严重影响学习。父母加以阻止，并要求他减少上网时间，刚开始一周还能坚持，以后又故态重演，甚至不能正常上课。所以小虎上网时间过长时，父亲强硬制止，他异常不满，以摔东西、绝食来抗议，最终以父母妥协而告终。以后上网时间更长，父母的阻止丝毫不起作用，甚至发展到父亲阻止而引来双方动手。而且小虎脾气越来越暴躁，不愿与父母沟通，与以前判若两人，父母异常痛苦，急切前来求助心理医生。

对于自制力差的孩子来说，父母要多关心孩子的成长过程，在他遇到烦恼和困惑时给予正确的引导。可以让孩子在电脑上学编程、学打字，不是一味打游戏。在玩电脑的同时，家长还可以给孩子定时间、计划。在生活中为孩子创造一个良好的交友环境，避免孩子产生孤独感。

年轻人对很多事情的认知都处在似懂非懂的阶段，因此很容易将网上那些想象中的东西当成现实，并且寄予厚望。希望越大失望也越大，很容易会导致心理障碍。因此年轻人要多交朋友，多方面获取知识，扩大知识面。要树立正确的理想，有奋斗目标才能进步。成年人遇到困惑时，应该寻求社会支持，多和亲人沟通，从正确的道路出发，解决问题。

随着大学生对网络使用程度的提高，大学生上网人数和上网时间越来越多，网络对大学生个性的影响也越来越大。“你上网了吗？”正成为大学生见面时最流行的问候语，网络正改变着：大学生的生活方式、学习方式、交往方式，网络心理素质已成为当代大学生心理素质的重要方面。让我们一起学会在网络环境下如何趋利避害，培养健康的网络心理，拥有一个精彩的网络世界。

课后思考

1. 请结合实际谈谈网络心理问题的表现及其成因是什么。
2. 结合实际，谈谈如何克服网络心理障碍。
3. 案例说明了什么？我们应该如何正确对待网络？

心理实训 1

观看《心理访谈》之“戒除网瘾训练营”

1. 节目观看。

2. 针对问题进行讨论。

(1) 网络成瘾的初期表现有什么特征?

(2) 怎么鉴别是否已经达到了网络成瘾?

(3) 网络成瘾对大学生的危害主要有哪些?

3. 学生分享与总结。

心理实训 2

时间管理技术训练

(1) 介绍时间管理技术。

(2) 充分管理好自己的时间,会用时间管理表格分配自己的日常事务。

(3) 列举一天遇到的10件事情,要学生进行分类安排。

如交电话费,剪头发,参加四级考试,和朋友去公园玩,交作业给老师,参加创业讲座,给家里打电话,买衣服,去银行取钱,打扫寝室卫生。

(4) 学生之间谈自己的体会。

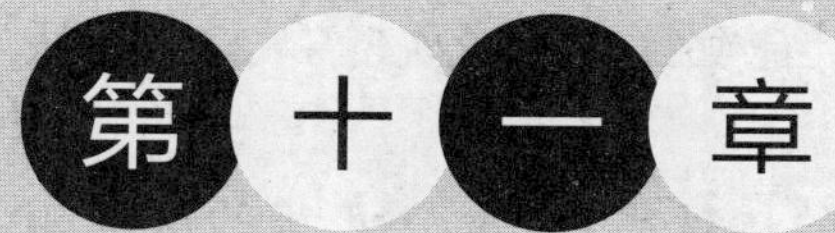

第十一章

大学生职业生涯规划与心理健康

——发现自己，描绘人生

人的一生中，大部分时间都从事着与职业相关的活动，职业影响着人们生活的质量。大学阶段是职业生涯发展的重要阶段，做好职业生涯规划，为大学生发现自我、实现自我提供可能，为探索职业世界、培养职业素质和素养提供机会，也能够为合理地评估自身情况及决策提供方法，进而达成个人理想的职业发展目标。

职业生涯规划指导大学生认识自我，正确地规划发展自我。健康的心理状态则是大学生完成学业，实现个人理想的基本保障。

学习目标

1. 本章主要是使学生认识职业生涯规划的重要性。

2. 了解并掌握制定职业生涯规划的方法，能够立足自身实际和客观条件，制定职业生涯规划。

3. 能够正确调适在职业生涯过程中出现的心理困惑，树立正确的就业观。

思维导图

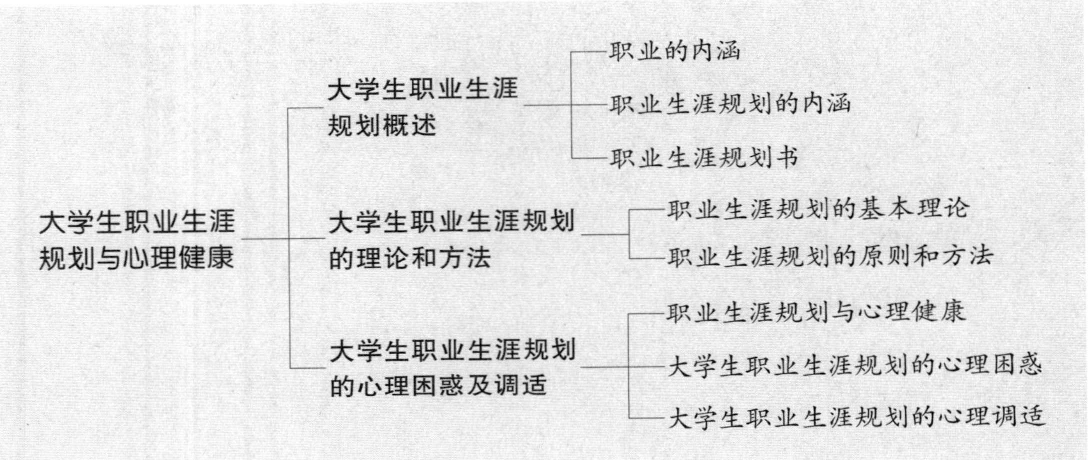

导入案例

职业生涯规划让求职更顺畅

同学A，2003年7月毕业于上海某大学计算机专业。2003年是高校全面扩招后的第一个就业高峰年，就业竞争异常激烈。初涉职场的她虽然早已意识到就业形势的不乐观，但并未引起足够的重视，以为凭自己的专业优势以及优越的个人条件，总能找到一份合适的工作。盲目的自信导致在校期间她没有培养自己的专业技能，除了一张毕业文凭外，几乎拿不出什么专业技能证书。她在寻找工作之前也没有客观地审视自己的优势与劣势、思考什么样的工作最适合自己的发展、什么样的工作最能发挥和体现自己的才能等诸如此类职业规划问题，匆匆上阵，其结果令她大失所望。几番应聘面试都败下阵来，这便将她当初的自信消失殆尽。

而同一宿舍的同学B，虽然所学的公共管理专业并不如A的专业紧缺，但B

对自己的职业能力、职业性格、职业兴趣以及与之相配相适合的工作岗位都进行了分析，并制定了详细的职业生涯规划，职业发展一直很好。

是什么原因使A同学的职业发展比B同学缓慢？如果你是A同学你应该怎么做呢？职业生涯规划影响着个人职业发展、个人生命质量及价值实现。因此，进行职业生涯规划，有助于确立人生方向，认识到自己的个人特点和优势所在，评估职业目标和现状的差距，更准确地定位职业方向，增强职业竞争力，从而获得职业成功。

第一节　大学生职业生涯规划概述

一、职业的内涵

（一）职业的定义

职业是指参与社会分工，用专业的技能和知识创造物质或精神财富，获取合理报酬，丰富社会物质或精神生活的一项工作。从社会角度来看，职业是劳动者获得的社会角色，劳动者为社会承担一定的义务和责任，并获得相应的报酬。从国民经济活动所需要的人力资源角度来看，职业是指不同性质、不同内容、不同形式、不同操作的专门劳动岗位。

（二）职业的分类

1. 职业分类的概念

职业分类是以工作性质的同一性为原则，对社会职业进行的系统划分与归类。所谓工作性质，即一种职业区别于另一种职业的根本属性，一般通过职业活动的对象、从业方式等的不同予以体现。职业分类的目的是要将社会上纷繁复杂、数以万计的现行工作类型，划分成类系有别、规范统一、井然有序的层次或类别。

社会分工是职业分类的依据。在分工体系的每一个环节上，都包括劳动对象、劳动工具以及劳动的支出形式。根据一定的方法和标准，职业可以划分为若干类型。

2. 我国职业类型划分方式

（1）按种类划分

《中华人民共和国职业分类大典》（2022年版）将我国职业分类体系调整为8个大类、79个中类、449个小类、1636个细类（职业），并列出了2967个工种，标注了133个绿色职业。全面客观地反映了现阶段我国社会的职业构成、内涵、特点和发展规律。

职业的分类

类别号	类别名称
第一大类	党的机关、国家机关、群众团体和社会组织、企事业单位负责人
第二大类	专业技术人员
第三大类	办事人员和有关人员
第四大类	社会生产服务和生活服务人员
第五大类	农、林、牧、渔业生产及辅助人员
第六大类	生产制造及有关人员
第七大类	军队人员
第八大类	不便分类的其他从业人员

（2）按行业划分。

1984年国家发展计划委员会、财政部、国家统计局、国家标准局批准发布，并于1985年实施的《国民经济行业分类和代码》，分别于1994年和2002年进行修订，2011年第三次修订，2017年第四次修订，颁布了《国民经济行业分类》。

这项标准主要按企业、事业单位、机关团体和个体从业人员的生产或其他社会经济活动的性质的同一性分类，即按其所属行业分类，将国民经济行业划分为门类、大类、中类、小类四级。门类共有20个，具体如下：

①农、林、牧、渔业；②采矿业；③制造业；④电力、热力、燃气及水生产和供应业；⑤建筑业；⑥批发和零售业；⑦交通运输、仓储和邮政业；⑧住宿和餐饮业；⑨信息传输、软件和信息技术服务业；⑩金融业；⑪房地产业；⑫租赁和商务服务业；⑬科学研究和技术服务业；⑭水利、环境和公共设施管理业；⑮居民服务、修理和其他服务业；⑯教育；⑰卫生和社会工作；⑱文化、体育和娱乐业；⑲公共管理、社会保障和社会组织；⑳国际组织。

（3）按产业划分。

产业是国民经济活动最基本的类型。根据国家统计局1985年的划分标准，我国分为三大产业，即第一产业、第二产业、第三产业。

第一产业包括农业、林业、牧业、渔业、水利业。广义上讲，农业包括采集、种植、狩猎、捕鱼、畜牧在内。农业部门的职业包括农林牧渔劳动者、管理人员、专业技术人员和技术工人等。

第二产业包括工业和建筑业。按照产品的经济用途，可以将整个工业分为两大类：生产生产资料的工业和生产消费资料的工业。前者称为“重工业”，包括机械、冶金、电力、煤炭、石油、燃料和化工等工业；后者称为“轻工业”，包括纺织、造纸、食品和皮革等工业。根据工业的供求关系及劳动对象的不同性质，重工业又可以分为采掘工业和加工工业。轻工业也可以分为以农产品为原料的轻工业和以非农产品为原料分轻工业，如日用化工品、化学纤维和陶瓷等工业。

第三产业是指广义上的服务业，包括四大部门，分别是流通部门（如商业、饮食业、交通运输业、邮政电信通信业、物资供销和仓储业等）、服务部门（如金融、保险、房地产业、公用事业、居民服务业、旅游业和咨询服务业等）、教科文卫体育部门（如教育、文化、广播电视事业、科学研究事业、卫生、体育和社会福利事业等）和机关团体（如国家机关、党群组织和社会团体等）。

二、职业生涯规划的内涵

（一）职业生涯规划的定义

职业生涯规划是指组织或者个人将个人发展与组织发展相结合，对决定个人职业生涯的个人因素、组织因素和社会因素等进行分析，从而对个人的事业发展进行战略设想与计划安排。

大学生职业生涯规划是指大学生在自我认知的基础上，综合考虑自身能力、价值取向和个人智能，结合时代特点，确定适合自己的职业目标并制订相应的计划，以减少就业的盲目性，降低就业失败的可能性，为个人的职业成功设计具体方案。

（二）职业生涯规划的特征

一般情况下，一份科学的职业生涯规划完成后需要具备以下四个特征。

1. 阶段性与连续性

职业生涯规划一般是按照入学、学习、毕业前后、后续跟踪四个阶段展开，既是一个阶段性的任务，又是一个连续的过程。新入学阶段要树立大学生职业生涯规划的意识，学习阶段要确立基本方向、培养相关素质，毕业前后阶段要努力实现制定的目标，后续跟踪阶段则要对职业生涯规划进行完善。因此，科学的职业生涯规划要具有阶段性与连续性的特征。

2. 可行性与适时性

制定职业生涯规划时要实事求是，充分考虑到自身条件和外在环境的约束。这就要求个人应不断加强自我认知能力，对自己进行全面客观的评价与定位，并对外界条件进行仔细的分析，选择适合自己并且能够实现的职业目标。同时，职业生涯规划要根据上述四个阶段的特点，合理安排实施。各项活动何时实施、何时完成，都必须作好时间和顺序上的妥善安排，以作为检查行动的依据。因此，科学的职业生涯规划要具有可行性与适时性的特征。

3. 自主性与针对性

职业生涯规划具有强烈的个人导向性，必须由个人自主完成。同时，由于成长环境、性格类型、价值观及能力与爱好等不尽相同，个人必须根据自身情况完成规划。因此，科学的职业生涯规划要具有自主性与针对性的特征。

4. 发展性与前瞻性

职业生涯规划是对未来的规划，需要个人在做好自我定位并选择好发展道路的基础上，充分了解摆在面前的职业生涯道路的各种可能性，知晓未来的职业世界。只有这样，才能选择好适合自身特点的职业生涯发展道路。同时，应根据社会与时代的变化适时对职业生涯规划作出必要的调整，以保证其适应性和可持续性。因此，科学的职业生涯规划要具有发展性与前瞻性的特征。

小李在学校学的是广告学专业，到快毕业时，他并没有像其他人那样急于找工作、逛人才市场，而是首先对自己各方面的素质进行了全面的分析。他发现自己除了具有广告学专业的背景外，在写作、创意、宣传等方面也具有优势，于是他毅然选择了广告策划作为未来的职业发展目标。在之后求职的过程中，他有针对性地将个人材料投给了广告公司。虽然有不少公司委婉地回绝了他，但小李始终对自己的选择充满信心。后来他的应聘材料引起了一家著名广告公司负责人的注意，通过交谈，小李被录用了。

就业成功的因素有很多，正确认识自己，树立科学的职业目标十分必要。

（三）职业生涯规划的分类

职业生涯规划按照时间的长短来分类，可分为人生规划、长期规划、中期规划与短期规划四种类型；按照性质分可分为学习目标、工作目标、收入目标、家庭生活目标与人际交往目标五种类型，具体如下。

大学是踏入社会前的过渡时期，机遇永远属于有准备的人。为了今后的发展，学生从踏入大学的第一天开始，就应有意识地进行自我职业生涯设计的准备工作，大学期间职业生涯规划的目标如表11-1所示。

表11-1　大学期间职业生涯规划的目标

年级	阶段	内容	预期目标
大一	职业准备期	了解理论概念	建立职业生涯意识
大二	职业选择期	引导自我认知	养成技能型就业能力
大三	职业规划期	掌握行业信息	建立合理职业规划
大四	职业行动期	管理就业信心	形成持久性就业能力

三、职业生涯规划书

（一）职业生涯规划书的基本内容

1. 封面和扉页

封面要注明名称和年月日，可以适当装饰封面，插入图片或者格言等内容。扉页包含目录、学生的姓名、性别、学校、班级、联系电话、邮箱等基本情况，还要有规划年限、年龄跨度、起止时间。规划年限不分长短，可以是半年、3年、5年，或是20年，视个人的具体情况而定。建议大学生职业生涯规划年限为3~5年。

2. 前言或引言

主要包括制定职业生涯规划的意义和目的。

3. 自我分析及评估

大学生进行职业规划时，要先对自己进行全面分析。通过自我分析，正确而深刻地认识和了解自己。只有这样，才能对自己的职业生涯作出最佳选择。自我分析包括以下三个方面内容：

（1）主观分析，主要包括个人兴趣爱好、个人性格特点、个人能力和特长、个人价值观念等的自我分析。

（2）客观分析，主要依据相关的心理测评软件，对自己的智力、职业兴趣、人格特质、职业倾向和能力、职业价值观等进行测评，形成分析报告。另外，还可以让其他人对自己进行评价。

（3）根据自我分析结果，进行自我分析小结。

4. 职业环境评估

这主要是分析职业环境因素对自己职业生涯发展的影响，要正确、客观、全面地分析和了解自己所处的环境和预见的环境。具体包括以下环境的分析：

（1）家庭环境，如家庭经济状况、家人期望、家庭文化等对本人的影响。

（2）学校环境，如学校特色、专业学习、实践经验等。

（3）社会环境，如社会政治制度、社会经济环境、文化环境、人们的价值观念、就业形势、就业政策等。

（4）职业环境，如所在行业的发展情况、前景与趋势及其对从业人员的要求、未来有哪些行业可能会对你的目标职业有需求等。

5. 角色及其建议

记录对自己职业生涯影响最大的一些人的建议。

6. 职业定位和目标分解实现

职业定位是指在自我剖析及对职业环境进行分析的基础上，确立明确的职业发展方向。确立职业方向、阶段目标和总体目标。职业方向即从业方向，是对职业的选择；阶段目标是职业规划中每个时间段的目标；总体目标即当前可预见的最长远目标，也是在特定规划中的终极目标。在确定总体目标时，如果能适当地看得远些、定得高点，将有助于最大限度地激发规划者的潜能，制订详细又切实可行的行动计划和策略方案。

7. 评估标准设定及调整

职业生涯规划应当是一个动态的过程，设定好衡量这一规划是否成功的标准，如果在实施过程中无法达到制定的目标或要求，应当如何修正和调整。包括以下几个方面：

（1）评估内容，自我认知评估、职业目标评估、职业路径评估、实施策略评估、其他因素（身体、经济状况、意外情况等）评估。

（2）评估时间，根据实际情况设好评估时间，一般情况下为半年或一年。

（3）调整的原则，当出现特殊情况时可随时调整或执行备选方案。

8. 结束语

结束语是自己对执行职业生涯规划的决心和意志的表达。

（二）职业生涯规划书的写作技巧

1. 资料翔实、步骤完整

收集资料有多种途径，可以通过访谈、从报刊图书中摘抄、上网搜索下载等方式获取资料，引用资料要尽可能地注明资料的出处，并多运用图表数据来说明问题，以提高资料来源的可信度和说服力。步骤主要分为四步：第一步，分析需求、分析条件及目标设定；第二步，分析阻碍和可行性；第三步，设计方案和提升（修正）计划；第四步，制订详细的实施计划和措施。

2. 论证科学、分析深入

了解有关的测评理论及知识，认真审视、思考自己的测评报告，并对照自我认识与测评结果的异同，分析与测评结果形成差距的原因，从而确定自我评估结果，达到“知己”。要厘清自己所处的环境（包括居住的地方、喜欢的地方、亲友的意见等），明确自己最大的兴趣是什么、最喜欢与之共事的人的类型是什么、最重视的价值与目标是什么、最喜欢的工作条件是什么，再通过目前环境评估和当前社会环境分析来确定自己的职业方向，做到有理有据、层层深入。

3. 言简意赅、重点突出

语言朴实简洁，用词精练准确，行文流畅，条理清楚，这是写作最基本的要求。撰写职业生涯规划书时还应注意整篇文章的结构和重心所在。分析、阐述时，必须紧紧围绕职业生涯目标这条主线来展开，从而体现论述的逻辑性和连贯性。要将重点放在自我评估、环境评估和职业生涯目标的实施上。职业生涯规划是对自己将来的规划，只有建立在对自我和职业的充分认识基础之上，才能体现出它的科学性和可行性。

4. 目标明确、切实合理

撰写职业生涯规划书应围绕职业生涯目标展开，职业生涯目标不能过于理想化，应“择己所爱”“择己所长”“择世所需”“择己所利”。职业生涯规划书撰写是否成功，在很大程度上取决于有无正确适当、切实可行的职业生涯目标。

5. 分解合理、组合科学

职业生涯目标分解、实现路径选择要有理论依据，备用路径之间要有内在联系性。职业生涯目标组合要注意时间上的并进、连续和功能上的因果、互补作用。全方位的组合要涵盖职业生涯、家庭生活、个人事务等方面。

第二节　大学生职业生涯规划的理论与方法

一、职业生涯规划的基本理论

（一）职业性向论

美国心理学教授霍兰德于1959年提出了具有广泛社会影响的职业性向理，又叫职业兴趣理论，更具体地指出人格类型决定职业选择。该理论认为，人的人格类型、兴趣与职业密切相关，兴趣是人们活动的巨大动力，职业兴趣可以提高人们的积极性，促使人们积极、愉快地从事该职业，且职业兴趣与人格之间存在很高的相关性。选择的职业类型和个人兴趣越接近，职业与个人就越匹配，反之则冲突越大。

霍兰德认为，个人职业兴趣特性与职业之间应有一种内在的对应关系。根据兴趣的不同，人格可分为研究型（I）、艺术型（A）、社会型（S）、企业型（E）、常规型（C）、现实型（R）六个维度，每个人的性格都是这六个维度的不同程度的组合。

霍兰德所划分的六大类型并非并列的，而是有着明晰的边界的。然而，大多数人都并非只有一种性向，一个人的性向中很可能同时包含着社会性向、实际性向和调研性向。霍兰德认为，这些性向越相似，相容性越强，则一个人在选择职业时所面临的内在冲突和犹豫就会越少。为了帮助描述这种情况，霍兰德建议将这六种性向分别放在一个正六三角形的每一角，以六边形标示出六大类型的关系，如图11-1所示。

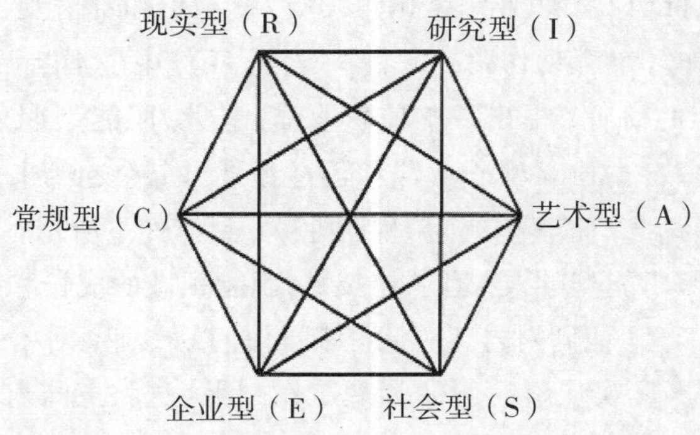

图11-1　霍兰德理论六角形模型

知识窗

六种人格类型的特点及适合的职业

现实型（R）：具有这种性向的人，通常表现为害羞、真诚、持久、稳定、顺从、实际等个性特征，会被吸引去从事那些包含着体力活动，并且需要一定的技术、力量和协调性才能承担的职业。如机械师、装配线工人、农场主、森林工人等。

研究型（I）：具有这种性向的人，通常表现为分析、创造、好奇、独立等个性特质，会被吸引去从事那些需要思考、组织和理解的活动。如化学家、经济学家、数学家、新闻记者等。

社会型（S）：具有这种性向的人，通常表现为社会、友好、合作、理解等个性特质，会被吸引去从事那些包含着较多人际交往，帮助和提高别人活动内容的职业。如社会工作者、外交工作者、临床心理学家等。

常规型（G）：具有这种性向的人，通常表现为顺从、高效、实际、缺乏想象力、缺乏灵活性等个性特质，会被吸引去从事那些包含着大量结构性的且规则较为固定的职业，在这些职业中，雇员个人的需要往往要服从于组织的需要。如会计、档案管理员、业务经理等。

企业型（E）：具有这种性向的人，通常表现为自信、进取、精力充沛、盛气凌人等个性特质，会被吸引去从事那些包含着大量以影响他人或获得权力为目的职业。如法官、律师、公关专家、管理人员等。

艺术型（A）：具有这种性向的人，通常表现为富有想象力、无序、杂乱、理想、情绪化、不实际等个性特质，会被吸引去从事那些包含着大量自我表现、艺术创造、情感表达以及个性化活动的职业。如艺术家、广告制作者、音乐家、室内装饰家等。

（二）职业锚理论

职业锚理论又称职业定位理论，产生于美国职业指导专家埃德加·H.施恩教授领导的研究小组，是一种以个人为出发点的职业生涯选择理论。职业锚是指人们选择和发展自己的职业时所围绕的中心，当一个人在不得不做出选择的时候，无论如何都不应放弃的职业中的那种至关重要的东西或价值观。职业锚强调个人能力、动机和价值观三方面的相互作用与整合。职业锚是个人同工作环境互动作用的产物，在实际工作中是不断调整的。

施恩根据自己多年的研究，提出了五种职业锚：技术/职能型职业锚、管理能力型职业锚、安全稳定型职业锚、自主独立型职业锚和创造型职业锚。近年来，许多机构进行了大量的实验来研究职业锚理论，又将其拓展为8种职业锚，具体如下所示。

技术/职能型：技术/职能型的人，追求在技术/职能领域的成长和技能的不断提高，以及应用这种技术/职能的机会。他们对自己的认可来自他们的专业水平，他们喜欢面对来自专业领域的挑战。他们一般不喜欢从事一般的管理工作，因为这将意味着他们放弃在技术/职能领域的成就。

管理型：管理型的人追求并致力于工作晋升，倾心于全面管理，独自负责一个部分，可以跨部门整合其他人的努力成果，他们想去承担整个部分的责任，并将公司的成功与否看成自己的工作。具体的技术/功能工作仅仅被看作是通向更高、更全面管理层的必经之路。

自主/独立型：自主/独立型的人希望随心所欲安排自己的工作方式、工作习惯和生活方式。追求能施展个人能力的工作环境，最大限度地摆脱组织的限制和制约。他们愿意放弃提升或工作扩展机会，也不愿意放弃自由与独立。

安全/稳定型：安全/稳定型的人追求工作中的安全与稳定感。他们可以预测将来的成功从而感到放松。他们关心财务安全，例如：退休金和退休计划。稳定感包括诚信、忠诚，以及完成老板交代的工作。尽管有时他们可以达到一个高的职位，但他们并不关心具体的职位和具体的工作内容。

创造/创业型：创造/创业型的人希望使用自己能力去创建属于自己的公司或创建完全属于自己的产品（或服务），而且愿意去冒风险，并克服面临的障碍。他们想向世界证明公司是他们靠自己的努力创建的。他们可能虽正在别人的公司工作，但同时他们也在学习并评估将来的机会。一旦他们感觉时机到了，他们便会自己走出去创建自己的事业。

服务型：服务型的人一直追求他们认可的核心价值，例如：帮助他人，改善人们的安全，通过新的产品消除疾病。他们一直追寻这种机会，即使这意味着即使变换公司，他们也不会接受不允许他们实现这种价值的工作变换或工作提升。

挑战型：挑战型的人喜欢解决看上去无法解决的问题，战胜强硬的对手，克服无法克服的困难障碍等。对他们而言，参加工作或职业的原因是工作允许他们去战胜各种不可能。新奇、变化和困难是他们的终极目标。如果事情非常容易，它马上变得非常令人厌烦。

生活型：生活型的人喜欢允许他们平衡并结合个人的需要、家庭的需要和职业的需要的工作环境。他们希望将生活的各个主要方面整合为一个整体。正因为如此，他们需要一个能够提供足够的弹性让他们实现这一目标的职业环境，甚至可以牺牲他们职业的一些方面，如提升带来的职业转换，他们将成功定义得比职业成功更广泛。

（三）生涯发展理论

舒伯整合了差异心理学、发展心理学、社会心理学及现象学的长期研究成果，并于1953年在《美国心理学家》发表的文章中，提出“生涯”的概念。他把生涯的发展看成一个持续渐进的过程，一直伴随个人的一生。其主要理论观点是，职业生涯就是对自我的实践。自我是指个人对自己的兴趣、能力、价值观及人格特征等方面的认识和主观评价。一个人的自我概念在少年期的后期就开始形成，到青春期变得较为明朗，并于成人期由自我概念转化为职业生涯概念。工作与生活满意与否，就在于个人能否在工作和生活中找到展现自我的机会。

1. 五阶段发展模式

舒伯作为美国职业生涯规划大师，他认为人的职业选择不是一次完成的，而是会随着个人成长及社会影响而不断发展变化的。舒伯依照年龄将每个人生阶段与职业发展配合，将生涯发展阶段划分为成长、探索、建立、维持和衰退五个阶段（表11-2）。

表11-2　生涯发展的五个阶段

阶段	年龄	发展任务
成长阶段	0～14岁	发展自我概念，发展对工作世界的正确态度，并了解工作的意义
探索阶段	15～24岁	发展相关的技能，使职业偏好逐渐具体化、特定化并实现职业偏好
建立阶段	25～44岁	在适当的职业领域稳定下来，巩固地位并力求晋升
维持阶段	45～64岁	维持既有成就与地位，更新知识与技能创新
衰退阶段（退出阶段）	65岁以上	减少在工作上的投入，计划安排退休生活

2. 生涯彩虹图

舒伯之后又提出了一个更为广阔的新观念——生活广度、生活空间的生涯发展观。这个生涯发展观，除了原有的阶段发展理论，还加入了角色的概念，并将生涯发展阶段与角色彼此间交互影响的状况，描绘成一个多重角色生涯发展的综合图形。这个生活广度、生活空间的生涯发展图形，舒伯将它命名为"生涯彩虹图"，如图11-2所示。

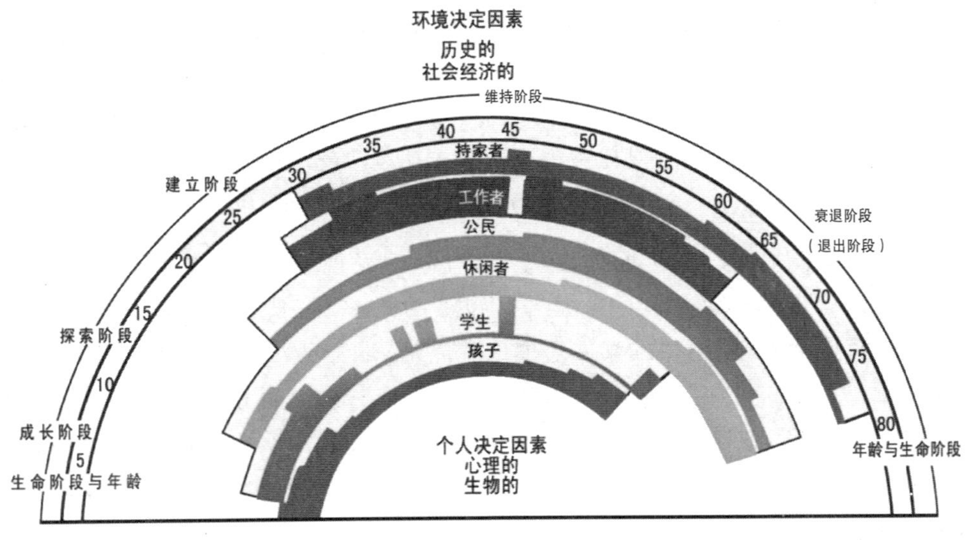

图11-2　生涯彩虹图

彩虹图的阴影部分表示一个人某种角色的相对重要性。不同角色的阴影具有相互替换性、此消彼长性，它除了受年龄增长和社会对个人发展任务期待的影响，还可能与当事人在各个角色上所花的时间和投入的精力有关。在每一个发展阶段上，都有一种角色可能最为重要，这一角色便是这个阶段的"显著角色"。

二、职业生涯规划的原则和方法

（一）职业生涯规划的基本原则

1. 长期性原则

职业生涯规划既要遵循教育、社会和职业发展的规律，也要符合人的身心发展规律；要通过客观现实来验证主观判断的正确性，实事求是，从长远考虑，着眼于大方向。

2. 激励性原则

在进行职业生涯规划时，要考虑目标选择能否对自己起到激励作用，制订合理的职业生涯规划，通过努力逐个实现目标，会有效地激励个人朝着更高的目标迈进。

3. 清晰性原则

要考虑目标、措施是否清晰明确，步骤是否直截了当，安排是否合理。一旦确立了职业理想就要使自己的目标具体化，把不同时期自己专业知识、素质、技能等方面的收获和提高具体化。

4. 可行性原则

在进行职业生涯规划与探究的过程中，要根据自己的能力、兴趣、性格等方面考虑适合自身的职业目标，根据社会环境、企业环境等具体情况来选择，不要好高骛远、不切实际。

5. 连续性原则

人生发展的各个阶段都是相互衔接的。要保持在校期间与走向社会后职业规划目标的连续性，使之连续、完整、合理，因此要考虑人生发展的整个过程，注重主要目标与具体目标的统一。

（二）职业生涯规划的方法

1. 生涯发展决策平衡单

（1）确定价值标准。

在白纸上画一张空的表格（生涯发展决策平衡单），将你的各种生涯选择项目排列在决策平衡单的顶部，在平衡单的左侧垂直列出你在“个人物质方面的得失”“他人物质方面的得失”“个人精神方面的得失”“他人精神方面的得失”四个方面的重要价值观和考虑因素。

（2）明确分配权重。

根据四个方面的重要价值观，将自己择业过程中的考虑因素罗列在表格的左边，并按-5～+5的等级分配权重。准确了解自我需求和价值观，是给价值观和考虑因素指定权重的前提。一项价值观或因素越重要，它的权重就越高。

（3）生涯选择评分。

按照各项生涯选择满足个体价值观和考虑因素的程度进行打分。分值为-5～+5，其中“+5”表示“价值观和考虑因素在该生涯选择中得到了完全的满足”，“0”表示“不知道或无法确定”，而“-5”表示“价值观和考虑因素完全未能得到满足”，将各项生涯选择的得分与各项价值观和考虑因素的权重相乘进行计分，将结果记录在相应的空格内。

（4）确定最后选择。

将空格内的分值相加，对所得到的总分进行比较和排序，总分最高的项目是当下比较适合的职业发展选择。在使用决策平衡单的时候，要注意其目的不仅仅在于得出最后的排序结果，填写的过程也很重要。因为列举各项考虑因素，给各项价值观分配权重，以及给各项选择打分的过程本身，就是在帮助个人厘清当下杂乱的思维。这样一个仔细思索和反复推敲的过程，可能比单纯得出一个结果更为重要，更能够帮助个人做出适合自己的决策。

这是一个比较“国贸专业研究生”、“英文记者”和“导游”这三种选择的决策平衡单示例，如表11–3所示。

表11–3 生涯决策平衡单示例表

选择项目 / 考虑因素	权重	选择一 国贸专业研究生		选择二 英文记者		选择三 导游	
	1～5倍	加权分数（+）	加权分数（-）	加权分数（+）	加权分数（-）	加权分数（+）	加权分数（-）
个人物质方面的得失							
1. 个人收入	3	0（0）		2（+6）			
2. 未来发展	1	5（+20）		4（+16）			
3. 休闲时间	2		–1（–2）	0（0）			
4. 对健康的影响	1	2（+2）		2（+2）			
他人物质方面的得失							
1. 家庭收入	3		–1（–3）	2（+6）			
2. 家庭地位	2	5（+10）		3（+6）			–2（–4）
个人精神方面的得失							
1. 创造性	5	4（+20）		4（+20）		4（+20）	
2. 多样性和变化性	5	4（+20）		5（+25）		5（+25）	
3. 影响和帮助他人	4	3（+12）		4（+8）		5（+10）	
4. 自由独立	4		–1（–4）	4（+16）		5（+20）	
5. 挑战性	3	5（+15）		3（+9）		4（+12）	
6. 被认可	3	4（+12）		5（+15）		5（+15）	
7. 应用所长	5	2（+10）		5（+25）		5（+25）	
8. 兴趣的满足	4	3（+12）		5（+20）		5（+20）	
他人精神方面的得失							
1. 父亲	3	5（+15）		3（+9）		3（+9）	
2. 母亲	3	5（+15）		2（+6）			–1（–3）
3. 男朋友	2	3（+6）		4（+8）		4（+8）	
4. 老师	1	5（+5）		4（+4）			–1（–1）
总分		165		201		198	

2. SWOT 分析法

SWOT分析法最早由美国旧金山大学管理学教授韦里克在20世纪80年代初提出，是一种常用的机会评估工具。SWOT分析法对于评估分析职业发展机会是比较合适的。SWOT是四个英文单词 Strength（优势）、Weakness（劣势）、Opportunity（机会）和 Threat（威胁）的首字母。其中，S、W是内部因素，O、T是外部因素。一般来说，对自身的职业或职业发展问题进行SWOT分析时，应遵循以下五个步骤：

（1）评估自己的长处和短处。

（2）找出自己的职业机会和威胁。

（3）列出今后 3~5 年内自己的职业目标。

（4）列出一份今后 3~5 年的职业行动计划。

（5）寻求专业帮助。

3."5W"归零思考法

"5W"归零思考法共有五个问题：Who are you? What do you want? What can you do? What can support you? What you can be in the end? 回答完这五个问题，然后找到它们的最大共同点，就会得出自己的职业生涯规划。该方法尤其适合即将毕业的大学生。

第一个问题"Who are you?"（你是谁？）是对自己进行一次深刻的反思。通过对自身优势、不足等方面的反思，形成一个比较清醒的自我认识。

第二个问题"What do you want?（你想干什么？）"是对自己职业发展的一个心理趋向的检查。每个人在不同阶段的兴趣和目标并不完全一致，有时甚至是完全对立的，但随着年龄的增长和经历的增多会逐渐固定，并最终锁定自己的终生理想。

第三个问题"What can you do?（你能干什么？）"是对自己能力与潜力的全面总结。一个人职业的定位最根本的还要归结于他的能力，而其职业发展空间的大小则取决于他的潜力。对于潜力的了解，应该从以下方面去认识，如对事情的兴趣、做事的韧性、临事的判断力，以及知识结构是否全面、是否进行及时更新等。

第四个问题"What can support you?（环境支持或允许你干什么？）"是指客观与人为主观两方面的环境支持。客观方面包括本地的各种状态，比如经济发展、人事政策、企业制度、职业空间等；人为主观方面包括同事关系、领导态度、亲戚关系等，两方面的因素应该综合起来看。

明晰了前面四个问题，就会从这些问题中找到对实现职业目标有利的和不利的条件，列出不利条件最少的、自己想做而且又能够做的职业目标，那么第五个问题"What you can be in the end?（你最终的职业目标是什么？）"自然就有了清楚明了的框架。

（三）大学生职业生涯规划的步骤

职业生涯规划是一个周而复始的持续过程，基本步骤包括探索自我、探索工作世界、决策、行动、评估反馈。基本内容如图11-3所示。

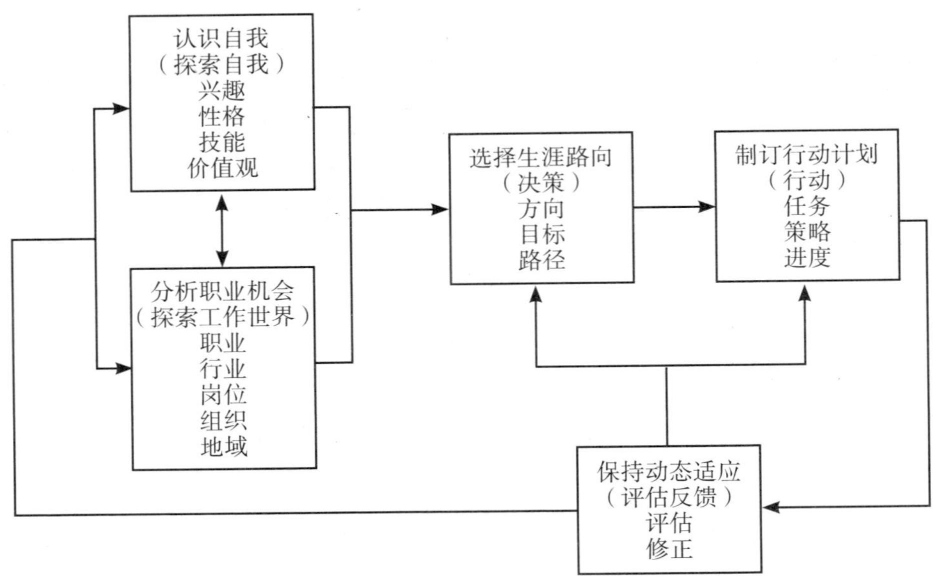

图11-3 大学生职业生涯规划

1. 探索自我

系统化的职业规划是一个从内而外的过程，进行职业规划时，首先要认识自己，也只有认识自己，才能对自己的职业做出正确的选择，才能确定适合自己发展的职业生涯路线。探索自我包括对自己的性格、兴趣、技能、价值观等进行深入的认识。通过一系列活动，了解自己想干什么、能干什么、适合干什么，从而构建自己职业生涯规划必需的信息库。

2. 探索外部环境

每个人都处于一定的环境中，环境是个体成长和发展的条件，在做到“知己”之后，还需建构一个与目标职业相关的信息库，看看有哪些可能的选择。通过分析环境的特点、环境的发展变化条件、自己与环境的关系及环境对自己提出的要求、环境中对自己有利和不利的条件等，探索就业的机会，寻找机遇，使自己的职业规划具有实际意义。

3. 决策

通过前面两个环节构建了两个信息库，再根据这些信息选择一种工作职位，设立职业生涯目标。决策是职业生涯规划的核心，是以自己的最优性格、最大兴趣、最佳才能、最有利的环境信息为依据作出的。决策应遵循择业的愿望与效果相统一、个人素质与社会需要相统一、职业稳定与调节相统一的原则来进行。决策是一个过程、一种方法、一个策略，也是一种可以学习的技巧。一般来说，职业决策有以下步骤：①认识问题，承担责任；②了解自己；③了解环境；④了解职业，收集信息；⑤找出可能的职业选择项目；⑥运用人职匹配等方法进行个人与职业的对比分析；⑦作出决定；⑧执行决定；⑨获得反馈。

4. 行动

在确定了职业生涯目标后，行动就成了关键环节。一个系统的职业生涯规划从有规划的意向到具体做出适合自己的计划，再到计划实施与目标达成，每个环节都有可能由于外在或内在、可控或不可控等原因导致搁浅，因此行动是落实目标的具体措施，并且通过时间管理、情绪管理等职业素养提升，帮助自己有效地达到生涯目标。

5. 评估反馈

职业生涯规划是一个动态的、循环的、持续一生的过程，不可能一成不变，也不可能一蹴而就。根据自我发展、社会环境变迁及其他不可预测的因素，原有的职业生涯规划与实际情况可能会存在一定偏差，需要自己主动适应各种变化，及时评估、灵活调整、不断修正职业生涯规划。修正的内容包括职业的重新选择、职业生涯路线的调整、人生目标的修正、实施措施和计划的变更等。

第三节　大学生职业生涯规划的心理困惑及调适

一、职业生涯规划与心理健康

职业生涯规划作为一种体现人之主动性、创造性的动态的过程，已成为实现心理健康的计划、蓝图和行动方针。心理健康作为一种相对稳定的心理状态，是个体进行适宜的职业生涯规划的基础和保证。个体在规划的过程中实现心理健康，心理健康继而影响生涯规划的整个过程，两者在个体身上构成一种循环和整合，相互依存、相互促进。

二、大学生职业生涯规划的心理困惑

职业生涯规划对大学生的重要性不言而喻，大学毕业生在校期间虽然学习并掌握了一定的专业知识，有较高的综合素质，但在职业规划过程中，由于对自我和社会环境的认识不足，或多或少存在一些心理困惑和误区。

（一）职业生涯规划的心理误区

所谓职业生涯的心理误区就是学生在规划职业生涯过程中，对自我职业目标的期望、评价等存在不乐观或与现实存在较大差异，从而影响职业规划的一种心理倾向。一般来说，大学生常见的职业生涯规划心理误区有以下四种。

1. 自负心理

有的大学生对自己评价过高，自我感觉比较良好，认为自己满腹经纶、学富五车，或者认为自己出身名校、专业紧俏，产生“皇帝的女儿不愁嫁”的心理，深信自己在职场上会很受欢迎，不屑于去做职业规划。还有一部分学生对自己的职业规划期望过高，将职业生涯目标设置得遥不可及，失去了目标的科学性和可实现性。

2. 自卑心理

自卑是一种缺乏自尊心、自信心的表现，过度自卑会产生精神不振、消极、沮丧、失落、脆弱等心理。有一部分大学生在规划职业生涯时会因自己不是名牌学校的学生、学历不高、

专业不热、自身能力不够等因素，觉得自己一无是处，忽视了自身的优势所在，将职业目标设置过低，得过且过。

3. 依赖心理

部分大学生就业态度消极，不能主动了解、适应社会发展的要求，被动地等待就业单位选择，认为只要有单位愿意接收自己就可以。还有一部分学生从小就被父母过度保护，缺乏自我责任感和独立决策的能力，其职业生涯规划取决于父母的意愿。

4. 懈怠心理

近年来，大学生中出现了“不就业一族”，他们不愿工作，更不愿对自己的职业生涯进行规划。在这部分学生的心目中，就业的压力过大，他们宁愿放弃就业机会，以此来逃避工作压力。

（二）职业生涯规划的心理矛盾

心理矛盾是指两种或两种以上不同方向的动机、欲望、目标和反应同时出现，由于莫衷一是而引起的紧张状态。一般心理矛盾是促进心理发展的动力，但过分强烈的矛盾，会对人的心理健康产生严重的影响。大学生职业生涯规划时的心理矛盾主要表现在以下三个方面。

冲突一：理想与现实的矛盾

每个人都对生活有美好的向往，对于大学生来说，他们对美好生活的向往和追求会更加迫切和强烈。但有部分大学生在进行职业生涯规划时，“理想我”和“现实我”之间的差距过高，如理想的职业与自身专业不符、自己达不到过高的职业要求等。职业目标的设定是遵循理想还是遵循现实，这往往会使学生举棋不定，来回摇摆。

冲突二：人生价值与奋斗精神缺失的矛盾

大学生都希望通过职业来实现自己的人生价值。然而，部分大学生却不愿意到基层、到边远的地区、到艰苦的地方去，总是认为只有物质财富的多少、社会地位的高低才能衡量人的价值。实现人生价值的强烈愿望与缺乏艰苦奋斗精神的矛盾，造成大学生就业空间缩小，加大了就业难度和职业生涯发展的障碍。

冲突三：择业目标定位与自我认知之间的矛盾

有些大学生对自己的个性特征、知识结构、能力大小缺乏正确的认知。在职业生涯规划过程中，出现目标不明确、定位模糊的茫然心理。俗话说：“知人者智，自知者明。”有的学生自视甚高，意识不到自己的局限，将职业目标设置得过高，遭受不必要的挫折；有的学生对自己评价过低，缺乏自信，瞻前顾后，将职业目标设置得过低，以致丧失机会。

（三）职业生涯规划心理误区和心理矛盾的原因分析

1. 外部因素

（1）来自家庭因素。这些因素主要包括父母期望、父母对子女专业及工作的关注、父母对各种职业的看法等，这会使大学生在进行职业生涯规划时无法完全遵循自己的想法来进行，进而产生矛盾心理。

(2)来自学校因素。主要包括学生的主修专业、培养方式和同学与朋友的影响等。

(3)来自社会因素。社会传统的职业评价、社会职业地位、社会角色模式等影响学生职业规划。

2. 内部因素

(1)学生自身处于矛盾期。

进入大学,学习方式和日常生活节奏都发生了较大的变化,大学时代是人生想法最丰富、内心充满矛盾的时期。

大学生是在各种矛盾中进行职业生涯规划的,自我和超我的矛盾、理想与现实的矛盾、奉献与索取的矛盾、社会需求与自身实力的矛盾等充斥着整个职业生涯规划过程。加之大学生本身处于人生心理矛盾突出的时期,心理发展不稳定,容易出现如开放与封闭、独立性与依赖性、情感与理智等各种矛盾。此外,当代大学生生理与心理发展不同步,相当一部分人的心理发展不成熟,加上个体生活经历、人生体验不同,因而心理特征具有较大的个体差异,在职业生涯规划过程中表现出心理特征的复杂性和矛盾性。

(2)择业观的影响。

受传统职业观的影响,一部分学生职业规划过分考虑工作的稳定性和待遇问题,非政府机关、国企、央企不进。还有一部分学生一心想往发达城市和沿海城市发展,不愿去基层、西部地区发展,更不愿吃苦自主创业。

(3)自我定位不准。

部分大学生对自己缺乏客观的认识和评价,对自己定位要么过高,要么过低,甚至没有定位,随波逐流,导致在职业规划时目标不清晰,或是碰壁受挫,或是茫然徘徊。

三、大学生职业生涯规划的心理调适

(一)树立正确的择业观

择业观、就业观是人生理想在职业选择上的具体体现,是一个人对职业目标的追求和向往。择业者在专业特长、兴趣爱好等方面也存在差别,所以每个人都有着不同的择业预期和就业目标。

树立正确的择业观、就业观,首先意味着怀有平实之心,综合考虑自身条件和社会需求,增强就业创业能力和职业转换能力。只有以正确的择业观、就业观引导就业预期,才能科学把握就业方向和职业目标,为将来走上工作岗位后摆正工作态度、提升工作业绩打下坚实基础。

(二)正确认识自我

正确认识自我是进行职业生涯规划的前提和基础。大学生在进行职业生涯规划前应对自己的职业性格、职业兴趣、职业能力等进行客观评价。

1. 职业性格

职业性格是指人们在长期特定的职业生活中所形成的与职业相联系的、稳定的心理特征。具体可以通过综合分析法(如亲戚、家人评价、自我评价等)和MBTI(Myers-Briggs

Type Indicator，MBTI）性格测试工具进行探索。MBTI指标将人的性格区分为4组维度，每组两个维度，具体如下：

（1）外倾与内倾维度。

（2）感觉与直觉维度。

（3）思维与情感维度。

（4）判断与直觉维度。

通过对上述4组维度进行排列组合，就能得到16种性格类型，每个人通过MBTI测试都可以获得有关自己性格类型的信息，了解自己的性格特点，并据此选择适合自己性格类型的职业。

2. 职业兴趣

职业兴趣是指人们对某种职业活动具有比较稳定而持久的心理倾向。它是一个人探究某种职业或从事某种职业活动所表现出来的特殊个性倾向及向往的情感。可通过自我分析法、兴趣量表测评法进行探索。

3. 职业能力

职业能力是人们从事某种职业的多种能力的综合，可以分为一般职业能力和专业能力。对于自身的职业能力，可通过职业实践、他人评价、自我分析以及职业能力量表测评等角度探索。如通过职业能力倾向测验判断自身的能力优势与成功发展的可能性。

在此主要介绍两种职业能力倾向测评：特殊性倾向测验、多重能力倾向测验。

（1）特殊性倾向测验是系列式的，包括机械倾向性、文书能力、心理运动能力、视觉四大类，以及多个小测验。它是国外企业长远的职业能力倾向性测验。

（2）多重能力倾向测验主要用于测量与某些活动有关的一系列心理潜能，能同时测定多种能力倾向。其中，普通能力倾向成套测验是较有代表性且常用的，它由8个纸笔测验和4个仪器测验组成，可以测量包括智能、语言能力、数理能力、书写知觉能力、空间判断能力、形态知觉能力、动作协调能力、手指灵活性和手腕灵活性9种职业能力。

（三）确立合理的职业生涯目标

职业生涯目标需要根据主客观条件和可能性来加以设计。每个人的条件不同，目标也不可能完全相同，但确定目标的方法是相同的，具体如下：

1. 目标符合社会与组织要求

在确定职业生涯目标时，要考虑到内外环境的需要，特别是要考虑到社会与组织的需要，有需求才有相应的位置。

2. 目标适合自身特点

不同的人有不同的特点，目标选择不能偏离自身长处。将目标建立在个人优势的基础上，就能游刃有余，处于主动有利的地位。

3. 目标高低符合实际

目标制定需与实际相符合，不能好高骛远，如果目标过高，会使人悬在幻想的高空而导致失败。

需要注意的一点是，目标不是理想，不是希望，而是理想与希望的具体化。理想是对未来事物的想象或希望，是一种崇高的精神境界，而目标是现实的、是具体的。目标指向理想，二者虽有联系，但不能相互替代。

4. 目标长短配合恰当

在职业生涯发展过程中，通过短期目标的不断达成，能体验到达到目标的成就感和乐趣，可以鼓舞自己向更高的目标前进；长期目标为人生指明方向，可鼓舞斗志。长短结合的职业生涯目标更加科学、合理、具有可实现性。

5. 目标要明确具体

目标明确不仅是指职业生涯的发展目标，而且还包括与之相应的其他目标。例如，学习进修目标、思想目标、经济收益目标、身体锻炼目标等。同时，目标之间要做到互相配合、共同作用，促进个人的身心、生活和事业的全面发展。

6. 职业生涯目标与生活目标结合考虑

人生除事业外，还有财富、婚姻、健康等问题。这些问题都直接影响着人生事业的发展和生活质量。因此，在制定职业生涯目标时应加以考虑。

课后思考

1. 我国的职业划分有几种分类？你所学习的专业属于哪个行业？
2. 简述职业生涯规划书的内容。
3. 职业生涯规划的理论有哪些？对你有何启发？
4. 你在进行职业生涯规划时遇到过哪些心理困惑？你是如何解决的？

心理实训 1

仔细回想一下从小到大让你感到自豪和有成就感的事情，写得越多越好。写完之后，按照你的自豪程度对这些事情进行排序，把你觉得最自豪的事情排在前面，然后逐个分析一下这些事情，问自己以下几个问题：

（1）在这件事里，我做了什么？

（2）在这件事里，我发现了什么？

（3）做完这个练习，我对自身的能力有何发现？

心理实训 2

举行职业生涯规划比赛。学生撰写自己的职业生涯规划书，由教师、同学共同选出最优秀的作品。这个比赛，帮助学生从他人评价中找到不足之处进行完善，并以此为目标不断奋进。

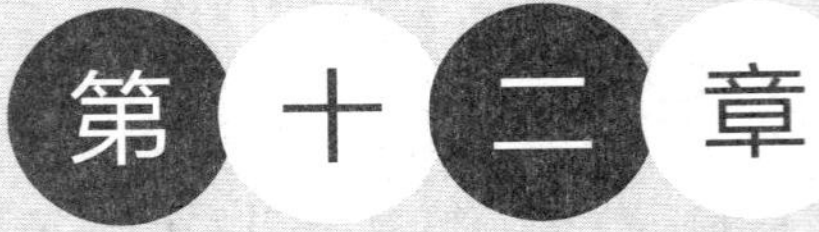

第十二章 大学生心理咨询

——接受助人自助，冲开迷雾

无助感就像人的影子，从人类诞生之日起，这个影子就一直尾随着人们。然而，是什么使人类前进的脚步一刻未曾停止？是什么使人类从洪荒蛮陌走向文明进步？是自助，是激荡于人们心中最可贵的自助意识！

心理咨询的真谛就是助人自助，即唤起来访者的自助意识，引导他们不再跪着，启发他们用自己的意志慢慢学会站起来。

心理咨询不求教训他人，而求开导他人；不是包办代替，而是让他自主决策。这样做的目的是使来访者减少依赖性，增强独立性和自主性。

学习目标

1. 了解心理咨询的基本概念和功能，心理咨询的内容与类型。

2. 大学生心理咨询的特点、内容和类型，建立正确的心理咨询观念以及求助的意识。

3. 了解心理问题的分类和鉴别方法，掌握大学生常见心理困扰和心理障碍的类型。

思维导图

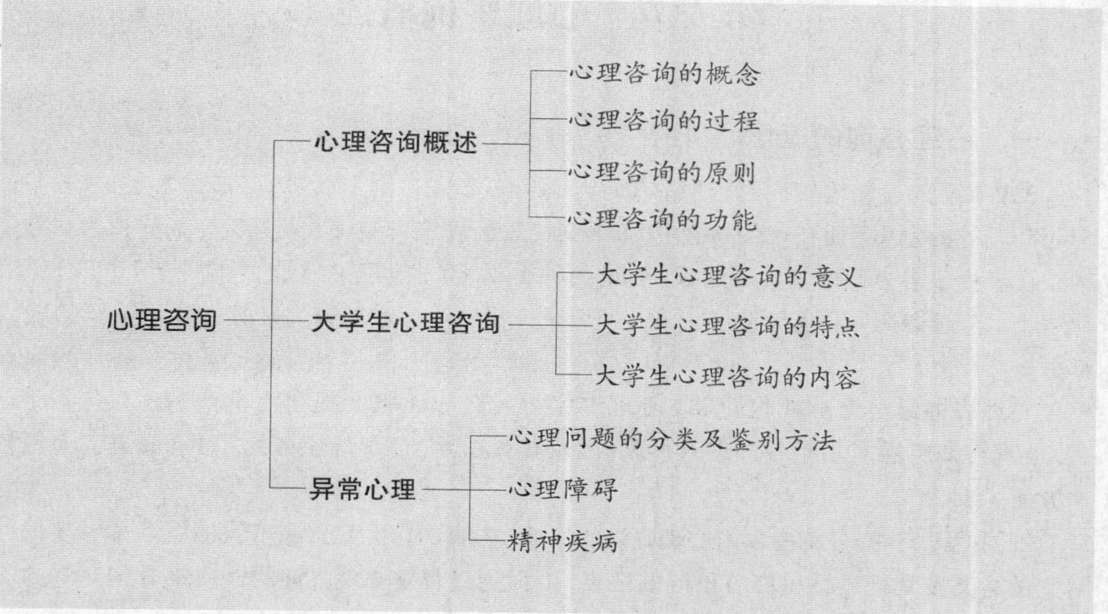

导入案例

小M是一名大三学生，她觉得自己的人际关系紧张，情绪不稳定，经常通宵失眠，还有反复检查的习惯，很害怕自己已经得了精神疾病，她不敢跟家人说，不想让父母为她操心，也不敢寻求心理咨询帮助。她真的很痛苦，很难受，她该怎么办呢?

关于心理咨询，你是不是也有和小M一样的想法，觉得是丢人，浪费时间呢？很多人发现自己有心理问题以后羞于启齿，认为心理问题就是有精神病，让别人知道以后会笑话自己，不敢和别人说起。

其实每个人在某一阶段都会有心理问题，都需要向正确的方式去求助，心理咨询无疑是我们寻求专业帮助的最好办法。关于什么是心理咨询，什么状态需要去做心理咨询，同学们是否有所疑问呢？带着疑问来学习以下内容吧。

第一节　心理咨询概述

一、心理咨询的概念

“咨询”的含义比较广泛，主要有询问、商议、忠告、给人以帮助、商讨、劝告、参谋、建议和辅导的意思。而在现代社会中，其含义已逐渐固定为专业人员以其专业知识为基础，为来访者提供各方面的指导和建议。咨询的种类很多，根据咨询人员的不同专业，可分为法律咨询、金融咨询、卫生保健咨询和企业管理咨询等，而心理咨询是其中一个重要的组成部分。

心理咨询最早见于20世纪初，心理专家为人们选择职业提供有价值的建议。从此以后，心理咨询广泛应用于各类助人行业，涉及教育辅导、心理健康咨询、婚恋家庭咨询等各个方面。

不同的研究者、咨询专家对心理咨询的性质、内容、作用及方法论等的认识、看法不同，对它的含义及其规定性也有着不同的观点。下面通过界定心理咨询的性质来介绍对它的不同定义。

（一）心理咨询是一种活动

心理咨询是在心理学有关理论的指导下开展的活动，它以各种心理治疗理论及人格心理学、变态心理学知识等作为理论基础。黎奥尼·泰勒认为：咨询是一种从心理进行帮助的活动，它集中于自我同一感的成长以及按照个人的意愿进行选择和做出行动的问题。

（二）心理咨询是一个过程

心理咨询是心理学专家运用心理学的方法，凭借语言、文字等沟通形式，帮助来访者提高自我认识、增强自助能力、解决心理问题以促进其适应和发展的咨商问答过程。如威廉森将心理咨询定义为：A、B两个人在面对面的情况下，受过心理咨询训练的A，向在心理适应方面出现问题并企求解决问题的B提供援助的过程。这里的A是咨询师，B是来访者。

（三）心理咨询是一种人际关系

在心理咨询的过程中，咨询师与来访者需建立良好的人际关系，来访者受到咨询师的同情、理解和尊重，从而愿意敞开心灵的大门，双方因此相互理解、相互信任、真诚交流。什希尔·帕特森认为：咨询是一种人际关系，在这种关系中咨询师提供一定的心理气氛或条件，使来访者发生变化，作出选择，解决自己的问题，成为一个有责任感的独立个体，从而成为更好的人和更好的社会成员。

（四）心理咨询的内涵

心理咨询至今尚无统一的定义，对其内涵和外延的界定往往因理论流派及职业特点等因素的差异而不同。但从上述心理咨询的定义中，我们可以发现，虽然学者们的表述不尽相同，但其内涵却有共同之处。

（1）心理咨询的对象（即来访者）是有一些心理问题或在发展过程中需要得到帮助的正常人。在图12-1中，我们可以看出心理咨询的对象是处于“浅灰色”的人群。

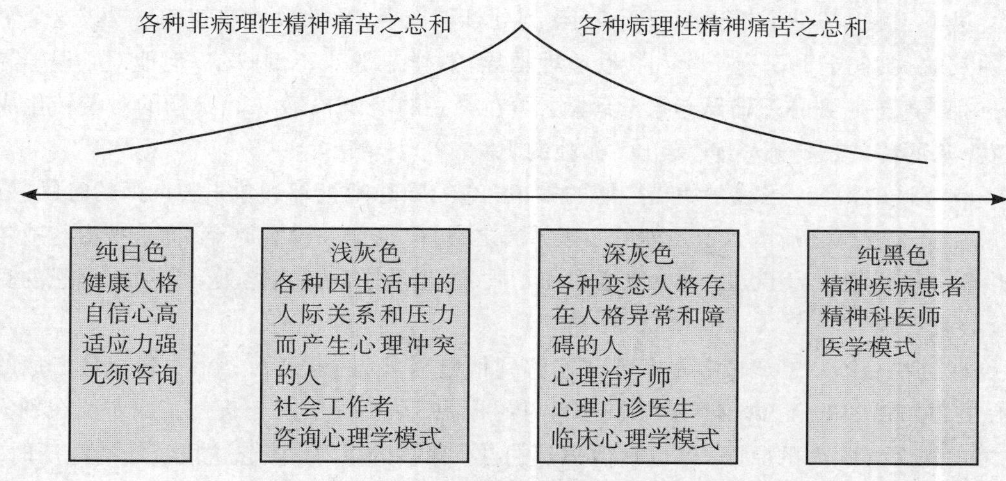

图12-1　心理健康灰色理论与心理服务的类型

（2）心理咨询建立在建设性的人际关系基础上。这种人际关系是以来访者需要得到帮助、主动来访为前提，咨询师与来访者在特定地点和时间内建立的具有隐蔽性和保密性的特殊的人际关系。咨询师与来访者是平等的，咨询师帮助来访者解决问题，而不是代替他解决问题。

（3）心理咨询是专业人员运用专业技能的过程。心理咨询以会谈的形式进行，包含咨询师对来访者的关注，倾听，对来访者的问题进行分析与评估，用各种心理咨询技术如行为矫正、心理分析等帮助来访者。心理咨询是在心理学的原理和技术指导下开展的活动。

（4）心理咨询是一个过程，往往不是一两次会谈就能解决问题的。

（5）心理咨询有自己独特的目标。心理咨询要助人自助，引导来访者改变错误的认知，学习新的行为，以便更好地适应社会，充分发挥自身潜能。

总之，心理咨询是以维护人们的身心健康为目标和内容的一种专业工作，它是心理学为社会服务的一个重要领域，也是一门正在兴起并日益受到人们重视的应用心理学科。

二、心理咨询的过程

心理咨询的过程具有较强的结构性，通常可以分为三个阶段：

（一）心理评估阶段

这一阶段的主要内容包括建立咨询关系、收集相关信息、进行心理评估、调整咨询动机、确立咨询目标、制订实施方案等。

在心理咨询的过程中，咨询师最重要的任务是与来访者建立良好的咨访关系，并帮助他们找到问题的症结。咨询师可以采用的技术有很多，但关键咨询师要真诚、信任、同感、以来访者的利益为重，还要具备敏锐的洞察力。

让我们看看影片《心灵捕手》中高明的咨询师是如何巧妙打开桀骜不驯的年轻人的心扉的。影片《心灵捕手》讲述了一个名叫威尔的麻省理工学院的清洁工的故事。威尔在数学方面有着过人天赋，却是个叛逆的问题少年，到处打架滋事。数学教授蓝勃有心提拔这个个性不羁的天才，要他定期研究数学和接受心理辅导。数学难题难不倒威尔，但他对心理辅导却特别抗拒，直至遇到心理辅导专家桑恩教授。在桑恩的努力下，两人由最初的对峙转化成互相启发，从而使威尔打开心扉，走出了孤独的阴影，实现自我。

（1）真诚的沟通：当威尔凭借广博的知识，毫无顾忌地批评和攻击咨询师的时候，咨询师桑恩在恼羞成怒之后陷入了强烈的心理矛盾之中，但是他并没有放弃，而是按时与威尔见面，并毫不隐瞒地说出了自己的心理感受和矛盾，指出威尔的过人之处。威尔被桑恩的真诚打动，心灵受到了震撼。

（2）同感：当桑恩从威尔的档案中了解到他是孤儿，并被养父虐待，满身是伤疤的时候，心里感到强烈的震撼，他明白了威尔自卑的根源，从更深层次上理解了威尔要在别人舍弃他之前先舍弃别人的原因，这也是他强烈的自我保护的根源。谈起这段沉痛的经历时，面对威尔表现出的无所谓态度，桑恩没有气恼，反而说“这不是你的错”。威尔在桑恩的逼问下，由无所谓到认真对待，从恼怒到痛哭，再与桑恩拥抱，体现了咨询师对来访者的深切同感对于建立良好咨访关系起到的重要作用。

（二）心理帮助阶段

这一阶段是分析和解决问题的阶段，是咨询过程中的核心阶段，主要任务是帮助来访者改变其不适应的认知、情绪或行为。咨询师可根据来访者的问题特征和自己的理论倾向等，来选择相应的咨询方法，或探寻其潜意识，或矫正其行为，或改变其认知。咨询师常用的方法有面质和澄清两种。

（1）面质：在影片《心灵捕手》中，威尔虽然聪明却无法看清自己的问题，他一方面大谈做杂役应该受到尊重，靠自己的力气干活吃饭就是好事；另一方面却每天乘40分钟的火车，到全球最著名的大学去做杂役，并躲起来把黑板上的难题解答出来，然后又否认是自己做的。桑恩看清楚了这一切，他质问威尔为什么这么做，而不是在自己的家门口做杂役。威尔哑口无言。桑恩继续展开攻势，问威尔的志向是什么。威尔随口乱说，要到南方牧场去当牧羊人。桑恩敞开屋门，对威尔说：“不要浪费我的时间，你走吧。”威尔不解，强调咨询的时间还没有结束。桑恩说：“与一个对简单问题都不能诚实回答的人谈话，是浪费我的时间。”威尔无语后离开。但这次谈话却引发了威尔的思考，他开始反思自己矛盾的行为和言语。

（2）澄清：桑恩通过与威尔交谈，发现他夸夸其谈、桀骜不驯的背后实际上是深深的自卑，是强烈的自我保护意识。威尔对数学教授安排的工作嗤之以鼻，粗暴拒绝自己喜爱的女孩，浪费自己的才华等，都是这种自卑感和自我保护的体现。威尔在经历了一系列的交谈和反思后充分理解了桑恩的话，过去的经历真的不是自己的错，为什么要一直背着这个沉重的包袱不肯真实地面对生活和接受真挚的情感，反而一直拿别人的错误来惩罚自己，通过践踏自己的才华来抚慰自己？他看清楚后，知道了自己的优缺点。这是一个多么残酷而漫长的过程，但一路走来，他将迎来新的自我和新的生活。

（三）结束巩固阶段

这一阶段的任务是巩固咨询成果，使来访者将学到的东西运用到生活中。心理咨询师通过自己的真诚和娴熟的心理咨询技术打开了来访者的心扉，找到了他心理问题的症结所在，帮助来访者把自己所遭遇的困境和痛苦抛诸脑后，重新找到属于自己的生活，重新拥抱生活。

心理咨询与心理治疗的区别

心理治疗是不同于心理咨询的心理帮助活动，有着浓厚的临床色彩。心理治疗是指在良好的治疗关系基础上，由经过专业训练的治疗者运用心理治疗的有关理论和技术，对求助者进行帮助的过程，以消除或缓解求助者的问题或障碍，促进其人格向健康、协调的方向发展。心理治疗是对存在心理障碍者的心理帮助，包括心理疾病、心身疾病及其他各类心理障碍，帮助求助者去除障碍和不适。心理治疗的对象属于患有某种心理疾病、为此苦不堪言并影响了正常生活与学习的大学生。其目的是通过系统的心理治疗，克服障碍，缓解症状，恢复心理平衡。心理咨询与心理治疗的区别主要有以下几方面。

1. 工作对象不同

心理咨询主要是面对在社会生活中产生心理问题的正常人，而心理治疗主要以有人格障碍、神经症、精神疾病等心理障碍的患者为主要对象。

2. 工作内容不同

心理咨询着重处理的是常人在现实生活中遇到的适应和发展问题，如人际、情感、家庭、环境适应、职业选择、职业生涯等问题，而心理治疗的适应范围主要是某些神经症、人格及行为障碍、精神疾病等问题。

3. 从业人员不同

从事心理咨询的主要是心理学专业工作者和社会工作者等。从事心理治疗的多是有医学特别是有精神医学方面知识的临床心理学家和精神科大夫。2013 年 5 月 1 日，《中华人民共和国精神卫生法》正式颁布实施，对心理障碍和精神障碍的诊断与治疗资格作出了规定，规定各类精神障碍的诊断与治疗应由精神科执业医生作出，心理咨询人员不得从事心理治疗或者精神障碍的诊断与治疗。

三、心理咨询的原则

咨询原则是咨询工作中应遵循的基本要求。心理咨询遵循的基本工作原则有以下几方面。

（一）保密性原则

保密是心理咨询中最重要的一条原则，是咨访双方建立信任的基础。保密性原则要求心理咨询者为来访者保守秘密，尊重来访者的个人隐私，不应把来访者的具体信息告知他人。但是保密也不是绝对的，当存在危及来访者的生命或危及他人生命的严重情况时，必须考虑保密例外，即根据具体情况与有关人员沟通，采取必要的干预措施，以防不测。

（二）主体性原则

来访者既是心理咨询的对象，同时又是咨询的主体。心理咨询者主要是协助来访者进行自我探索，自我解决问题。咨询者在咨询过程中充当着“协助者”“推动者”的角色，而不是“救世主”的角色，应尊重每一个来访者的人格和其独特性。

（三）发展性原则

发展性原则是指在咨询过程中，咨询者要以发展的观点来看待来访者的问题，不论是对问题的分析或本质的把握，还是对问题的解决和咨询结果的预测，都应坚持发展的观点。大学生的问题大多处在发展变化过程中，咨访双方都不应把问题“看死了”。发展性咨询的目的不仅在于了解来访者已有的发展历程和发展结果，更重要的还在于提示来访者今后发展的可能性和发展方向。

维护心理健康应广泛进行心理卫生知识的宣传普及工作，使心理求助观念深入人心，以保障绝大多数大学生的心理健康。此外，还应针对大学生常见的心理问题进行分析研究，探索并把握大学生各种常见的心理问题发生、发展的一般规律和治疗方法，促进大学生常见的心理问题的早期发现和早期解决。

心理咨询原则的制定目的就是保障来访者的权益，使大学生能够在心理咨询室这个安全的环境里，敞开心扉，在心理咨询师的帮助下妥善处理自己的心理困扰。

四、心理咨询功能

一般来说，心理咨询的功能是为来访者提供全新的人生经验和体验，帮助他们认识自己与社会，逐渐改变其不适应的反应方式，使他们学会与外界相处，更好地发挥内在潜力，面对现实生活。具体来说，心理咨询的功能分为以下八个方面：

（一）体验人际关系

咨询关系是咨询师和来访者之间一种彼此诚实的人际关系。在心理咨询的过程中，咨询师总是会以善意而真诚的态度，与来访者进行沟通，这种人际互动的过程为来访者提供了一种可以体验良性人际关系的机会。来访者可以把这种人际交往经验逐步地应用于自己的人际交往中，利用自己在咨询中学到的东西，更有效地处理现实中的人际互动问题。

（二）认识内部冲突

促使人们进行心理咨询的问题，大多是由自身内部原因引起的。但是，人们常常习惯于从外部和别人身上找原因。为了解决这些问题，咨询师应该帮助来访者认识到自身内部的种种心理冲突。只有看清了自己的内心后，才能慢慢地让心灵健康起来。

（三）促进自我反思

要看清自己是不容易的，因为人们很习惯蒙蔽自己的眼睛，即本来是自我头脑里的一些错误观念导致了心理问题，但却总认为自己对事物的观察和理解是正确的。心理咨询会促使人们不再蒙蔽自己。通过心理咨询，来访者有机会反思自我，认识到自己的错误观念导致了许多本来可以避免的困境，从而形成正确的观念，做出清醒明智的选择。

（四）深化自我认识

人们真正认识自己，即重新看到自己的需要、态度、价值观以及优缺点，有助于人们把握自己的人生，获得最大的幸福。

（五）获得心理自由

来访者往往在心理上缺乏自由，心理咨询为他们提供了一个在心理上获得更大自由的机会。心理咨询可以帮助来访者学会接纳自己及他人、社会的不足，明白人生总是与缺憾相伴的，要学会以更大的自由享受生活。

（六）学会面对现实

当人们逃避现实或用不坦率的态度对待现实时，就容易出现心理问题。心理咨询的过程就是引导来访者回到现实中来。一旦他们的目光集中到现在，就不再只是一只眼看着过去，一只眼看着未来，而是关注此时此地的体验，用眼看，用耳听，用脑想，用心去感受，逐渐学会同“现在”打交道，学会面对现实。

（七）付诸有效行动

心理咨询最终的目标应该指向现实生活，也就是帮助来访者更为有效地处理现实中的问题，付出新的、有效的行动。一旦来访者有了变化的积极有效的行动，就真正学会了自我救助，就将为自己创造新的生活。

（八）发现人生意义

心理咨询的一种倾向是使来访者自己发现人生的意义，从而使他们积极地恢复适应能力。人们若能找到人生的意义或价值，就不容易感觉到痛苦，也不太会产生心理问题。因为在这种情况下，他们自然而然地会有一种对环境适应的生命力从心底涌出。

经常见到有些人会因为事业上的失败和挫折、感情上的创伤和困惑而患上抑郁症等心理障碍。表面看来，来访者是因为这些挫折而抑郁，而从心理上细加分析，就可以从认识上找到更深一层的原因。这是因为来访者感到自己在社会上不再被人需要，是“无用的人”，觉得人生没有意义，从而产生了严重的抑郁心境。心理咨询师应当帮助来访者寻找他们人生的价值和存在的意义，帮助其获得内心的满足，这种内在的充实其重要性远胜于“外在的”成功。

从某种角度来说，心理咨询起源于人们对自己人生基本命题的探索。如果人们的使命感、责任性和伦理性丧失了，那他们就不会有真正的心理健康。

第二节 大学生心理辅导与咨询

案例启发

失约之后

一对热恋中的男女青年，把约会时间定在了下午6点。6点前，女孩靓丽的身影出现在了“老地方”，静静地等待着心中的“他”。

6点10分了，心爱的他还没有出现，她娇媚的脸庞显现出了一丝不悦。在她生气地刚想离开的时候，他出现了。

男孩儿气喘吁吁地跑到女孩儿的面前说：“对不起， 亲爱的！我失约了……我刚刚去学校心理健康中心做心理咨询了！”

女孩儿不好意思地笑着说：“没关系！说对不起的应该是我，刚才是我误会你了。”

亲爱的同学们，这是一个真实故事。大学生心理咨询有什么意义和特点呢？是有了心理问题才去做心理咨询吗？

一、大学生心理咨询的意义

（一）心理咨询是大学生适应新的环境与生活方式的内在需要

在大学四年中，大学生不仅要适应自己内部世界即生理、心理与思想上的迅速成长与变化，还要适应在生活环境、学习方法、生活方式、人际关系与发展目标上的转变。当缺乏应对策略与心理准备的学子们无法独立面对这些来自内部与外部的变化时，便会在心理上产生不适感。当大学生无法靠自己的领悟与学习适应这些变化的时候，心理咨询可以提供专业的方法与技术，帮助大学生快速地适应这些变化。

（二）心理咨询是解决大学生心理问题的重要途径

大学生经过了紧张而充满压力的高考之后，曾经的一些心理问题与心理障碍没有得到彻底解决；进入大学生活后，升学的压力解除了，而那些没有得到解决的心理问题与心理障碍开始上升为主要矛盾。还有些大学生在面对新的环境与新的冲突时又产生了新的难以跨越的心理障碍，因为缺乏应对挫折的心理学知识与策略，缺乏相应的意志品质，而在学习、人际关系、恋爱与性、人格以及情绪等方面产生各种困扰。这些历史遗留的以及新产生的心理冲突与矛盾让大学生感受到心理与精神的痛苦，以及由心理痛苦所带来的躯体反应，如果不能及时解决这些心理问题，严重的将会发展并演变为神经症与精神病，严重影响大学生正常的学习与生活。高校的心理咨询中心有责任与义务为这些心理弱势群体提供及时的高水平的心理咨询服务，有效地帮助大学生克服心理困扰，顺利完成学业。

（三）心理咨询是大学校园安全与稳定发展的需要

大学生自杀，伤害他人等事件，引起教育界的重视，而透析这些事件的起因，大多是大学生心理上的偏激敌对、抑郁绝望、耐挫折能力低、人格扭曲。如果在悲剧发生之前，大学生们能够及时主动地寻求心理咨询与治疗，或者高校的心理健康教育工作者能够对危机事件做到提前预防或者提前发现，及时进行心理干预，这些危机事件就不会发生。随着高校心理健康服务体系的完善及心理咨询水平的高效化与专业化，高校有能力做到对这些危机事件进行预防与干预，以维护学生的生命安全以及校园的安全与稳定。

（四）心理咨询是21世纪高素质人才发展的需要

21世纪社会政治经济的发展，不仅需要人才拥有较高的专业素质、文化素质、道德素质，还需要具有较高的心理素质与优秀的人格品质，高校的心理健康教育机构要配合学校的教育目标，教会大学生利用科学的心理咨询理论与技术保持身心的和谐发展，培养创新思维，塑造健康人格，成为21世纪身心健康、德才兼备、全面发展的优秀人才。

二、大学生心理咨询的特点

（一）心理咨询具有“心理性”

心理咨询解决的是心理问题或由心理问题引发的行为问题，而不是处理生活中的具体问题。如有的学生因考试焦虑，希望帮助他解决缓考问题，这不是心理咨询应该解决的问题。至于考试焦虑情绪，则是心理咨询可协助解决的。通过咨询可使焦虑情绪得到调整，以积极心态面对实际。

（二）心理咨询具有自愿性

咨询关系是“求”和“帮”的关系。心理咨询是在动机驱使下的寻求帮助的自愿行为。求助者能否自助自救，是心理咨询能否成功的良好开端。当求助者感到心理不适，产生心理咨询需要时，咨询才有意义。如果是迫于别人的驱使而来咨询，不愿意吐露心声，交流和帮助就难以深入进行。所以在咨询过程中遵循“来者不拒，去者不追”的原则。

（三）心理咨询具有助人自助性

心理咨询不是一般的帮助人的行为，而是“助人自助”的过程。它不同于一般的教育、开导、劝慰，而是心理咨询师运用心理学理论与方法，协助求助者自立自强的过程，是咨询双方共同商讨、共同合作，唤起求助者的自助、自救意识和行为，这是心理咨询的一个基本原则。

（四）心理咨询具有安全性

心理咨询强调良好的求助氛围。在求助者与咨询师之间必须有一定程度的理解和信任，使求助者敢于敞开心扉，坦诚地陈述自己的心理问题，接受咨询师的帮助。咨询师的帮助是真诚的，但两者之间并不同于社会生活中的朋友，由于职业道德的要求，心理咨询师必须为来访者保密，而且在咨询过程中，咨询师要保持价值中立的态度，这就为来访者提供了一个独特的安全的心理空间，为深层次心理问题的解决提供了安全保障。

（五）心理咨询具有人际互动性

心理咨询是咨询师与来访者互助式的一种学习和成长的过程。这种学习和成长过程主要表现为人格或个性方面的成长。通常的咨询不仅可以消除某些心理问题，而且也可以促进人格的重建和发展。

（六）心理咨询具有过程性

心理咨询要解决的可能不仅仅是某一个具体问题，而是因为这样或那样的原因长期淤积在来访者心里的各种困扰。心理问题通常不是一次咨询就能彻底解决的，同时，个体的心理成长、行为改变也不是一蹴而就的。因此，心理咨询与治疗是一个或长或短的成长与发展过程，少则数次，多则数月、数年，从而协助来访者健康成长。由此可知，心理咨询与治疗不是指教育人，而是开导人；不是替人决策，而是帮人领悟；不仅使人开心，更能助人成长。使人开心是心理咨询的前奏曲，助人成长才是心理咨询的主旋律。心理咨询之妙，就在于它帮助了你，却让你感到好像是你自己帮助了自己，它可以给人以良好的感觉和“顶峰的体验”。

三、大学生心理咨询的内容

大学生心理咨询的主要内容涉及大学期间的成长与发展过程遭遇的各种问题，少部分涉及神经官能症、人格与性心理障碍，以及精神障碍的初期及愈后康复的心理辅导与干预等。我们按照咨询的内容将其归为四大类。

（一）以心理发展为中心的咨询内容

大学生在进入大学之后，生活环境、人际环境以及学习目标都会发生改变，由于他们缺乏人生经验与阅历，会在心理上产生各种困惑与迷茫，并产生了以促进自我发展与自我完善为目标的心理咨询的需要。发展性咨询内容主要包括：如何确立好自己的学习目标，在专业学习上取得成功；如何构建自己的能力结构；如何增强对自我与他人的认知，提升社会认知能力；如何管理好自己的情绪，提高自己的情商；如何塑造优秀的人格品质，成为21世纪优秀的人才。

（二）以校园适应为中心的咨询内容

适应性咨询的内容包括：大学生入学适应的问题，大学生学习的心理机制与学习策略，大学生不良学习方法的矫正，厌学与学习障碍的解决，考试焦虑的干预，引导大学生正确与异性交往，大学生人际冲突的妥善处理，大学生人际交往技巧等。如果在遇到这些问题的时候大学生能够主动寻求咨询，在心理咨询师的引导下，认清问题的性质，发现导致问题出现的症结，尝试新的行为方式，体验新方式带给自己的变化，促进新的适应性行为的产生。

（三）以升学、就业指导为中心的咨询内容

随着改革开放的深入发展，高校毕业生就业采取的是双向选择、自主择业的就业政策。因此，大学生必须正确认知自己，制订科学、合理、长远的职业生涯规划，选择有效的求职、就业策略。在职业高度分化的现代社会中，因职业选择和工作适应等造成的个人问题正在日

益增加。就业咨询已经逐渐成为一项专业服务，也是大学生心理咨询服务体系中的一项重要内容，具体包括；升学、就业前的综合心理调整，职业性格、职业能力与职业兴趣的评估，毕业求职的技能技巧，甚至包括走上实习岗位与就业岗位的职业适应的继续心理咨询与援助。

（四）以心理问题处理为中心的咨询内容

在高校的心理咨询服务体系中，包括一部分的障碍咨询，主要以治疗为主。这些以治疗为目的的内容包括：大学生学校适应不良的心理调整，大学生行为问题（不良生活习惯、品行障碍等）矫正与干预，大学生神经症倾向（焦虑症、强迫症、恐惧症、抑郁症、疑病症等）的矫正与干预，大学生性心理问题（过度手淫、性认同障碍）的矫正与干预，大学生人格障碍（偏执型人格、强迫型人格等）的矫正与干预等。

第三节　常见的异常心理

案例启发

学生来到咨询室求助说："我喜欢阅读心理学方面的书籍，在了解了一些心理学知识后，我经常觉得自己心理有问题，得了严重的抑郁症"。

此学生虽然有助于提高自己心理保健的意识，但如果只按照心理病症"对号入座"，进行自我诊断，那对于增进心理健康不仅无益，而且有害。心理问题是指人们在心理上出现的问题，包括所有心理及行为异常的情形，如情绪消沉、焦虑、恐惧、人格障碍、行为障碍等。心理问题不同于生理疾病，它会间接地改变人的性格、世界观及情绪等。心理健康与否或心理正常与否的界限是相对而言的，并无绝对，我们不能随意地给任何一个有心理困扰的人贴上心理障碍或心理疾病的标签。

一、心理问题的分类及鉴别方法

（一）心理问题的分类

按照心理问题的严重程度，由轻到重，可将心理问题分为心理困扰、心理障碍和精神疾病。

1. 心理困扰

心理困扰是个体因各种适应问题、应激问题、人际关系问题等引起的轻度心理失调。心理困扰的强度较弱，持续时间较短，是人们经常遇到的，对个体的生活效能和情绪状态有一定的负面影响，但它不属于疾病范畴，可以通过自我调整和适当的心理疏导得到恢复和矫正。

2. 心理障碍

心理障碍又称心理疾病，是指自我心理功能紊乱，并达到影响个体的社会功能或使其感到痛苦的心理问题。心理障碍主要包括神经症、人格障碍和行为障碍等轻度的心理创伤或心理异常现象。

3. 精神疾病

精神疾病是指个体的人脑机能活动失调，丧失自知力，不能应对正常生活，不能与现实保持恰当接触的严重的心理障碍。

心理问题产生的原因是复杂且多方面的，既有遗传和生理因素，又有心理、社会和环境因素。大学生的心理问题主要源自各种心理冲突，这有个人的原因，也有家庭、社会和学校教育的原因，也可能是遗传因素和突发性事件所致。

大多数大学生具有良好的心理健康状态，自身有能力调节和处理成长过程中所遇到的各种压力和问题，但也有部分学生单单依靠自己的力量已不能有效地面对所遇到的压力和问题，需要外界的帮助和引导。心理问题与其他任何疾病一样，如果不及早治疗病情就会加重，从而给治愈带来困难。如果能够及早发现，并进行心理咨询和治疗，就可以较好地治愈。所以，积极面对、及早求助是每一名大学生面对心理问题时的基本应对策略。

（二）心理问题的鉴别法

我们很容易觉察躯体的疾病，比如头痛发热，可能是感冒了；腹部突然疼痛难忍，可能是得盲肠炎了。躯体疾病一般都会伴随着一定的症状，医生会根据其做出相应的处理。相对于躯体疾病而言，心理疾病的症状常常会被他人忽视，比如抑郁症患者起初可能只是表现为沉默寡言，他人不会太在意，认为当事人只是心情不好而已。事实上，心理疾病与躯体疾病一样，在刚出现时就要加以注意，以便及时治疗。

鉴别心理问题所使用的评估和诊断方法主要有观察法、会谈法、测验法、环境适应法四种。

观察法：在自然状态下，观察个体的行为是否异常。使用观察法比较容易了解到个体的真实情况。

会谈法：在会谈中了解个体的思维、情感是否异常，听取来访者的自诉了解其大致的情况。

测验法：用标准化心理测量量表测查个体的心理健康状况。

环境适应法：通过个体能否与其生活的环境相适应，其语言或行为能否与所面临的情境相吻合来判断个体的心理健康状况。

二、心理障碍

人们在遇到挫折时，会出现一些情绪反应和躯体症状，这本来属于正常现象，可有些学生却会盲目地给自己“诊断”为某种心理障碍。如焦虑症、抑郁症、强迫症等。这对其降低紧张情绪和缓解心理痛苦是很不利的。这种消极的暗示作用有时还会使他们的情绪和躯体反应进一步加重，进而给身心调整带来障碍。那么到底什么是心理障碍？它有什么样的表现呢？

（一）神经症

按照《中国精神障碍分类与诊断标准（第3版）》，神经症是一组由精神因素造成的非器质性的、大脑神经机能轻度失调的心理疾病，其主要临床表现为焦虑、抑郁、恐惧、强迫、疑病症状及神经衰弱症状。神经症以18～30岁的青年患者最多。神经症一般没有任何可以查明的器质性病变，但个体又确实有心理异常表现，甚至可以非常严重；不过患者对自己的病态有充分的自知力并能主动求医，而且其生活自理能力、社会适应能力和工作能力基本没有缺损。一般认为神经症是由于个体各种心理因素引起其高级神经活动过度紧张，致使大脑机能活动暂时失调而造成的。大学生中常见的神经症有焦虑症、恐惧症、强迫症、疑病症等。

1. 焦虑症

焦虑症是以发作性或持续性焦虑、恐惧和情绪紧张为主要症状的神经症。患有焦虑症的人常常无端地感到惶恐不安、心烦意乱，好像不幸的事情马上就要来临。患者常伴有头昏、胸闷、心悸、呼吸困难、尿频、手脚发凉或燥热等躯体症状，其感到紧张或惊恐的程度往往与现实情况不相符。

焦虑并不完全是坏事，适度的焦虑能够提高我们的工作效率，但是过度的焦虑却会严重影响一个人的生活质量。

我们要把正常焦虑和病理性焦虑（也就是焦虑症）进行区分。怎样来判断自己是不是病理性焦虑呢？有以下三个标准可以供大家参考。一是是否与现实刺激相对应，也就是你觉得焦虑的强度和引起焦虑事件的性质是否相匹配？比如，理智上你觉得和别人打招呼是一件很正常的事情，但是在情感上自己还是会焦虑，觉得做不到。二是焦虑的持续时间是否会太长。三是焦虑在多大程度上影响了你的正常生活，比如说，自己每次考试或演讲都因为过度焦虑而失败，因回避社交带来的焦虑，使自己的朋友圈变得很狭窄，其实你内心中是想要很多朋友的。

大学生中常见的焦虑症有哪些呢？

社交焦虑是大学生患病率最高的一种焦虑形式，是他们在社交情境下的焦虑，包括担心自己的表现不好，担心自己被嘲笑，担心自己出丑等。社交焦虑中存在一种广泛性社交焦虑，是指个体几乎害怕所有的社交情境。而有的人只是害怕某种社交情境，比如“演讲焦虑”。

广泛性焦虑在大学生群体中也很常见，表现为他们会对日常生活过度、持续性的焦虑，比如总是会想刚才自己说的话对不对，为自己或者家人的身体担心，甚至担心世界大战会不会再次发生。患者能够意识到自己的焦虑，但没法控制自己不去想，这个过程中常常随着很大的心理痛苦和身体不适，比如易紧张、疲劳，注意力不集中等，对于广泛性焦虑患者而言这往往是终身的。

焦虑会导致个体对每件事情过度思虑，如果只是控制自己要停止这样的想法，这些想法反而会更加强烈。不过，还是有一些有效的心理策略能够缓解焦虑。

第一，认知重建。尝试把自己的焦虑想法看成“猜测”，而不是“事实”。当我们感到焦虑时，大脑是在试着保护我们，它尝试能够预测出未来可能会发生的事情，从而减少事件发生后对我们的冲击。但是，这只是有可能，而不是一定。比起一味地沉浸在焦虑情绪里，我们可以试着去寻找一些客观证据。比如，我们可以做一个表格，从中列举出哪些事实可以证明负面事件一定会发生，有没有证据显示还有其他的可能性。当把这些都列举出来的时候，我们可能会发现，自己所焦虑的事情只是许多可能性中的一种，并不一定真的会发生。我们应该有选择地相信自己的想法。

第二，关注直接经验。有时我们的大脑会因为过去的消极经历而形成认知偏差，但并不意味着消极经历会再次发生，我们可以问问自己，经过上次的事情后，自身的认知能力、知识储备和情境本身是不是已经发生了变化，我们已经不是过去的那个自己了

第三，想得更长远。有时焦虑会让我们的思维变得狭隘，只看到事情消极的部分，而不能清清楚楚地、全面地看待问题，不能从一个更大、更宏观的角度看待问题。这个时候，我们可以试着问问自己，五年、十年后，我们还会这么在意这个问题吗?

第四，积极地自我对话。我们每天都有很多自己和自己的对话。面对同件事情，不同的自我对话带给我们的感受是截然不同的。我们不能控制客观事情的发生，但是对一件事情的解读和反应是自我可以控制的。很多抑郁症和焦虑症患者就是因为个体无法停止那些消极的自我对话。我们在日常生活中可以去觉察自己的自我对话，并且把它们记录下来。有时候，我们只有把它们清楚地记下来，才会发现我们对自己是多么苛责，这是不合理的。然后我们可以有意识地去准备一些积极的自我对话，替代那些自我贬低的信息。在自己失误时，告诉自己，没关系，别紧张，下次就吸取经验教训。

2. 恐惧症

恐惧症患者会对某些特定的对象产生不合理的恐惧反应。他们恐惧的对象可能是单一的或多种的，如动物、暗室、登高或社交活动等。患者极力回避自己所害怕的客观环境，虽然他们知道这是过分的、不应该的，但也不能控制其恐惧的发作，而且常伴有心跳加速、脉搏加快、呼吸急促、出汗甚至昏厥等自主神经系统功能的失调现象。

恐惧症主要分为社交恐惧、动物恐惧、自然现象恐惧、环境恐惧、观念恐惧等。比如很多人都怕老鼠，我们不能认为这是恐惧症。但是如果一个人一看到老鼠的图片、电视里的老鼠，甚至听到别人说起老鼠，就吓得受不了，这就是恐惧症了。大学生较常出现的是社交恐惧，患者会害怕出现在众人面前，特别是在公共场合会缺乏自信，常伴有发抖、脸红、出汗或行为笨拙、手足无措等症状。赤颜恐惧是社交恐惧中较常见的一种，患者只要在公共场合中就感到害羞、局促不安、尴尬，表现得笨拙、迟钝，怕成为人们耻笑的对象。有的患者害怕看

别人的眼睛，怕跟别人的视线相遇，这被称为对视恐惧。

3. 强迫症

强迫症是一种以反复出现强迫观念或强迫动作为主要特征的神经性障碍。强迫症状的主要特点是个体有意识的自我强迫与有意识的自我反强迫同时存在，患者常常为那些反复出现的强迫现象所困扰，却不能克制地反复出现，并为此感到焦虑和苦恼。

作为一名“00后”大学生，不知从何时起，A发现自己会强迫自己去做一些事情。例如，关了门、上床睡觉后，又会想到似乎没关门，然后就会起床检查。躺下以后，会回想起刚才关门时的情景，担心刚才的行为是否完成，然后就在床上反复地思考，睡不着觉。走在大街上，看到一条线，A就想着一定要跨过它，不能踩到，不然就想走回去重新跨过。A取了飞机票后、在去机场的路上自己会不时地从口袋里拿出来反复确认才会感到安心。

强迫症可表现为强迫观念、强迫意向和强迫行为，它们或是单一地出现，或是夹杂在一起出现。例如，屈从于强迫观念的反复洗手、反复核对检查、反复询问；经常迟到，因为要花很多时间重复做某些事情；当听到自杀、犯罪或生病的消息时，会心烦意乱很长时间；常常设想如果自己粗心大意或出现细小的差错会引起哪些灾难性的后果等。

4. 疑病症

疑病症是指患者在没有任何证据的情况下确信自己有病，而处于对疾病或身体某部位失调的持续强烈恐惧之中。患者表现得极为焦虑，对自己想象出来的疾病经常表现出强迫性动作。当医生检查证明没有病时，他们常常会断定医生的诊断是错误的，又去找其他医生。疑病症的症状常常反映出患者不自觉地寻求家庭或周围人对自己的注意、关心和同情，同时这些症状也成为患者满足自己某些欲望的手段，疑病症的实质是一种潜在的不安全感，表现了个体内心的矛盾、冲突和困扰。患者把自己的注意力从现实生活中转移到自己的健康上，逃避矛盾，以及实际或可能出现的挫折。他们常常把一切挫折、失败归结于“病”，从而减少个人心理上的压力、内疚和自责，不对自己能力、才学等进行怀疑和否认，避免自以为可能出现的名誉、地位的损失，从而心安理得。可见，疑病症实际上是一种个体自我心理防御机制作用的结果。

（二）人格障碍

人格障碍指不伴有精神症状的人格适应缺陷。人格障碍的表现十分复杂，主要表现为行为怪癖、奇异，情感强烈而不稳定，紧张、退缩等。据此可将人格障碍分为以下三大类群。

以“行为怪癖、奇异”为特征的类群。如偏执型人格障碍，即患者易产生偏执观念，对自己的能力估计过高，有极强的自尊心，同时又很自卑，容易嫉妒，看待问题主观、片面，常常言过其实，乖僻古怪，失败时常迁怒或归咎他人。这一类人群还包括分裂型人格障碍。

以“情感强烈而不稳定”为特征的类群。如冲动型人格障碍，常表现为情绪不稳，出现因微小的精神刺激而突然爆发非常强烈的愤怒情绪和冲动行为，且自己不能克制。这一类人群还包括边缘型人格障碍、自恋型人格障碍、反社会型人格障碍、攻击型人格障碍。

以“紧张、退缩”为特征的类群。如强迫型人格障碍，常表现为个人的不安全感和不完善感，因焦虑、紧张而自我克制，过分自我关注，事事追求完美。同时，又墨守成规、处世拘谨，缺乏应变能力。这一类人群还包括回避型人格障碍、依赖型人格障碍。

以上这些心理问题严重地影响了个体人际关系的处理，而且妨碍了其工作和事业的正常发展，以及亲情、友情和家庭的幸福，所以应引起足够的重视。

人格障碍一般始于童年或青少年，而持续到成年或终生。一般认为，人格障碍是个体在不良先天素质的基础上遭受到环境中有害因素的影响而形成的。

（三）进食障碍

大学生群体中常见的进食障碍包括过度减肥和暴食症。

1. 过度减肥

过度减肥是因为学生更加注重自己的外表。即使很多学生实际上并不胖，可心里还是觉得自己需要再瘦一点。为此，过度减肥成了很多女生生活的一部分。这些学生每天都非常重视自己吃了什么，做了多少运动，穿的衣服有没有变得更紧，体重有没有增加。体重成了她们生活中一个对自己的重要测量指标，容易造成她们情绪上的波动，甚至带来一定的压力。

在学生热衷于减肥的同时，她们对于通过节食减肥的危害却并不了解。当前，越来越多的人因为过度节食而成为神经性厌食症患者，从而导致自己身体过度消瘦，增加了死亡概率。因过度减肥而产生的副作用应该得到大学生的重视。

2. 暴食症

暴食症症状发作时，患者有不可抗拒的进食欲望。患者常常担心自己会进食过量，每当想吃时便告诫自己不可失控，然而见到食物时就会忘记自己的戒律，一旦进食便一发而不可收拾。

暴食症患者所食之物，常常是其最禁忌的发胖性食物，如奶油蛋糕、面食、含油很多的菜、肥肉等，有个别人甚至喝食用油。暴食症发作时，患者所食的量是惊人的，进食速度也是令人难以置信的。

暴食症患者的另一个特征是怕胖，平时他们会节制饮食害怕体重增加，因而在暴食发作后，他们极端懊恼自己，并立即采取措施抵消食物带来的发胖作用，最多采用的方法是自我诱吐，其次是导泻剂、利尿药。

暴食症患者的临床表现还有一个明显的特点是隐蔽性，暴食发作、自我诱吐常常是秘密进行的。为此他们往往回避公共场所的进餐或聚会，因为每遇美味佳肴，食欲极强，他们又担心失态而不敢随意进食，这种欲望与理智的冲突好似一场精神煎熬，让他们难以承受。

（四）抑郁障碍

我们在漫长的人生中，都会经历这样或那样的挫折、失望、求而不得。这个时候可能会听到身边的人说“我抑郁了”，可是却很少有同学真的花时间去了解什么是“抑郁”，有时候还会对它有很多误解。

1. 什么是抑郁？

首先要区分健康的悲伤情绪、抑郁情绪以及抑郁症。悲伤和抑郁是很接近的两种情绪感受，都有情绪低落的特点，但其实两者的感受是完全不一样的。当个体遭遇一些不幸的事件时，悲伤是一种情绪体验。一段时间后，这种情绪会逐渐消失，我们能够回到正常的学习和生活中。但是如果自己迟迟不能从这种情绪中走出来，而是逐渐变成一种无名的情绪低落并难以恢复，这时候就要考虑抑郁的可能性。

抑郁情绪可能会发展为抑郁状态，抑郁状态也可能会发展为抑郁症，这三者的区别在于程度不同。抑郁情绪很多人都会遇到，可以通过自助或者心理咨询的方式来进行缓解；抑郁症则一定要接受专业的医生诊断治疗；抑郁状态介于这两者之间，具有部分抑郁症的特征，但没有达到抑郁症的诊断标准，也建议在此状态下，可寻求专业帮助。但无论是哪个阶段，我们都可以从情绪感受、行为活动和身体反应三个方面来觉察抑郁。

抑郁的人会体验到很多负面的情绪，且比以往更强烈，持续时间更长，频率也更高，有时候他们甚至会怨恨身边的亲朋好友，但很快又会陷入对自我的厌恶，无助感和无价值感常常让人难以自拔，无法解脱，甚至由此产生出自伤或者自杀的想法或行为。抑郁症不仅仅是个体情绪上的痛苦，它还会改变自我在日常生活中的思维、行为和功能，曾经让自己感兴趣的东西现在变的无趣，整个人觉得很累，精力不足，困倦，难以集中注意力，除此之外，还会造成饮食上的暴饮暴食或食欲下降，影响睡眠等。抑郁症患者不一定会出现上述所有的症状，出现上述某些症状也不一定是抑郁症，但是，如果个体曾经出现过类似的感觉，特别是有过自杀、自伤的危险想法时，一定要仔细鉴别或者是寻求帮助。

2. 为什么会抑郁？

抑郁症的发生，与后天因素的作用相关。影响抑郁的后天因素很多，我们将其分为内在因素和外在因素，内在因素包括身体因素和心理因素；外在因素包括生活的家庭环境、气候因素和遭受的重大事件。

先从外在因素说起。研究发现，生命早期的丧失和创伤可能会使人在以后的生活中更容易患上抑郁症，而且这些影响不光是情绪上的，还有实质性的大脑结构和功能的改变，包括大脑中生化物质水平的变化，或对神经细胞进行了损害，进而导致抑郁和焦虑症状的出现。长期的工作压力，长期处于一种被虐待和孤立的人际关系中，长期的不开心，这会使个体抑郁的风险大大增加，而如果最近还遭受了一个重大事件，比如“失恋”，其就会成为“压死骆驼的最后一根稻草”，变为引发抑郁的导火索。

我们来到这个世界上，最先接触到的环境就是家庭。家庭对我们的影响不言而喻，好的家庭环境是个体的保护伞，而不好的家庭对自我造成的影响挥之不去。如果一个人从小在父母那里感受不到爱和温暖，那么他就会缺乏安全感和价值感，如果一个家庭没有教会一个人正确处理问题和应对情绪的方式，那么他从家人那里学习来的思维—情感—行为模式，不足以让他应对日后生活的压力，最后可能会被抑郁打败。除了家庭这样的小环境外，气候也会影响抑郁的发生，比如冬季是抑郁的高发期，可能是因为光照减少，从而使5-羟色胺的分泌减少。

与抑郁相关的内在因素包括身体和心理两个方面。身体主要是指身体疾病，特别是那些慢性疾病。心理主要是指一个人独特的个性特点。认知行为治疗理论认为，一个事件的发生并不会直接导致个体情绪上的痛苦，而是其对这个事情的解读和认知导致了情绪上的痛苦。同样的事情发生后，比如一些抑郁质、完美主义倾向的人可能更容易抑郁。

有很多引发抑郁的风险因素，但是很少会因为其中的某个因素导致抑郁的发生，而是多个原因累加的结果。比如，暴力的家庭环境更容易让一个人产生抑郁的人格特征，进而导致大脑结构的变化。在一次失恋后，个体可能会抑郁发作。虽然我们无法改变自身的先天基因，但是后天的成长环境，应对压力的能力，人际关系，这些都是可控的，我们可以让这些因素朝好的方向发展，成为我们对抗抑郁的保护伞。

3. 用什么样的态度面对抑郁？

当我们在对抗抑郁的同时，也许会想“如果让抑郁从我的世界消失就好了”，有这样的想法可以理解，但是，我们在积极调整抑郁的同时，对抑郁的接纳也是十分有必要的。在很长的一段时间内，我们要学会如何和抑郁共存。我们在面对抑郁时，不要带着希望它消失的理想化信念站在对立面，而是要在接受自己的基础上，积极地调整它。

接纳抑郁的另一个意义在于，有时候，我们无法让抑郁真正消失，此时的接纳会让我们面对现实，减少不必要的精力浪费。比如有些人因为先天因素的影响，就是会比其他人更容易抑郁，但这并不是我们的错，也不需要进行自责和自我否定，当抑郁来临的时候，努力地调整就好了。坦然地接受抑郁，可以让我们更好地分配精力，把注意力集中在那些可控的，可以改变的事情上，而不是集中在一些不可更改的事情上，比如纠结于原生家庭带来的创伤，埋怨父母没有给我们一个好的成长环境，或者陷入其他创伤事件中。

三、精神疾病

精神疾病是指人脑机能活动失调，丧失自知力，不能应付正常生活和与现实保持恰当接触的严重的心理障碍。

精神疾病的总体表现包括以下三点：

病人的机能受到严重损害，他们对客观现实的反应是歪曲的，可出现精神失常现象，如幻觉、妄想、思维错乱、行为怪异、情感失常等，因而丧失正常的言行、理智与行为反应。

患者的社会功能有严重损失，不能正常处理人际关系及参与社会活动，甚至会给公众的社会生活造成危害。

患者不能理解和认识自身的现状，不承认自己有精神疾病，对自己的处境完全丧失自知力。

大学生精神疾病的主要类型是情感性精神疾病、精神分裂症和反应性精神疾病。

（一）情感性精神疾病

情感性精神疾病是以情感障碍为主要症状的一种精神疾病，主要表现为情感的高涨或低沉，有时会在两种状态下交替进行，可伴有幻觉、妄想等症状，多数患者会反复发作。躁狂发作主要表现为：个体情绪高涨，自我感觉特别愉快，自我评价高等。有的人会易激怒，甚至有破坏或攻击行为，自我思维过程明显加快，表现为语言增多，注意力容易分散，随境转移，活动增多，精力旺盛，兴趣广泛，做事虎头蛇尾，睡眠减少，可有冲动伤人、毁物行为。躯体症状也会有所反应，少数患者表现为面色红润，两眼有神，心率加快，体重减轻，食欲增加等。在大学生中，某些心理刺激，如强烈的惊吓、尖锐的批评、失恋等引起的过度焦虑与紧张等都是其发病的诱因。患有情感性精神疾病的学生，性情极端失常，有强烈的激动兴奋或忧伤、抑郁的情绪反应，情感性精神疾病的特征如表12-1所示。

表12-1 情感性精神疾病的特征

维度	种类	
	躁狂症（三高）	抑郁症（三低）
情感	高涨、欢快	低落、忧伤
思维	思维奔逸	思维迟疑
动作	增多	减少、迟钝

抑郁和躁狂循环发作的人就是双相情感障碍了。值得注意的是，正常人也会有抑郁情绪，但如果其持续两周以上，还无法转移自身注意力，则有可能发展为抑郁症。

（二）精神分裂症

精神分裂症是一种常见的重性精神疾病，其发病率在精神疾病中居首位。精神分裂症发病者多为青壮年，它在大学生中的发病率约为7%。此病导致个体心理异常的表现主要是精神活动“分裂”，即患者的行为与现实分离，思维过程与情感分离，行为、情感、思维具有非现实性，难以理解，不能协调。精神分裂症的症状十分复杂多样，常表现为联想散漫，思维破裂，情感淡漠，言行怪异，妄想，出现幻觉、幻听等。精神分裂症患者一般智力完好，但他们对自己的病情缺乏自知力。精神分裂症的病因和发病机理尚不清楚，通常认为与生理特征、遗传、孕期在母体内受到损伤、年龄、素质、环境等因素有关。精神分裂症的治疗一般以药物治疗为主，辅以心理治疗。

（三）反应性精神疾病

反应性精神疾病是一种心因性精神疾病，由急剧或持久的精神刺激所引起。此病的临床症状与精神因素密切相关，并伴有相应的情感反应，容易被他人理解。大学生中常见的情况是由于意外事件（如亲人突然死亡及严重伤害等）或持久的精神痛苦（如失恋、学习上的挫折、人际纠纷等）而导致的反应性精神病，一般病程较短。反应性精神疾病的治疗以心理治疗为主，并配合其他治疗方式。一旦患者能正确对待自己的致病因素或其致病因素消除后，其症状即可消失，且预后良好。对于那些具有明显的创伤性体验的患者可采取适当调整环境、移地休养等方法配合治疗。

思政剧场

每一种心理咨询方法往往都是以某种人性观为指导的。在中国传统文化思想体系中，孟子对人性的看法是善的；老子与庄子对人性的看法基本保持着积极的态度，庄子认为人性中最宝贵的是“天真”。中国传统文化对人性的态度表现出强烈的人本主义倾向。首先，认为人的本质是好的，人有“善根”。其次，相信人的本质是建设性的，只要环境良好，就必然让自我积极向上的那一面生长。最后，相信人能够自我依赖，自主自立。这种观点确立了不同的民族可以以不同的文化特色在人类社会中长期繁衍下去。

思想启发：

漫长征途需要一步一步地走，崇高理想的实现需要一点一滴地奋斗。通往理想的道路是遥远的，但起点就在脚下，就在一切平凡的岗位上，就在扎扎实实的学习和工作中。保持积极向上的心态，拥有崇高的理想信念是提升思想发展素质的重要指标，大学生要具备良好的心理素质，树立崇高的理想，成为祖国需要的合格人才。

抑郁症筛查量表

在过去的两周里，你生活中以下症状出现的频率有多少？

序号	题项	根本没有	有几天	一半以上时间	几乎天天
1	做事时提不起劲或没有兴趣	0	1	2	3
2	感到心情低落，沮丧或绝望	0	1	2	3
3	入睡困难、睡不安或睡得过多	0	1	2	3
4	感觉疲倦或没有活力	0	1	2	3
5	食欲不振或吃太多	0	1	2	3
6	觉得自己很糟或觉得自己很失败，或让自己、家人失望	0	1	2	3
7	对事物专注有困难，如看报纸或看电视时	0	1	2	3

续表

序号	题项	根本没有	有几天	一半以上时间	几乎天天
8	行动或说话速度缓慢到别人已经察觉或刚好相反——变得比平日更烦躁或坐立不安，动来动去	0	1	2	3
9	有不如死掉或用某种方式伤害自己的念头	0	1	2	3

测试积分规则：

1. 计算总分

0 ～ 4 没有抑郁症；5 ～ 9 可能有轻微抑郁症；10 ～ 14 可能有中度抑郁症；15 ～ 19 可能有中重度抑郁症；20 ～ 27 可能有重度抑郁症。

2. 核心项目分

项目 1，项目 4，项目 9，任何一题得分 >1（即选择 2、3），需要关注。

广泛性焦虑量表

过去两周内，患者是否遇到如下 7 个焦虑相关问题。

序号	题项	根本没有	有几天	一半以上时间	几乎天天
1	紧张、焦虑或愤怒	0	1	2	3
2	易被激怒	0	1	2	3
3	害怕什么可怕的事情发生	0	1	2	3
4	担心很多事情	0	1	2	3
5	疲劳，坐不住	0	1	2	3
6	不能停止或不能控制的担心	0	1	2	3
7	很难放松	0	1	2	3

计分规则：0 ～ 5 分为轻度焦虑；6 ～ 10 分为中度焦虑；11 以上为重度焦虑。

课后思考

1. 心理咨询的功能有哪些？
2. 大学生心理咨询的内容？
3. 朋辈咨询的特点有哪些？
4. 大学生常见的心理困扰有哪些？

心理实训 1

活动名称	参观学校心理咨询室	姓名		完成时间	
1. 参观大学心理咨询室	写下参观心理咨询室的感受？				
2. 访问一名专职心理咨询师	了解心理咨询的过程和作用：				
3. 你最想解决的心理问题和困惑是什么呢？	困惑1：______ 困惑2：______ 困惑3：______				

心理实训 2

活动名称	话说抑郁	姓名		完成时间	
1. 说说抑郁情绪、抑郁状态和抑郁症的区别。	抑郁情绪：______ 抑郁状态：______ 抑郁症：______				
2. 如果身边的同学或朋友得了抑郁症，我们该用怎样的态度与其相处？					
3. 你最想解决的心理问题和困惑是什么呢？	困惑1：______ 困惑2：______ 困惑3：______				

心理实训 2

<table>
<tr><th>活动名称</th><th>朋辈咨询练习</th><th>姓名</th><th></th><th>完成时间</th><th></th></tr>
<tr><td>1. 每两人为一组，体验真诚的倾听</td><td colspan="5">倾听者在听的过程中，除了耳朵之外，还要用眼睛、表情、动作、语言等告诉对方你在真诚、认真地倾听。眼神与对方保持自然的目光接触；表情、动作——适当地点头、微笑，表达你已经理解了对方的想法；身体姿势——稍微前倾，面向说话者，远近适当；语言——不随意打断对方，适时加入或重复一些表示接受、鼓励的语言，比如：原来是这样，是吗，后来怎么样呢……</td></tr>
<tr><td>2. 被倾听后的感受</td><td colspan="5"></td></tr>
</table>

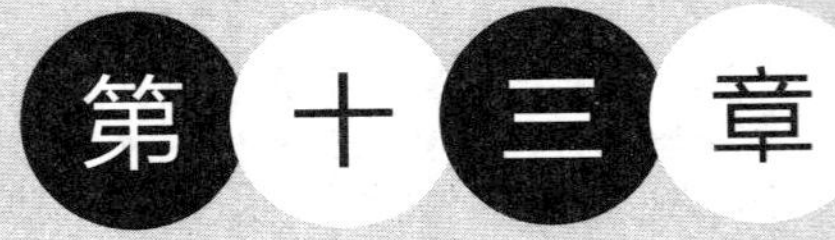

大学生人格发展与心理健康

——解读面具

人格是伴随着人的一生不断成长的心理品质。人格的成熟意味着个体心理的成熟，人格的魅力展示着个体心灵的完善。人格是一个丰富而复杂的心理成分，它凝聚着文化、社会、家庭、教育与先天遗传的个体风貌。“人有千面，各有不同。”人格有着鲜明的个性特征，人格的差异铸就了个体千差万别、千姿百态的心理面貌。

学习目标

1. 了解人格的含义、特征及相关影响因素。
2. 熟悉大学生常见人格偏差特征及调适。
3. 学会觉察大学生常见的人格发展缺陷，掌握大学生人格完善的途径与方法。

思维导图

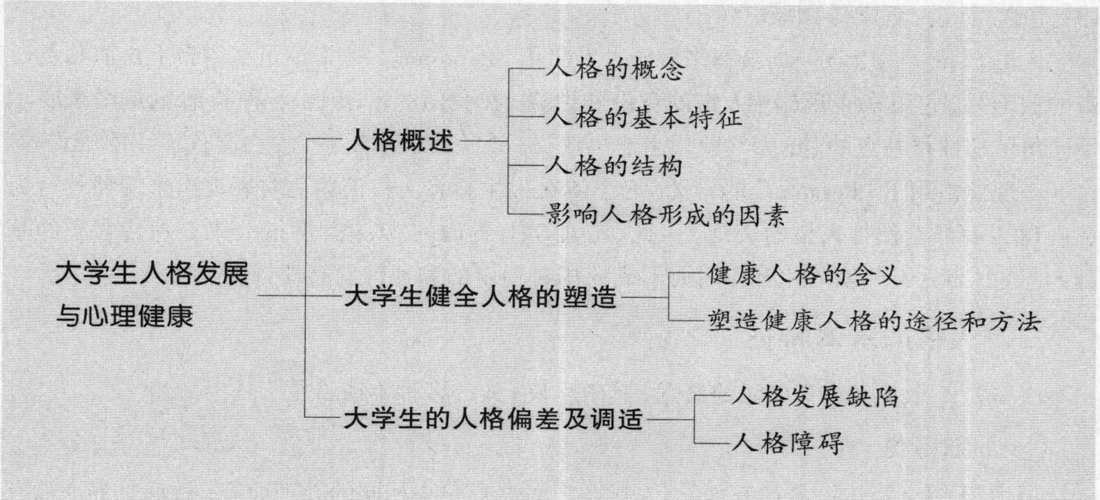

导入案例

从“拾柴火”看性格模式

苏联心理学家阿格法诺夫设计了“拾柴火”的自然实验，实验对象是保育院的40个学生。实验是在冬天的晚上进行的。实验者把湿柴放在附近的棚子里，而把干柴放在较远的山沟里，要求学生必须在晚上去拾柴生火取暖，自己隐蔽在一旁观察。结果发现有的孩子兴高采烈地到山沟里去了，有的则边走边发出怨言，有的不敢走远，只是到附近的棚子里去取湿柴。后来实验者对他们讲了有关勇敢者的故事，于是到山沟里取柴的人渐渐多了。经过几个月的教育和观察，发现有20个孩子发生了较大的变化。

从这个实验我们知道：孩子们的性格是有差异的，有的勇敢主动，有的畏缩，有的动摇，有的则胆怯。而他们的性格通过教育或后天的培养训练是可以改变的。

第一节　人格概述

一、人格的概念

德国哲学家莱布尼茨说过“世界上没有完全相同的两片树叶”。当人们与其他人进行比较时，会发现人与人之间是如此不同，而这种不同正是因为人格的不同。人格一词涵盖了法律、道德、社会、哲学等领域。

人格（Personality）一词最初来源于古希腊语“Persona”，是指演员在舞台上扮演角色所戴的假面具，它用来表现剧中人物的身份和性格。在我国的京剧中，各种脸谱也是用来展示不同角色的性格特点的。比如红脸代表忠勇侠义；黑脸代表刚正威武；白脸代表阴险狡诈。

心理学沿用了“Persona”的含义，把个体在人生舞台上扮演角色时表现出来的种种行为和心理活动都看作是人格的表现。因此，心理学上所说的“人格”是指个体在遗传素质的基础上，通过与后天环境的相互作用而形成的相对稳定的和独特的心理行为模式。

二、人格的基本特征

人格是一个具有丰富内涵的概念，其中反映了人的多种本质特征。

（一）独特性

俗话说“人心不同，各如其面”，人与人之间没有完全相同的心理面貌，就像世界上没有完全相同的两片树叶一样。人格的独特性是指个体的人格是由某些和别人共同或相似的特征以及完全不同的特征错综复杂地交织在一起构成的。由于遗传、家庭教育、学校教育、周围社会环境、时代背景等方面的差异，人格的形成和发展必然会各不相同。人格结构具有多样性，每个人都有自己独特的个性特点。如有的人开放自然，有的人顽固自守，有的人沉默寡言，有的人豪爽，有的人谨慎等。

（二）整体性

人格是人的整体精神面貌的表现，人格倾向性和人格特征不是孤立地存在着，而是相互联系、相互制约、相互作用组成一个完整的人格。

人格的整体性首先表现在人格的内在统一上。个体能够有正确的自我认识和自我评价，能及时调整内心世界的矛盾冲突，协调主观与客观、心理与环境之间的关系，这样他的动机和行为才能保持一致。个体的人格一旦失去了内在统一，他的行为就会由几种相互抵触的动机支配，最终出现人格分裂。我们常见的多重人格和分裂人格就是丧失人格完整性的后果。

（三）稳定性

稳定性是指个体在不同的生活情景中都表现出大体一致的心理品质。例如，一位性格内向的大学生不仅在陌生人面前缄默不语，在教师面前少言寡语，而且在参与学生活动时也沉默寡言，甚至毕业几年后同学聚会时还是如此。这体现了人格在空间上的稳定性。所谓

"江山易改，秉性难移"，"秉性"就是指人格。这体现了人格在时间上的稳定性。当然，个人行为中也会偶然性表现出一些心理特征和心理倾向，但这些偶然行为并不代表个体的人格特征。

人格的稳定性是相对的，人格的特征绝不是一成不变的。随着生理的成熟和环境的变化，人格也有可能产生或多或少的变化。我们在生活中经常能够发现由于生活环境的重大变化或受到重大生活事件的影响，一个人的性格发生了比较明显的变化。例如，本来沉默内向的人由于长期从事销售工作，渐渐变得健谈了；本来热情活泼的人在某个不幸事件的刺激下变得沉默寡言了。

（四）功能性

人们常说"性格决定命运"。人格决定一个人的生活方式，甚至决定一个人的命运，因而是人生成败的根源之一。当面对挫折与失败时，坚强者能发奋拼搏，懦弱者会一蹶不振，这就是人格功能的表现。当人格功能发挥正常时，表现为健康而有力，支配着人的生活与成败；当人格功能失调时，就会表现出懦弱、无力、失控甚至变态。

三、人格的结构

人格是一个复杂的结构系统，它包括气质、性格、认知风格、自我调控等方面，其中人格与气质和性格的关系最为密切。

（一）气质

气质是指在人的心理活动和行为中表现出的稳定的动力特点，即我们平时所说的脾气、秉性。人的气质差异是先天形成的，受神经系统活动过程的特性所制约。孩子刚一落生时，最先表现出来的差异就是气质差异，有的孩子爱哭好动，有的孩子平稳安静。

古希腊著名医生希波克拉底的"四液"说。他提出，人体内有四种体液：血液、黄胆汁、黑胆汁和黏液，血液出于心脏；黄胆汁生于肝脏；黑胆汁生于胃部；黏液生于脑部。他在《论人的本性》一书中提出，正是这四种体液"形成了人的性质"。

1. 胆汁质（兴奋型）

胆汁质的人反应速度快，具有较高的反应性与主动性。这类人情绪易激动，反应迅速，行动敏捷，暴躁而有力；性急，有一种强烈而迅速燃烧的热情，不能自制；在克服困难上有坚忍不拔的劲头，但不善于考虑能否做到，工作有明显的周期性，能以极大的热情投身于事业，也准备克服且正在克服通向目标的重重困难和障碍，但当精力消耗殆尽时，便失去信心，情绪顿时转为沮丧而一事无成。

2. 多血质（活泼型）

多血质的人喜形于色，喜怒都在展现中，可塑性强。这类人情感和行为动作发生得很快，变化得也快，但较为温和；易于产生情感，但体验不深，善于结交朋友，容易适应新的环境；语言具有表达力和感染力，姿态活泼，表情生动，有明显的外倾性特点；机智灵敏、思维灵活，但常表现出对问题不求甚解；注意与兴趣易于转移，不稳定；在意志力方面缺乏忍耐性，毅力不强。

3. 黏液质（安静型）

黏液质的人反应性低。这类人安静、稳重、反应缓慢、沉默寡言、情绪不易外露；注意稳定、持久，但难于转移；思维灵活性较差，但比较细致，喜欢沉思；在意志力方面具有耐性，对自己的行为有较大的自制力；态度持重，做事谨慎细致，但对新的工作较难适应。

4. 抑郁质（抑制型）

抑郁质的人有较高的感受性。这类人行动迟缓、易多愁善感、体验深刻、善于觉察别人不易觉察到的细小事物；在意志方面常表现出胆小怕事、优柔寡断，受到挫折后常心神不安，但对力所能及的工作表现出坚忍的精神；不善交往，较为孤僻。《红楼梦》中的林黛玉就是这种气质类型的典型代表。

心理故事

剧院外的迟到者

一天晚上，四个歌剧迷去塔什剧院看著名的歌剧团演出。可是由于路上塞车，等四个人兴冲冲赶到歌剧院的门口时，歌剧在10分钟前就开演了。为了保证演出不受干扰，剧院规定，开演10分钟后，停止检票，这就意味着他们只能等两个小时后开演的下一场。

这时候，激动不已的第一个人早就没有耐心向检票员求情了，他向检票员怒吼："我有票为什么不让我进，规矩是你们制定的，为什么偏偏是10分钟，而不是11分钟？再说是因为塞车我们才迟到的。你认为塞车是我们的过错吗？那是市政交通问题，我们是受害者，你得让我进去……"一边说一边推撞着检票员，越说越激动，越推越用力。

而在一旁寻找机会的第二个人趁他们推搡的间隙，偷偷从检票员向上举着的右臂下钻了进去，边走还边回头做鬼脸。在这期间，第三个人干脆走进了剧院旁的一个小酒吧，一边品尝着威士忌，一边等待下一场演出的开始。而第四个人一刻不停地抱怨着："我怎么这么倒霉，昨天不小心摔坏了一只珍贵的花瓶，今天看演出又迟到了，要是我早点来就好了。唉！"

看了上述小故事，你也许会开怀大笑，但是我们身边确实存在这样的人，面对同样一件事情，他们的反应竟然会如此不同。想一想，原因何在呢？

在现实生活中，并不是每个人的气质都能归入某一气质类型。除少数人具有某种气质类型的典型特征之外，大多数人都偏于中间型或混合型，也就是说，他们较多地具有某一类型的特点，同时又具有其他气质类型的一些特点。气质本身无优劣之分，任何一种气质都有其积极和消极的方面，气质也不能决定一个人活动的社会价值和成就的高低。

（二）性格

性格是人格结构的重要组成部分之一。它是指个人的品行道德和风格；是个人有关社会规范、伦理道德方面的各种习性的总称；是不易改变的、稳定的心理品质，如诚实、坚贞、奸险等。性格是后天形成的，而人格的气质却是生来就有的。性格表现了人们对现实与周围世界的态度，对自己、对别人、对事物的态度。

人与人的个性差别首先表现在性格上。性格是在社会生活实践过程中逐步形成的。由于各人所处的客观环境不一样，先天的素质不同，形成了各种各样类型的性格。根据心理的倾向性划分性格类型：根据人的心理活动倾向于外部还是内部，把性格分为外倾型和内倾型。

外倾型的人：心理活动倾向于外部，经常对外部事物表示关心和兴趣，性情开朗活泼，情感外露，不拘小节，善于交际，热情、随和。

内倾型的人：心理活动倾向于内心，较少向别人显露自己的思想，沉静、谨慎、顾虑，适应环境困难，交往面窄。

一般来说，具有典型性格类型的人很少，大多数人是介于两者之间的中间型。

案例启发

天使爱美丽

《天使爱美丽》影片中的主人公艾米丽可爱善良，爱幻想、充满诗意，同时又是孤独的。艾米丽妈妈去世早，她和父亲也不亲密，从小就一个人玩，没有玩伴，长大后有社交恐惧症，但通过主动去帮助他人，让自己获得快乐感的同时也能和别人交流，不再害怕社交。

电影里的每个角色，其人物性格塑造得都很形象饱满，艾米丽帮助自闭忧郁的盲人老人过马路，艾米丽精心制作迟到的信，让那位以前说自己生来就是弃妇的房东太太最终满脸柔情，幸福地说出其实他还是爱我的!看到冷酷的杂货店老板欺辱伙计，善良的艾米丽也是挺身而出，看到恋情失意的同事，艾米丽也尽力制造机会帮忙；而应对一向消沉的父亲，艾米丽也精心制造木偶奇遇事件让父亲走出阴霾。艾米丽用她善良而热情的心，让身边的人收获幸福，而最终，她也收获了自己的爱情。

艾米丽用自己的方式去帮助身边的人发现生活的美好，解决烦恼，伸张正义，就像天使。从人格类型上来解读艾米丽，大致可以把她归为黏液质特点，内向却富有幻想、内敛又充满热情。她总能用平和的心态面对世界和生活，总是以积极的心态面对每一天，总是真诚地对待每一个人，将微笑给予每一个需要帮助的人。

四、影响人格形成的因素

现代心理学认为个性是在遗传与环境因素交互作用下逐渐发展而形成的。

（一）生物遗传因素

有人对你说过你的举止像你的父母吗？你妈妈的朋友可能这样说过：“你真是你妈妈的儿子（女儿）。”你的急性子可能经常被说成是“遗传了你的爸爸”。这些例子说明人们认为，通过基因，父母不仅会把眼睛颜色、身高等生理特点遗传给孩子，而且，孩子的人格特点也与父母相似。

人们与生俱来的感知器官、运动器官、神经系统和大脑在结构与机能上的一系列特点，是人格形成的物质基础与前提条件。许多心理学家认为双生子研究是研究个性遗传因素的最好方法，此研究表明同卵双生子的个性相关率比异卵双生子高。此外，人的体态、体质和容貌，也是影响个性形成和发展的生物因素。例如，有些人因容貌出众而自负，有些人因先天不足而自卑。但是，生物因素只为个性的形成和发展提供了一种可能性，不能决定完整个性的发展。

（二）早期童年经验

有人说“幸运的人一生都在被童年治愈，不幸的人一生都在治愈童年”。人格发展受到童年经验的影响，幸福的童年有利于儿童形成健康的人格，不幸的童年也会使儿童形成不良的人格。但二者不存在一一对应的关系，溺爱也可能使孩子形成不良的人格特点，逆境也可能磨炼出孩子坚强的人格。早期经验不能单独对人格起决定作用，它与其他因素共同决定着人格的形成与发展。早期童年经验对人格是否造成永久性影响因人而异。对于正常人来说，随年龄的增长、心理的成熟化，童年的影响会逐渐缩小、减弱，其效果不会永久不衰。

（三）家庭环境因素

俗话说“有其父必有其子”。这表明人格的发展和孩子与父母之间的关系息息相关。家庭是最初级的社会群体，是人生开始的第一环境，是人才成长的摇篮。对人格形成的影响主要表现为家庭对子女的教育作用。父母按照自己的意愿和方式教育孩子，使他们逐渐形成某些人格特质。一般研究者把家庭的教养方式分成四类，不同的教养方式对孩子的人格特征具有不同的影响。

第一，民主型。在民主型教养方式下，父母把孩子当成一个独立的个体，尊重他们的意见，允许他们表达、表现自己；孩子与父母的关系融洽，他们既得到尊重，又得到保护，正当的需要可以得到满足，不适当的行为会受到抑制和纠正，宽严有度、管放结合；给予孩子充分的交往机会，他们的人际交往、独立性、主动性、自尊心、自信心等的发展都比较好。

第二，专制型。在专制型教养方式下，父母不允许孩子违背大人的意志，不能容忍孩子有自己的想法，给予孩子的温暖、同情较少；教育孩子的方法简单、粗暴，强行压服，甚至经常打骂；孩子被父母过多地干预和禁止，合理的要求也不容易得到满足，稍有不顺从就会受到呵斥和责备；亲子关系疏远，孩子害怕父母，变得顺从、压抑、退缩、自卑、情绪不安、优柔寡断、喜怒无常、言行不一，其独立性、主动性、自信心、创造性等发展较差。

第三，溺爱型。在溺爱型教养方式下，父母对孩子百依百顺宠爱娇惯、过度保护；对孩子的不当行为也不加管束，甚至袒护纵容；对孩子的要求一味地满足，无原则地迁就；孩子容易变得依赖性强，且任性蛮横、胆小怯懦、自私自利、为所欲为、意志薄弱，人际关系不佳，独立性、自主性等发展较差。

第四，忽视型。在忽视型教养方式下，父母对孩子不关心、不热情，忽视孩子的需求缺乏与孩子的交流和沟通；不了解孩子的状态，也不愿为孩子操心，采取任其发展的消极态度，致使孩子对父母采取回避或反抗的态度，亲子关系不佳；孩子的独立性、自主性较强，但自信心较差，对人际关系的认知易出现偏差，交往态度也会受到影响；也有的父母对孩子故意冷落、否定过多，言谈举止中表现出对孩子的失望，致使孩子不知所措、无所适从、自信心受挫，甚至产生自卑、孤独、自闭等心理倾向，自主性、创造性等发展较差。

由上可以看出，家庭确实是“人类性格的工厂”，它塑造了人们不同的人格特质。民主型教养方式是最理想的，有助于孩子较顺利地适应社会生活。专制型教养方式对孩子干预过多，会在一定程度上限制孩子的发展。溺爱型教养方式对孩子过度纵容，使孩子幼稚、不成熟，社会认知、社会行为等都易出现问题。忽视型的教养方式采取听之任之的态度，对孩子缺乏有效的引导，易使孩子出现社会认知、社会适应等方面的问题；也可能因为对孩子的限制、干涉较少，而使孩子较自立，社会适应能力强。

心理演练场

实践和探索：影响人格形成的因素分析

请在一张纸上写出自己的人格特点，再在另一张纸上写出父母的人格特点，比较一下有多少相似和不同的地方，联系你的成长经历分析影响你人格形成的因素。

（四）社会文化因素

文化对人格的形成具有重要的意义，对人格正常与否也有着重要的界定意义。自个体出生以来，就生活在社会中，接受着社会的文化，逐步学会各种技能。

社会文化具有对个性的塑造功能，反映在不同文化的民族其固有的民族性格上。社会文化塑造了社会成员的人格特征，使其成员的人格结构朝着相似的方向发展，这种相似性具有维系社会稳定的功能；同时社会文化对各种角色行为有一定的期望和要求，这就是角色规范，使每个人能稳固地“嵌入”在整个文化形态里。如德国人严谨，法国人浪漫，英国人绅士，日本人讲礼貌，而受儒家思想影响较深的中华民族则具有忍耐和谦逊的民族性格。

如果一个人极端偏离其社会文化所要求的人格特质，不能融入社会文化环境中，就可能被视为行为偏差或患有心理疾病。

（五）学校教育因素

儿童进入学校阶段，所接触的主导环境发生变化，由家庭环境转变为学校环境，家庭环境的影响在逐渐减弱。因此，学校对儿童人格的发展起到了最为关键的作用，一般而言，在探究学校教育对人格发展的影响中，多集中于校园文化、同伴关系以及教师期望这三个方面。

作为宏观方面的校园文化因素，首先在环境上奠定了一个前提条件。校园文化氛围的好与坏，直接影响着学生的人格发展。在自由、和谐、提倡全面发展的校园中，学生则表现得更为积极、乐观、活跃，具有创新品质，有助于学生人格健康的发展；反之，消极的校园文化则会阻碍人格的发展。同伴关系的交往水平反映出了学生社会化发展的程度。同伴交往水平较高的学生，自信、平和、外向、乐于助人，这些品质都是良好人格特征所需要的。而那些同伴交往存在阻碍的小学生，则表现退缩、自卑、攻击性较强等一些人格特点。教师期望是另一个影响学生人格发展的因素，合理恰当的教师期望可以对学生的学业成就，行为表现以及人格发展起到一个助推的作用。

学校作为除家庭之外的另一个影响儿童人格发展，社会性发展的重要场所，应该努力为学生营造一种和谐的、自由的校园氛围，倡导建立平等、互助的同伴关系，鼓励校内教师因材施教，积极关注学生的发展，从而全面地促进学生人格向着健康的方向发展。

拓展阅读

罗森塔尔效应

1960年，哈佛大学的罗森塔尔博士曾在加州一所学校做过一个著名的实验。

新学期，校长对两位教师说“根据过去三四年来的教学表现，你们是本校最好的教师。

为了奖励你们，今年学校特地挑选了一些最聪明的学生给你们教。记住，这些学生的智商比同龄的孩子都要高。”

校长再三叮咛：“要像平常一样教他们，不要让孩子或家长知道他们是被特意挑选出来的。”这两位教师非常高兴，更加努力教学了。

一年之后，这两个班级的学生成绩是全校中最优秀的，甚至比其他班学生的分数值高出好几倍。

真相一：他们所教的这些学生智商并不比别的学生高。这两位教师哪里会料到事情是这样的，只得庆幸是自己教得好了。

真相二：他们两个也不是本校最好的教师，而是在教师中随机抽出来的。

这个实验后来被誉为“罗森塔尔效应”。

每一个人都有可能成功，但是能不能成功，取决于周围的人能不能像对待成功人士那样爱他、期望他、教育他。

（六）学校教育因素

人格的自我调控系统是人格发展的内部因素。人格调控系统是以自我意识为核心的。自我意识是人对自身以及对自己同客观世界的关系的意识，具有自我认识、自我体验、自我控制三个子系统。自我调控系统的主要作用是对人格的各个成分进行调控，保证人格的完整统一与和谐。

具有自知的人，能够客观地分析自己，不会把遗传或生理方面的局限视为阻碍个人发展的因素，而会有效地利用个人资源，发挥个人长处，努力地改善自己和完善自我。健康的人格是自我的内在统一。认识自我，愉快地接纳自我，延伸自我，创造自我，是健康人格的四部曲。人是在发展中求生存的。自我调控具有创造的功能，它可以变革自我、塑造自我，不断完善自己，将自我价值扩展到社会中去，并在对社会的贡献中体现自己的价值。把实现自我的个人价值变革为实现自我的社会价值。

第二节　大学生健全人格的塑造

这是一封学生来信："老师，您好!请您帮帮我，我觉得自己的灵魂在被恶魔吞噬，我一步步在走向罪恶，我真怕自己从此错下去，但是我真的不知道怎样走出来。

一切都因为小丽，我的同班同学，以前我俩也算是形影不离的好朋友，是大家共同关注的焦点。我不知道她使了什么法，大家似乎更喜欢她，一些对我冷淡的同学对她亲密有加。她平时几乎和我在一起，一起上课，一起自习，一起逛街，但是她成绩总是比我考得好。从上学期起她就特别走运，春风得意，先是获得了国家奖学金，优秀学生干部，而且还主持全系晚会，她就像一位美丽的公主，上帝把所有的光环都罩在她身上，我呢，就是衬托她美丽的丑小鸭。我不愿意这样活。那天我和她同台在系晚会上唱歌，趁她不备，我弄坏了她演出服的拉链，等着看她出丑，结果她临时用丝带套上，大家都夸她聪明，服装别具一格，我当时非常生气。期末考试快来了，她拿一本教材让我帮她去图书馆占座位，我把教材丢在垃圾桶里，谎称不知道怎么被偷了，虽然她没有说什么，但我知道她一定有所觉察。在寝室我接到找她去打工的电话，我假装她的声音，帮她推掉了。事后我被揭发了，小丽哭着问我为什么这样做。我们彻底决裂了。看着她哭，我也很难受，可我就是看不惯她什么都走运。现在同学间对我的非议也不少。有时想想自己怎么变成这样了，自己到底做了些什么，越想越害怕，我是不是成了坏人了？我到底应该怎样做？"

吞噬这位学生灵魂的恶魔正是嫉妒，嫉妒会让人迷失方向，几近疯狂。心理学家认为嫉妒是担心别人超过自己而引起的抵触情绪的体验。巴尔扎克说嫉妒潜藏在人心底，如毒蛇潜在穴中，嫉妒者比任何不幸的人更为痛苦，别人的幸福和他自己的不幸都将使他痛苦万分。

一、健康人格的含义

健全人格是一个相对的概念。它的反面是不健全人格。当一个人的人格发展出现了偏离或称障碍时，我们就需要对之加以纠正和解决。这个过程就是人格的健全过程。于是我们就把一个人人格发展过程中出现的不平衡、不协调的情形称为人格不健全。反之，一个人人格发展平衡、和谐的正常状态，我们便称之为人格健全。健全人格的培养过程，就是要促进人的个性特征的全面发展以达到人格发展的正常状态的过程。大学生健康人格包括以下几方面的内容。

（一）正确的自我意识

自我意识是个体对自己和自己与他人、与周围世界关系的认识。具有健康人格的大学生能够采用客观的态度去认识自己，认识他人，认识周围世界，不带任何个人主观偏见去看待现实，能够按照事物的本来面目来认识，更能发现事实真相。对自己则有恰如其分的评价，充满自信，扬长避短，在日常生活中能有效地调节自己的行为，与环境保持和谐、平衡。

（二）良好的情绪调控能力

情绪标志着人格的成熟程度。具有健康人格的大学生能够调节和控制自己的情绪，经常保持轻松愉快、开朗的心境，并且具有幽默感。当产生消极情绪时，能合情合理地宣泄、排解、转移、升华。无论成功或失败，始终能保持一种稳定平和的心态，不因外部环境的变化而情绪发生大起大落。

（三）和谐的人际关系

人际关系最能体现人格健全的管理程度。人格健康的大学生乐于与他人交往，交友圈子广大，能与别人建立良好的关系，不自我封闭在狭隘的空间里；与人相处时，尊敬、信任等正面态度多于妒忌、怀疑等消极态度；当与别人交往产生摩擦时能够灵活的化解，及时进行交流与沟通，消除误会与隔阂；健康的大学生常常以诚实、公平、信任、宽容的态度对待他人，同时也受到他人的喜爱和接纳，得到社会的接受和容纳。

（四）良好的社会适应能力

社会适应能力反映了人与社会的协调程度。人格健康的大学生能和社会保持良好的接触，以一种开放的态度主动关心社会、了解社会，观察所接触到的各种事物现象，能看到社会发展的积极面和主流，具有社会责任感并勇于承担责任。在认识社会的同时，能与时俱进，融入社会当中，使自己的思想、行为跟上时代的发展，与社会的要求相符合，表现出能适应新的环境。

（五）乐观的生活态度

积极乐观的人生态度是人类在社会实践中获得的本质力量的表现。乐观的大学生热爱生活，常常能看到生活的光明面，对前途充满希望和信心，对自己所从事的工作或学习抱有浓厚的兴趣，并在工作和学习中发挥自身的智慧和能力，获得成功。即使生活中遇到困难和挫折，也勇于面对，不畏艰险，勇于拼搏，积极前进。

二、塑造健康人格的途径和方法

我国心理学界认为，大学生健康人格的培养与塑造是个体在一定的社会环境下，通过吸收一定的社会文化，经过自身的努力和社会、学校教育的影响，使其人格逐步健康化的过程。大学生健康人格的培养与塑造要服从人格发展的规律和祖国现代化建设与社会进步的现实需要。具体来说，可从以下几方面进行。

（一）加强自我修养，追求高尚人格

自立、自信、自尊、自强是大学生健康人格的四大基础，也是未来创造型人才的必备素质。

一是培养自立意识。从心理学角度来说，自立是个体从自己过去依赖的事物里独立出来，自己行动、自己做主、自己判断，对自己的承诺和行为负责的过程。有研究表明，自立意识强的大学生能够较好地安排自己的生活计划，对挫折和困难能主动进行自我调节与控制，对自己有着比较积极的认识，能够推动个体的行动。

二是培养自信心。自信是一个多维度、多层次的心理系统，是个体对自己的积极肯定和确认程度，是对自身能力、价值等做出正向认知与评价的一种相对稳定的人格特征。自信心会带来顽强的毅力，可以使人们最大限度地发挥聪明才智，藐视困难和失败。培养自信心的关键是要肯定自身存在的价值，学会客观地分析自己，既要看到自己的长处，也要看到自己的不足。

三是保持自尊。自尊是个人要求社会、集体和他人尊重自己，尊重自己的社会地位和荣誉的心理倾向。它和自我接受、自我肯定、自我赞许相联系。自尊的人渴望表现自己，进取心强，对平等有强烈的要求；热爱真理，尊重客观现实；既不孤芳自赏，也不随波逐流，对他人能接纳和信任。正因为如此，自尊心能使人采取积极的生活态度，成为推动人不断进取的巨大动力。

四是有自制力。自制是指一个人自觉地调节和控制自己行动的品质。自制能力强的人，是能够选择正确的活动动机，调节行动目标和行动计划，也能理智地控制自己的欲望，分别以轻重缓急去满足那些社会要求和个人身心发展所必需的欲望，对不正当的欲望坚决予以抛弃。

（二）认识自我，优化人格整合

生活中的许多事例告诉我们，人格系统中存在着一种基本的动机，它是个体的一个中心能源。有效地进行人格塑造，就应该充分了解自己的人格状况，深刻理解这种要求实现的动机，明确人格塑造的目标、内容、途径、方法。认识自我是改变自我的开始。人格塑造也就是优化人格整合，达到人格的健全。人格整合是随着个体心理的成熟，人格的各个方面逐渐由最初的互不相关，发展到和谐一致状态的过程。优化人格整合，一要扬长避短；二要择优汰劣。扬长避短就是使自己良好的人格品质在生活实践中进一步发扬光大、日趋巩固，尽量抑制和克服不良的品质；择优汰劣就是选择良好的人格品质作为自己努力的目标，针对自己人格上的缺点、弱点予以纠正。当然，扬长与避短、择优与汰劣往往是同步进行的。

（三）学习科学知识，提高文化素养人格

健康需要通过学习才能实现。可以说学习知识，提高文化素养的过程就是人格优化的过程。荣格有句名言“文化的最后成果是人格”，培根也有名言“知识就是力量”。事实上，有不少人格发展缺陷源于无知，无知容易使人自卑、粗鲁，而丰富的知识则使人自信、坚强、理智等。各学科知识的全面掌握是人格健康发展的智力基础，因为各学科的知识同处于一个庞大的系统中，其间既相互联系，又能在各自的发展中相互迁移、相互促进，可以说，有了智力基础，人格发展的速度与质量才有保证。对此，培根的论述很深刻：“读史使人明智，读诗使人灵秀，数学使人周密，科学使人深刻，伦理学使人庄重，逻辑修辞之学使人善辩，凡有所学，皆成性格。”受应试教育影响，许多理工科大学生缺乏人文知识，文科大学生缺乏科学精神，这对于人格健全发展是不利的，当代大学生应博览群书，做到科学与人文并重。

（四）投身社会实践，崇尚人格践行

实践是人格发展的必由之路。无论是知识的获取、能力的形成，还是意志的磨炼都离不开实践。诸如一个人的勤奋、坚忍、乐观、细致等人格特征都是长期实践锻炼的结果。大学生应积极参加各种有益身心健康的实践活动，如近年来校园内兴起的青年志愿者活动对于大学生人格的发展与塑造就很有意义。一个人的一言一行往往是其人格的外化；反之，一个人日常言行的积淀成为习惯就是人格。例如，一个人有刷牙、梳头、洗手、勤换衣服、常剪指甲等习惯，就反映了他具有“清洁”这一人格特质。因此，塑造健康人格要从眼前的小事做起，无数个小事可“积沙成塔”，最终构建成优良的人格大厦。

（五）积极锻炼身体，丰富业余生活

人格发展的过程是体质、心理因素与智力因素协同作用、相互促进的过程。健康的体质是人格健全发展的物质基础。一个体弱多病的人是难以发展健全人格的，拖拉、懒惰、急躁、怯懦等人格发展缺陷与不坚持体育锻炼明显有关。因此，大学生在学习之余，应加强体育锻炼，培养广泛兴趣，养成良好的生活习惯，参加各种有益的社会公益和文体活动。在丰富的业余生活中陶冶性情，增长见识，促进人际交往，增进人际沟通，从而使自己的生活丰富多彩，身心更加健康。

（六）主动融入集体，发展人际关系

健康人格的发展、塑造的过程，是个体社会化的过程，是与他人、集体、社会相互作用的过程。集体是健康人格塑造的土壤，通过与集体交往，自己的某些人格品质或受到赞扬、鼓励，或受到压制、排斥，从而有助于做出有针对性的调整，而且集体能够伸出手来帮助集体中的个体择优汰劣。塑造健全人格，必须发展良好的人际关系：尊重社会习俗、理解他人的需要、真诚地赞美、不作无建设性的批评、多与他人沟通意见、保持自尊和独立等。在与集体、他人的交往中，可获得友谊，吸收经验，弥补不足，提高自己的能力。友好和谐的人际关系可以使个人的情感得到陶冶，归属与爱的需要得到满足，从而使个人的人格向健康的方向发展。

（七）把握正确尺度，防止“过犹不及”

凡事都有“度”，人格发展和表现的“度”是十分重要的，人格塑造过程中应把握辩证法，掌握好度，否则就会“过犹不及”，适得其反。具体来说，应该是：自信而不自负，自谦而不自卑，勇敢而不鲁莽，果断而不冒失，稳重而不犹豫，谨慎而不怯懦，豪放而不粗俗，好强而不逞强，活泼而不轻浮，机敏而不多疑，忠厚而不愚蠢，干练而不世故等。人格“度”的把握还表现在不同的人格特质要协调发展，做到“刚柔兼济”，对于“刚”者应多发展些“柔”，对于“柔”者应多发展些“刚”，这样才能形成合理、和谐的人格结构。此外，还要因人因时因地表现人格特征，有时表现“刚”比“柔”好，有时表现“柔”比“刚”好；有时应多表现自信，有时应多表现谦恭，即所塑造出的人格应有韧性，有较强的应变、适应能力。

大学生在生活、学习等活动过程中，只有积极努力地加强个人修养，提高自身各方面的素质，才能使他们的人格发展符合时代的要求，成为人格健康、完善的新一代大学生。

心理实验

气质量表

心理学研究表明，个人气质类型各不相同，所以，对下面60道题，下面60道题大致可确定你的气质类型。若与你的情况“很符合”记2分，“较符合”记1分，“ 一般”记0分，“较不符合”记-1分，“很不符合”记-2分。

序号	问题	与你的情况				
		符合	比较符合	不能确定	不太符合	完全不符
1	做事力求稳妥，不做无把握之事					
2	遇到生气的事就怒不可遏，想把心里话全说出来才痛快					
3	宁肯一个人干事，不愿很多人在一起干					
4	到一个新环境很快就能适应					
5	厌恶那些强烈的刺激，如尖叫、危险镜头等					
6	和人争吵时，总是先发制人，喜欢挑衅					
7	喜欢安静的环境					
8	善于和人交往					
9	羡慕那种克制自己感情的人					
10	生活有规律，很少违反作息制度					

续表

序号	问题	与你的情况				
		符合	比较符合	不能确定	不太符合	完全不符
11	在多数情况下情绪是乐观的					
12	碰到陌生人觉得很拘束					
13	遇到令人气愤的事，能很好地自我克制					
14	做事总是有旺盛的精力					
15	遇到问题常常举棋不定，优柔寡断					
16	在人群中从不觉得过分拘束					
17	情绪高昂时，觉得干什么都有趣，情绪低落时，又觉得什么都没意思					
18	当注意力集中于一个事物时，别的事很难使我分心					
19	理解问题总比别人快					
20	碰到危险情景，常有一种极度恐怖感					
21	对学习工作和事业怀有很高的热情					
22	能够长时间做枯燥单调的工作					
23	对符合兴趣的事情，干起来劲头十足，否则就不想干					
24	一点小事就能引起情绪波动					
25	讨厌做那些需要耐心细致的工作					
26	与人交往不卑不亢					
27	喜欢参加热烈的活动					
28	爱看感情细腻、描写人物内心活动的文学作品					
29	工作学习时间长了，会感到厌倦					
30	不喜欢长时间谈一个问题，而愿意实际动手干					
31	宁愿侃侃而谈，也不愿窃窃私语					
32	别人说我总是闷闷不乐					
33	理解问题比别人慢些					
34	疲倦时只要短暂休息就能精神抖擞起来，重新投入学习					
35	心里有话宁愿自己想，也不愿说出来					

续表

序号	问题	与你的情况				
		符合	比较符合	不能确定	不太符合	完全不符
36	认准一个目标就希望尽快实现，不达目的誓不罢休					
37	与别人同样学习一段时间后，常比别人更疲倦					
38	做事有些莽撞，常常不考虑后果					
39	老师讲授新知识时，总希望他讲慢些，多重复几遍					
40	能够很快地忘记那些不愉快的事情					
41	做作业或完成一件工作总比别人花的时间多					
42	喜欢运动量大的体育活动，或各种文艺活动					
43	不能很快地把注意力从一件事转到另一件事上去					
44	接受一个任务后，就希望迅速解决它					
45	认为墨守成规比冒风险强些					
46	能够同时注意几件事物					
47	当我烦闷的时候，别人很难使我高兴起来					
48	爱看情节起伏跌宕、激动人心的小说					
49	工作始终认真严谨					
50	和周围人们的关系总是相处不好					
51	喜欢复习学过的知识，重复做已掌握的工作					
52	喜欢做变化大、花样多的工作					
53	小时会背的诗歌，我似乎比别人记得清楚					
54	别人出语伤人，可我并不觉得怎么样					
55	在体育活动中，常因反应慢而落后					
56	反应敏捷，头脑机灵					
57	喜欢有条理而不甚麻烦的工作					
58	兴奋的事常使我失眠					
59	老师讲新概念我常常听不懂，但是弄清后就很难忘记					
60	假如工作枯燥无味，马上就会情绪低落					

评分方法如下：

A. 如果某一项或两项的得分超过20分，则为典型的该气质。

B. 如果某一项或两项以上得分在20分以下、10分以上，其他各项得分较低，则为该项一般气质。

C. 若各项得分在10分以下，但某项或几项得分较其余项为高（相差5分以上），则为略倾向于该项气质（或几项的混合）。

D. 一般来说，正分值越高，表明该项气质特征越明显，反之，正分值越低或得负分值，表明越不具备该项气质特征。

项目	题目															项目总分	测试结果
1	2	6	9	14	17	21	27	31	36	38	42	48	50	54	58	胆汁质	
2	4	8	11	16	19	23	25	29	34	40	44	46	52	56	60	多血质	
3	1	7	10	13	18	22	26	30	33	39	43	45	49	55	57	黏液质	
4	3	5	12	15	20	24	28	32	35	37	41	47	51	53	59	抑郁质	

第三节　大学生的人格偏差及调适

一、人格发展缺陷

不良人格，又称为人格缺陷，是介于正常人格与人格障碍之间的一种人格状态，也可以说是一种人格发展的不良倾向，或是说某种轻度的人格障碍。大学时代既是学习掌握知识的黄金时代，也是人格发展的重要阶段，但在大学生人格发展中，也存在着一些人格发展缺陷问题。主要表现在以下几方面。

（一）自卑

自卑感是对自己不满、鄙视、否定的情感。进入大学后，有些大学生发现“山外有山”尤其是当学习、社交、文体方面显露出某些不足时就会怀疑自己、否定自己，产生自卑心理。因此，自卑往往是自尊心受挫的结果，没有自尊心也就不会有自卑感，过强的自卑感往往又以过强的自尊心表现出来。有些大学生的敏感脆弱，经不起批评，原因即在于此。

如何才能走出自卑的阴影？对大学生来说，首先，要正确认识自己，悦纳自己，人有所长也有所短，有所短也有所长，不要为自己的所短而自卑。其次，要进行自信心磨炼，将目标定得小些，切合实际些，多积累成功的愉悦体验。再次，要确立合理的评价参照系和立足点，若以强者为标准则可能自卑，因而寻找适合自己的评价标准就显得很重要。俗话说："人比人，气死人"，理性的比较方式是多与自己进行纵向比较而不是一味地与人作横向比较。最后，有了足够的自信心，自卑感就会悄然而退。

（二）害羞

害羞在大学生中并不少见。比如不敢在大众场合发表意见，害怕与陌生人打交道，路上见到异性同学会手足无措，见到老师会难为情，说话感到紧张等。

害羞是一个人自我防御心理过强的结果，他们常常过于胆小被动，过于谨小慎微，过于关注自己，自信心不足。他们特别注意自己在别人心目中的形象，总觉得自己时时处在众目睽睽之下，于是敏感拘束，一句话要在喉咙口反复多次，一件事总要左思右想，为此搞得神经紧张，坐立不安。

害羞之心人皆有之，但过分的害羞，不该害羞时害羞，尤其害羞成了一种习惯，则是有害的。它会导致压抑、孤独、焦虑等不良心理状态，还会阻碍人际交往，影响一个人才能的正常发挥。因此可通过有意识的调节来改变：

（1）要增强自信心。要对自己进行一个具体分析，找到自己的所长和所短，发扬所长可增强信心并补偿不足，特别是要多看到自己的长处以增强信心。

（2）不要过于计较别人的议论。所谓"人多口杂，金子也会熔化"，总把别人说的话放在心上便寸步难行，什么也不敢做，不敢说了。只要自己看准的就大胆去做。无论你做得多好，也不可能人人称赞。

（3）要有意识地锻炼自己。胆量和能力都是锻炼的结果，要敢于说第一句话，敢于迈第一步。上课，开会时尽管坐到前排去；走路时抬头挺胸，把速度提高四分之一；主动大胆地和别人尤其是陌生人、异性、老师讲话；与人说话时，正视对方的眼睛；在高兴时，开怀大笑等。

（三）懒惰

懒惰是不少大学生为之感到苦恼又难以克服的一种人格发展缺陷，是意志活动无力的表现，懒惰是影响大学生积极进取、张扬青春活力的天敌，尤其是在日新月异的今天，它与时代是那么格格不入，必须予以改变，否则会有被时代淘汰的危险。

处于懒惰状态的大学生也常以此感到内疚、自责、后悔，但又觉得无力自拔，心有余而力不足，这主要是因为他们往往想得多而做得少，缺乏毅力所致。要克服懒惰，应充分认识到其危害性，自己对自己负责，振作精神，"起而行之"，从日常小事做起，并努力做到不给自己找借口，不原谅自己的偷懒，力争今日的事今日毕，多与人交往，多关心外部世界，多参加有益身心的社会活动，而做到这一切，有一个坚定而有价值的理想是非常重要的。克服懒散的办法是从小事做起，自我监控，学习运筹和管理时间。正如一位学者所言，你是容量极大的水库，里面蓄积了从未使用过却随时随地可以供你使用的你的天赋与才干，但如果拖拉和胆怯使你永远无法打开那智慧的闸门，那水库也就如同空的一样。

（四）抑郁

抑郁是大学生常见的情绪困扰，是一种感到无力应对外界压力而产生的消极情绪，常伴有厌恶、痛苦、羞愧、自卑等情绪体验。抑郁的大学生的主要表现是：情绪低落，郁郁寡欢，闷闷不乐，思维迟缓，兴趣丧失，缺乏活力，反应迟钝，干什么都打不起精神，体验不到快乐。抑郁在低年级大学生中更为普遍。所谓的“周末综合征”在很大程度上即是抑郁。

要避免抑郁或从抑郁中解脱出来，就需要正确地评价自己，看清自己的长处，建立自尊，增强自信；调整认知方式，建立理性认知，不把事物看成非黑即白；扩大人际交往，多与人沟通，多交朋友。如果抑郁情绪较严重，应寻求心理咨询帮助。

（五）狭隘

受功利主义影响，大学生中的“狭隘”现象有增无减。凡事斤斤计较、耿耿于怀、好嫉妒、好挑剔、容不得人等，都是心胸狭隘的表现，即日常说的“气量小”。心胸狭隘往往影响人际关系，伤害他人感情，也常给自己带来烦闷、苦恼，影响自己的情绪和在他人心目中的形象，因此，于人于己有百害而无一利。狭隘人格多见于内向者，尤其是女性。

克服狭隘，一要胸怀宽广坦荡，一切向前看，正如歌德所言，比海洋更广阔的是天空，比天空更广阔的是人类的心灵。二要丰富自己，一个人的视野越开阔，就越不会陷入狭隘之中，这就是所谓的“站得高，看得远”。三要学会宽容，宽以待人。

（六）焦虑

焦虑是个体主观上预料将会有某种不良后果产生或模糊的威胁出现时的一种不安感，并伴有忧虑、烦恼、害怕、紧张等情绪体验。在这个紧张刺激不断增多、竞争不断增强的社会里。每个人都可能处于一定的焦虑状态。适度的焦虑对于保持生命活力是必要的，这里所说的焦虑主要是指不适当地高度焦虑。

被焦虑困扰的大学生常表现出烦躁不安，思维受阻，行动不灵活，身体不舒服等症状。大学生焦虑主要集中在考试和人际关系两个方面。不适当的高度焦虑对身心健康是不利的。为此，应增强自信，相信车到山前必有路，总会有办法的；应不怕困难、磨炼意志，无所谓的担忧正是焦虑之本质；应当机立断，积极行动。总之，凡事尽最大的努力，把注意力从担心失败转移到积极行动、争取成功上来。

（七）虚荣

可以说，虚荣心普遍存在于每一位大学生身上，这是正常的，但一旦过分，则会有害无益。虚荣心往往与自尊心、自卑感联系在一起，没有自尊心，就没有虚荣心，而没有自卑感，也就不必用虚荣心来表现自尊心，虚荣心是自尊心和自卑感的混合物。防止或改变过强的虚荣心，首先，要对其危害性有清醒的认识，有勇气有决心改变自己。其次，应当努力认识自己，了解自己的长处与短处，扬长避短。再次，要树立自信和健康的荣誉心，正确表现自己，不卑不亢。最后，不为外界的议论所左右，正确对待个人得失。

（八）怯懦

怯懦主要表现为缺乏勇气和信心，害怕可能面临的困难和挫折，在挫折、困难面前常常知难而退，甚至不战而败。有些大学生过去经历一帆风顺，因而特别害怕失败。“只能成功，不能失败”的非理性信念是造成一些大学生怯懦的认知因素。

有些大学生由于胆怯，不敢与人讲话，不敢出头露面，也不敢表明自己的态度，甚至不敢向老师提问题。有些大学生由于软弱不敢冒风险，不敢担重任，不敢与坏人坏事作斗争，不敢坚持自己正确的观点。但越是这样回避矛盾、躲避失败，越是容易体验到强烈的挫折感。

在挑战与机遇并存的现代社会，怯懦者会失去很多成功的机会，并可能成为落伍者。积极迎接挑战，争做生活的强者才是明智的选择。改变怯懦的最好办法是要敢于抓住机遇，积极锻炼，不怕失败，不怕丢面子，不怕担子重，多给自己鼓励和加压，在生活的词典中去掉“不敢”二字。

（九）急躁

急躁是常见的不良人格品质，表现为碰到不称心的事情马上就激动不安；做事缺乏充分准备，没准备好就盲目行动，急于达到目的；缺乏耐心、细心、恒心。性情急躁之人说话办事快，竞争意识强，容易冲动，情绪常常处于紧张状态。日常生活中有急躁特点的人为数不少，常常什么都想学，而且想短时间内学会，生怕比别人落后，急于求成但实际常常达不到期望的目标，从而泄气、发怒，既影响自己的健康和工作学习效率，又妨碍正常的人际关系发展。

要克服急躁的人格缺陷，必须做到以下几点：

（1）思先于行。加强自我修养，自觉地养成冷静沉着的习惯。在学习、生活中，对非原则性问题，要尽量避免与人发生矛盾，把精力用到积极思考之中。

（2）改变行为，细心认真行事。吃饭时间不得少于20分钟，细嚼慢咽；说话控制语速，想好了再说，不随意打断别人谈话；看书要一字一句细读，边读边想；走路骑车有意不超过别人；学习生活中改掉冲锋陷阵式的习惯，要不着急，有条不紊地干。

（3）控制发怒。性格急躁的人容易发怒，应把制怒格言“能忍则自安，退一步则海阔天空”铭记在心，时时提醒自己遇事冷静。

（4）采用松弛疗法，坚持静养训练。在学习之余，常听轻松、优雅、恬静的音乐，赏花悦心，书画静神和打太极拳。要经常闭目养神，使肌肉、神经都处于完全放松的状态。

（十）自我中心

随着自我意识的发展，大学生越来越感到自己内心世界的千变万化、独一无二，他们越来越多地把关注的重心投向自我，尤其是那些有较强自信心、自尊心、优越感、独立感的学生就比较容易出现自我中心倾向。

克服过分自我中心的途径包括：第一，树立健康的人生观，自觉地将自己和他人、集体结合起来，走出自己的小天地；第二，恰当地评价自己，既不低估也不高估，既不妄自菲薄，也不自高自大；第三，尊重他人，只有尊重和信任才能获得友谊；第四，设身处地地从他人的角度思考问题，将心比心，真诚地关爱他人，从而做到“我爱人人，人人爱我”。

心理故事

学会换位思考

一个人请盲人朋友吃饭，吃到很晚，盲人说："很晚了我要回去了。"主人就给了他一个灯笼，盲人就很生气地说："我本来就看不见，你还给我点一个灯笼，这不是嘲笑我吗？"主人却说："因为我在乎你，才给你点的这盏灯笼，你看不见，别人可以看得见，这样你走在黑夜里就不怕别人撞到你了。"盲人听后很是感动。

别在自己的位置上看别人，要多在别人的位置上看自己，换位思考，将心比心。换位思考是人对人的一种心理体验过程。将心比心、设身处地是达成理解不可缺少的心理机制。它客观上要求我们将自己的内心世界，如情感体验、思维方式等与对方联系起来，站在对方的立场上体验和思考问题，从而与对方在情感上得到沟通，为增进理解奠定基础。

二、人格障碍

所谓人格障碍，指一种人格发展的内在不协调，在没有认知过程障碍或者没有智力障碍的情况下出现的情绪反应，动机和行为活动的异常。这种人格在发展和结构上明显偏离正常，致使个体不能适应正常的社会生活。

人格障碍的行为问题表现程度是不同的。轻者完全过着正常生活，只有与他密切接触的人才能领教他的怪癖，觉得他无事生非，难以相处。严重者事事都违抗社会习俗而且行为明显表现于外，很难适应正常的社会生活。人格障碍者无认知障碍，能正确分析，评价和判断自己的行为后果与法律责任，也能理解社会对自己行为后果的评价标准。因此，人格障碍者具有刑事责任能力，对其行为要负全部责任。值得重视的是，人格与精神病是相互转化的，严格的人格障碍者如果得不到及时有效的矫正，可能会转化成精神病人。

（一）偏执型人格

偏执型人格主要表现为固执刻板、敏感多疑、心胸狭窄、好嫉妒、自我评价过高，遇到挫折易责备他人或推诿客观，不愿接受批评，好与人争论；一旦受到委屈，就会伺机报复；在生活中，常过多过高地要求他人，但从来不信任别人的动机和意愿，具有歪曲体验的倾向，总认为别人存心不良，因而容易与他人发生摩擦，难以与家人、同学、朋友友好相处，别人常对其敬而远之。

拓展阅读

森森在与女友交往的早期对女友十分关心和体贴，女友也十分满意，自认为找到了如意郎君。然而在确立了恋爱关系之后，森森变得疑心越来越重，总怀疑女友私下与其他男人交往，每天都要多次给女友打电话询问其在哪里，和谁在一起，在干什么。他一旦发现女友和其他男人接触就发脾气，为此两个人经常吵架。后来他就开始打女友，有时会把女友往死里打，但打过之后又会痛哭流涕地求女友原谅。女友实在无法忍受他的折磨，提出分手后，他威胁说不会放过她和她的家人。

（二）强迫型人格

这类人平时常有不安全感和不完善感；过分认真，过分注意细节，过分自我控制，自我关注；责任感过强，常常追求完美，做事反复检查仍放心不下，常感紧张、苦恼和焦虑；同时又过分墨守成规，缺乏随机应变的能力；在处世方面谨小慎微，过分拘谨，常顾虑小事而忽略大事，并总要求别人按自己的思想方式和习惯行事，以致妨碍别人的自由。

（三）分裂型人格

分裂型人格障碍是一种以观念、外貌和行为奇特，以及人际关系有明显缺陷，且情感冷淡为主要特点的人格障碍。主要表现为：极端内向、思维反常，行为孤僻、退缩、胆怯、不爱社交、回避社会，为人情感冷漠，行为不合时宜或不顾习俗，没有亲密朋友，与人不能建立相互信任的关系；对恋爱缺乏热情，对己缺乏自知，没有进取心；对现实保持漠不关心的态度，虽然没有丧失对现实的认识能力，但常做白日梦，沉溺于幻想之中，热衷于搞迷信崇拜，巫术信念很强，与人交谈时离题，表达意思含混不清，繁简失当。

（四）反社会型人格

反社会型人格是人格障碍中最引人注目的一个典型，主要表现为：情绪不稳定，常为一时的冲动所左右，以自我为中心，不顾别人的痛苦和起码的行为准则和规范，全凭个人好恶行事，易发生违犯法纪和不正当的意向活动；犯了错误，心安理得，不感到内疚，没有同情心，缺少责任感、义务感和集体荣誉感；虽然有时也讲“哥们儿义气”，但为一点小事就会翻脸不认人；一有欲望，就迫不及待地要满足；在日常生活中，易激怒、斗殴和攻击别人，心肠冷酷、忘恩负义，对自己的至亲也不例外；对未来缺少长远打算，抱有“今朝有酒今朝醉”的生活态度。

（五）依赖型人格

依赖型人格障碍是一种以过分依赖、被动服从为主要特点的人格障碍，日常生活中较为常见。主要表现为：缺乏自主自信和独立意识，过多依赖他人和被动地服从他人的愿望；感到自己能力低下，精力不足，容易疲劳，常为小事而伤感，缺乏生活乐趣。

拓展阅读

余某，18岁，2010年10月偷拿大伯家的一些碟片被发现，大伯要求其归还。余某便把一部分碟片扔进了大伯家门口的水塘中，大伯责骂并殴打了余某，余某不时还嘴。半小时后，余某路过大伯家门口，余怒未消的大伯再次拿起木条打在余某小腿上。“你打了我五下，等下我要对你不客气，你给我记住。”余某恼羞成怒，回家拿了把尖刀后，返回到大伯家。身在自家二楼阳台的大伯见状，立即拨打了报警电话。可惜为时已晚，怒气冲冲的余某冲上二楼，朝大伯左胸猛刺了一刀，之后逃离现场。随后大伯被人送往医院，后经抢救无效死亡。

庭审时，被害人的家属的啜泣声不断，但余某相当平静。面对法官的提问，余某的话极少，说得最多的是“没有”和“不知道”，他对犯罪事实供认不讳，也没有为自己辩护，在最后陈述中只说了一句话：“请法官对我从轻处罚。”余某在法庭上的回答也经常词不达意、前后矛盾，而对于杀害大伯之事也没有表示忏悔或内疚。当法官问他“为什么要拿刀捅大伯”时，余某回答道：“当时心里很气愤，只是想把他搞住院而已。”同时余某又表示，大伯平时对他还不错，大伯打他也是对的。当法官又问他有没有觉得自己与平常人有什么不一样，余某回答“有”，但又说不上哪里不一样。余某还在法庭上表示，自己与村民关系很不好，“他们经常骂我”。

据了解，余某生活在浙江省开化县一个乡村里，无家族病史，小学毕业即辍学，一直在家游手好闲，由父母养着，村民称他为“懒汉”。他经常殴打他人直到对方求饶为止；若打不过则对其家里的老人、小孩进行报复；报复不成就找机会把那家的庄稼等全部踩毁；也时常干小偷小摸之事，村里没人喜欢他。余某家属称余某小时候曾患病，加上父母对其过于溺爱，而且由于在外打工对其疏于管教，导致他从小脾气暴戾。

课后思考

1. 当身边的同学出现疑似心理危机时，我们能做什么？
2. 什么是健全人格？结合本单元的内容，谈谈大学期间如何完善自己的人格。
3. 大学生常见的人格缺陷及人格障碍有哪些？

心理实训

主题：原生家庭。

每个人的成长都离不开家庭的教育与环境。个人性格的形成与家庭关系密切。通过活动，探索家庭对个人的影响、家庭对个人性格的影响、自己在家庭中扮演的角色，从而增进自我了解。

目的：了解个人成长历程中家庭主要成员对自己个性的影响。

过程：

1. 每人一张练习表

要求：列出三点你欣赏他们的地方和三点你不欣赏他们的地方。这些人物必须是你自小同住或多年来照顾你的，你对他们的印象是18岁之前。

	欣赏的	不欣赏的
祖父		

续表

	欣赏的	不欣赏的
祖母		
外祖父		
外祖母		
爸爸		
妈妈		

2. 填好后分小组讨论（其他成员可以适当地促进和协调澄清）

（1）我的发现：________________________________

（2）小组交流分享：____________________________

参考文献

[1] 俞国良. 大学生心理健康[M]. 北京: 北京师范大学出版社, 2019.
[2] 杨莉萍. 心理学史[M]. 上海: 华东师范大学出版社, 2009.
[3] 王垒等译. 心理学与生活[M]. 北京: 人民邮电出版社, 2016.
[4] 王宁霞, 邓云辉, 华丽云.心理健康教育活动设计与实施的实践研究[M]. 北京: 中国社会出版社, 2023.
[5] 董惠娟, 等. 大学生心理健康教育[M]. 北京: 北京大学出版社, 2020.
[6] 邓先丽. 大学生心理健康教育[M]. 北京: 中国人民大学出版社, 2019.
[7] 单慧娟, 廖财国, 李爽. 大学生心理健康教育[M]. 镇江: 江苏大学出版社, 2017.
[8] 胡谊, 张亚, 朱虹. 大学生心理健康教育[M]. 上海: 华东师范大学出版社, 2019.
[9] 王宁霞, 邓云辉, 华丽云. 心理健康教育活动设计与实施的实践研究[M]. 北京: 中国社会出版社, 2023.
[10] 汪向东, 王希林, 马弘. 心理卫生评定量表手册[M]. 北京: 中国心理卫生杂志社, 1999.
[11] 谭芳. 大学生心理健康教育教程[M]. 2版.北京: 化学工业出版社, 2016.
[12] 曲长海. 大学生心理健康教育教程[M]. 北京: 化学工业出版社, 2018.
[13] 张英莉. 大学生心理健康教育[M]. 北京: 北京理工大学出版社, 2019.
[14] 黄小梅. 大学生心理健康教育[M]. 北京: 人民邮电出版社, 2017.
[15] 薛红. 大学生生命教育[M]. 北京: 中国人民大学出版社, 2015.
[16] 朱育红, 潘力军, 王爱丽. 大学生心理健康教育课堂互动手册[M]. 上海: 华东理工大学出版社, 2015.
[17] 宋德如, 张晓旭. 大学生心理健康教育[M]. 南京: 江苏人民出版社, 2012.
[18] 黄秋莲. 浅谈大学生恋爱动机对恋爱收获和体验的影响[J]. 现代交际, 2018(06): 153-155.
[19] 邹克扬, 贾敏. 大学生性教育与艾滋病、性病防治[M]. 北京: 北京师范大学出版社, 2018.
[20] 何静春, 袁一平. 大学生心理健康教程[M]. 北京: 化学工业出版社, 2015.
[21] 徐隽, 徐水, 张潇. 大学生心理健康教程[M]. 上海: 上海交通大学出版社, 2017.